narr studienbücher

€ 23,90

13,90

D1722273

Susanne Heiler

Der maghrebinische Roman

Eine Einführung

 Gunter Narr Verlag Tübingen

Susanne Heiler ist Privatdozentin für französische und italienische Literaturwissenschaft an der Universität Heidelberg. Schwerpunkte ihrer Forschungen sind neben der Literatur des Maghreb (Promotion 1989) die neuere französische und italienische Literatur sowie die italienisch-spanischen Literaturbeziehungen im 17. Jahrhundert (Habilitation 1998: *Der Pikaro in Italien*).

Bibliografische Information der Deutschen Bibliothek

Die Deutsche Bibliothek verzeichnet diese Publikation in der Deutschen Nationalbibliografie; detaillierte bibliografische Daten sind im Internet über <http://dnb.ddb.de> abrufbar.

© 2005 · Narr Francke Attempto Verlag GmbH + Co. KG
Dischingerweg 5 · D-72070 Tübingen

Internet: http://www.narr.de
E-Mail: info@narr.de

Druck: Gulde, Tübingen
Bindung: Nädele, Nehren
Printed in Germany

ISSN 0941-8105
ISBN 3-8233-6121-X

Inhalt

Hinweise zu den arabischen Namen und Begriffen

Die Namen der maghrebinischen Autoren wurden so wiedergegeben wie sie übli-
cherweise auf den Buchtiteln oder unter den Zeitschriftenartikeln transkribiert
erscheinen (z.B. Khaïr-Eddine, Laâbi). Dabei ist zu bedenken, dass dies aufgrund
des kulturellen Kontextes den französischen Gepflogenheiten entspricht und
nicht den deutschen, denen zufolge bei Chraïbi kein Trema auf dem ‚i' erforderlich wäre.

Die Wiedergabe anderer Personen- und Ortsnamen sowie Sachbezeichnungen
erfolgt in der im Deutschen geläufigen Form (z.B. Marrakesch, Al Halladj). Dadurch können Abweichungen von den französischen Schreibweisen in den Romanen oder anderen Zitaten auftreten.

Der leichteren Lesbarkeit willen und da keine Arabischkenntnisse vorausge-
setzt werden, wird auf das wissenschaftliche Transkriptionssystem mit seinen
diakritischen Hilfszeichen verzichtet.

Für die Aussprache gilt als Anhaltspunkt:

th	stimmloses engl. th = ث
dj	stimmhaftes dsch wie in ital. ‚giorno'oder Djebar = ج
h	aus der Kehle gepresstes h wie in rihla= ح
kh	wie deutsches ch in ‚Bach' oder Khatibi = خ
dh	wie stimmhaftes engl. th in ‚there' = ذ
r	gerolltes Zungen-r = ر
z	stimmhaftes s =ز
ch	wie engl. sh oder Chraïbi = ش
gh	Gaumen-r = غ
q	dumpfes gutturales K = ق
w	wie engl. w = و

Vorwort

Diese Romangeschichte widmet sich dem französischsprachigen Roman des Maghreb. Maghreb leitet sich von dem arabischen Wort für „Westen" ab und bezeichnet die nordafrikanischen Länder Algerien, Marokko und Tunesien. Seit dem Zweiten Weltkrieg hat sich infolge der französischen Kolonisierung eine überaus spannende und impulsgebende französischsprachige Literatur im Maghreb entwickelt, die aus dessen kultureller Vielfalt schöpft. Quantitativ dominiert die Lyrik, gefolgt von erzählender Prosa (Roman und Novellen). Weit abgeschlagen dahinter erst siedelt sich das Theater an. In Algerien waren erste Romane schon um 1920 zu verzeichnen. Eine umfassendere Produktion setzte in den 50er Jahren ein, zeitgleich mit der Entwicklung in Marokko und Tunesien.

Die hier vorliegende Darstellung beabsichtigt, den Weg des maghrebinischen Romans aus seiner ursprünglichen Gebundenheit an die koloniale Dominanzsituation in einen immer größeren Freiraum herauszustellen.

Diejenigen Autoren, die inzwischen seit mehreren Jahrzehnten literarisch produktiv sind, können dabei besonders deutlich erkennbar machen, wie ein so gearteter künstlerischer *itinéraire* aussehen kann. Deshalb wird exemplarisch Mohammed Dib, Assia Djebar und Tahar Ben Jelloun ein je eigenes Kapitel gewidmet, wobei die Wahl sprichwörtlich eine Qual war, da es auch andere eminente Autoren wie Boudjedra oder Chraïbi verdient hätten, in dieser diachronen Sicht berücksichtigt zu werden.

Im literarischen System der drei Maghreb-Staaten Algerien, Marokko und Tunesien existiert neben dem Roman in französischer auch ein Roman in arabischer Sprache, der anderen kulturellen Variablen unterliegt, allerdings im System mit dem frankophonen Roman koexistiert und mit diesem teilweise in Berührung steht. Darauf wird an entsprechender Stelle hingewiesen.

Eine weitere kulturelle Folge der kolonialen Vergangenheit und Verquickung zwischen Frankreich und Nordafrika, auf die hier ebenfalls eingegangen wird, ist der seit ca. 1980 existierende *roman beur*, dessen Autorinnen und Autoren sich als Nachkommen maghrebinischer Arbeitsemigranten oder Kinder frankomaghrebinischer Mischehen innerhalb des französischen Literatursystems über ihr Leben in Frankreich oder zwischen den Kulturen artikulieren.

Die Nationalität allein kann dabei allerdings als Kriterium nicht hinreichen. Es gibt außer den *beurs* sehr viele maghrebinische Autoren, die im Ausland leben und andere Nationalitäten angenommen haben. Kriterium der Zuschreibung zum maghrebinischen Roman ist immer ihr Text und das Literatursystem, in das er sich einschreibt. Dabei kommt, wie Charles Bonn 1985 betonte[1], der realen oder

---

[1] *Le roman algérien de langue française. Vers un espace de communication littéraire décolonisé.* Paris/Montréal 1985, S. 6-7.

unterstellten Beziehung zwischen Autoren und ihrem Publikum die zentrale Rolle zu.

In der Anlage und im Aufbau dieser Romangeschichte wird folgende methodische Vorgehensweise angewendet: die drei Maghreb-Staaten Algerien, Marokko und Tunesien werden getrennt behandelt. Dies ist geboten, weil die historische Entwicklung schon während der Kolonialzeit sehr unterschiedlich war und die nationalen Partikularitäten es heute noch sind, so dass auch die Literatursysteme in den drei Ländern deutlich differieren. Die Texte zeigen, dass sie in den jeweiligen nationalen Kontext eingeschrieben sind, und ihre Autoren verstehen sich, abgesehen von ihrer Teilhabe an der größeren Bezugsgruppe der Maghrebiner, primär als Algerier, Marokkaner oder Tunesier.

Quantitativ überwiegt die Literaturproduktion in französischer Sprache in Algerien. Etwa die Hälfte der von 1945 bis 1991 erschienenen rund 1300 Titel stammen von algerischen Autoren; es folgt Marokko und mit großem Abstand Tunesien. Das schlägt sich auch im Umfang der entsprechenden Kapitel dieser Darstellung nieder.

Es werden zunächst an der Chronologie orientiert einzelne Phasen voneinander unterschieden. Dadurch rücken auch Generationen von Autoren in ihrer Abfolge in den Blick. Es wird auf die einzelnen sich neu formierenden Subgenera des Romans (wie Krimi, *littérature d'urgence*) eingegangen. Thematische Konstanten werden auch in länderübergreifender Perspektive behandelt.

Als Romangeschichte akzentuiert diese Abhandlung einen Aspekt, der gerade jüngst von eminenten Vertretern der Forschung als Desiderat eingefordert wurde: nämlich die Gegenwart aus der Neuerschließung der Geschichte der kulturellen Phänomene und ihrer Bezüge zueinander verständlich zu machen. Das bedeutet im hier vorliegenden Rahmen neu zu bestimmen, was den maghrebinischen Roman heute, am Beginn des 21. Jahrhunderts, ausmacht, welche Ausdrucksbereiche und Teilgattungen er bestückt und dabei rückblickend zu evaluieren, welches sein historisches Darstellungspotential war. Gezielt wird somit auf einen hermeneutischen Prozess von „reconstitution de type historique".[2]

Es gibt im Maghreb wie anderweitig transnationale Minderheitenliteraturen und zu diesen zählen einerseits die judeomaghrebinische Literatur, die in ihrer Spezifik seit den Forschungen von Guy Dugas[3] ihre Kontur gewonnen hat und andererseits die Frauenliteratur (*écriture féminine*), die nicht unter ethnisch-kulturellem, sondern unter dem Genderaspekt ihre Partikularität begründet. Beide wurden aus Gründen der besseren Darstellbarkeit ebenfalls in den Rahmen der algerischen, marokkanischen und tunesischen Literaturgeschichte eingefügt. Im Fall der judeotunesischen Literatur, die gegenüber der Literatur arabo-muslimischer Autoren dominant ist, führt diese die Darstellung zu den einzelnen Zeitperioden an, ohne dass eigene Kapitel geschaffen wurden.

---

[2]   Afifa Berheri/Beïda Chikhi (Hg.): *Algérie. Ses langues, ses lettres, ses histoires. Balises pour une histoire littéraire.* Blida 2002, S. 2.

[3]   Guy Dugas: *La littérature judéo-maghrébine d'expression française. Entre Djéha et Cagayous.* Paris 1990, S. 15.

Eine vollständige Bibliographie über den maghrebinischen Roman sprengt den hier vorgegebenen Rahmen, weshalb hier nur die für die Fragestellung relevantesten Titel und ausgewählte weiterführende Beiträge aufgenommen werden konnten. Online steht die von Charles Bonn initiierte und aufgebaute Datenbank Limag[4] zur Verfügung.

Die Bibliographie ist für die literarischen Texte auf die einzelnen Kapitel der Darstellung bezogen und in Primär- und Sekundärliteratur unterteilt. Ein Autoren- und Titelverzeichnis am Ende des Buches soll die Orientierung erleichtern. Es versteht sich, dass bei der Menge an Einzeltexten, die durch Neuerscheinungen unvermindert anwächst, nicht jeder Roman in den darstellenden Kapiteln genannt, geschweige denn genauer analysiert werden kann.

Für die gewissenhafte Durchsicht des Manuskripts danke ich herzlich Marilotte Schenten. Außerdem gilt mein Dank all den deutschen und ausländischen Kollegen, mit denen ich seit mehr als zwei Jahrzehnten im wissenschaftlichen Austausch stehe über maghrebinische Literatur. Ich danke auch den Studierenden in Heidelberg und Münster, die in den Seminaren zur maghrebinischen Literatur wertvolle und anregende Aspekte eingebracht haben, besonders wenn diese aus ihrer eigenen postkolonialen Situation gespeist waren.

Heidelberg, im Juli 2005.

Susanne Heiler

---

[4] Limag. Littératures du Maghreb. Informations biographiques et bibliographiques sur les littératures du Maghreb. Banques de données. http://www.limag.com/

1 Die Ursprünge des maghrebinischen Romans in französischer Sprache

1.1 Politische Voraussetzungen

Die politischen Voraussetzungen für das Entstehen französischsprachiger Literatur und demzufolge auch eines französischsprachigen Romans im Maghreb wurden durch die Kolonialpolitik Frankreichs geschaffen. 1830 eroberte ein erstes französisches Expeditionsheer nach seiner Landung auf der Halbinsel Sidi Ferruch zunächst Algier und dehnte in den Folgejahren, nicht ohne auf massiven Widerstand vor allem der Truppen des Freiheitskämpfers Emir Abd el-Kader[5] zu stoßen, seine Militärexpeditionen immer weiter ins Landesinnere aus. Das Land hatte damals ca. 3 Millionen Einwohner, von denen zwei Drittel arabophon, der Rest berberophon waren. Es gehörte seit 1516 dem Osmanischen Reich an, besaß aber unter der Herrschaft des Dey, eines seit dem 17. Jahrhundert unter lokalen Machthabern gewählten Gouverneurs, de facto Autonomie von der Hohen Pforte, d.h. der Zentralregierung in Istanbul. Algerien wurde mit dem Motiv der Wiederherstellung der Ehre Frankreichs angegriffen, weil der Dey den französischen Konsul Deval am 29. April 1827 aus Unmut über die schlechte Zahlungsmoral im Fall eines Großdarlehens mit einer Fliegenklatsche geschlagen hatte. Von der neuen Kolonialmacht Frankreich, die ihre Intervention zunächst außerdem als Feldzug gegen Seeräuber und zur Befreiung christlicher Sklaven verbrämte, wurde das Land dann nach Inbesitznahme des Territoriums als *terra nullius*, völkerrechtliches Niemandsland ohne staatlichen Charakter, deklariert. Sowohl die Besiedlung als auch der Produktionsertrag, den die Kolonisten sich erhofften, blieben in den ersten beiden Dekaden allerdings sehr gering und deutlich hinter den Erwartungen zurück. Grund dafür war der permanente Konflikt zwischen militärischer und ziviler Herrschaft, da die Übernahme des Landes nicht ohne erhebliche Militäraktivität, die sogenannte *pacification*, angesichts des Widerstands der Einheimischen gelingen wollte. Schrittweise ging die französische Militärführung von einem System der „occupation restreinte", zu dem der vollständigen Eroberung und schließlich der kompletten Aneignung über. In den 50er Jahren des 19. Jahrhunderts war die militärische Eroberung abgeschlossen. Doch erst die komplette staatliche Zugehörigkeit zu Frankreich, so die koloniale Geschichtsdeutung, würde für Algerien den Aufbruch in die nationalstaatliche Phase bedeuten. Um die einheimische Bevölkerung durch eine möglichst große Anzahl von Kolonisten (*colons*) unter Kontrolle zu halten, wurde Algerien als multikulturelle Siedlungskolonie für Immigranten aus unterschiedlichen Ländern geöff-

---

[5] Benjamin Stora/Akram Ellyas: *Les 100 portes du Maghreb*. Paris 1999, S. 47-50.

net. Im Jahr 1870 verlieh das *Décret Crémieux* den Algeriern kollektiv die französische Staatsbürgerschaft. Ab 1889 erhielt auch jeder einreisende Spanier, Italiener, Elsässer oder Maltese sofort die französische Staatsangehörigkeit und damit einen Status, der mit den eingeschränkten Rechten und Möglichkeiten der einheimischen Bevölkerung als *sujets* deutlich kontrastierte. Lebten 1839 in Algerien bereits 25.000 Europäer, stieg die Zahl bis 1889 auf mehr als das Zehnfache, nämlich 276.000, und erreichte 1954 eine Million.

Hier seien nur einige der spektakulärsten Maßnahmen zur Entrechtung der Algerier erwähnt: Jeder Algerier, vor allem in ländlichen Gebieten, der an dem traditionellen algerischen Namensrecht festhalten wollte, erhielt von den französischen Behörden das Kürzel „S.N.P." in seinen Ausweis eingetragen, was „sans nom patronymique" bedeutet, also ‚namenlos'.[6] Der dörfliche Kollektivbesitz wurde den eintreffenden Siedlern zugewiesen, da die französischen Behörden diese Form von Eigentum nicht als rechtsgültig akzeptierten.

Marokko wurde weniger tiefgreifend kolonisiert und ebenso wie Tunesien lediglich unter französisches Protektorat gestellt, nicht aber, wie es in Algerien seit 1848 der Fall war, völlig dem Mutterland als Departements[7] eingegliedert. Algerien war somit für mehr als hundert Jahre zu einem integralen Teil Frankreichs erklärt worden, was hingegen in den ab 1881 in Tunesien und 1912 in Marokko errichteten Verwaltungshoheiten unterblieb. Dort wurden die vorhandenen Regierungen zunächst respektiert. Die Regierungsgewalt des Beys, des türkischen Gouverneurs in Tunesien, wurde formal bekräftigt, nachdem französische Truppen das Land im Mai 1881 besetzt hatten, als ein tunesischer Stamm gewaltsam in algerisches Territorium eingedrungen war. Ähnlich achtete Frankreich in Marokko darauf, die lokalen Institutionen ebenso wie die kulturellen Gepflogenheiten dann nicht anzutasten, wenn es seinen Interessen zuträglich war. Etwa wurde der florierende Sklavenhandel gleich zu Beginn des Protektorats zwar im öffentlichen Raum verboten, de facto jedoch nur durch die Drosselung an Zufuhr aus Timbuktu eingedämmt, nachdem Frankreich dies ebenfalls besetzt hatte. Zugleich wurde den mit Frankreich verbündeten großen *Caïds*, die viele Sklaven besaßen, völlig freie Hand gelassen.[8] Viel Energie verwendete die Protektoratsmacht darauf, die berberische Bevölkerung gegen die arabophone und umgekehrt aufzubringen. Sehr geschickt trieb General Bougeaud einen Keil zwischen die unterschiedlichen Kulturen: Meilenstein dabei war der *Dahir Berbère* vom 16. Mai 1930. Berberisch wurde mit diesem Gesetz zur offiziellen Sprache erklärt und man richtete französische Berberschulen ein, an denen kein Arabisch unterrichtet wurde.

---

[6]   Vgl. zur kolonialen Namensgebung für Menschen und Orte Jean-Louis Calvet: *Die Sprachenfresser. Ein Versuch über Linguistik und Kolonialismus*. Berlin 1978, Kapitel 3.

[7]   Alger, Oran und Constantine.

[8]   Siehe Mohammed Ennaji: *Soldats, domestiques et concubines. L'esclavage au Maroc au XIXe siècle*. Tunis 1994, „Le Protectorat et l'esclavage", S. 182-184. In Tunesien ging man schon seit 1846 gesetzlich gegen die Sklaverei vor.

Als sich nationalistischer Widerstand in Marokko zu formieren begann, brachte die Protektoratsmacht den marokkanischen König Mohammed V., welcher zugleich das religiöse Oberhaupt des Landes war, am 20. August 1953 dazu, ins Exil nach Madagaskar zu gehen.

Es formierte sich auch in den anderen Ländern angesichts der gehäuften Provokationen an die Adresse der Kolonisierten politischer Widerstand. Parteien wurden gegründet, die nach einer Phase der reformistischen Verständigungsversuche immer offener für nationalistisch-indipendentistische Programme eintraten.

Unter dem Eindruck des Zweiten Weltkriegs und seines Endes, dann vor allem angesichts der französischen Kolonialpolitik in Indochina, welche in kriegerische Konflikte mündete, erhob sich als erstes das algerische Volk. Die Massaker an den Demonstranten von Sétif und Guelma am 8. Mai 1945, dem Tag der deutschen Kapitulation, – vorsichtigen Schätzungen zufolge forderten sie 6.000 bis 8.000 Opfer, nach algerischen Quellen 15.000 bis 20.000[9] – waren ein erstes deutliches Fanal. 1954 brach der bewaffnete Befreiungskampf aus, der das ganze algerische Volk mit 1,5 Millionen Opfern und die französischen Kolonisten unmittelbar und hart betraf. Die Gräueltaten der Militärs auf beiden Seiten werden derzeit aufgearbeitet und im März 2003 war der französische Staatspräsident zu einem offiziellen Versöhnungsbesuch zu Gast beim algerischen Präsidenten Bouteflika. Die Wunden sind sehr tief und liegen gleichzeitig an der Wurzel des neuen unabhängigen Staates Algerien. Seine ersten politischen Machthaber nach den Verträgen von Evian vom 18. März 1962, mit denen Algeriens Entlassung in die politische Unabhängigkeit am 3. Juli 1962 besiegelt wurde, bezogen ihre Legitimität direkt aus der Teilnahme am bewaffneten Befreiungskampf. Auf der anderen Seite versuchten Algerienfranzosen und Teile der Armee mit bewaffneten Aktionen der OAS (*Organisation de l'Armée Secrète*) in Algerien und Frankreich die Loslösung Algeriens vom Mutterland zu vereiteln.

Tunesien unterstützte die algerischen Befreiungskämpfer und -kämpferinnen logistisch und bot vor allem Journalisten Asyl. Die 1933 gegründete *Néo-Destour*-Partei stellte sich nach dem Zweiten Weltkrieg gegen die französische *Résidence* und forderte interne Autonomie. Hier kam es weniger zu direkten Kampfhandlungen, denn die französische Führung ging in Reaktion auf den Ausbruch des Algerienkriegs bei der „Abwicklung" der beiden Protektorate Marokko und Tunesien vergleichsweise bedächtig zu Werk. 1956 kam der marokkanische König Mohammed V. triumphal aus dem Exil zurück und restaurierte mit seiner Rückkehr auf den Scherifen-Thron die Alawiten-Monarchie. Sein Enkel ist der derzeitige Monarch Mohammed VI.

Im März 1956 wurde Tunesien unter Habib Bourguiba (1903-2000) zu einer Republik. Dieser Modernisierungsschub begann mit einer forciert sozialistischen Phase, erstarrte dann jedoch zunehmend zu einem autokratischen System, in dem der PSD (*Parti Socialiste Déstourien*) als Einheitspartei regierte. Am 7. Novem-

---

[9]   *Le Monde diplomatique*, Juni 2005, S. 10. Siehe Boucif Mekhaled: *Croniques d'un massacre. 8 Mai 1945. Sétif, Guelma, Kherrata*. Paris 1995.

ber 1987 setzte der damalige Ministerpräsident Ben Ali nach mehr als dreißigjähriger Herrschaft Bourguiba vom Präsidentenamt ab, doch die Modernisierung hat bis heute noch längst nicht alle Strukturen erfasst.

1.2   Sprachliche Voraussetzungen

Das Französische befindet sich im Maghreb in Konkurrenz zu den beiden großen einheimischen Sprachen, zum Arabischen und zum Berberischen. Das Arabische ist eine hochentwickelte Kultursprache, die weit über den Maghreb hinaus gesprochen wird und ihre Legitimation aus dem Koran bezieht. Sie ist als Klassisches Arabisch das Wort Gottes und des Propheten, somit die Sprache der Orthodoxie und Tradition. Sie besitzt als Sprache aller Muslime eine starke Einheit stiftende Kraft.[10] Ihre schriftsprachliche und kolloquiale Verwendung als Hocharabisch deckt heute den administrativen, rechtlichen und öffentlichen Raum der Schriftkultur wie auch des Rundfunks, Fernsehens und des Films ab.

> Dieses Hocharabisch wird nicht spontan gesprochen, sondern bewußt als angelernte, selten genug erlernte Sprache. Insofern sind die Verhältnisse hier nicht anders als beim Sprechen von Fremdsprachen.[11]

Demgegenüber sind die umgangssprachlichen gesprochenen Varietäten des dialektalen Arabisch des Maghreb im Alltagsleben verwurzelt und fungieren als das, was wir gemeinhin unter „Muttersprache" verstehen. Der berühmte algerische Schriftsteller Kateb Yacine prägte für sie das schöne Bild: „Les parlers arabes sont des nénuphares, distincts les uns des autres mais qui communiquent par leur racines" (Beaucé 1988: 177).

Das gilt auch für die der hamito-semitischen Sprachfamilie angehörenden Berbersprachen. Anders als das Arabische besitzen die Berbersprachen keine regelrechte schriftsprachliche Tradition. Es gibt zwar das *Tifinagh*, die Schrift der Tuareg, das seit einiger Zeit vor allem durch die Bewegungen zur Förderung der kulturellen Eigenständigkeit der Berber zur Transkription von Texten benutzt wird, doch liegt der kulturell-literarische Reichtum der Berberkulturen in ihrer umfassenden Oralliteratur, d.h. Texten, die mündlich übermittelt werden. In den berberischen Märchen, Legenden, Epopöen, Schauspielen, Rätseln und Liedern leben die Bilder des kollektiven Gedächtnisses der maghrebinischen Ureinwohner fort, denn die Berber sind die Ureinwohner, welche im 7. Jahrhundert n. Chr. von eindringenden Araberstämmen kulturell assimiliert und in der Folge islamisiert wurden. Aus dieser kulturellen Mischung rekrutierten sich die Stämme, die im andalusischen Spanien eine Hochkultur errichteten. Der Baustil der Alhambra in Granada ist derselbe wie der der Koutoubia in Marrakesch.

---

[10] „L'arabe classique fait référence à la nation arabo-islamique. Il véhicule des nostalgies d'âge d'or, de supériorité littéraire et d'unité perdue. Il reste élitiste par nature." Thierry de Beaucé: *Nouveau discours sur l'universalité de la langue française*. Paris 1988, S. 174.

[11] Hartmut Kästner: *Phonetik und Phonologie des modernen Hocharabisch*. Leipzig 1981, S. 12.

Doch zurück in die neuere Kolonialgeschichte und nachkoloniale Zeit. Die Zahl der Berberophonen im Maghreb ist nicht absolut verlässlich zu ermitteln, doch kann derzeit von 40-50% Berberophonen in Marokko ausgegangen werden, von denen höchstens ein Fünftel einsprachig sind, während die übrigen Sprecher auch Dialektarabisch und eventuell Französisch sprechen. In Algerien sind etwa 20% der Bevölkerung berberophon und in Tunesien nur ca. 1%.[12] Das Berberische weist darüber hinaus unterschiedliche Dialekte auf: in Marokko im Wesentlichen das *Shleuh* im Süden des Hohen Atlas, das *Tamazight* im Mittleren Atlas und das *Tarifit* im Rif. Die größte Gruppe von Sprechern in Algerien sind die Kabylen in der Kabylei, im Aurès wird *Chaouia* gesprochen, *Mozabite* im Mzab und *Tuareg* in der Sahara. Die tunesischen Berber sprechen einen einheitlichen Dialekt und sind im äußersten Süden des Landes um Médénine anzutreffen.[13]

Nicht unerwähnt sollen die von den maghrebinischen Juden gesprochenen Varietäten des Arabischen, Berberischen und Spanischen bleiben und verschiedene Mischsprachen, wie das in Marokko anzutreffende *Haketiya* (*Hakitia*), eine stark arabisierte Varietät des Judeo-Spanischen.[14]

Die spezifische Spannung besteht zwischen den gesprochenen Muttersprachen und den erst einige Jahre später in der Schule vermittelten Schriftsprachen mit den an sie gekoppelten Kulturen. Das Arabische besitzt beide Pole, den der Schrift- und den der Umgangssprache, die sich allerdings erheblich voneinander unterscheiden, was linguistisch als Diglossie bezeichnet wird. Das Französische kann für beide Felder benutzt werden, während das Berberische bis zu Beginn der 80er Jahre rein auf den gesprochenen Bereich beschränkt war. Ein berberophoner Autor musste also, um schriftlich fixierte Literatur zu verfassen, auf eine der beiden anderen Sprachen, Arabisch oder Französisch, ausweichen. Ähnlich verhielt es sich für die Mitglieder der jüdischen Gemeinschaft, für die sich jedoch aus religiösen Gründen das Arabische verbot, so dass sie durchgehend für das Französische optierten.

1.3   Bildungspolitische Voraussetzungen

Die notwendigen bildungspolitischen Voraussetzungen für maghrebinische Schriftsteller und Schriftstellerinnen wurden durch das Schulsystem geschaffen. Es fand während der Kolonialzeit eine partielle schulische Französisierung (Glessgen) statt, die es ermöglichte, zunächst das Französische zu erlernen, um literarische Texte in der Sprache der Kolonialmacht schreiben zu können.

---

[12] Martin-Dietrich Glessgen: „Das Französische im Maghreb: Bilanz und Perspektiven der Forschung", in: *Romanistisches Jahrbuch* 47, 1996, S. 28-63, hier S. 39. Siehe auch Salem Chaker: „Langue et identité berbères (Algérie/Émigration). Un enjeu de société", in: Jean-Robert Henry (Hg.): *Nouveaux enjeux culturels au Maghreb.* Paris 1984, S. 173-180.

[13] Gilbert Grandguillaume: *Arabisation et politique linguistique au Maghreb.* Paris 1983, S. 14.

[14] Siehe dazu Judith Klein:*‚Der feine Sand des Gedächtnisses'. Jüdisch-maghrebinische Literatur der Gegenwart.* Hamburg 1998, S. 25-33.

In Algerien wurden Schulen nach französischem Vorbild errichtet. Allerdings erhöhte sich das Bildungsniveau der einheimischen Bevölkerung dadurch kaum. Besonders die Schulbildung für Mädchen blieb sehr gering. 1928 waren in Algerien von insgesamt 55.476 Grundschülern nur 3.603 Mädchen, im Sekundarbereich gab es nur 48 Mädchen von 690 Schülern.[15] Diese Kinder waren fast alle Franzosen, denn noch 1914 betrug die Einschulungsrate für Einheimische nur 5% und es gab nur 34 muslimische Abiturienten und 12 Hochschulabsolventen.[16] 1937 betrug die Einschulungsrate für Jungen 17% und für Mädchen 3%. Die Analphabetenquote belief sich 1948 auf 91% der männlichen Algerier und 98% der Frauen (Kühnel 1995: 38). 1954 hatten immer noch nur 15% der algerischen Knaben und 6% der algerischen Mädchen überhaupt je eine Schule besucht. Das ist nach 124 Jahren Kolonisierung eine skandalös geringe Alphabetisierungsrate.[17] Nach 1930 hatte die reformistische Reformbewegung um Cheikh Ben Badis (*Association des Ulama*) den Unterricht der arabischen Sprache durch Privatschulen, in denen der Koran, Klassisches Arabisch, Geschichte und Geographie unterrichtet wurde, gefördert. 1954 gab es 181 solcher Bildungseinrichtungen, an denen ca. 40.000 Schüler unterrichtet wurden. Doch zielten die traditionellen Bildungseinrichtungen wie die *Medersa* in Tlemcen auf die Ausbildung einer frankophilen Elite (Kühnel 1995: 18f.). 1954 ermittelte eine Untersuchung einen Anteil von nur 9% bilingualen Algeriern, davon 8,1%, die Arabisch und Französisch sprachen, und 0,9%, die Berberisch und Französisch sprachen (Kühnel 1995: 19f.). Noch geringer ist der Anteil derjenigen, die Französisch auch ausreichend gut schreiben konnten. Aus dieser schmalen privilegierten Gruppe rekrutierten sich die Schriftsteller. Noch 1966, also vier Jahre nach der Unabhängigkeit Algeriens waren von 11,9 Millionen Einwohnern 84% Analphabeten (Kühnel 1995: 29).

In Algerien führte die Kolonisierung zu einer massiven Verbreitung der französischen Sprache (Kühnel 1995: 18).[18] Gekoppelt an die Bildungspolitik geriet das Französische während der Kolonialzeit zum magischen Tor, durch das der Zugang zu sozialem Aufstieg möglich wurde. Im Gegenzug valorisierte der Befreiungskrieg das Arabische als die nationale Muttersprache (allerdings auf Kosten des Berberischen). Die Versammlungen, Berichte und Kampfschriften der Befreiungsbewegung wurden in dieser Sprache abgehalten und verfasst, natürlich nicht in der Sprache des Kolonisators.[19] Auch die postkolonialen Debatten um die Arabisierung tendierten dazu, das moderne Arabisch unzulässigerweise mit

---

[15]   Christiane Chaulet-Achour: *Noûn. Algériennes dans l'écriture*. Biarritz 1998, S. 52.

[16]   Roland Kühnel: *Die sprachliche Situation an Hochschulen des Maghreb und die offizielle Sprachpolitik. Eine soziolinguistische Untersuchung*. Frankfurt a.M. et al. 1995, S. 38.

[17]   Siehe Slimane Chickh: „L'Algérie face à la Francophonie", in: *Maghreb et francophonie*. Paris 1988, S. 1-27.

[18]   Dort auch Tabellen zu den Prozentanteilen der einzelnen Sprachen.

[19]   Ambroise Kom: *La malédiction francophone. Défis culturels et condition postcoloniale en Afrique*. Münster/Hamburg/London 2000, S. 111.

der Muttersprache in eins zu setzen. Dabei handelt es sich bei dem *arabe de l'arabisation* um eine von Jacques Berque so genannte *langue tierce*:

> C'est la langue du cosmopolitisme, de la petite bourgeoisie et de l'ouverture à l'influence extérieure. Elle n'a ni la sève du dialecte, ni la profondeur de l'arabe classique. (Grandguillaume 1983: 24)

Gegenwärtig wird vor allem in Algerien forciert arabisiert und das im von Grandguillaume definierten Sinn einer *arabisation-conversion*:

> L'autre pôle serait véritablement une réarabisation, celle qui est le plus revendiquée dans la mesure ou elle exprime une volonté de différence: elle serait véritablement une réarabisation, au sens de retour à soi-même, de retour à l'authenticité. (Grandguillaume 1983: 31)

Allerdings betrug noch 1993 die Analphabetenrate für Hocharabisch in Algerien 53,8% bei den Männern und 60% bei den Frauen (Kühnel 1995: 23).

Während des Protektorats bestanden in Tunesien drei Unterrichtssysteme: ein rein arabisches, ein zweisprachiges und ein französisches. Das arabische Schulwesen war zunächst ausschließlich religiös und in den Koranschulen angesiedelt. Die Ausbildung konnte in den regionalen *Medersen* weitergeführt werden und befähigte zu einem Studium an der *Zitouna*-Universität in Tunis. Reformen führten auch profane Fächer sowie Fremdsprachen in den Unterrichtskanon ein. Nach der Unabhängigkeit Tunesiens wurde mit dem Ziel, das Unterrichtswesen zu vereinheitlichen, die *Zitouna* 1958 als theologische Fakultät der Universität Tunis eingegliedert, die Koranschulen aufgelöst und die Medersen in Collèges verwandelt. Gleichzeitig führte man das Arabische als einzige Unterrichtssprache für die ersten beiden Grundschuljahre ein, was jedoch 1969 wieder abgeschafft wurde (Grandguillaume 1983: 47). Eine zweisprachige Ausbildung auf Sekundarniveau vermittelte das *Collège Sadiki* in Tunis. Aus dieser Bildungsanstalt ging signifikanterweise fast die gesamte Führungselite des unabhängigen Tunesien hervor. Diese Politiker zeigten einen vergleichsweise unverkrampften Umgang mit dem Arabischen und sie propagierten ab 1968 und zu Beginn der 70er Jahre ein „tunesisches" Arabisch. In den Debatten der Zeit werden Arabisierung und *tunisification* immer wieder miteinander verknüpft, d.h. mit der Hinwendung zur arabischen Sprache wird die Affirmation der Eigenkultur und ihre Aufwertung verbunden. Die Entwicklung zu einem nationalen Arabisch schwächt die Diglossie zwischen Hocharabisch und Dialekt ab (Grandguillaume 1983: 68). Das französische Unterrichtssystem unterstand während des Protektorats der *Direction de l'Instruction Publique en Tunisie* und umfasste Grundschulen und Gymnasien, die genau entsprechend den französischen Curricula unterrichteten. Klassisches Arabisch resp. Hocharabisch und Dialektarabisch wurden als Fremdsprachen gelehrt. 1953 besuchten 124.071 tunesische Kinder die Grundschule von 850.000

im schulpflichtigen Alter (14,59%). Die weiterführenden Schulen wurden von 31.563 Schülern und Studenten besucht, darunter 13.293 Tunesier (42,11%).[20]

In Marokko gab es seit Jahrhunderten vor der Errichtung des Protektorats ein traditionelles islamisches Unterrichtswesen von Koranschulen über Medersen bis hin zur Universität *Karaouine* in Fès. Diese erhielt schon 1948 eine Abteilung für Frauen.[21] Mit dem Protektorat wurde ein französisches Unterrichtssystem eingeführt, das jedoch in erster Linie den Europäern in Marokko zugute kam: Ab den 20er Jahren existierte die elitäre *École des Fils et Filles des Notables*, an welche die weiterführenden *Collèges Musulmans* anschlossen, deren Abschluss zu einer Verwaltungslaufbahn berechtigte. Für die einfache Bevölkerung schuf man die *Écoles Urbaines* und *Écoles Rurales*. 1935 wurde im *Collège de Fès* erstmals das *Baccalauréat* eingeführt und erst ab 1948 das *Baccalauréat Marocain* für die Einheimischen. 1945 gingen nur 45.000 Marokkaner in die Grundschule, 1.150 in die Sekundarstufe (Grandguillaume 1983: 71). Bei der Unabhängigkeit Marokkos hatten von ca. 11 Mill. Einwohnern nur 530 Marokkaner das französische Abitur.[22] Diese Zahl ist extrem, wenn man bedenkt, dass es in den zwar weiterhin tolerierten arabischsprachigen Ausbildungsgängen keinen Schulabschluss gab, der den Zugang zu einem laizistischen Hochschulstudium ermöglichte. Für die Förderung der Schulbildung für Mädchen setzte sich der Sultan Mohammed V. engagiert ein, auch die nationalistische *Istiqlal*-Partei sah schon ab 1946 darin einen fundamentalen Schritt. Nach der Unabhängigkeit wurden weitere Schritte in Richtung Arabisierung unternommen, doch 1964 optierte König Hassan II. für den Bilinguismus und ab 1968 lancierte er die Koranschulen, die der Grundschule mit einer zweijährigen Ausbildung vorgeschaltet wurden. Während der Thron den Islam und damit die arabische Sprache als eine wesentliche Basis seiner Legitimität pflegte, benutzte die *Istiqlal*-Partei das Arabische als Teil ihrer politischen Strategie. Besonders aus der Sicht der marokkanischen Berber wurde dies so wahrgenommen. Das Französische gilt nach wie vor als Mittel zur sozialen Selektion, wobei diejenigen, die nicht im häuslichen Milieu und auf Privatschulen, die in Marokko heute noch sehr wichtig sind, hinlänglich gut diese Sprache beherrschen lernen, durch die Arabisierungsmaßnahmen besonders hart getroffen werden (Grandguillaume 1983: 94).

Die Möglichkeit, in das Universum der französischen Sprache und Kultur einzudringen, bedeutete auch umgekehrt, dass die Sprache und die mit ihr unlöslich verbundene Kultur die maghrebinische Subjektkonstitution beeinflusste:

> En effet, enseigner une langue, c'est toujours imposer une loi. Comme Roland Barthes le remarquait, toute langue est coercitive, parce qu'elle implique une certaine idéologie du sujet, parce qu'elle oblige à dire certaines choses, parce qu'elle comporte ce que Jakobsen appelle les ‹rubriques obligatoires d'une langue›, parce qu'elle

---

[20]   Noureddine Sraïeb: „L'enseignement en Tunisie", in: *Annuaire de l'Afrique du Nord* 1967, S. 45-114, hier S. 50 und S. 67.

[21]   Rachida Nachit: *Literarische Bilder von Marokko*. Münster et al. 1997, S. 131.

[22]   Leonor Merino: *Encrucijada de Literaturas Magrebíes*. Valencia 2001, S. 121.

structure le sujet et le contraint à entrer dans un ordre symbolique. (Grandguillaume 1983: 42)

Vor diesem Hintergrund sind aufgrund der spezifischen Mehrsprachigkeit des Maghreb, Staatsangehörige der maghrebinischen Staaten, die keine weitreichende Schulbildung in der arabischen Schriftsprache genossen haben, ebenso vom öffentlichen Sektor und leitenden Ämtern ausgeschlossen, wie es diejenigen Maghrebiner waren, die während der Kolonialzeit keinen Zugang zum französischen Schulsystem fanden. Klassisches Arabisch, das zwar im öffentlichen Diskurs benutzt wird, so betont es der gegen die Arabisierung Algeriens und für sprachliche und kulturelle Pluralität engagierte Berber Alek Baylee Toumi in seiner Polemik, ist niemandes Muttersprache in Algerien[23] und, so kann hinzugefügt werden, im gesamten Maghreb.

Das Französische wird heute im Maghreb konkurrierend zum modernen Arabisch als Sprache der Modernität geschätzt. Außerdem ist es immer noch eine Prestigesprache der Eliten und fungiert als Symbol und Katalysator des gesellschaftlichen Aufstiegs. Wegen seines ländertranszendierenden Kommunikationsaspekts allein kann Französisch jedenfalls keinerlei Vorrang vor dem Arabischen beanspruchen. Die Stellung des Französischen im Maghreb wurde während der Kolonialzeit vor allem mittels des Schulsystems und durch seine alleinige Funktion als Amtssprache verfestigt. Seine Position wurde in der postkolonialen Phase durch die Arabisierungsprogramme in Frage gestellt. Sie werden in den Abschnitten zu den Entwicklungen in den einzelnen Staaten dargestellt. Seit Mitte der 80er Jahre ist ein Rückgang, wenn nicht eine zunehmende Ablehnung des Französischen zu verzeichnen, vor allem in Algerien, aber auch in Marokko (Kühnel 1995: 7ff.). Die Bevölkerungsexplosion trägt dazu bei, dass die quantitativ sehr starken jüngeren Jahrgänge einen merklichen Rückgang des Französischen bewirken. Hatte Marokko 1984 ca. 25 Millionen Einwohner, so waren es 1996 wahrscheinlich über 30 Millionen (Glessgen 1996: 37). Etwa 60% der Maghrebiner waren 1996 jünger als 25 Jahre.

Ob ein maghrebinischer Intellektueller heute für die arabophone oder frankophone Kultur optiert, hängt neben seinem privaten Lebenslauf mit den bildungspolitischen Entscheidungen, die meist seine Eltern für das Kind trafen, vor allem davon ab, an welche kulturelle Gemeinschaft er sich anlehnen will. Und angesichts des Vorrückens fundamentalistischer Positionen, die sich in der arabischen Sprache artikulieren, wird vielen Intellektuellen die Wahl für eine postkoloniale Frankophonie erleichtert. Die Option betrifft also ein kulturelles Feld (Bourdieu 1992a) und niemals nur rein instrumentell eine Sprache zuungunsten einer anderen. Meist betrifft sie, wie sich an den Werdegängen der einzelnen Autorinnen und Autoren zeigen wird, sogar eine Sprache ergänzend zu anderen, mündet also in die Öffnung neuer, zusätzlicher transnationaler Kommunikationsräume.

---

[23] Alek Baylee Toumi: *Maghreb Divers. Langue française, langues parlées, littératures et représentations des Maghrébins, à partir d'Albert Memmi et de Kateb Yacine*. New York et al. 2002, S. 5.

1.4   Literarische Voraussetzungen

Literarische Voraussetzungen für die Entstehung eines maghrebinischen Romans in französischer Sprache sind hier als die Rahmenbedingungen der Herausbildung eines spezifisch maghrebinischen literarischen Diskurses aufgefasst. Damit der Roman im Maghreb zur Entfaltung kommen konnte, mussten neben den sich wandelnden sprachlichen und bildungspolitischen Gegebenheiten entsprechende institutionelle Voraussetzungen entstehen, d.h. es bedurfte auf dem literarischen Feld[24] eines Buchmarkts mit Verlagen, Literaturpreisen, einer Öffentlichkeit mit Diskussionsforen (z.B. Zeitschriften), die Kontakte zwischen Autoren und Lesern ermöglichten. Mit der im Folgenden verfolgten Frage, was in den Romanen auf welche Weise dargestellt wird, rücken zusammen mit dem intendierten Zielpublikum die sozialen Positionen und Kräfteverhältnisse in den Blick.[25]

1.4.1   Algerien

1.4.1.1   Orientalismus

Nicht nur Algerien, sondern ganz Nord-Afrika war innerhalb der Welle der Orientbegeisterung vielfach von französischen Schriftstellern bereist worden, woraus orientalistische und die Strömung der *littérature exotique* illustrierende Texte hervorgingen. Der Orient als eine Schöpfung des hegemonialen Okzidents ist eine Kreation. Sie beruht, wie Edward Saïd in seinem Grundlagenwerk *L'orientalisme* darlegte, auf dem Machtgefälle zwischen Europa und dem aus dieser Perspektive wahrgenommenen Anderen. Sie hat wenig mit dem realen Wahrnehmungsobjekt zu tun[26] und operiert mit Bildrepertoires, die von den maghrebinischen Autoren, wie zu zeigen sein wird, oftmals dekonstruiert werden.

Juan Goytisolo bemerkte[27], dass der Mensch des Südens vielleicht schon seit Herodot zu einem literarischen und ethnographischen Objekt des reisenden Nordländers wurde. Zu fragen ist dann, wann diese Interaktion sich umkehrt und der Nordländer für den Südländer diese Funktion erhält. Wir werden noch sehen, dass Romane des Maghreb tatsächlich bis in den hohen Norden vorstoßen.

Seit Handelsbeziehungen und Kontakte durch im Mittelmeer aktive Piraten bestanden, wurde der Maghreb verstärkt bereist. Signifikant sind etwa die Briefe des Naturkundlers Abbé Poiret aus den Jahren 1785-86. Zwar fühlte er sich in

---

[24] Siehe die brillante Darlegung der Bourdieuschen Theorie von Joseph Jurt: *Das literarische Feld. Das Konzept Pierre Bourdieus in Theorie und Praxis.* Darmstadt 1995.

[25] "Die Feldtheorie unterscheidet sich von systhemtheoretischen Betrachtungsweisen durch die Tatsache, daß sie gleichzeitig das Feld der Positionen, die sich aus den Charakteristika der Akteure ableiten lassen, betrachtet *und* das Feld der Stellungnahmen („prises de positions") mittels der literarischen oder künstlerischen Werke, aber auch durch politische Akte oder Diskurse." (Jurt 1995: 86).

[26] *L'Orientalisme. L'Orient créé par l'Occident.* Paris 1980, S. 34.

[27] „Le Nord vu du Sud" in: *Lettre internationale* 13, 1987.

dem Handelsstützpunkt La Calle bei Constantine ins ehemalige Numidien Jugurthas und Massinissas versetzt, doch schreckten ihn die Seuchen wie die Pest und die an den Einheimischen konstatierte Gewalttätigkeit, die so gar nicht mit seinen rousseauistischen Prinzipien zu vereinbaren war.[28]

Meilensteine der französischen orientalistischen Literatur über Algerien waren Théophile Gautiers *Voyage pittoresque en Algérie* (1845) und *Scènes d'Afrique* (1863), Eugène Fromentins *Une année dans le Sahel* (1859) und *Un été dans le Sahara* (1857).[29] Algerien wurde in den Orient mit einbezogen, dessen Hauptanziehungspunkte im 19. Jahrhundert die Türkei mit Konstantinopel und Ägypten waren, der sich allerdings im Kontext der französischen Kolonisierung des Maghreb entzauberte. Das bedauerte etwa Guy de Maupassant, dessen *Au soleil* Impressionen seiner Algerienreise wiedergibt:

> On réussira bientôt, à faire de ce pays quelque chose de banal et de pareil au nôtre, où il n'y aura de vrai que le soleil.[30]

Alphonse Daudet in seinen *Aventures prodigieuses de Tartarin de Tarascon* (1872) spielt ebenfalls mit der Entzauberung des Orients, wenn Tartarin in Algerien, wo ihm alles so vertraut vorkommt wie zu Hause, enttäuscht fragt: „Qu'est-ce qu'ils me chantent donc avec leur Orient?"

1.4.1.2 Algerianismus

Eine bedeutende Tendenz und Strömung innerhalb der algerischen Kolonialliteratur, die den einheimischen Romanciers vorarbeitete, war der algerianistische Roman. Die Hauptvertreter dieser Strömung waren Louis Bertrand (1866-1941) und Robert Randau (1873-1950). Algerienfranzosen stellten in Romanen ihr Lebensumfeld dar, kreierten erstmals von innen den literarischen Raum ihrer Heimat, der Kolonie, mit dort angesiedelten Figuren. Die Stoßrichtung des Diskurses zielte dabei offenkundig auf Assimilation. Die Einheimischen sollten, sofern sie als Romanfiguren fungierten, in Franzosen verwandelt werden, indem sie innerliterarisch in typischen Situationen entsprechend modellhaft sozialisiert wurden. Louis Bertrand verfasste Texte, die der Strömung des *roman colonocentriste* zuzurechnen sind, während die Werke Randaus den Akzent noch stärker verlagern auf die Propagierung einer Algerianität unter französischer Vorherrschaft.

Der lothringische Barrès-Schüler Bertrand lehrte zwischen 1891 und 1900 am Gymnasium in Algier. Er machte aus Algerien seine Wahlheimat und kehrte auch nach seiner Rückkehr nach Frankreich zu wiederholten langen Aufenthalten und Reisen immer wieder dorthin zurück. Er bereiste auch Tunesien, Marokko und den Nahen Osten. Der mit dem Archäologen Stéphane Gsell befreundete Bertrand träumte zu Beginn des Jahrhunderts von einem wieder erweckten lateinischen und rechristianisierten Nordafrika. Er verlieh in seinem umfangreichen

---

[28] Abbé Poiret: *Lettres de Barbarie 1785-1786*. Paris 1980.
[29] Jean-Claude Berchet (Hg.): *Le voyage en Orient*. Paris 1985.
[30] *Fleurs d'ennui*, S. 340 zit.n. Pierre Jourda: *L'exotisme dans la littérature française depuis Chateaubriand*, Bd. 2. Paris 1939, S. 67.

Werk, das neben Romanen auch viele Reiseberichte (etwa *D'Alger la romantique à Fez la mystérieuse* (1930), *Carthage* (1930)) und Biographien bedeutender Persönlichkeiten (etwa *Saint-Augustin* 1918) umfasst, dem Mythos vom Primat der Latinität im Mittelmeerraum Ausdruck.[31] In seinem Reisebericht *Carthage* lesen wir:

> Cette domination de la langue, des mœurs, de la civilisation gréco-latine tout entière, n'y a pas été un accident passager. Elle a duré de longs siècles. [...] Sans doute, ç'a été, pour elle, un fait capital que de changer de langue et de religion. Ne plus penser en latin, c'était renoncer au meilleur bénéfice de la civilisation latine. Mais tout le matériel de cette civilisation est resté aux Africans, et cela jusqu'à ces derniers temps. Les Arabes n'avaient pas de civilisation propre. [...] D'autre part, les Berbères africains n'avaient pas davantage de civilisation propre. Comme les Arabes, ils n'ont jamais rien inventé.[32]

In krasser Abkehr von der Tradition der Reiseliteratur und des Exotismus, die sich mehr für den Islam interessierte, baute er ganz und gar auf die Verherrlichung der Errichtung der *Algérie française* durch die *Colons*. Sein Roman *Le sang des races* (1899) zeigte diese zivilisatorische Großtat auch unter Einbeziehung einheimischer Figuren, etwa des Fuhrmanns Rafael.

In der Strömung des Algerianismus begegnet uns erstmals „littérature par l'Algérie", wie Gabriel Audisio die von Autoren aus der kolonialen Immigration produzierten Werke im Gegensatz zur „littérature sur l'Algérie" der die Kolonie nur bereisenden und anschließend wieder nach Hause zurückkehrenden Franzosen nannte.[33]

Robert Randau und Jean Pomier priesen ebenfalls die zivilisatorische Energie des französischen Kolonialismus. Randau verfasste 1906 das Vorwort zu einer *Anthologie algérienne*, in dem er das Bestreben nach „autonomie esthétique du terroir" ausdrückt:

> Il doit y avoir une littérature nord-africaine car un peuple qui possède sa vie propre, doit posséder aussi une langue et une littérature à lui.[34]

Aus seiner Feder ist eine treffende und amüsante Kritik an der exotistischen Literatur und ihrer Arbeit mit austauschbaren Versatzstücken überliefert:

> Coiffez d'un turban le héros, drapez-le dans un bournus, plantez ici un palmier, là un minaret, plus loin un mirage; saupoudrez de sable le coucher de soleil; tenez des pro-

---

[31]   Fritz Peter Kirsch: *Epochen des französischen Romans*, Wien 2000, S. 258. Siehe auch ders., „La civilisation et la barbarie. Considérations sur le rapport entre les littératures de langue française", in: *Cahiers francophones d'Europe centre-oriental* 2, 1992, S. 37-56.

[32]   Albert Memmi: *Écrivains francophones du Maghreb. Anthologie*. Paris 1985, S. 55.

[33]   Paul Siblot: „Impasses et non-sens des villes d'Algérie chez Camus", in: *Cahier d'études maghrébines* 4, 1992, S. 159-67, hier S. 162.

[34]   Zit.n. Jean Déjeux: *Littérature maghrébine de langue française. Introduction générale et auteurs*. Sherbrooke 1973, S. 16.

pos consternants sur l'ogive arabe et le palais mauresque; [...] et vous servirez la plus délicieuse des terrines orientales...[35]

1.4.1.3 *École d'Alger*

Besonders in Algerien dienten die französischen Schriftsteller vor Ort ihren algerischen Kollegen als Modelle und ermutigten sie, ihre literarische Eigenständigkeit zu entfalten. Das trifft vor allem auf die von Gabriel Audisio (1900-1978) so genannte *École d'Alger* zu, der neben ihm selbst Albert Camus (1913-1960), Emmanuel Roblès (1914-1995), Jules Roy (1907-2000), Jean Pélégri (1920-2003) und einige andere wie Robert Merle, Jean Brune, Janine Montupet, Roger Curel oder André Rosfelder angehörten. Sie beschworen in den vierziger Jahren eine mediterrane Identität. Unter dem Eindruck des Zweiten Weltkriegs, der deutlichen Verschiebung der Mentalitäten und der damit verbundenen Wahrnehmung der neuen politischen und kulturellen Weltordnung entwickelten sie humanistische und existentialistische Vorstellungen. Sie traten während des Algerienkriegs für einen Dialog der verfeindeten Parteien ein, unterstützten in einigen Fällen die Forderungen der Einheimischen oder sie machten sich auch praktisch-konkret wie Emmanuel Roblès um die Verbreitung maghrebinischer Literatur verdient: er veröffentlichte die ersten Werke Mouloud Feraouns und Jean Amrouches in Frankreich.

Albert Camus, im öffentlichen Bewusstsein der „chef de file" der *École d'Alger*[36], wurde 1913 in Mondovi im Osten Algeriens geboren, lebte nach dem Tod seines Vaters 1914 mit der Mutter in Belcourt, einem Arbeiterviertel von Algier, wo Camus seinen Protagonisten Meursault in *L'étranger* ansiedelt. Camus' Eltern waren in der zweiten Generation in der Kolonie ansässig. Er schrieb als Journalist für die 1938 gegründete Zeitung *Alger Républicain*, die sich für die rechtliche Gleichstellung aller Algerier einsetzte. Seine Reportagen über die Kabylei sind beeindruckende Zeitzeugnisse. Ab 1944 lebte Camus meist in Paris und war für Gallimard als Lektor tätig, in dessen Wagen er 1960 tödlich verunglückte.

Nach Ausbruch des Algerienkriegs äußerte sich Camus in einer Artikelserie in *L'Express* und hielt am 22.1.1956 in Algier im Cercle du Progrès in Anwesenheit von Ferhat Abbas eine Rede, in der er zur Versöhnung der kriegsführenden Parteien (*apaisement)* aufrief, zu Verhandlungen am runden Tisch, allerdings ohne Beteiligung des FLN (*Front de Libération Nationale*), dessen Methoden er inakzeptabel fand (Albes 1990: 46).[37] Zu einer offenen Verurteilung der französischen Politik konnte er sich jedoch nicht entschließen. Eine Interpretation seines fiktionalen Werks vor dem Hintergrund des Kolonialismus zeigt, dass die Ein-

---

[35] *Les Algérianistes*. Paris: 1911, S. 221.

[36] Wolf-Dietrich Albes: *Albert Camus und der Algerienkrieg. Die Auseinandersetzung der algerienfranzösischen Schriftsteller mit dem ‚directeur de conscience' im Algerienkrieg (1954-1962)*. Tübingen 1990, S. 1.

[37] Dazu Emmanuel Roblès in *Camus, frère de soleil*. Paris 1995, S. 110-113 und Olivier Todd *Albert Camus. Ein Leben*. Reinbek 1999, S. 672-681.

heimischen, „ethnologisch fehlerhaft stets als *Arabes* bezeichnet" (Albes 1990: 13), überwiegend keine individualisierten und handelnden Figuren, sondern Staffage sind. Im Verhältnis zu den Kolonialdiskursen zeigt Camus allerdings eine Dekonstruktion und Rekonstruktion der Bedeutungen. Er konstruiert Oppositionen zwischen Algier und Oran und den europäischen Städten, die metonymisch die sozialen Oppositionen spiegeln, wie sie Frantz Fanon für die Stadt der Kolonisierten und Kolonialisten beschrieben hat (Siblot 1992: 164). Besonders sein Roman *L'étranger* (1942) verdeutlicht die Identitätskrise, die auch der Autor angesichts der Lage in seiner Heimat durchlebte, und wurde seit der Pionierarbeit von Christiane Achour 1984[38] im kolonialen Kontext interpretiert.[39] Die Gegner, Kolonisten und Kolonisierte, stehen sich mit Messer und Schusswaffe gegenüber und es kommt in der gleißenden Sonne am Strand zum Mord des *Arabe* im 6. Kapitel. Allerdings ist die kolonialistische Ideologie dennoch nachweisbar, auch wenn sie unter ahistorisch philosophisch-mythischen Dimensionen zurücktritt (Albes 1990: 33).

> [...] fondamentalement, face à l'autochthone, le colon se considère toujours en état de légitime défense: l'autre est toujours perçu comme prenant l'initiative de l'agression. (Achour 1984: 50)

In seinen Novellen *La femme adultère* und *L'hôte* der Sammlung *L'exil et le royaume* (1957), kann die ideologische Stoßrichtung nicht klar erfasst werden und diktiert das Kolonialsystem dilemmatische Konstellationen. Weist schon Daru in *L'hôte* autobiographische Elemente auf[40], so zeigt der erst im Jahr 1994 postum erschienene Roman *Le premier homme* die tiefe Auseinandersetzung Camus' mit seinen algerischen Wurzeln und führte zu einer nachhaltigen Revision der Camus-Rezeption. Albes nennt den Text, in dem Jacques im Mittelpunkt steht, eine kolonialistische Familiensaga bzw. ein Epos über den algerienfranzösischen *colonisateur* (Albes 1990: 83). Lange war Camus als französischer Autor rezipiert worden und seine Algerianität nicht mit seinem Werk in Verbindung gebracht.

Roy und Roblès hatten seit 1945 engen persönlichen Kontakt zu Camus, andere, wie Jean Pélégri nur sporadisch (Albes 1990: 2f.). Er selbst betonte 1957, unmittelbar bevor ihm der Nobelpreis verliehen wurde, seine Funktion für die Schriftstellerkollegen und hob an anderer Stelle wiederholt sein Engagement für die algerische Unabhängigkeit hervor:

> Tous les jeunes écrivains algériens sont mes amis en ce sens que pour certains j'ai pu les aider à réaliser quelques-uns de leurs projets d'édition et que pour les autres, généralement, ils ont partagé un certain nombre de problèmes qui sont aussi douloureux pour eux que pour moi. (Albes 1990: 1)

Auf die Angriffe eines FLN-Vertreters im Saal hin hatte er in Stockholm betont, er schweige, um die Fronten nicht noch mehr zu verhärten und mit dem berühm-

---

[38] *Un étranger si familier. Lecture du récit d'Albert Camus.* Alger 1984.
[39] Siehe die Analyse bei Albes 1990: 15-33.
[40] Albes 1990: 49. Siehe die detaillierte Analyse und Interpretation, S. 50-80.

ten Ausspruch geendet: „Ich glaube an die Gerechtigkeit, aber bevor ich die Gerechtigkeit verteidige, werde ich meine Mutter verteidigen" (Todd 1999: 754). Nur im Juni 1958 äußerte er sich noch einmal mit *Actuelles III*, das seine Artikel aus *Alger Républicain, Combat* und *L'Express* mit seinem Aufruf zur *trêve civile* versammelte, und eine föderale Lösung angesichts der dramatischen Lage in seiner Heimat, die ein ‚Werk der Entgiftung' erfordere, entwarf (Todd 1999: 771).

Emmanuel Roblès ist in seinen literarischen Werken wesentlich klarer politisch engagiert als Camus. Sein Romanerstling *L'action* (1938) ist deutlich von Malraux beeinflusst und handelt um den jungen Astone bei Arbeitskämpfen in Algier während der Volkfront 1937 (Albes 1990: 85). *Les hauteurs de la ville* (1948) spielt 1942 in Algier und schildert in der Ich-Form die Protest-Handlungen und Rachepläne des neunzehnjährigen Icherzählers Smaïl Ben Lakhdar für die Verachtung (*mépris*, S. 121), mit der die Franzosen ihm begegnen: er reißt Plakate ab, auf denen Arbeiter ins besetzte Frankreich geworben werden, bringt den französischen *Résistance*-Kämpfer Fournier ins marokkanische Oujda und er tötet schließlich den reichen *colon* Almaro, der vierundvierzig angeheuerte Arbeiter, die sich bei ihrer Einschiffung weigerten abzufahren, in ein Gelass ohne ausreichende Luftzufuhr sperrte, so dass fünfundzwanzig in der Nacht den Tod fanden. Leichtsinnig läuft er jedoch der Polizei in die Arme, als er versucht, allein nach Marokko zu gelangen, anstatt sich von befreundeten algerischen Widerstandskämpfern helfen zu lassen (Albes 1990: 90-99). Wie bei Camus ist ihm zunächst als Waffe das Messer zugeordnet, während der Kolonialist auf ihn schießt. Doch er beschafft sich einen Revolver, mit dem er diesen tötet.

1960 betont Roblès im Vorwort zur Neuauflage des Romans bei den Éditions du Seuil in Paris den prophetischen Charakter seines Textes, greift Dibs Metapher der *Incendie* auf, die das Land erfasst habe und hebt auf den berechtigten Anspruch auf Würde und Legitimität beider Seiten ab:

> Six ans à peine après la publication des *Hauteurs de la ville*, l'Algérie prenait son visage de guerre. Par miliers, des Smaïl, décidés à conquérir leur dignité, ont surgi du fond de leur nuit, la torche au poing. A leur cris ont répondu, dans l'autre camp, des Montserrat qui, pour avoir douté de la légitimité du combat dans lequel la France les engageait, expient dans les prisons [...]. (S. 10)

Der folgende Roman *Federica* (1954), der an der algerischen Realität von 1954 ausgerichtet ist, übt ebenso Kritik am rassistischen Verhalten der Europäer. Während des Algerienkriegs schrieb Roblès erfolgreiche Theaterstücke, deren Handlung er angesichts der Zensur in andere Kulturbereiche verlegte, z.B. nach Indonesien. Auch der Roman *La Vésuve* (1961) um eine Liebesgeschichte des algerienfranzösischen Offiziers und Icherzählers Serge Longereau mit einer Neapolitanerin 1944 in Neapel behandelt mittels weiterer Figuren (etwa des jüdischen Algerienfranzosen Joe Cohen) die Lage in der Kolonie (Albes 1990: 130ff.).

Jules Roy, wie Pélégri aus Rovigo stammend, war der Sohn einer Familie bescheidener Colons. Er siedelt seine kritische Darstellung der algerischen Kolonialgeschichte in Romanform *Les chevaux du soleil* in Rovigo, der kleinen Stadt der Mitidja im Süden Algiers an. Diese Saga Algeriens zwischen 1830 und 1962 wurde auch verfilmt und umfasst die Bände *Les chevaux du soleil* (1968), *Une femme au nom d'Étoile* (1968), *Les cerises d'Icherridene* (1969), *Le maître de la Mitidja* (1970) sowie *Les âmes interdites* (1972). Daneben verfasste Roy Theater, Poesie, Essais, das Pamphlet *J'accuse le Général Massu* (1972) und eine große Zahl weiterer Romane wie den erfolgreichen *La vallée heureuse* (1946). Roy bewunderte Camus, den er 1945 in Paris kennen gelernt hatte und übernahm zunächst auch dessen politische Haltung. Als Colonel im Indochinakrieg verfasste er jedoch 1955 einen Artikel in *L'Express*, in dem er seine Solidarität mit dem FLN bekundete: „Si j'étais Musulman, ce n'est pas de notre côté que je serais, mais dans le maquis", schreibt er dort.[41] Camus kritisierte ihn, doch gewann er Jean Amrouches Sympathie. Roy befolgte publizistisch weitgehend das von Camus verordnete und vorgegebene Schweigen, doch zeigen sein Indochina-Stück *Le fleuve rouge* (1957) und der ebenfalls dort spielende Roman *Les belles croisades* (1959) Bezüge auf den kolonialen Konflikt in Algerien (Albes 1990: 140-150). Der Bericht einer einmonatigen Reise nach Algerien im Frühling 1960 bezog mit dem provokanten Titel *La guerre d'Algérie* deutlich Position. Roy, der viel beobachtete und auch mit Armeeführern sprach, nahm Partei für die im Elend lebenden bedrohten Einheimischen. Er könne nicht, wie Camus es in Stockholm sagte („Je défendrait ma mère avant la justice"), seine Abstammung und Herkunft über die Gerechtigkeit stellen. Roy zeichnete sich selbst in diesem Bericht in der Ich-Form als *bâtard* und *orphelin* (Albes 1990: 156f.).

Jean Pélégris autobiographischer Roman *Les oliviers de la justice* (1959) wurde 1961 erfolgreich verfilmt. Der Sohn wird in der brütenden Augusthitze 1955 nach Algier an das Sterbebett seines Vaters, eines *colon* in der Mitidja, gerufen und erinnert sich vor dem Hintergrund des tobenden Krieges an seine als paradiesisch erlebte Kindheit, die aus der Erwachsenensicht eine existenzielle Situation der latenten Bedrohung durch die Kolonisierten war. Diese sind allerdings im Text positiv dargestellt (Albes 1990: 182) und der Roman steht in der Tradition des indigenophilen Kolonialromans (Albes 1990: 189). Wichtig ist auch Pélégris Roman *Le Maboul* (1963), in dem ein algerischer Landarbeiter seinen europäischen Chef tötet, und sein *Ma mère l'Algérie* (1989). Auf kulturellem Gebiet ist seine Aktivität in der bedeutenden Kultur- und Literaturzeitschrift *Novembre* zu nennen, die er zusammen mit Mourad Bourboune und Jean Sénac gründete. Er war Lehrer in Frankreich und sagte: „Je ne me suis senti libre, vraiment libre que le jour où l'Algérie a elle-même été libre" und ebenfalls um 1965 „Je veux bien cracher sur la colonisation, mais pas sur mon père."[42]

Für diese Autoren stellt sich die Frage, die bezüglich Jacques Derrida von Hédi Abdel-Jaouad aufgeworfen wird:

---

[41] Zit.n. Albes 1990: 138.
[42] Zit.n. Memmi 1985: 258.

[D]ans quelle mesure l'Algérie – terre, ciel, hommes, faune et flore – a joué un rôle dans l'imaginaire, la pensée et l'écriture déridiennes. [43]

Derrida selbst nahm mit seinem *Le monolinguisme de l'autre* dazu Stellung. Obwohl er einsprachig frankophon ist, aus einer in Algerien fest verwurzelten Familie europäischer Juden stammt, ist das Französische nicht seine Muttersprache. Er steht zu ihm im Verhältnis der „exteriorité" (S. 171).[44] Darin ist er den folgenden frankophonen Autoren des Maghreb nah und diese unterscheiden sich wie Derrida vollkommen von den Autoren der *École d'Alger*, die keine Sekunde Zweifel daran hegten, ob das Französische im vollen Umfang ihre Muttersprache war. Ihr Diskurs umkreiste reflektierend die Dimension der *Patrie*.

1.4.2   Marokko

1.4.2.1   Orientalismus

Diplomaten, von Seeräubern gekaperte christliche Sklaven und reisende Literaten hatten schon seit dem 17. Jahrhundert[45] ein literarisches Bild von Marokko gezeichnet, bevor Marokkaner selbst ihr Land als Schauplatz ihrer Romane wählten, den sie mit einheimischen Figuren versehen. Lange dominierte die Reiseliteratur[46], die aus konkreten Begegnungen vor allem durch die Seeräuberei entsprang, die Freikäufe und damit diplomatische Kontakte erforderte. Als 1767 durch einen Vertrag diese Ära endgültig vorüber ging, versiegte auch fast vollständig die französische Literatur über Marokko. Noch Voltaire hatte das Land in seinem *Candide* erwähnt. Nach der Eroberung Algiers 1830 wurde es jedoch wieder interessant, da Frankreich Auseinandersetzungen fürchtete und Gesandtschaften nach Marokko abstellte. Eine solche Abordnung zum Sultan in Meknès begleitete 1832 der Maler Eugène Delacroix. Ab 1844 stand Marokko mit Frankreich im Krieg, da der König den Emir Abd-el-Kader unterstützte, später im Krieg gegen Spanien. Literarischer Reflex davon sind Gedichte, Romane und der Reisebericht Alexandre Dumas' mit dem Titel *Le Véloce* (Lebel 1956: 15). Pierre Lotis Marokkoreise von 1889[47] gehört in einen größeren Rahmen von *récits d'ambassade* wie die Reise von Charles de Foucauld (1888) oder Gariel Charmes *Ambassade au Maroc* (1887) und brachte ihn als einen der ersten Reisenden im Gefolge des französischen Botschafters Patenôtre bis nach Fès. Loti ist bezaubert und vertritt in seinem Bericht leidenschaftlich den Wunsch, Marokko seine Ei-

---

[43] „Derrida, l'Algérie ou l'enfance troglodyte", in: *Cahier d'études maghrébines* 4, 1992, S. 169-172.

[44] Auch in seinem Buch über Paul Celan *Schibboleth pour Paul Celan* (1986) spricht er von einem ‚inneren Babel' der Unmöglichkeit der Einsprachigkeit.

[45] Etwa Jean Armands *Voyages en Afrique, où est contenu la navigation des Français entrepris en l'année 1629 et 1630 [...] ès côtes occidentales des royaumes de Fez et de Maroc*. Siehe Roland Lebel: *Le Maroc dans les lettres d'expression française*. Paris 1956, S. 9.

[46] Siehe Roland Lebel: *Les voyageurs français du Maroc*. Paris 1936.

[47] *Au Maroc*. Paris 1988.

genständigkeit und damit Eigenart zu lassen und betont, dass Tanger zum Glück noch ‚muslimischer' aussehe als „nos villes d'Algérie". Dies markiert eine weitere Etappe in der Wahrnehmung Marokkos seitens französischer Autoren. Louis Bertrand bereiste unter anderen Marokko und titelt *D'Alger la romantique à Fez la mystérieuse*. Signifikante Texte sind das marokkanische Triptychon der Brüder Jean und Jérôme Tharaud, in denen narrative Passagen mit eher journalistischer Reportage abwechseln. Der erste Band heißt *Rabat ou les heures marocaines* (1919). Die Autoren analysieren die Reaktionen bei der Begegnung der Zivilisationen und inspirieren sich an dem Aufruf Lotis, die Eigenart Marokkos zu respektieren. Im zweiten Band *Marakkech ou les seigneurs de l'Atlas* (1920) nuancieren sie diese Auffassung und zeigen die Errungenschaften des Protektorats. Marrakesch wird von ihnen in seinem Charakter als pittoreske einheimische Stadt gezeichnet und El Glaoui, der Pascha von Marrakesch, als großer Feudalherr porträtiert. *Fez ou les bourgeois de l'Islam* (1930) etabliert das Schema der Figurendarstellung, zunächst das Äußere zu zeigen, um dann den inneren Triebkräften nachzuspüren und schreibt damit ein für künftige Autoren kanonisches Vorgehen fest. In diese dokumentaristischen Texte sind neben Elementen der journalistischen Reportage auch solche des Reisetagebuchs einbezogen. Sie werden als Beispiele des *roman colonial indigénophile* angesehen.

> Car il faut beaucoup de courage ou une grande naïveté pour écrire, après 1930, un livre de voyage sur le Maroc. Les itinéraires se sont banalisés, tous les qualificatifs et les émois conventionnels ont été collectionnés. Alors, on essaie de varier les recettes. (Lebel 1956: 41)

Mit Ausbruch des Zweiten Weltkrieges verflachte das Interesse an Marokko zunächst, um Ende der vierziger Jahren wieder aufzuflackern.

1.4.2.2　Kolonialliteratur

Im Kontext der Errichtung des Protektorats entstand eine ganze Strömung von *littérature de guerre* wie Lebel sie nennt. Dazu zählt etwa Pierre Khorats *En colonne au cœur du Maroc* (1912), seine *Scène de la pacification marocaine* (1914) sowie Émile Nollys *Gens de guerre au Maroc* (1912). Die Massaker in Fès 1912 finden in einer Reihe von Texten Widerhall, ebenso die Eroberung des Südens. 1925 gibt der Aufstand im Rif der Literatur über Marokko wieder neue Nahrung. Auch Dichter sind unter den Militärs, wie Alfred Droin mit seinem *Du sang sur la mosquée* (1914). Die Ideen Louis Bertrands über die Latinität Nordafrikas klingen auch bei den schreibenden Offizieren nach, die sich auf den Spuren Roms im Kampf gegen die Numider und Jugurtha wähnen. General Lyautey, der Leiter der ‚Befriedung' Marokkos, hat selbst das Zeugnis *Paroles d'action* (1927) veröffentlicht.

　　Auf dem Feld des Romans bilden sich innerhalb der marokkanischen Kolonialliteratur zwei gegensätzliche Strömungen heraus: Romane, die im Milieu der Einheimischen angesiedelt sind, und Romane über das Leben der Europäer in

Marokko. *Rabbin* (1902), eine Milieustudie über die Juden in Marokko von Robert Randau und Sadia Lévy, illustriert die erste Strömung, die auch historische Romane hervorbrachte. Die zahlreichen Texte Maurice Leglays wie *Itto. Récit marocain d'amour et de bataille* (1923) und *Badda, fille berbère* (1921) widmen sich wie die Romane René Euloges den Berbern. Elissa Rhaïss, die meist über Algerien schrieb, situiert *Saâda la marocaine* (1919) teilweise in Marokko. Aline de Lens, die vorrangig über Tunesien schrieb, siedelt ihren *Le harem entr'ouvert* (1919) in Marokko an. Beide partizipieren damit an einer auf Frauenschicksale zentrierten Romanform, die häufig auch von Autorinnen gepflegt wurde. François Bonjean, der als Lehrer in Marokko lebte, will in seinen *Confidences d'une fille de la nuit* (1939) und *Reine Iza amoureuse* (1947) die einheimische und noch dazu weibliche Seele durch sympathetische Einfühlung ergründen (Lebel 1956: 78).

Le conquérant (1916) von Émile Nolly kann als Auftakt der Gruppe von Texten gelten, die die französischen Milieus in den Mittelpunkt rücken. Hierzu gehören Marcel Fragers *La ville neuve* (1924), Maximilienne Hellers *Les hommes de proie* (1927), eine kritische Darstellung der Finanzspekulanten, Elissa Rhaïss' *L'Andalouse* (1925) sowie Henry Bordeaux' *La revenante* (1932) (Lebel 1956: 59). Ebenfalls dazu zählt eine Serie von Romanen, die Kriegshelden in Marokko zeigt, etwa Jean d'Esmes *Bournazel, l'homme rouge* (1952).

Es lassen sich auch Texte ausmachen, die rassistische und protofaschistische Ideen transportieren wie Raymond Boissiers *Dans Marrakech la rouge* (1930). Die hier angesprochenen Texte sind zumeist konventionell geschrieben, bilden zwischen 1875 und 1956 ein Korpus von 457 Texten nach der Datenbank LIMAG. Mit der Unabhängigkeit Marokkos findet ein merklicher Rückgang der Zahl marokkobezogener Texte von französischen Autoren statt. Es erschienen aber zwischen 1957 und 1999 immerhin noch 93 Texte.

1.4.3 Tunesien

Chateaubriand, der seinen *Itinéraire de Paris à Jérusalem* 1811 veröffentlichte, hatte auf seiner Reise von Juli 1806 bis März 1807 über Venedig, nach Konstantinopel, Alexandria und Kairo anschließend auch Tunis besucht. Er schreibt in seinem Text den für den damaligen Reisediskurs, der die Beobachtung und Wissenssuche betonte, neuen Satz: „J'allais chercher des images, voilà tout."[48] Flaubert bereiste ebenfalls Tunesien und macht in seinen *Notes de voyage* Bemerkungen zu Carthago, das er in seinem Roman *Salammbô* (1858) evoziert. Myriam Harry schrieb *Tunis la blanche* (1910), doch blieb neben einigen Seiten von Guy de Maupassant in *La vie errante*, kurzen Passagen von Georges Duhamels *Prince Jaffar* (1924) oder Lucien Delmas *Au soleil du beylik* (1932) die Inspiration, die von Tunesien ausging, eher beschränkt, was darauf zurückzuführen sein kann,

---

[48] *Œuvres romanesques et voyages*, Paris 1969, Bd. 2, S. 701.

dass es im Vergleich zu Algerien nicht so unterschiedlich gesehen wurde wie das wesentlich verschlossenere, unzugänglichere und daher geheimnisvollere Marokko.

2 Der algerische Roman

Der Roman ist ein europäisches Genre mit langer Tradition. Im arabophonen Raum wurde die Gattung erst im 19. Jahrhundert übernommen und inzwischen wird der Roman von arabischen Schriftstellern wie dem mit dem Nobelpreis für Literatur ausgezeichneten Naguib Mahfouz mit großem Erfolg praktiziert. Wie bei ihren Kollegen im Vorderen Orient standen die ersten Schritte maghrebinischer Autoren hin zum Schreiben von Romanen unter dem Vorzeichen der Nachahmung europäischer Modelle.

2.1 Vor der Unabhängigkeit

2.1.1 Die Anfänge: Mimetismus und Akkulturation

Erste Romane von einheimischen Schriftstellern, die sich mit dem literarischen Ausdrucksmedium der französischen Sprache zugleich die Gattung des Romans aneigneten, erschienen zaghaft ab 1920, dann vor allem um die Hundertjahrfeier der französischen Eroberung 1930.[49] Die zeitgenössische Presse war sehr reserviert, was die aufkeimende literarische Produktion der ‚Einheimischen' anbetraf. So sind die vorliegenden Dokumente zu ihrer Rezeption spärlich.[50]

Bei den Titeln der frühen Texte fällt auf, dass sie sehr häufig einheimische Namen sind. Darin kann ein Beitrag zur Affirmation der eigenen Identität gesehen werden. Mitunter haben die Titel auch ‚exotische' Anklänge wie sie aus der orientalistischen Literatur französischer Schriftsteller geläufig waren, die Nordafrika bereist hatten und deren Texte sich beim Lesepublikum großer Beliebtheit erfreuten.

Es finden sich auch Anklänge an den ebenfalls von französischen Autoren, die allerdings zumeist dauerhaft in Algerien ansässig waren, verfassten Kolonialroman[51], der infolge der Kolonisierung entstanden war. Doch ist der ideologische Diskurs der ersten Romane von einheimischen Algeriern völlig anders ausgerichtet. Sie präsentieren das Land sozusagen von innen. Keineswegs flankieren sie, wie der Kolonialroman es tat, literarisch den Mechanismus der politischen Do-

---

[49] Siehe Naget Khadda: „Naissance du roman algérien dans l'Algérie coloniale: un royal bâtard", in: Jean-François Durand (Hg.): *Regards sur les littératures coloniales. Afrique francophone: Découverte*, Bd. 1. Paris 1999, S. 103-123.

[50] Siehe Ahmed Lanasri: *La littérature algérienne de l'entre-deux-guerres, Genèse et fonctionnement*. Paris 1995, S. 158. Zu den Autoren S. 157-169.

[51] Alain Calmes: *Le roman colonial en Algérie avant 1914*. Paris 1984.

minanz. Hingegen lassen sie, wenn auch nur implizit einen Protest gegen die herrschenden Verhältnisse vernehmen.[52]

Mohammed Ben Chérif (1879-1921) machte den Auftakt mit seinem Roman *Ahmed Ben Moustapha, goumier* (1920), dem ersten maghrebinischen Roman französischer Sprache überhaupt. Er war Berufsoffizier und Absolvent der *École de Saint-Cyr*, nahm 1907-08 am Marokkokrieg teil, war ab 1914 als Leutnant der *Spahi* im 1. Weltkrieg, wo er in Lille in deutsche Gefangenschaft geriet, dann in der Schweiz bis Kriegsende interniert wurde. Als Caid der Oueled Si-M'Hamed betreute er bei Djelfa ab 1920 ein Lager für die Armen der Region, infizierte sich bei einer Typhusepidemie und starb im Jahr nach Erscheinen seines Romans an der Krankheit.

Der Titelheld Ahmed Ben Moustapha ist ein Beduine, ein begabter Krieger mit poetischer Ader. Er engagiert sich bei den französischen Hilfstruppen, die Marokko ‚befrieden' sollen. Seine Tapferkeit – er identifiziert sich mit Antar, dem Krieger-Dichter der arabischen Frühzeit – passt nicht so recht in die moderne Kriegsführung; Kouider, aus einem gegnerischen Stamm, intrigiert gegen ihn bei den Vorgesetzten, was Anlass zu Kommentaren über Stammesrivalitäten gibt. Nach einer Bravuraktion erhält Ahmed die *Médaille militaire*, den „frères marocains" versucht er zu vermitteln, dass Widerstand gegen die Kanonen der Invasoren zwecklos ist, sondern der bessere Weg darin bestehe „d'harmoniser nos aspirations légitimes avec les moyens que Dieu a mis à la portée de nos mains". Von Casablanca aus kehrt er heim, wobei die Bräuche der Beduinen geschildert werden. In Analogie zum Leben des Autors, zieht er danach in den Ersten Weltkrieg, gerät in Gefangenschaft und kann als Schwerkranker ein besseres Leben unter Arrest in einem Schweizer Hotel führen, wo die Damenwelt ihn als exotische Attraktion hinlänglich beachtet. Er korrespondiert mit einer alten Freundin in Paris, bis er allein fern der Heimat stirbt.

Abdelkader Hadj-Hamou (1891-1954), der in breiterem Umfang politisch und publizistisch tätig war, veröffentlichte 1925 *Zohra, la femme du mineur*. In diesem Roman, der nicht nur vom Titel her auf Zolas *Germinal* anspielt, sondern auch Motive dieses naturalistischen Romans aufgreift, scheitern sämtliche Einzelschicksale, einzig Zohra bleibt sich selbst treu. Méliani, Zohras Mann, ist infolge der Kolonisierung zum Minenarbeiter abgestiegen. Er befreundet sich mit dem italienischen Immigranten Grimecci, umwirbt dessen Frau Thérèse, wird Alkoholiker, während seine Frau Zohra bei Marabuts, lokalen Heiligtümern, die besonders von Frauen frequentiert werden, Hilfe erfleht. Er wird erstmals inhaftiert, verkommt immer mehr. Grimecci wird ermordet, während Méliani und Thérèse gerade zusammen sind. Sie werden des Mordes angeklagt, Zohra lässt sich scheiden und stirbt darauf. Méliani wird verurteilt und nach Marokko exiliert, wo er zu seinem Glauben zurückfindet.

---

[52] Vgl. Jean-Louis Joubert (Hg.): *Littératures francophones du monde arabe. Anthologie*. Paris 1994, S. 14.

Chukri Khodjas (1891-1967) Roman *Mamoun, l'ébauche d'un idéal* (1928) gestaltet einen Titelhelden, der sich im Kontakt mit der modernistischen Kultur des Kolonisators, an die er sich mehr und mehr zu assimilieren versucht, seines Herkunftsmilieus entfremdet. In Algier, wohin ihn der Vater aufs Gymnasium schickt, geht er aus, beginnt zu trinken, nimmt eine französische Geliebte, so dass der Vater ihm den Unterhalt streicht. Mamoun, den seine französischen Freunde fallen lassen, steigt nun in die Niederungen des Prostituierten- und Drogenmilieus ab. Am Ende kehrt er nach einem Gefängnisaufenthalt schwer krank zum Sterben in sein Heimatdorf und zum islamischen Glauben zurück. Der Text ist ein Entwicklungsroman, der mit seinem negativen Verlauf die Unmöglichkeit der Assimilation, ja geradezu ihre Gefährlichkeit für den Autochthonen darstellt.[53]

Mohammed Ould Cheikh (1906-1938), der Korrespondent der Tageszeitung *Oran-Matin* in Béchar war und jung an einer Lungenkrankheit starb, verfasste neben Novellen, Poesie und Theater den Roman *Myriem dans les palmes* (1936). Ould Cheikh akzeptierte zwar, so ist es überliefert, resigniert die Kolonisierung, war aber empört über die Verachtung, mit der die Einheimischen behandelt wurden (Lanasri 1995: 161). Hier ist das Schicksal eines jungen algerischen Paares mit dem historischen Hintergrund der Besetzung des Tafilalet im Süden Marokkos im Jahr 1932 durch die französischen Truppen verflochten. Myriem, die Heldin, ist wie ihr Bruder Jean Hafid das Produkt einer Mischehe. Der französische Vater und die muslimische Mutter stehen sich stellvertretend für den Antagonismus der Kulturen gegenüber. Nachdem der Vater im Rifkrieg fällt, nimmt die Mutter Khadija allein die Erziehung der Kinder in Oran in die Hand. Die Kinder schlagen aber dem Vater nach, sogar die Tochter widmet sich der Fliegerei. Als reiche Erbin fliegt sie in den Tafilalet, muss notlanden und wird von einem Sultan gekidnappt. Ihr Bruder, Leutnant Debussy, befreit sie, verliebt sich in die Berberin Zohra, während seine Schwester, wie es der Wunsch der Mutter war, Ahmed heiratet und nicht den russischen Abenteurer Ipatoff.

Auch spätere Texte wie Rabah Zenatis (1880-1952) *Bou-el-Nouar, le jeune algérien* (1945) problematisieren die unmögliche Assimilation. Der Held sagt resigniert: „Nous sommes venus ici pour apprendre le français, pour devenir comme des Français."[54] Die Romane dieser Phase zentrieren sich um Einzelschicksale, die im Scheitern und manchmal im Selbstmord enden. Das verdeutlicht die Ambiguität der Lage der autochthonen Algerier. Sie drückt sich in der mehrfachen Betonung Marokkos in den Romanen als eines freieren Raums aus, zeigt sich an der Einfügung von Begriffen der Alltagssprache in die Texte, an der Bemühung um die Konstruktion eines Selbstbilds mit auto-ethnographischen

---

[53] Siehe auch Jean Déjeux: „Le double désir du même et de l'autre chez les romanciers algériens de langue française de 1920 à 1945", in: *Actes Congrès mondial des littératures de langue française, Padoue 23-27 mai 1983*, Padova 1984, S. 417-425. Abdelkader Djeghloul: „Un romancier de l'identité perturbée et de l'assimilation impossible: Chukri Khodja", in: *ROMM 37*, „Le Maghreb dans l'imaginaire français", 1984, S. 81-96.

[54] Zit.n. Jean Déjeux: *Maghreb. Littérature de langue française.* Paris 1993, S. 33.

Zügen, die jedoch, wenn es um die Konflikte geht, zumeist nur mit Andeutungen arbeitet (Lanasri).

2.1.2   Die Generation von 1952: Identitätsaffirmation

Die zweite Etappe der algerischen Literatur französischer Sprache unterstreicht deutlich den Wert der Eigenkultur. Wichtiger Meilenstein auf dem Weg dorthin war Jean Amrouches Essay *L'éternel Jugurtha* aus dem Jahr 1946.[55] Der große christlich-kabylische Dichter, ein Autor also, der ganz und gar am Schnittpunkt der Kulturen angesiedelt war, begründete darin ein neues Konzept der Maghrebinität, die für ihn gerade auf der Nicht-Assimilation und der selbstbewussten Affirmation der Eigenidentität gegen den fremden Kolonisatoren beruhte.[56]

In der zweiten Etappe, die als das eigentliche Einsetzen algerischer Literatur betrachtet wird, stand zunächst wie schon bei den ersten Romanen noch die Affirmation der eigenen Identität innerhalb des französischen Systems, das diese auszulöschen drohte, im Vordergrund.

Das Erscheinungsjahr ihrer Romanerstlinge ließ die drei Gründerväter der algerischen Literatur französischer Sprache Mohammed Dib, Mouloud Feraoun und Mouloud Mammeri unter der Bezeichnung Generation von 1952 firmieren. Mostafa Lacheraf, ein Autor und Intellektueller, der nach 1977 Erziehungsminister wurde, und der Historiker Mahfoud Kaddache erhoben allerdings auch gegen sie noch Vorwürfe: ihre Romane seien regionalistisch und arbeiteten den ideologischen Interessen der Kolonialherrn zu, denn die Beschreibung des Lebens des Volkes diene nur den Unterdrückern, da sie nicht zu revolutionären Handlungen aufrufe, sondern lediglich dem algerischen Volk seine eigene Ohnmacht vor Augen führe.[57]

Mouloud Feraoun (1913-1962) benutzte in seinem autobiographischen Roman *Le fils du pauvre* (1950) eine Herausgeberfiktion, wie sie im Briefroman üblich ist. Dem Leser wird der in einem Schulheft im April 1939 niedergeschriebene Versuch Fouroulou Menrads präsentiert, wie Montaigne, Rousseau, Daudet und Dickens, die Geschichte seines Lebens zu erzählen. Stärker dem Schema des Bildungsromans, denn der Autobiographie verhaftet, zeichnet der Roman den Lebensweg vom kabylischen Dorf Tizi auf die Höhere Schule nach Tizi-Ouzou. Das Dorf wird eingangs aus einer Touristenperspektive entdeckt, die metasprachlich zwar thematisiert, nicht aber wirklich als Referenz aufgegeben wird. Dies korreliert mit dem Umstand, dass das französische Schulsystem Modell, Ziel und Sanktionsinstanz von Fouroulous Werdegang ist. Der Text endet vor dem entscheidenden Examen für die Aufnahme in die *École Normale*. Mit dem Einschnitt im Leben des Fouroulou, wobei er sich erstmals in europäischer Klei-

---

[55]   Erneut abgedruckt in: *Études méditerranéennes* 11, 1963, S. 61-78.

[56]   Siehe Roland Spiller: „Die französischen Gegenwartsliteraturen des Maghreb", in: *Kritisches Lexikon der fremdsprachigen Gegenwartsliteraturen*, 43. Nlg. 1997, S. 1-33, hier S. 5.

[57]   Helga Walter: *Widerschein Afrikas. Zu einer algerischen Literaturgeschichte. Themen und Motive.* Wiesbaden 1990, S. 35f.

dung mit Krawatte wiederfindet (S. 116), wechselt die Ich-Form des *Cahiers* zur Er-Erzählung. Das erzählende Subjekt wird jetzt zum Objekt des Erzählens, was sich als Ausdruck der durch die Akkulturation verursachten Entfremdung deuten lässt. Das dargestellte Universum verliert unter dem Einfluss des Kolonialismus seine Kohärenz. Dies veranschaulicht der mühsame soziale Aufstieg, den der Protagonist vollzieht, zu Lasten seiner Familie, aber um der Hoffnung auf ein besseres Leben willen:

> En France, il trouverait à s'embaucher en usine comme manœuvre. En Algérie, il était pris dans cette alternative: ou devenir instituteur, ce qui signifiait l'aisance pour toute sa famille, ou redevenir berger. (S. 126)

Der erste Teil des Textes fokussiert das häuslich-familiäre Umfeld, vor allem mehrere für den Jungen bedeutsame Frauenfiguren (Mutter, Tanten, Großmutter). Der autobiographische Rückblick stiftet zunächst einen Bezug zur Genealogie des Stammes der Ait-Moussa. Die mütterliche Linie ist geprägt vom Verlust an Erbe, welcher von dem akkulturierten Erzähler durch ironische Distanznahme gleichsam als Verkleidung individuellen Interessenmissbrauchs hinter einem nunmehr inhaltslosen atavistischen kabylischen Rechtssystem gedeutet wird. Der Blick des erzählenden Ichs ist einerseits geprägt durch die Werte – etwa Emanzipation der Frau –, die das erlebende Ich erst später während seines Werdegangs innerhalb des fremden französischen Bildungssystems erworben hat. Andererseits schwingt in seinem Rückblick merklich Nostalgie und das Gefühl schmerzlichen Verlusts mit. Allerdings zeichnet der Text, wie schon die insistierende Wiederholung von „nous" in den Eingangsabschnitten verdeutlicht, die kabylische Kultur von innen heraus und zwar durchgängig in scharfem Konflikt zur Fremdkultur. Feraoun, dessen Roman in der Erstausgabe die Erweiterung *Menrad, instituteur kabyle* im Titel trug, schreibt damit gegen eine Gruppe von Texten der Kolonialliteratur an, in denen ein kabylischer Lehrer als Protagonist auftrat. Zu diesen gehören etwa Albert Truphémus' *Ferhat, instituteur indigène* (1935) oder Lucienne Favres *Mourad* (1944).[58] Feraoun zeigt anstatt der paternalistischen Perspektive die kruden Lebensbedingungen, denn Hunger ist wie in Mohammed Dibs Algerien-Trilogie omnipräsent. Feraoun spart in der Darstellung der beiden Kulturen nicht mit burlesken und parodistischen Elementen (etwa bei den Stammesrivalitäten, S. 31f.) sowie Ironie. Das Schicksal der Familie Menrad verdeutlicht den kollektiven Prozess der Pauperisierung der autochthonen Gesellschaft durch den Kolonialismus. Dabei trägt das Weibliche allegorisch die durch den Kolonialismus erzeugte Devianz, wie der Wahnsinn der Tante Khalti verdeutlicht.[59] Das Schicksal des Vaters hingegen, dessen Arbeitsunfall in Frankreich der Familie ein bescheidenes Auskommen sichert, ist ambivalent. Als

---

[58] Jeanne Adam: „Influence d'un conte kabyle et de quelques romans coloniaux sur *Le fils du pauvre* de Mouloud Feraoun", in: *Actes Congrès mondial des littératures de langue française, Padoue 23-27 mai 1983*. Padova 1984, S. 539-546.

[59] Naget Khadda: „L'allégorie de la féminité", in: *Peuples méditerranéens* 44-45, 1988, S. 73-88.

Prätext benutzte Feraoun das kabylische Märchen, das von Camille Lacoste als „L'histoire du myriapode et du fils du pauvre" veröffentlicht wurde.[60]

Der Text, den die algerischen Nationalisten der ‚ethnographischen Literatur'[61] zuordneten und als miserabilistisch einstuften, wurde 1950 mit dem *Grand Prix Littéraire de la Ville d'Alger* ausgezeichnet und gehört heute zum französischen Schullektürekanon.

Der Kulturkonflikt wird von Feraoun am Thema der Emigration und der Mischehe im folgenden Roman *La terre et le sang* (1953) verdeutlicht. Amer-U-Kaci kehrt nach fünfzehn Jahren Leben als Arbeitsemigrant mit seiner französischen Frau Marie in sein Heimatdorf zurück. Sie lebt sich in der ihr fremden Kultur ein, doch schürt sich der Konflikt und mündet in die Katastrophe, als sich Amer, der seine Landsleute und deren archaische Sitten kritisch hinterfragt, in seine Cousine Chabha verliebt und von deren Ehemann Slimane getötet wird (Walter 1990: 29).

Les chemins qui montent (1957) setzt *La terre et le sang* in der nächsten Generation fort und ist wesentlich pessimistischer und bitterer. Die Anklage gegen das Kolonialsystem ist deutlich akzentuiert. Das Leben im Exil sowie die Identitätsprobleme der zwischen Tradition und Moderne zerrissenen Generation werden an der Figur des Amer n'Amer gezeigt, dessen Abstammung ihn als „semi-français", wie es im Text heißt, im Dorf Ighil-Nezman wie in Frankreich marginalisiert. Er liebt seine Cousine Dehbia, deren christianisierte Familie sie in dem Dorf, in das sie mit der verwitweten Mutter kam, zur Außenseiterin stempelt. Der Rivale Mokrane tötet Amer, die Tat wird als Selbstmord getarnt. Der Text kombiniert die beiden Tagebücher Dehbias und Amers.

Feraouns Verwurzelung in der kabylischen Kultur zeigt sich in seiner Übersetzung der Dichtungen des Si Mohand ins Französische. Wie tragisch die Folgen der Kolonisierung von ihm erlebt wurden, zeigt sein *Journal. 1955-1962* (1962). Am Tag vor seinem Tod schrieb er über den Terror in Algier und dass er bestimmt nicht sterben wolle, doch am 15. März 1962 erschoss ihn ein Kommando der OAS (*Organisation de l'Armée Secrète*).

La colline oubliée (1952) von Mouloud Mammeri (1917-1989) zeigt ebenfalls, wie sich die Kolonisierung auf die traditionelle Lebensweise in der Kabylei auswirkt und die intakte, von der modernen Zivilisation weitgehend unberührte Kultur und Lebensform gefährdet. Mammeri war in Taourirt-Mimoun geboren, Anthropologe und Professor für Berbersprachen und -kultur. Er edierte mehrere Bände mündlich überlieferter Berberliteratur, verfasste Theaterstücke und Novellen. Er gilt als Wegbereiter der Berberbewegung der achtziger Jahre.

La colline oubliée veranschaulicht nach Mammeris Aussage das Leben in der Gruppe. Spielerisch rivalisieren zwei feindliche Lager der Dorfjugend von Tasga in der Großen Kabylei: die *Taasast* sind gebildete Kinder von Notabeln und leh-

---

[60] *Traductions de légendes et contes merveilleux de la grande Kabylie recueillis par Auguste Mouliéras.* Paris 1965, Bd. 2, S. 486-500.

[61] Auch Abdelkébir Khatibi in *Le roman maghrébin*, Paris 1969, setzt den dominierenden ethnographischen Roman für die Phase 1945-1958 an. (S. 27)

nen sich gegen die Tradition auf, die *Ouali* hingegen kommen aus armen Familien und halten an der Tradition fest. Die individuellen Figuren stehen hinter dem Kollektiv zurück. Zwei Liebesgeschichten scheitern: Aazi, Mokranes Frau, bleibt kinderlos und wird deshalb verstoßen; sein Cousin Menach liebt Davda, die Frau Aklis. Der Zweite Weltkrieg zerstört ihre Welt, denn die jungen Männer müssen auf Seiten des Kolonisators in den Krieg ziehen. Von den Hügel erschallen die Klagelieder ihrer Mütter. Mokrane stirbt bei der Rückkehr in das eingeschneite Dorf, nachdem er erfuhr, dass Aazi schwanger ist. Menach geht den Weg ins Exil.

Ihr Lesepublikum suchten die Autoren zunächst eher in Frankreich, wo vor allem die französische Linke mit ihrem Engagement für die kolonisierten Völker der Dritten Welt sich ihren Werken zuwandte. Auf diesem Weg erhielten die Autoren auch Zugang zu bedeutenden französischen Verlagshäusern wie den Éditions du Seuil und Maspero.

2.1.3 Während des Befreiungskriegs

2.1.3.1 Identitätsaffirmation

Mammeris Romane *Le sommeil du juste* (1955) und *L'opium et le bâton* (1965) sind ebenfalls in der großen Kabylei angesiedelt. In Arezkis individueller Revolte angesichts der Blutrache in *Le sommeil du juste* ist der Aufstand des algerischen Volkes verarbeitet. Seine Familie zerbricht an der Kolonisierung und ihren Folgen in Algerien. Auf die Frage, von welchem Stamm er sei, antwortet Lounas, der Mentor von Arezkis Bruder Sliman: „Je suis Algérien", was Sliman kommentiert mit „Comme si c'était une réponse" (S. 71). Arezki selbst protestiert brieflich, was eine räumliche Distanznahme impliziert, ganz im Gegensatz zu Fouroulou Menrad gegen die humanistischen Lehren seines französischen Professors Poiré, die die historische Wahrheit verschleiern (Bonn 1985: 12).

Malek Ouary behandelt in seinem Roman *Le grain dans la meule* (1956) die noch nicht durch die Kolonisierung gebrochene Lebenswirklichkeit der Großen Kabylei. Teilweise didaktisch beschreibt der Text die traditionelle kabylische Gesellschaftsordnung in der Zeit vor der Kolonisierung. Es ist eine Geschichte von Blutrache. Nachdem der junge Idhir vom Stamm der Ath Sammer einen jungen Mann der Ath Qassi aufgrund einer Beleidigung getötet hat, verlangt der Ehrenkodex, dass dessen Familie den Tod wiederum rächt. Am Ende wird jedoch der Protagonist, anstelle des Getöteten und als Mann seiner Schwester vom Familienoberhaupt in den Clan aufgenommen, wird zum Korn im Innern der Mühle, so die titelgebende Metapher (Walter 1990: 44).

Mohammed Dib, dessen dritter Band seiner ersten Algerientrilogie *Le métier à tisser* (1957) während des Befreiungskriegs erschien, betonte 1958 die Sprengkraft der Identitätsaffirmation und entkräftete damit jede Kritik an der Beschreibung bestimmter Milieus:

Dépeindre un paysage, ceux qui l'habitent, les faire parler comme ils parlent, c'est leur donner une existence qui ne pourra pas leur être contestée. On pose le problème en posant l'homme.[62]

2.1.3.2 Identitätsunsicherheit

Henri Kréa (Pseudonym für Cachin) (1933)[63] war Sohn eines Franzosen und einer Algerierin. Er schrieb Theaterstücke wie *Le séisme* (1958) über Jugurtha, war vor allem ein sehr produktiver Lyriker mit stark politischer Orientierung.[64] Sein einziger Roman *Djamal* (1961) zeigt das Schicksal eines ‚historischen Bastards', der analog zum Selbstbild und zur Erfahrungswelt des Autors, in der zweigeteilt-polarisierten algerischen Gesellschaft den Weg zu einem revolutionären Bewusstsein beschreitet. Kréa, so zitiert ihn Déjeux in seiner *Littérature maghrébine de langue française* (1973), spricht bereits von der *réalité hybride* Algeriens und versucht in seinem Roman ein spezifisch algerisches Französisch zu entwickeln.

Die ungebildete Mutter, vom Vater ihres Kindes verlassen, schickt ihren Sohn Djamal zum Studium nach Frankreich. Zurückgekehrt sucht dieser nach seinen Wurzeln und nach dem ‚neuen Menschen'. Er begegnet Bob, einem amerikanischen Maler, der die Perspektive eines Fremden auf die algerische Gesellschaft in den Text einführt. Für Djamals Spaltung stehen zwei Frauengestalten, seine Jugendliebe Stella, nach der er sucht, und die europäische Geliebte, Evelyne. Leitfigur für den Weg aus dem Dilemma ist sein Onkel mütterlicherseits, Moh, der das freie algerische Volk vertritt. Nach Erfahrungen der Unterdrückung und des Rassismus wählt Djamal den Weg in den Untergrundkampf (Walter 1990: 45).

Malek Haddad (1927-1978) aus Constantine brach 1954 sein Studium in Aix-en Provence ab, arbeitete als Journalist und teilweise mit Kateb Yacine zusammen als Landarbeiter in der Carmargue.[65] Nach der Unabhängigkeit kehrte er nach Algerien zurück, schrieb für die Kulturpresse, war am Ministerium für Information und Kultur tätig (1968-86), ab 1974 Sekretär der *Nouvelle Union des Écrivains Algériens*. 1964 hörte er auf, in Französisch zu schreiben, da er die französische Sprache als Exil ansah und den Weg für die arabischsprachige Literatur ebnen wollte. Das drückte er in seinem Essay *Les zéros tournent en rond* (1961) aus, wo er die frankophonen Autoren als „orphelins de vrais lecteurs" bezeichnete und schrieb: „Il n'y a qu'une correspondance approximative entre notre pensée d'arabe et notre vocabulaire de Français" (S. 36). Dabei war ihm die Notwendigkeit, durch breite Schulbildung den Analphabetismus zu überwinden, völlig bewusst.

---

[62] *Témoignage chrétien*, Paris, 7. Februar 1958, zit. n. Bonn 1985: 11.
[63] Giuliana Toso Rodinis (Hg.): *Le rose del deserto. Saggi e testimonianze di poesia magrebina contemporanea d'espressione francese*. Bologna/Padova 1978, S. 315-332.
[64] *La révolution et la poésie sont une seule et même chose* (1957) oder *Désespoir des causes, exigences politiques* (1964).
[65] Tahar Bekri: *Malek Haddad. L'œuvre romanesque*. Paris 1987, S. 13.

Der Roman *Je t'offrirai une gazelle* (1959) zeigt, am Paradigma von Prousts Roman *A la recherche du temps perdu* ausgerichtet, wie ein algerischer Autor während des Befreiungskriegs in Paris einen Roman mit dem Titel *Je t'offrirai une gazelle* schreibt. In dieser Struktur der *mise en abyme* behandelt der Roman im Roman das Scheitern der Liebe von Moulay und Yaminata, Bewohner der Oase Koukoumen in der Sahara, an den Machtverhältnissen und gesellschaftlichen Konventionen, denen zufolge der mächtigere Kabèche Yaminata gegen ihren Willen heiratet. Sie liebt ihn nicht und wünscht sich von Moulay aus der Wüste eine lebende Gazelle als Sinnbild des freien Lebens. Als Ali, Moulays Begleiter, auf der Jagd verdurstet, bringt sich Moulay um. Auch die sich entspinnende Liaison zwischen dem Autor und Gisèle, der Frau des französischen Verlegers, der sein anonym eingereichter Roman gefällt, führt zu keiner Erfüllung. Der Autor, von seiner Einsamkeit überzeugt und in tiefer Skepsis gegenüber der Literatur, zieht seinen Text schließlich von der Drucklegung zurück. Beide Romanebenen alternieren. Die unerreichbare Gazelle versinnbildlicht die Unmöglichkeit, Freiheit und das Absolute zu erreichen.

Haddads *Le Quai aux fleurs ne répond plus* (1961) und *L'élève et la leçon* (1960) behandeln ebenfalls das Leben von Intellektuellen in der Akkulturation des unfreiwilligen Exils gekoppelt an das Exil in der französischen Sprache. Diese werden, und darin liegt die kritische Brisanz der Romane Haddads, von den französischen Linksintellektuellen gehätschelt, so dass sie sich trotz ihrer inneren Zerrissenheit nicht schlecht einzurichten verstehen.

In *L'élève et la leçon* lebt der Icherzähler und algerische Arzt Idir Salah seit 1945 im Exil in einer französischen Kleinstadt. Seine Tochter Fadila studiert in Paris und ist mit dem algerischen Studenten Omar befreundet. Als seine Tochter ihn aufsucht, teilt sie ihm mit, dass sie schwanger sei und erbittet von ihm Hilfe bei einer Abtreibung, weil in den gegenwärtigen Zeiten kein Raum für Leben sei. Der Vater soll den von der Polizei gesuchten Omar verstecken und so zum Freiheitskampf beitragen. Sie wirft dem Vater vor, die Heimat durch sein Exil verraten zu haben. Derartig von der Tochter provoziert, lässt Salah als Kontrast zur konfliktiv zugespitzten Gegenwart die Vergangenheit Revue passieren, wobei das algerische Dorf Bou-Taleb mit seiner Vegetation als Raum der „permanence tranquille, éternelle" (S. 55) erscheint. Nachdem er zu einem todkranken Freund gerufen wurde, bedrängen ihn immer mehr negative Gedanken wie die Erinnerung an seine Ehe ohne Liebe, die er um der Tradition willen schloss. Der Tod erscheint ihm für sich selbst, der keine Zukunft sieht, als Ausweg. Das Ungeborene soll leben, wie auch Omar als Träger des politischen Kampfes für die Freiheit. Die Generationen stehen sich unversöhnlich gegenüber. Für eine lohnenswerte Zukunft müsste sich die Tochter auf die eigenen kulturellen Wurzeln zurück besinnen, anstatt sich ihrer zu entfremden. Nach Haddas Auffassung, die er auch in *Les zéros tournent en rond* vertrat, ist die Avantgarde die Rückkehr zur Vergangenheit (Bekri 1987: 138).

2.1.3.3   Militanz

Der erste Roman Malek Haddads, *La dernière impression* (1958), beschreibt die Kriegsereignisse vor allem in ihren Auswirkungen auf die Haltung gegenüber der anderen Nation (z.B. an der Mischehe) und zeigt, wie der Krieg den gewohnten Lebensablauf durcheinander bringt:

> Il avait fallu moins d'un an pour qu'une frontière se dressât entre le présent et cet autrefois qui ne savait pas les barbelés dans les rues, le couvre-feu et les tanks. Du jour au lendemain on ne va plus au cinéma en soirée. (S. 131)

Haddad lebte in Frankreich, wo sein Text auch erscheinen konnte. Die Verbreitung des Romans in Algerien war durch ein Dekret General Massus verboten.

Der Roman beginnt damit, dass Saïd im Auftrag der Befreiungsbewegung eine Brücke sprengen soll, die er als Ingenieur gebaut hat. Er ist überzeugter Algerier, fast schon „antifrançais" (S. 139), doch für eine Beilegung des Kriegs, was der Text in der Metapher des Brückenbaus („construire des ponts") benennt. Er liebt die französische Philosophielehrerin Lucia, die jedoch, obwohl auch sie ihn liebt, wegen des Kriegs ihre Versetzung nach Clermont-Ferrand beantragte. Das Angebot des Arztes Legendre, der sie heiraten und mit ihr nach Aix-en-Provence gehen wollte, lehnte sie aber ab. Am Tag vor ihrer geplanten Abreise wird sie bei einem Attentat schwer verletzt und stirbt. Privates Glück und Gefühle, so die Botschaft des Textes, werden beim Einbruch der Geschichte in das Leben ihrer Bedeutung beraubt. Sinnhaftig sind nur noch Naturphänomene (Schnecken, der Aprikosenbaum, die Karawane, die Störche, Sterne) und Familienbande. Saïd optierte nach dem Weggang seines Bruders in den Maquis und Lucias Tod, so wird dem Leser deutlich, ebenfalls für den Kampf für die Unabhängigkeit. Damit bricht auch er die Brücken ab, was sich sinnbildlich in der Sprengung der Brücke zeigt. Doch er kommt am Ende des Textes um. Der Text entfaltet neben dem Lamento über die Sinnlosigkeit des Krieges, auch wenn dieser aus algerischer Sicht politisch berechtigt und unumgänglich ist, leitmotivisch eine Skepsis an der Sprache (S. 148) und den Möglichkeiten Romane zu schreiben, denn „Aujourd'hui les romans ne sont plus dans les livres" (S. 189):

> Les ponts, les ponts, ça n'est pas avec des principes qu'on fait des ponts, c'est avec de la graisse et des boulons. Les mots, ça ne tiens pas debout. Ce qui fait tenir un pont debout c'est de l'acier et des litres, et des litres de sueur et de sang... (Dugas 2002: 130)

Haddads *Le Quai aux fleurs ne répond plus* (1961) zeigt ebenfalls die Auswirkungen des Krieges an dem algerischen Schriftsteller Khaled Ben Tobal, der während des Algerienkrieges gezwungen ist, seine Manuskripte zu verbrennen, Frau und Kinder zu verlassen und ins Exil nach Frankreich zu gehen. Der Roman beschreibt seine vergebliche Suche nach Freundschaft und damit Frieden, die während des Krieges die Grenzen zwischen der arabo-muslimischen und der europäischen Gemeinschaft in Algerien aufheben könnte. Der in der dritten Person erzählte Roman öffnet mit der Ankunft Khaleds in Paris mit dem Zug Marseille-Paris, wo er schon auf dem Bahnsteig nicht erwartet wird, und endet mit der Rückreise im selben Zug. Khaled besucht wiederholt seinen Jugendfreund Simon Guedj, den er 1945 in Constantine kennengelernt hatte und der jetzt am *Quai aux fleurs* wohnt und als Anwalt ein saturiertes Leben führt. Monique, Simons Frau, verliebt sich in Khaled, der sie aber abweist, denn er liebt seine Frau Ourida, die in Algerien im Maquis ist. Er versucht vergeblich, Simon von der Sache des Freiheitskampfs zu überzeugen. Während er sich an die Vergangenheit erinnert, schreibt er an einem Roman. Im Zug liest Khaled in der Zeitung, dass Ourida in den Armen eines französischen Fallschirmjägers gestorben ist und sich bis zuletzt zur *Algérie française* bekannte. Khaled stürzt sich zutiefst desillusioniert über ihren Verrat aus dem Zug.

In kleineren *Micro-Récits*, die andere Personen ihm erzählen und die Teile des Romans im Roman werden sollen, ist die Verurteilung der Konsequenzen des Krieges deutlich. Der textinterne Autor ist Pazifist. Das Nicht-Gesagte dominiert, denn die Fragen eines Schweizer Journalisten an ihn bleiben ohne Antwort:

> Comment doit-on comprendre le titre de votre dernier livre? – D'après vous quelle place aura la langue française dans l'Algérie de demain? [...] (zit.n. Bekri 1987: 176)

2.1.3.4 Nationale Mythenbildung

Zwei avantgardistische Romane wurden im postkolonialen Nationenbildungsprozess und angesichts des Traumas des Befreiungskriegs besonders wirksam, indem sie mit ihrer neuartig-subversiven Schreibweise zur nationalen Mythenbildung beitrugen: Mohammed Dibs *Qui se souvient de la mer* (1962)[66] und *Nedjma* (1956), der Erstlingsroman des Berbers Yacine Kateb (1929-1989), der seinen Nachnamen Kateb (ar. ‚Schreiber') wie zu seinen Schulzeiten stets dem Vornamen voransetzte. Kateb debütierte literarisch 1946 mit dem Lyrikband *Soliloque*. Er ist ein exzellenter Lyriker. Neben seinen bahnbrechenden Romanen, vor allem dem Meisterwerk *Nedjma*, verfasste er herausragende Theaterstücke zunächst in französischer Sprache, die 1959 unter dem Titel *Le cercle des représsailles* bei Seuil erschienen. Nach dem Tod seines Vaters 1950 (Walter 1990: 23) verließ Kateb Algerien, schrieb bis 1951 als Mitglied der kommunistischen Partei für *Alger Républicain* und reiste als Reporter bis Zentralasien. Verschiedenen Berufen nachgehend führte er ein unstetes vagabundierendes Leben der *errance* im europäischen Exil. 1972 kehrte er nach Algerien zurück. Für ein Theaterkollektiv und dann als Leiter des Theaters von Sidi Bel-Abbès schrieb er Stücke in Dialektarabisch, um durch die Sprache der Oralität ein breites Publikum erreichen zu können. Doch seine kulturkritischen Positionen und sein Engagement für die Berberkultur entsprachen nicht dem politischen Mainstream. Nachdem Katebs literarisches Werk 1987 mit der höchsten französische Auszeichnung, dem

---

[66] Dazu ausführlich im Kapitel über Dib, dessen Roman *Un été africain* ebenfalls das Thema des Kriegs behandelt.

Grand Prix National des Lettres gewürdigt worden war, starb er 1989 in Frankreich.[67]

Der Roman *Nedjma* sprengt die Grenzen der Gattungen von Poesie und Prosa. Seine Sprache besitzt hohe Poetizität. Die Zeitstruktur ist zyklisch. Die Erzähler sind vervielfacht und die Erzählstränge verschachtelt. Der Roman oszilliert zwischen stärker realistischen und symbolisch-metaphorischen Passagen und legt dadurch Geschichte und Mythos neuartige Dimensionen bei:

> Le mythe chez Kateb est cette médiation qui, tout en soulignant le décalage entre l'histoire et l'activité de l'imaginaire, constitue une volonté de tricher avec l'histoire, de la violenter, de la contourner, de la brouiller dans une atmosphère ludique. (Khatibi 1969: 106)

Bei diesem Vorgehen werden die traditionellen Identität stiftenden Diskurse wie der Koran und die Geschichte des Stammes der Keblout, Katebs eigenem Stamm, dekonstruiert. „Le symbolisme s'enracine sur un réalisme," so die treffende Formulierung Jacqueline Arnauds, der großen Kateb-Spezialistin.[68] In *Nedjma* kann die Gewalt der Geschichte nur unter Rekurs auf den Mythos überwunden werden.[69]

Die Handlung des Romans, der überwiegend vor 1954 entstand, ist in der vorrevolutionären Phase vor Beginn des Befreiungskriegs angesiedelt. Ihr Zeitgerüst ist sehr komplex und entzieht sich der analytischen Fixierung. Umkreist werden die Demonstrationen vom 8. Mai 1945 in Sétif. Kateb wurde bei diesen blutig niedergeschlagenen Unruhen als Sechzehnjähriger verhaftet, mehrere Monate in einem Lager interniert und danach von der Schule gewiesen. Daraufhin verließ er die Stadt und ging nach Bône, die Liebe zu seiner Cousine Nedjma, die den autobiographischen Nährboden spendete, im Herzen.

Das Buch besitzt sechs Teile, die in zwölf (Teil I, II und V) bzw. zweimal zwölf (Teil III, IV und VI) durchnummerierte Sequenzen unterteilt sind. Die Anzahl der Sequenzen legt eine verdeckte Beziehung zur Chronologie nahe, indem sich neun Serien à zwölf auf die Jahre 1945 bis 1954 beziehen lassen.[70] Der Roman wiederholt am Ende wörtlich den Anfang („Lakhdar s'est échappé de sa cellule. [...]"), beschreibt also einen Kreis. Diese formal strenge Struktur dient dazu, die komplexe Fülle an Material und die Vielfalt an Perspektiven zu halten. Wiederholung als Echoeffekt ist ein wichtiges Strukturelement des Textes.

An Räumlichkeiten lassen sich Sinngebungsräume von Handlungsräumen oder Diskursräume in Abgrenzung zu den diegetischen Räumen unterscheiden. (Bonn 1985: 58)

---

[67] Jacqueline Arnaud: *Recherches sur la littérature maghrébine de lange francaise.* Bd. 2 *Le cas de Kateb Yacine.* Paris 1982.

[68] Zit. n. Bonn 1985: 61.

[69] Vgl. zur Schutzfunktion des Mythos und der Stabilisierung gegenüber dem Chaos des Lebens Hans Blumenberg: *Arbeit am Mythos.* Frankfurt a.M. 1996.

[70] Bonn 1985: 55 hält unter Bezug auf Jacqueline Arnaud fest, dass Kateb die Numerierung der Kapitel Ende 1955 vornahm, bevor er das Buch zum Verlag gab.

Nedjma (ar. ,Stern'), die im Titel genannte Frauenfigur, ist zutiefst ambivalent. Sie ist Halbjüdin, kennt aber ihre wahre Herkunft nicht. Als Kind wurde sie der Pflegemutter Lalla Fatma übergeben. Sie symbolisiert Algerien, das zugleich die kommende Nation wie die Rückbindung an die überzeitlichen Werte der Vorfahren umfasst (Bonn 1990: 80). Sie steht im Zentrum der Romanhandlung und alle vier männlichen Hauptfiguren, Lakhdar, Mustapha, Mourad und Rachid sind in Liebe für sie entflammt. Doch wird die Liebesgeschichte nur segmentiert und schlaglichtartig entfaltet. Sie ist mit der kollektiven Geschichte des Landes verknüpft. Die Protagonisten arbeiten im ersten Textteil für einen Kolonisten auf einer Baustelle in Ostalgerien am Ende des Zweiten Weltkriegs. Kateb zeigt die Algerienfranzosen aus einer exotisch-burlesken Perspektive und kehrt damit den normalerweise auf die einheimischen Algerier gerichteten literarischen Blick um. Die vier Männer zerstreuen sich. Lakhdar wird verhaftet, nachdem er den Bauleiter M. Ernest bei einem Streit verletzte, Mourad tötet den *Colon* Ricard, der sein muslimisches Dienstmädchen alkoholisierte und schlug. Auch Rachid gerät drei Jahre mit einem Autofahrer in Streit, worauf er als Deserteur festgenommen wird und dadurch Mourad im Zuchthaus von Lambèse wiedertrifft, wo sie ebenfalls einen blutigen Kampf austragen. Dieser Punkt ist der späteste in der Handlung, so dass das Folgende Elemente der Vergangenheit in die Gegenwart einbringt. Der zweite Textteil kleidet die historischen Ereignisse der Unruhen von Sétif nicht in einen einheitlichen Diskurs, sondern stellt sie in *flash-backs* dar. Die vier jungen Männer versammeln sich ein Jahr später in Bône. Lakhdar irrt nach dem Aufstand monatelang desorientiert durch die Stadt. Mustaphas Leben wird durch sein *Carnet* vermittelt. Mourad, Lakhdars älterer Bruder, ist zusammen mit seiner Cousine Nedjma, die nun Kamel, Lella N'fissas und wahrscheinlich Si Mokhtars Sohn, heiraten soll, aufgewachsen. Nedjma kann sowohl als Gravitationszentrum gesehen werden, wie als Kreis, in dem die anderen durch sie gefangen sind (*étoile-cercle*). Der dritte Teil behandelt den hoch ambivalenten Ursprung Nedjmas. Rachid ist mit Si Mokhtar in Bône eingetroffen. Im Palludismus-Fieber verrät er Mourad, der das Zimmer mit ihm teilt, was er von diesem weiß. Die Nacht von Nedjmas Zeugung in einer Grotte bindet das Leben ganz eng an den Tod. Sie ist die Tochter einer „insatiable Française" und hat deshalb zwei mögliche Väter, Si Mokhtar und Rachids Vater, der nach der Liebesnacht erschossen aufgefunden wurde. Der innere Monolog Rachids berichtet, wie er die geheimnisvolle Nedjma erstmals in einer Klinik in Constantine traf. Rachid will über Si Mokhtar, den er deshalb als den Mörder seines Vaters verschont, die Wahrheit über Nedjma erfahren. Deshalb folgt er ihm auf eine vom Erzähler geschilderte unabgeschlossene Pilgerreise. Si Mokhtar enthüllt Rachid die Ursprünge ihres Stammes und des Ahns Keblout. Sie fassen den Entschluss, Nedjma zu entführen und in den Nadhor, an den heiligen Ort des Ursprungs, wo die letzten Nachfahren des Stammvaters Keblout leben, zu bringen, wo sie zurückgezogen und bewacht leben soll. Die zweite Serie des 3. Teils zeigt die Entführung Nedjmas und ihre Ankunft im Nadhor, wo der schwarze Wächter Si Mokhtar tödlich verletzt, Rachid vertreibt und Nedjma festhält. Im vierten Teil begegnet Rachid dem Leser in

Constantine wieder, wo er in Obsessionen von seinem Scheitern als Nationalist, als Liebender und Ermittler im Vatermord überwältigt ist und eine Haschisch-spelunke betreibt. Der nächste Teil widmet sich der Akkulturationserfahrung Lakhdars und Mustaphas im Dorfleben bei Sétif. Der 6. Teil evoziert ihre natio-nalistische Aktivität am *Collège de Sétif* und erneut den Aufstand. Die zweite Serie des 6. Teils zeigt wie Nedjma, die ‚Menschenfresserin unreinen Bluts', Mutter und Liebhaberin zugleich, ihre Geliebten fasziniert und verschlingt.

Der sehr poetische Text ist ein polyphoner Entwicklungsroman, der mit fünf Erzählerstimmen arbeitet. Kateb bezeichnete ihn als „une autobiographie au plu-riel". Neben dem Erzähler kommen auch die vier Hauptprotagonisten zu Wort, Nedjma selbst hingegen nicht. Ihre Tragödie besteht als weibliche Replik auf Ödipus darin, dass sie in Unkenntnis ihres Ursprungs ihren eigenen Bruder Ka-mel, den Sohn Si Mokhtars und Lalla N'Fissas, der Frau Sidi Ahmeds, eines anderen Liebhabers ihrer Mutter, heiratete.

Der überaus poetische Text thematisiert auf einer mythischen Ebene die Su-che nach dem Ursprung der algerischen Identität. Dabei geht er auch auf die Nu-mider und Jugurtha ein. Die Entscheidung zugunsten der fremden Sprache ist als zweite Trennung vom Mutterleib symbolisiert. Die Nation wird in Nedjma in ihrem sich konstruierenden Prozesscharakter gezeigt.[71] Die Helden wollen eine kommende Wirklichkeit dechiffrieren und sterben durch dieses Unternehmen (Bonn 1985: 69). Ihre *errance* wurzelt im Verrat der Väter. Diese neue Sicht der nationalen Identität hatte großen Einfluss auf die weitere Entwicklung des „counterhegemonic discourse" (Bernard Aresu) im Maghreb.[72] Damit einher ging die vollständige Abkehr vom traditionellen Roman mit realistischen Beschrei-bungen.[73] Die Rotationsstruktur des Textes resultiert aus seiner Fragmentierung und der Verschränkung von Erzählperspektive und Chronologie in Verbindung mit dem Schema der *errance*. Die mythische Tiefenebene bindet die historische Dimension durch vielfältige der Oralität entstammenden Geschichten an den Ursprung zurück und erweitert sie in die Gegenwart. Katebs Roman brach radikal innovierend mit der vorausgehenden maghrebinischen Literatur und war als lite-rarisches Meisterwerk der Leuchtstern für die folgenden Autoren. Die Schreib-weise unterscheidet sich auch deutlich von der des französischen *Nouveau ro-man*, zu dem es jedoch auf der Ebene der Zeitstruktur oder der Absage an einen einzelnen Erzählerstandpunkt durchaus Parallelen gibt wie auch zu Faulkner.[74] Schon in diesem Roman, aber noch ausgeprägter in *Le polygone étoilé* (1966) ist durch intertextuelle Anleihen an die Geschichten von *Tausendundeine Nacht*, arabische Poesie, maghrebinische Fazetien-Erzähltradition wie die Geschichten

[71] Vigdis Ofte: „Nation et genre dans *Nedjma* de Kateb Yacine", in: *Narcisse* 18, 1999, S. 266-296.

[72] Bernard Aresu: *Counterhegemonic Discourse from the Maghreb. The Poetics of Kateb's Fic-tion*. Tübingen 1993.

[73] Siehe auch Kristine Aurbakken: *L'étoile d'araignée. Une lecture de* Nedjma *de Kateb Yacine*. Paris 1986.

[74] Marc Gontard: *Nedjma de Kateb Yacine. Essai sur la structure formelle du roman*. Paris 1985.

Djohas oder *Mqides'* und berberische Märchen sowie vorislamische Mythen wie den der *Ogresse* die Oralität als dynamische, fast karnevaleske Dimension im schriftlichen Text verankert.

2.2   Der postkoloniale Roman

2.2.1   Die sechziger Jahre ab 1962

Die sechziger Jahre ab der Unabhängigkeit Algeriens am 3. Juli 1962, einem Dienstag, an dem die 1958 gebildete provisorische Regierung der Algerischen Republik (GPRA, *Gouvernement Provisoire de la République Algérienne*) aus Tunis kommend geleitet von ihrem Präsidenten Ben Youssef Ben Khedda in Algier eintraf, zerfallen politisch gesehen in die Ära Ahmed Ben Bellas (1962-1965) und die ersten fünf Jahre der Ära Houari Boumediennes (1965-1978).

Ahmed Ben Bella, einer der Anführer des Aufstands von 1954 und damit einer der „chefs historiques", war zunächst im Ausland geblieben. Schon auf dem Kongress des CNRA (*Conseil National de la Révolution Algérienne*) vom 27. Mai bis 7. Juni 1962 in Tripolis hatte er das GPRA in die Minderheitenposition gebracht. Dem dort verabschiedeten marxistisch inspirierten Programm zufolge sollte Algerien eine Demokratie werden, die auf der Verstaatlichung der Produktionsmittel basiert. Es war geplant, Land im Rahmen der „révolution agraire" kostenlos zu verteilen und auf freiwilliger Basis Kooperativen zu gründen. An eine Verstaatlichung der Geldwirtschaft und des Handels sowie der Erdölvorkommen war erst längerfristig gedacht. Dem Islam wurde als kulturellem Faktor sein Platz eingeräumt, auch die Algerienfranzosen sollten politisch beteiligt sowie ihre Rechte und ihr Hab und Gut respektiert werden.[75] Oberste soziale Ziele waren der Kampf gegen den Analphabetismus[76], die Entwicklung der araboislamischen Nationalkultur, die Errichtung eines öffentlichen Gesundheitswesens und die Emanzipation der Frau.

Ben Bella als Generalstabschef des sogenannten *Groupe de Tlemcen* trug unterstützt durch den Kolonel Boumedienne und seine berühmte *Armée des frontières*, die während des Krieges in Marokko und Tunesien stationiert war, den Sieg beim blutigen Kampf um die Macht innerhalb der rivalisierenden Klans des FLN davon und zog am 3. August 1962 in Algier ein. Mohamed Boudiaf und Krim Belkacem, weitere historische Führer des FLN, warnten vor dem versuchten Staatsstreich und erkannten darin den Weg zur Diktatur, mussten aber das designierte Politbüro anerkennen. Auch die französische Föderation des FLN, die zu-

---

[75]   Benjamin Stora: *Histoire de l'Algérie depuis l'indépendance*. Paris 1994, S. 12.

[76]   1961 besuchten weniger als 15 % der Algerier im schulpflichtigen Alter tatsächlich eine Schule. Nur ca. 700.000 gingen in die *École primaire*, die für das ganze Land lediglich über 1.700 Lehrer verfügte. (Stora 1994: 47 und 11)

vor den GPRA unterstützt hatte, stellte sich dahinter. Widerstand kam aus den Bezirken Kabylei und Algier (*Wilaya* III und IV). Am 30. August befahl das Politbüro den *Wilayas* I, II, IV und VI und den Truppen des Generalstabs in Algier einzumarschieren. Bei den Kämpfen in Boghari und El'Asnam gab es über Tausend Tote.

In dieser Phase der Anarchie kam es zu Rache- und Vergeltungsaktionen: über 10.000 *Harkis* (Algerische Hilfstruppen der französischen Armee) wurden getötet;[77] noch 1965 ermittelte eine Enquête-Kommission des Roten Kreuzes 13.500 inhaftierte Harkis und viele Verschwundene. Getötet wurden auch profranzösische Algerier und noch im Land verbliebene Europäer (Stora 1994: 13ff.).

Die Tlemcen-Fraktion teilte sich die Schlüsselpositionen der Macht auf: Mohammed Khider wurde Chef des Politbüros, Ferhat Abbas leitete die Nationalversammlung, Ben Bella wurde von der konstituierenden Nationalversammlung am 25. September 1962 (mit 159 gegen eine Stimme) zum Präsidenten des Ministerrats ernannt. Diesem gehörte kein Mitglied des letzten GPRA mehr an, doch bekleideten Boumedienne und andere Militärs Schlüsselpositionen. Boudiaf gründete am 27. September 1962 den *Parti de la Révolution Socialiste* (PRS), der die Legitimität des Politbüros anzweifelte, aber schon im August 1963 nach Boudiafs Verhaftung verboten wurde. Nach dem Rücktritt Khiders übernahm Ben Bella neben der Funktion des Staatschefs, in der ihn am 15. September 1963 Wahlen bestätigten, auch die des Generalsekretärs des Politbüros der FLN.

Markantes Kennzeichen des algerischen Regimes während der 60er Jahre war die autoritäre Gesellschaftsordnung mit der Armee als tragender Säule und der nunmehr als Einheitspartei etablierten FLN, die diesen Status zu legitimieren suchte. Das aus der Taufe gehobene unabhängige Algerien, dessen Verfassung am 28. August 1963 vom Parlament bestätigt und anschließend per Referendum ratifiziert wurde, wies keine Gemeinsamkeiten mit dem Algerien auf, für das die ersten Kämpfer im November 1954 angetreten waren. Sie gerieten wie Ferhat Abbas oder Krim Belkacem ins politische Abseits.

Die soziale und wirtschaftliche Lage des unabhängigen Algeriens war desaströs. Der Krieg hatte direkt und indirekt enorme Verluste gezeitigt. Hunderttausende Algerier waren gefallen, andere emigriert, neun Zehntel der europäischen Bevölkerung hatten das Land verlassen (900.000 Personen, davon 1/3 aktive, die die Hälfte des staatlichen Steueraufkommens erwirtschafteten, 60% der Importe und 40% der örtlichen Produkte konsumierten). Das Land war immer noch ein Agrarland und nur sehr schwach industrialisiert (27% des Bruttoinlandprodukts entfielen auf die Industrie) (Stora 1994: 11). Die großen landwirtschaftlichen Domänen wurden durch „comités de gestion" – das Schlagwort der Zeit war „autogestion" – geleitet, ohne dass sich die Lage der Landarbeiter (115.000 von 1,3 Millionen in der Landwirtschaft tätigen erwirtschaften in den Domänen 60% der Produktion) fundamental verbessert hätte (Stora 1994: 20). Viele zogen

---

[77] *Le Monde* 13.11.1962.

in die Städte, vor allem den Großraum Algier. Die Getreideproduktion deckte bei weitem nicht den Bedarf und die Bevölkerung wuchs jährlich um 3% (Stora 1994: 23). Die Armee vergrößerte sich von 1962 bis 1963 allein um die Hälfte von 86.000 auf 120.000 Mann, deren Sold zwar manche Familie miternährte, aber allein 10% des Bruttoinlandprodukts verschlang.

Anders als der „mythe du retour" suggerierte, der glauben ließ, dass die Unabhängigkeit Algeriens von allein die Gastarbeiterproblematik durch die Heimkehr lösen würde, verstärkte sich schon im Sommer 1962 auch die Emigration von arbeitssuchenden Algeriern nach Frankreich. Zwischen dem 1. September 1962 und dem 11. November verließen 91.744 Algerier, teilweise ganze Familien, das Land (Stora 1994: 15). 1963 zählte Algerien 2 Millionen Arbeitslose und 2,6 Millionen Menschen ohne Auskommen, von denen viele den Weg nach Frankreich wählten. Die Regierungen trafen Vereinbarungen, zunächst auch Kontingentierungen, jedoch wurde die Emigration in beiderseitigem Einvernehmen aufrecht erhalten. 1965 lebten bereits mehr als 450.000 Algerier in Frankreich.

Außenpolitisch reihte sich Algerien in die *Organisation de l'Unité Africaine* (OUA) mit ihrer Gründungscharta vom Mai 1963 in Addis-Abeba ein und in Annäherung an das Ägypten Nassers in den ‚arabischen Nationalismus'. Mit den maghrebinischen Nachbarländern kam es 1963 zu Konflikten: Bourguiba rief seinen Botschafter aus Algier ab, wo man gegen ihn arbeitenden Umstürzlern Zuflucht gewährt hatte; Marokko trug die sogenannte *Guerre des sables* mit Algerien aus, das sich weigerte, einem Abkommen zwischen Mohammed V. und dem GPRA von 1960 entsprechend die von Frankreich gezogene Grenze in der Sahara zu modifizieren.

Auch innere militärische Konflikte brachen auf. In der Kabylei gründete Hocine Aït Ahmed, der zusammen mit Ben Bella während des Algerienkrieges inhaftiert war, eine dissidente Partei, den *Front des Forces Socialistes* (FFS), so dass es ab Oktober 1963 zu Kampfhandlungen kam. Erst im Oktober 1964 wurde Aït Ahmed, der in den Maquis gegangen war, verhaftet, im April 1965 zum Tode verurteilt, allerdings zwei Tage später begnadigt. Er lebte fortan im Exil. Die Macht war dabei, Ben Bella zu entgleiten, der mit allen Mitteln versuchte, den Einfluss der sogenannten Oujda-Gruppe um Boumedienne zu mindern. Doch diese, etwa Bouteflika und Belkacem, stimmten sich mit der Constantine-Gruppe ab und betrieben den Sturz Ben Bellas. Am 19. Juni 1965 wurde er verhaftet. Panzer waren an den strategischen Punkten der Hauptstadt aufgefahren. Boumedienne ließ in Radio Algier die Bildung eines Revolutionsrats verkünden, der nun alle Macht übernommen habe. Ben Bella, der erste Präsident des unabhängigen Algeriens, der durch diesen Staatsstreich abgelöst wurde, sollte erst am 30. Oktober 1980 freigelassen werden.

Der 1932 in der Nähe von Guelma in Ostalgerien geborene Mohammed Brahim Boukharouba, genannt Houari Boumedienne stützte sich auf die Armee um zu herrschen. Die *Sécurité Militaire* beseitigte Oppositionelle: Mohammed Khider wurde im Januar 1967 in Madrid ermordet, Krim Belkacem, einer der Verhandlungsführer bei den Evian-Verträgen und Mitglied des GPRA, am 20. Oktober 1970 erdrosselt in einem Frankfurter Hotelzimmer aufgefunden (Stora 1994: 29). Ein Putsch Kolonel Zbiris 1967 scheiterte. Boumedienne war ab Dezember 1967 der Oberbefehlshaber der *Armée Nationale Populaire* (ANP).

Die großen Erfolge Boumediennes waren außenpolitisch. Er festigte das Bild eines revolutionären Staates an der Seite der Befreiungsbewegungen der Dritten Welt und tat sich als bedeutender Vertreter der Organisation Ölexportierender Länder vor allem während des israelisch-arabischen Kriegs 1973 hervor. 1969 unterzeichnete er den Vertrag von Ifrane, der eine brüderliche Zusammenarbeit mit Marokko und die Anerkennung Mauretaniens beinhaltete; 1970 einen ähnlichen mit Tunesien, um die Beziehung zu den maghrebinischen Nachbarstaaten zu verbessern. Doch die Haltung Marokkos in der Saharafrage spaltete die beiden ‚Brüder' ab 1973 erneut und lange Zeit über den Tod Boumediennes 1978 hinaus.

Boumedienne beschleunigte die Arabisierung. 1967 entwickelte die FLN eine neue sprachpolitische Strategie, die auf vollständige Arabisierung ab der 1. Klasse zielte, stufenweise die verschiedenen Unterrichtsfächer erfassen wollte, die geographischen Gegebenheiten in den Blick nahm und punktuell einzelne Bildungseinrichtungen auf lokaler Ebene betraf (Kühnel 1995: 44).

Die Literaten des befreiten Algeriens sahen sich gegensätzlichen Forderungen gegenüber: auf der einen Seite sollten ihre Texte als Werkzeug der Umgestaltung der entkolonisierten Gesellschaft dienen und in didaktischer Weise am Modell des sozialistischen Realismus das Volk auf die revolutionären Ziele einstimmen; andererseits beschworen kritische Stimmen die Freiheit der Kunst und der Schriftsteller, auch über persönliche Anliegen oder allgemeine Thematiken zu schreiben. Autoren wie Dib und Kateb wurde vorgeworfen, sie schrieben am Volk vorbei, behandelten bürgerliche Themen und huldigten einem überkommenen Individualismus (Walter 1990: 106f.). Die 1963 gegründete *Union des Écrivains Algériens* war der Einheitspartei unterstellt. Kateb, Mammeri und andere Autoren gehörten ihr nicht an. 1967 schon wurde die *Société Nationale d'Édition et de Diffusion* (SNED) gegründet. Durch hohe Subventionen ermöglichte der Staat relativ günstige Verkaufspreise für inländische wie auch importierte Bücher. Zensur zusammen mit der Schwerfälligkeit und Langsamkeit der Bürokratie bestimmten die Publikationstätigkeit der SNED, wo ein literarisches Manuskript leicht mehrere Jahre in den Schubladen liegen konnte, bevor sein Verfasser erfuhr, ob es überhaupt publiziert werden durfte. Von den 1.800 Büchern zwischen 1962 und 1973 über Algerien sind nur 555 von der SNED publiziert (287 auf Arabisch, 268 auf Französisch). Ebenfalls 1967 wurde auch für den Film ein Produktions- und Distributionsmonopol errichtet mit der Gründung des ONCIC (*Office National pour le Commerce et l'Industrie Cinématographique*). Drei Phasen können grob innerhalb der Entwicklung des algerischen Kinos unterschieden werden: bis 1971 die Phase mit dem dominanten Thema des Befreiungskampfs und seines Nachhalls (z.B. Pontecorvos *La bataille d'Alger* von 1966); 1972 bis

1976 eine Phase, in der die Agrarrevolution thematisiert wurde, ab 1976 Filme über das Alltagsleben, z.B. Djebars *La nouba des femmes du mont Chenoua.*[78]

Mammeris *L'opium et le bâton* (1965) verweist mit seinem Titel darauf, dass das algerische Volk stets mit Beschwichtigung oder Gewalt regiert wurde. Der deutlich positiv gezeichnete Protagonist Bachir Lazrak, ein in Frankreich ausgebildeter Arzt und Intellektueller, der zwischen den Kulturen steht, trifft eine klare Entscheidung für die Heimat. Mammeri verbindet in der dem sozialistischen Realismus verhafteten klassischen Romananlage mit präziser Chronologie und einem klar entfalteten dichotomischen Welt- und Gesellschaftsbild die Thematik des Befreiungskriegs mit dem Kulturkonflikt. Die Besinnung auf die kabylischen Wurzeln ist in diesem Roman gegenüber dem patriotischen und konsensstiftenden Impetus der vorausgehenden Romane Mammeris merklich zurückgenommen.[79] Lazrak zögert nicht, seine Wahl zu treffen, auch wenn dies nachhaltige Konsequenzen für seinen Beruf und seine Beziehung hat. Er verlässt seine französische Freundin, die ihn nach ihrer Vorstellung zu einem erfolgreichen Arzt heranbilden möchte, wobei, wie er allmählich erkennt, er das Bild eines perfekten Kolonisierten abgeben soll. Itto, seine wirklich ‚freie' Geliebte in Marokko, verkörpert den Gegenpart, die Bewahrung der Freiheit in der eigenen wie in der fremden Kultur. Doch die Rückkehr zu den Wurzeln ist keine Lösung mehr, wie die Zerstörung des Heimatdorfs symbolisiert.

1966 erschien bei den Éditions du Seuil in Paris Kateb Yacines *Le polygone étoilé*. Der Text greift die Sternstruktur aus *Nedjma* auf. Er orientiert sich stärker an der autobiographischen Dimension und problematisiert diese zusammen mit der Frage des Ursprungs. Der ‚vieleckigen Sternform' korrespondiert eine polyphone Stimmenvielfalt, wobei lyrische Elemente neben die Prosa des Alltäglichen und Mythen neben Triviales gesetzt sind. Diskontinuierlich und ohne Chronologie kombiniert diese Montagetechnik Gedichte, Zeitungsmeldungen über verschiedene historische Ereignisse und Erinnerungsfetzen. Das unabhängige ‚Algerien des Jahres III' ist von Chaos und Gewalt geprägt. Lakhdar erlebt zwischen Arles und Paris das bittere Exil als Arbeitsemigrant, was zusammen mit der durch Zitate in den Text montierten Epopöe der Beni Hillal, des arabischen Nomadenstamms, der im 11. Jahrhundert als erster in den Maghreb vordrang, das traditionelle Nomadentum parodiert. Der Text mündet in Reflexionen über die französische Sprache, die das autobiographische Ich in der Schule, der „gueule du loup" erlernte: „cet exil intérieur qui ne rapprochait plus l'écolier de sa mère que pour les arracher, chaque fois un peu plus au murmure du sang, aux frémissements reprobateurs d'une langue bannie" (S. 181f.). Die französische Sprache ist zwar Ausdrucksmittel, doch entfremdet sie von den eigenen Wurzeln.

1968 erschien von Mourad Bourboune (geb. 1938) der Roman *Le muezzin*. Während sein Roman *Le mont des genêts* (1962) Figuren kurz vor dem Aufstand von 1954 in Szene setzt und am positiven Helden propagandistisch zeigt, wie

---

[78] Benjamin Stora: *Algérie, formation d'une nation*. Biarritz 1998, S. 59f.

[79] Guy Dugas (Hg.): *Algérie. Les romans de la guerre*. Paris 2002, S. VIII.

sich neue Strukturen und Bewusstseinslagen bilden[80], agiert der provokante, fast groteske Muezzin Said Ramiz nach der Unabhängigkeit. Der Leser begleitet den stotternden Atheisten auf verschlungenen Pfaden, aus dem französischen Gefängnis kommend von Paris zurück nach Algier, wo er beabsichtigt, eine Moschee zu sprengen. Er tritt dabei wechselnd als Ramiz auf oder nur als Stimme (*meddah*). Die Form ist ähnlich wie in Katebs *Nedjma* aufgelöst, Selbstgespräche, Dialoge und Gedichte wechseln miteinander ab. Allerdings ist die Erzählung noch vergleichsweise linear. Neu ist die Perspektive auf den Befreiungskrieg. Er wurde zwar gewonnen, doch ist nach Auffassung Bourbounes die Revolution gescheitert. Die „phrères" von einst – schon diese Schreibweise zeigt die Verachtung, die ihre Phrasen wachrufen – haben nur äußerlich das Gewand gewechselt, funktionieren aber als neue Machthaber wie die alten. Die Stadt, in der das Volk ‚bürokratischen Hexenmeistern' ausgeliefert ist, ist eine „ville fausse couche, ville bâtarde affalée sur le lieu d'éruption de la vraie ville" (S. 185). Der Muezzin entdeckt den Betrug: „On triche, on la maquille: elle est devenue une autre semblable à elle-même" (S. 153). Er will als „Grand Émondeur", großer ‚Ausputzer', den Weg zur wahren Revolution und damit zu einer authentischen Identität freimachen. Am Ende des Textes verschwindet er, der von sich sagte, „j'habite une cicatrice", allerdings auf ungeklärte Weise.

Nachdem der Autor in Folge des Staatsstreichs Boumediennes 1965 verhaftet worden war, erschien Rachid Boudjedras (geb. 1941) Romanerstling *La répudiation* (1969) bei Denoël in Paris und war ein mit dem *Prix des Enfants Terribles* ausgezeichneter Skandalerfolg. Charles Bonn nennt den Roman „une entreprise de meurtre, par l'écriture, du père phallique et castrateur, qui a répudié la mère" (Bonn 1985: 15). Hier schon wie in seinem danach entstandenen umfangreichen Romanwerk lotete Boudjedra ohne Rücksicht auf Tabus die rückschrittlichen und repressiven Aspekte der algerischen Mentalität aus. Permanenter Tabubruch wurde als Signum seines Romanwerks bezeichnet.[81] Der Autor bediente sich ganz bewusst und willentlich der französischen Sprache, weil sie sich zum Aufgreifen derartiger Themen besser eignete als das mit der koranischen Tradition verbundene Schriftarabisch.

La répudiation brachte die Revolte der jungen Generation zum Ausdruck und war in Algerien bis 1980 verboten. Schon die Erzählsituation ist provokant: Der Icherzähler Rachid, in eine psychiatrische Klinik eingeliefert, erzählt in einer Art *talking cure* seiner französischen Geliebten Céline, zu der er ambivalente Gefühle hegt, mit nahezu exorzistischer Wirkung zwischen intensiven Liebesszenen Ereignisse und intime Erlebnisse seiner *enfance saccagée*. Es dreht sich um religiöse und sexuelle Tabuverletzungen. Koranschule, islamische Riten, die für die Kinder traumatisierende Verstoßung der Mutter, um der Wiederverheiratung des Vaters mit der fünfzehnjährigen Zoubeida den Weg zu ebnen, welche der Sohn

---

[80] Si Abderrahmane Arab: „La guerre de libération dans quelques romans algériens d'expression française", in: *Bulletin of francophone Africa* 3, 1993, 15-25.

[81] Ernstpeter Ruhe: „Erzählen nach der Avantgarde. Rachid Boudjedras Weiterentwicklung des modernen Romans", in: *Cahier d'études maghrébines* 1, 1989, S. 53.

im Quasi-Inzest aus Rache verführt. Er spricht von Alkoholismus, dem von sexueller Repression und Wahnsinn markierten Weg seiner Schwester Yasmina in den Tod, von der Homosexualität und dem Freitod seines Bruders Zahir sowie der Repression, die die *Membres Secrets du Clan* als politische Geheimorganisation, wirtschaftliche Elite und Nomenklatura zugleich, ausüben. Sie ließen Rachid verhaften und zwischen Gefängnis und Anstalt wählen. All dies ist im Grenzbereich von Realität („le difficile réel") und Wahn („mythomanie") dargestellt. Céline verlässt ihn am Ende, die junge Stiefmutter stirbt.

Der Text ist nicht linear erzählt. Die Ebenen gehen ineinander über. Große Feste mit ihrem orgiastischen Aspekt markieren als Stationen den Text: der Ramadan, die Hochzeit des Vaters, das Begräbnis des Bruders Zahir und das als blutrünstiges Sinnbild der *enfance saccagée* dargestellte Opferfest Aid el Kebir. Ein Vergleich mit Boudjedras ethnographischer Studie *La vie quotidienne en Algérie* (1971), in der er ein ganz anderes Bild zeichnet, belegt die fiktionale Dimension des Romans und zeigt, dass die Dimension des Deliriums und des Wahns vor allem im Gefolge Artauds dazu dient, die Realitätsebene zu überschreiten. Körperlichkeit, Sinnesempfindungen wie Gerüche, psychische Grenzsituationen – Selbstmord, Wahnsinn – und ekstatische Zustände stehen im Mittelpunkt. Die Inszenierung der französischen Geliebten als Adressatin des Erzählens ist eine Metapher, die nicht nur das Erinnern an Sinnlichkeit[82] koppelt und auf seine sprachliche Repräsentation akzentuiert, sondern auch die Situation der französischsprachigen Literatur in Szene setzt. Die damit einhergehende Problematisierung des Erzählvorgangs ist eine Konstante des Gesamtwerks Boudjedras.[83] Beginnend mit der Protagonistin Céline entfaltet Boudjedra im intertextuellen Spiel eine Hommage an Louis-Ferdinand Céline, vor allem dessen epochemachenden Roman *Voyage au bout de la nuit* (1932).[84] Die Erinnerung ist wie in Texten der zeitgenössischen französischen Avantgarde (Leiris, Perec) fragwürdig.[85] Themen wie die Obsession des Bluts und ein ganzes Bestiarium bestehend aus Ratten, Schnecken, Katzen und anderen Tieren geraten in den Sog des Schreibens. Ein Entrinnen gibt es daraus nur, wenn dieses Delirium eine Katharsis bewirkt.

---

[82] Giuliana Toso Rodinis: *Fêtes et défaites de l'éros dans l'œuvre de Rachid Boudjedra*. Paris 1994.

[83] Gafaïti nannte die Unabgeschlossenheit des Erzählens „littérature de l'épuisement" in *Boudjedra ou la passion de la modernité*. Paris 1987, S. 112.

[84] Zu diesem literarischen Modell wie zu Simon und García Márquez, sowie sufistischen Texten ausführlich Mohammed-Salah Zeliche: *L'écriture de Rachid Boudjedra*. Paris 2005, Teil 2, S. 117-252. Teil 1 behandelt die Identitätssuche (25-46), das Schreiben als „mise à mort" anhand der Abrechnung mit der Familie und der Gesellschaft, aber auch der *Réécriture* von Mythen, schließlich die Bedeutung des Blicks.

[85] Siehe Roman Reisinger: *Die Autobiographie der Kindheit in der französischen Literatur. ‚A la recherche de l'enfance perdue' im Lichte einer Poetik der Erinnerung*. Tübingen 2000.

2.2.2   Die siebziger Jahre

Algerien zählte 1970 knapp 10 Millionen Einwohner. Das Bevölkerungswachstum betrug 3,1% jährlich, deutlich höher als der Durchschnitt der Entwicklungsländer (2,25%) und das der maghrebinischen Nachbarstaaten (Marokko 2,7%; Tunesien 2,2%) (Stora 1994: 6 und 50). 1970 besuchten schon fast 2 Millionen algerischer Kinder die Schule (Stora 1994: 40). Die Disparität zwischen der Scholarisierung der Jungen und Mädchen milderte sich ab und pendelte sich in den siebziger Jahren auf einen Anteil von ca. 40% Schulerinnen in der Grundschule und in weiterführenden Schulen ein. Der gemischte Unterricht wandelte die traditionelle Einstellung, zumal viele Schülerinnen statt mit dem *Haik* gekleidet jetzt in Jeans zur Schule gingen. An den Universitäten stagnierte hingegen die Zahl der Studentinnen ab 1978 bei ca. 25%, doch drängten viele gut qualifizierte Algerierinnen auf den Arbeitsmarkt, vor allem ins Unterrichtswesen, wo sich die Zahl der algerischen Lehrer bis 1982 auf 19.000 steigerte, allerdings der Anteil an ausländischen, vor allem französischen *Coopérants* noch ca. ein Drittel ausmachte (Stora 1998: 46ff.).

1971 vollzog Boumediennes Regime den sogenannten „tournant socialiste". Ordonanzen vom 8. und 16. November galten der Agrarrevolution und der sozialistischen Unternehmensverwaltung. Die Bodenschätze, Erdöl und Erdgas wurden verstaatlicht. Boumedienne verkündete die „décolonisation petrolifère", denn lange nach der Unabhängigkeit hielten neben dem nationalen Trust Sonatrach französische Aktionäre noch immer stattliche Anteile (Stora 1994: 37). Jetzt übernahm Algerien 51% der französischen Gesellschaften Elf (damals Erap) und CFP (*Compagnie Française des Pétroles*), die übrigen ausländischen Erdölgesellschafen bis auf Total verließen das Land. Mittels der „manne petrolière", die das Land nun direkt und unmittelbar bereicherte,[86] sollte der als Priorität proklamierte Indiustrialisierungschub vollzogen werden, von dem man annahm, dass er wie eine Lokomotive die Landwirtschaft mitziehen könnte. Theorien der „industries industrialisantes" stellten die französischen Ökonomen François Perroux und Gérard-Destanne de Bernis zur Verfügung (Stora 1994: 35f.), flankiert von weiteren Theoretikern wie Samir Amin und F.H. Cardoso, die dem Staat dabei die zentrale Rolle zusprachen.

1971 wurde zum Jahr der Arabisierung ausgerufen. Allerdings blieben die Ergebnisse bescheiden, wie die 1973 gegründete *Commission Nationale d'Arabisation* in ihrem Bericht von 1975 bilanzierte: Es mangelte am Engagement seitens der Staatsbediensteten, da das Hocharabische im Berufsleben als wenig nutzbringend eingeschätzt wurde, es fehlte an klaren pädagogischen Vorgaben zu den Methoden und Inhalten der Arabisierung und nicht zuletzt an qualifizierten Lehrkräften (Kühnel 1995: 44). Vor allem an den Hochschulen gab es noch gänzlich frankophone Bereiche wie Medizin, Ökonomie, Pharmazie und

---

[86]   Die staatlichen Einnahmen stiegen von 1969 1.320 Mill. Dinar, über 1.659 im Jahr 1971 auf beachtliche 3.200 Mill. Dinar schon 1972. Zahlen nach Raffinot/Jaquemont, zit.n. Stora 1994: 37.

Politik- und Ingenieurwissenschaften und es erhob sich Protest gegen die Abschaffung der Vorlesungen zum Berberischen an der Universität Algier 1973. 1976 beschloss der FLN die Arabisierung von Städte- und Straßennamen sowie anderen öffentlichen Beschilderungen. Es wurden Arabisierungskommissionen gegründet und über die Aufstellung einer *Police Arabisante* nachgedacht. Bis 1978 waren, wenn auch mit schlecht ausgebildeten Lehrern, die ersten vier Klassen völlig arabisiert und die 5. bis 7. Klasse teilweise. Kritiker sprachen davon, dass die Schulen „analphabètes bilingues" produzierten, die weder Arabisch noch Französisch richtig beherrschten (Kühnel 1995: 45).

Am 15. November 1974 wurde der Verstaatlichungsprozess als abgeschlossen bezeichnet. 42% des Bruttoinlandprodukts wurden 1973 investiert, 1977 gar 50%, womit Algerien weltweit eine der höchsten Investitionsraten erzielte; dennoch steigerte sich das BIP in den 70er Jahren (von 1971 bis 1980) nur um 6,4% jährlich. 30% der Investitionen flossen in die Infrastruktur des Erdöl- und Ergassektors, die Inanspruchnahme ausländischer Firmen ließ die Auslandsverschuldung von 2,7 Milliarden Dollar auf 23,4 Milliarden 1979 anwachsen (Stora 1994: 39f.).

Eine Öffnung zu den progressiven Intellektuellen und dem *Parti d'Avantgarde Socialiste* wurde angestrebt, während der Zusammenhalt des Oujda-Klans der Armee im Lauf der 70er Jahre zerfiel. Kaid Ahmed wurde von seinen Funktionen in der FLN abgesetzt, Ahmed Medeghri als Innenminister starb 1974 unter mysteriösen Umständen, Krim Belkacem wurde von seinem Ministeramt entfernt, einzig Bouteflika behielt seine Stellung und war von 1964 bis 1979 Außenminister.

Anlässlich des 10. Jahrestags des Staatsstreichs kündigte Boumedienne eine Verfassung, die Wahl einer Nationalversammlung und Präsidentschaftswahlen an. Die *Charte Nationale* vom 19. November 1976 wurde mit 99,18% Ja-Stimmen der 7,1 Millionen Wählenden bestätigt. Sie schrieb den Sozialismus als „option irréversible" fest und bekräftigte zugleich den Islam als Staatsreligion. Algerien, so konnte man lesen, „n'est pas un assemblage de peuples en une mosaïques d'ethnies disparates", d.h. die Berberkultur wurde schlicht verleugnet. Immer wieder wurde die Rolle des Staates als Erbe des Befreiungskriegs betont. Jeder Algerier sollte Kämpfer für den Sozialismus, Produzent in der angestrebten Industriegesellschaft, Konsument des einheimischen Marktes und Gläubiger der Staatsreligion sein (Stora 1994: 32f.).

Erst am 7. Juli 1975 wurde per Ordonanz das seit dem 31. Dezember 1962 gültige Gesetz außer Kraft gesetzt, demzufolge die französische Rechtsprechung weiterhin galt (Stora 1994: 30). Der Staatschef war der Verfassung zufolge Chef der Armee, beschloss und führte die politischen Geschäfte der Nation, wobei laut Artikel 98 die Parteiführung des FLN die Richtung vorgab. Er allein benannte die Minister, die nur ihm verantwortlich waren, er hatte wie auch die Nationalversammlung Gesetzesinitiave und konnte zwischen den Parlamentssitzungen per Ordonanz Gesetze erlassen. Ihm allein unterstand die Reglementierung der Anwendung der Gesetze.

Der Soziologe Abdelkader Djeghloul spricht von einem „triangle fonctionnel" aus Staat, Armee und FLN, das auf die ganze Nation ausgeweitet wurde, um die ursprüngliche Illegitimität zu verschleiern.[87] Boumedienne wurde bei den Präsidentschaftswahlen am 11. Dezember 1976 als einziger Kandidat des FLN mit 99,38% der abgegebenen Stimmen gewählt. Erster Präsident der aus Kandidaten des FLN in Absprache mit der politischen Verwaltung gebildeten *Assemblée Populaire Nationale* (APN) wurde Rabah Bitat, der letzte noch an der Macht beteiligte ‚historische Chef' des algerischen Befreiungskriegs. Stora wertet dies so, dass zwischengeschobene neue Eliten den Staat gegenüber dem Volk repräsentieren sollten und keineswegs umgekehrt (Stora 1994: 34).

Die Herrschenden revidierten die Geschichte: das 1974 gegründete *Centre National d'Études historiques* (CNEH) erhielt ein Monopol für historische Forschung; Arbeiten von Mohammed Harbi (*Aux origines du FLN*; *Le FLN, mirage et réalité*), aber auch Ferhat Abbas' *Autopsie d'une guerre* konnten nur in Frankreich veröffentlicht werden (Stora 1998: 57). Schon ab 1965 wurde die Rolle der Armee in der Landesgeschichte neu entworfen, indem der Beitrag der Bevölkerung oder der französischen Föderation des FLN heruntergespielt bzw. verleugnet wurde. Während der gesamten 70er Jahre gestalteten „récits d'une geste révolutionnaire projetant l'image mythique d'un univers manichéen" das Bild einer simplifizierten Geschichte um die zentrale Devise „Un seul héros, le peuple". Die Opfer der politischen Flügelkämpfe wurden im Diskurs der *langue de bois* verleugnet, ihre Namen von den Straßenschildern getilgt, ebenso der ursprüngliche politische Pluralismus. Allerdings versuchten die Machthaber ab 1976, einen Teil der intellektuellen Elite zu integrieren. Der letzten unter Boumedienne gebildeten Regierung gehörten ab April 1977 Mostafa Lacheraf, Mohamed Benyahia und Rheda Malek an. Als Boumedienne im September 1978 starb, hatten ca. 60% der algerischen Bevölkerung die Kolonialzeit nicht mehr selbst erlebt (Stora 1998: 61). Chadli Bendjedid drückte als Boumediennes Nachfolger der Phase 1979 bis 1991 seinen Stempel auf.

Für den kulturell-literarischen Kontext sind die in den siebziger Jahren von Ministern und anderen Funktionären des FLN vorgetragenen Positionen zur kulturellen Depravation durch Frankreich bedeutsam: „La France a tué la culture algérienne en la coupant de toute sève vivante, et en la tenant en dehors du moment de l'histoire", schreibt Taleb Ibrahimi in seinem Buch *De la décolonisation à la révolution naturelle* (1973).[88] Sie plädierten letztendlich für Nativismus (Mühlmann), also Rückkehr zu den überkommenen Werten, zum *patrimoine ancestral,* indem mit allen von der französischen Präsenz stammenden Traditionen zu brechen sei. Ein gängiges Schlagwort war „Du passé faisons table rase".

Privilegiertes Terrain dieses Befreiungsschlags war die französische Sprache. Völlige Arabisierung war Ziel der Machthaber, während realiter die Zweisprachigkeit immer mehr an Terrain gewann. Erst 1982 war das „enseignement fon-

---

[87] Zit.n. Stora 1998: 56.
[88] Zit.n. Stora 1998: 53.

damental" völlig arabisiert, ebenso Bereiche der höheren Schule und die Sozialwissenschaften. Demgegenüber betonten andere politische Kräfte die Vielfalt und Wichtigkeit der „cultures populaires" in Dialektarabisch wie Berberisch. Durch die Arabisierung in Hocharabisch kamen über die ausländischen Lehrer, die man ins Land holt, Einflüsse sowohl des aus Syrien und dem Irak stammenden Baathismus, also nationalistisch-panarabistische Gedanken, wie des Islamismus, vor allem der ägyptischen Moslembrüder zum Tragen. Die *Charte Nationale* vom 27. Juni 1976 erklärte wie gesagt den Islam zur Staatsreligion (Art. 2). Der in den 70er Jahren aufkommende Islamismus profitierte vom Sprachenstreit; er entfaltete eine Argumentation, die das religiöse Monopol des Staatsapparats in Frage stellte. Als sein erstes Manifest gilt Abdelatif Soltanis *Le Mazdaquisme est a l'origine du socialisme*, das er 1974 in Marokko veröffentlichte, und in dem er die sozialistische Politik Boumediennes heftig angriff (Stora 1998: 55f.).

Für die literarische Landschaft war die Ermordung des 1929 geborenen bekannten Dichters Jean Sénac Ende August 1973 unter dubiosen Umständen in Algier bedeutsam. 1973 wurde der SNED das *Office des Publications Universitaires* zur Seite gestellt. Die frankophonen Kultur- und Literaturzeitschriften gerieten unter Druck, so dass sie ihr Erscheinen einstellten: *Novembre* (von Mourad Bourboune lanciert), *Promesses* (von Malek Haddad), *Deux écrans, Cahiers algériens de littérature comparée* (von Jamel-Eddine Bencheikh) (Stora 1998: 59).

Viele Romane der siebziger Jahre zeichnen sich durch die Zunahme formaler Experimentierfreude und die Reduzierung der ideologischen Determiniertheit aus. Je mehr dabei das Schreiben selbst zum Gegenstand der Literatur wurde, desto selbstbewusster und modernistischer zeigte sie sich. Die dadurch erreichte größere Unabhängigkeit des literarischen Feldes von der Politik ging mit einer Abkehr vom Realismus einher.

Auf der anderen Seite entwickelte sich in den siebziger Jahren eine nennenswerte Romanproduktion in arabischer Sprache. Wichtige Autoren sind Tahar Wattar (geb. 1936) und Abdelhamid Benhadouga (geb. 1925). Diese Entwicklung ist als Indikator dafür zu werten, dass die algerischen Texte sich nunmehr deutlich an ihr einheimisches Publikum wendeten.

> Depuis les années 60, le débat littéraire algérien, quelle qu'en soit la langue, est devenu essentiellement national. Pourtant le public étranger aussi se développe, et sa lecture de ces textes ne sera pas toujours la même. En Algérie on demande surtout à l'écrivain d'être un porte-parole et de jeter sur sa société un regard critique.[89]

In Tahar Wattars Roman *Laaz* (1974) geht es um die Evaluierung der ideologischen Seite des Befreiungskampfs. Der Titelheld trägt den polisemischen Namen Laaz (‚Sohn des ganzen Dorfes', ‚Sohn der ganzen Welt', ‚Sohn dieser Zeit', ‚Sohn unserer ganzen Vergangenheit'). Schauplatz ist ein Dorf, in dem eine französische Kaserne beherbergt ist. Laaz muss sich für eine Seite entscheiden. Nachdem er von den Franzosen gefoltert wurde, flieht er in den Maquis, wo er

---

[89] Charles Bonn: *Anthologie de la littérature algérienne, 1950-87.* Paris 1990, S. 7.

seinen unbekannten Vater, den kommunistischen Kämpfer Zaidan trifft. Dieser wird vor den Augen des Sohnes getötet. Das Ende des Romans ist bedrückend. Laaz hat den Verstand verloren. Drastische Szenen gehen in hartem Realismus der Frage nach, wie Menschen in Ausnahmesituationen zur Selbsterkenntnis gelangen können (Walter 1990: 94).

2.2.2.1 Aufarbeitung des Befreiungskriegs I

Die meisten französischsprachigen Texte, die den Befreiungskrieg als *récit guer-rier* aufgreifen, verbinden dies mit ethnografischen Beschreibungen ländlicher Gebiete. Die kommemorative Funktion der bei SNED verlegten Texte entspricht der offiziellen Ideologie und Auffassung von Nationalliteratur; zugleich sind die Texte einer traditionellen Schreibweise verhaftet, die, wenngleich sie gegen die französische kulturelle Dominanz anzugehen trachtet, französische Schemata übernimmt.[90]

Stand noch in Salah Fellahs *Les barbelés de l'existence* (1967) mit Saddek ein Einzelschicksal im Zentrum, so verwendete Hocine Bouzaher in *Les cinq doigts du jour* (1967) ein Erzählverfahren, welches an Episoden um verschiedene Figuren das kollektive Schicksal und den Kampf für die Freiheit Algeriens darstellt. Ahmed Akkaches *L'évasion* (1973) zeigt ebenfalls eine Gruppe von Freiheits-kämpfern in einem französischen Gefängnis und ihre Flucht.

Jamel Ali-Khodjas *La mante religieuse* (1976) drückt an einem „enfant de l'après-guerre" und seinem neurotischen Diskurs Unbehagen und Verunsiche-rung aus. Das Ich ist in einer menschenfressenden Stadt gefangen. Zeigt der Ro-man den Versuch mit dem Konformismus der vorausgehenden Texte zu brechen, so ist er doch formal nicht gelungen und konsterniert eher mit unbeholfenen in-tertextuellen Spielen (Bonn 2000: 498).

Rachid Mimounis (1945-1995) erster Roman *Le printemps n'en sera que plus beau* (1978) vervielfältigt die Erzählinstanzen und löst sich vom linearen Erzäh-len. Mitunter stehen die Stimmen wie der Chor in der antiken Tragödie kom-mentierend zu dem Geschehen. Tragisch ist auch das Thema. Hamid ist gezwun-gen die mysteriöse Djamila, die er liebt, zu töten. Sie erinnert an Katebs Nedjma. Doch hat sie die Kämpfer nicht einmal verraten und auch er stirbt. Die Notwen-digkeit, sich der eigenen Geschichte und vergangenen historischen Größe Alge-riens bewusst zu sein, wird als Triebfeder für den Weg in die Freiheit aufgezeigt:

> Sans patrie, sans histoire, et bientôt sans langue, nous devenons l'anonyme sous pro-duit d'une autre race, confrontés à une civilisation que nous ne pouvons assimiler, peuple dégéneré. (S. 90)

Aïcha Lemsines Roman *Ciel de porphyre* (1978) stellt die Erlebnisse des im Jahr 1953 13jährigen Ali, der passagenweise in der Ich-Form Tagebuch führt, im Be-

---

[90]   Charles Bonn: „Clichés et métaphores dans une littérature de commande idéologique", in: Jochen Mecke/Susanne Heiler (Hg.): *Titel, Text, Kontext. Randbezirke des Textes*. Berlin 2000, S. 495-514.

freiungskrieg dar, ergänzt um Passagen in der 3. Person. Am Ende folgen Streiflichter auf Ereignisse aus der algerischen Geschichte von 1963 bis 1974. Die Phase Ben Bella und die Machtergreifung Boumediennes sind ausgespart. Im Gegensatz zu anderen Romanen vermeidet Lemsine schablonenhafte Schwarz-weiß-Malerei und zeichnet den Kampf der jungen Generation gegen den Kolonialismus nuanciert. Eine Figur wie die Jüdin Madame Juliette verbindet die Kulturen in der ganzen Gebrochenheit der Situation und Alis Cousine Meriem illustriert den Weg einer jungen Frau zu größerer Freiheit.

Im Jahr des Todes Boumediennes erschienen über vierzig Romane, die sich mit dem Befreiungskrieg auseinander setzten. Bayda Bachir verwendete in ihrem Roman *L'oued en crue* (1979) die Metapher des entfesselten Wassers. Yasmina Mechakra (geb. 1949) in Meskiana im nördlichen Aurès ihrerseits griff das Bild der Grotte auf in *La grotte éclatée* (1979), einem bei SNED in Algier erschienenen beachtenswerten Roman. In seinem Vorwort prägte Kateb das oft zitierte Diktum „Une femme qui écrit actuellement dans notre pays vaut son pesant de poudre". Die Autorin musste als Kind mitansehen, wie ihr Vater gefoltert wurde. Die Gewalt des Befreiungskriegs kommt in diesem poetisch sehr dichten Text unmittelbar an den Leser heran. Die namenlose Erzählerin pflegt als Krankenschwester im Maquis Verwundete in der titelgebenden Grotte, die schließlich von den Franzosen mit Napalmbomben verwüstet wird, wobei die Erzählerin einen Arm verliert und ihr Säugling Arris, nach seinem verstorbenen Vater und der Stadt im Aurès benannt, wo der Befreiungskrieg entbrannte, seine Augen und Beine verliert. Sie wacht in einer Klinik in Tunis auf, wo sie bis zum Kriegsende mit ihrem Sohn bleibt. Die Kapitel sind tagebuchartig gereiht, zeitoffen und in ihrer oft präsentischen Darstellung von Authentizität und Unmittelbarkeit geprägt. Sie zeigen mit gesteigerter Poetizität des Ausdrucks die Brüche in der *mémoire blessée*, die Erinnerungen, Träume und Legenden einschließt. Obsessionell ist das Bild des Bluts. Mechakra studierte in Algier Medizin und spezialisierte sich in Paris auf Psychiatrie.

2.2.2.2 Experimentelle Romane

Während traditionell erzählte Romane keine wichtige Strömung der siebziger Jahre darstellen wie Ali Boumahdis (geb. 1934) *Le village des asphodèles* (1970), sind die experimentellen Romane die prägende Tendenz.

Nabile Farès (geb. 1940)[91] stammt aus Collo in der kleinen Kabylei. Er ist Literaturwissenschaftler (seit 1971 an der Universität Grenoble) und Psychoana-

---

[91] Anne Roche: „Le desserrage des structures romanesques dans *Le champ des oliviers* de Nabile Farès et *Talismano* d'Abdelwahab Meddeb", in: *Itinéraires et contacts des cultures* 4-5, 1984, 147-171. Antoine Raybaud, „Le travail du poème dans le roman maghrébin: L'exemple du *Champ des Oliviers* de Nabile Farès", ibid., S. 105-145. Farida Boualit: „L'écriture dans *Yahia pas de chance*", in: *Itinéraires et contacts des cultures* 11, 1989, S. 135-143. Annette Dressel: „Mutisme et parole dans *L'exil et le désarroi*", in: *Itinéraires et contactes de cultures* 14, 1991, S. 9-17.

lytiker mit eigener Praxis in Paris. Seine Ästhetik der Gattungsmischung und der Inszenierung der Nicht-Darstellbarkeit von Identität (Spiller 1998: 20) ist deutlich Kateb verpflichtet. Farès war selbst im Unabhängigkeitskrieg. Auch Spanienaufenthalte beeinflussten sein Werk. So gibt es von ihm zweisprachig spanisch-französische Lyrik. Die beiden ersten Romane von Farès *Yahia, pas de chance* (1970) und *Un passager de l'Occident* (1971)[92] sind mit der folgenden Romantrilogie *La découverte du nouveau monde* (*Le champ des oliviers,* 1972; *Mémoires de l'absent,* 1974; *L'exil et le désarroi,* 1974) thematisch und formal zu einem Ganzen verwoben. Es treten dieselben Protagonisten an weitgehend identischen Schauplätzen wieder auf. In *Yahia, pas de chance* (1970) beschreibt der im Titel genannte Yahia, Hommage an Katebs Hassan, pas de chance in *Le polygone étoilé,* in der Ich-Form seine Entwicklung. Die Zeitebenen der Vergangenheit und Gegenwart mischen sich. Der Text besitzt eine zirkuläre Struktur und ist durch vier Reisen strukturiert: Während des Algerienkriegs erlebt Yahia die Repression im Dorf Akbou, wo sein Onkel Si Saddek in ein Attentat verwickelt war. Die erste Reise führt ihn über Algier nach Paris und Versailles, wo er seine Ausbildung im Lycée fortsetzt, sich mit Jean-Paul befreundet und Claudine kennengelernt. Drei Jahre später geht er nach Paris und schließt sich dem FLN an. Als er von der Verhaftung seines Vaters erfährt, kehrt er zurück ins Heimatdorf, um in den Maquis zu gehen. Yahia erlebt, geleitet durch seinen Cousin und Mentor Mokrane, der Medizin studiert, eine amouröse, intellektuelle und politische Initiation. Es zeigen sich deutliche Parallelen zu den Romanen Claude Simons, stilistisch und etwa in der Mischung der geschichtlichen Ebene mit individuellen, speziell erotischen Erlebnismustern. Auch der privilegierte Platz der Erinnerung, die sich assoziativ um affektiv geladene Impressionen (wie den *amandier*) gruppiert, ähnelt den Texten Simons. Die Prosa geht oft in Prosadichtung über und zitiert orale kabylische Poesie wie die von Si Mohand.

Un passager de l'Occident (1971) entwickelt eine Reflexion über Identitätsfindung und thematisiert dabei die Rassenfrage in den USA. Im Rahmen eines Interviews mit dem farbigen Schriftsteller James Baldwin werden interkulturelle Begegnungen an verschiedenen Orten evoziert, etwa die Reise des Journalisten Brandy Fax mit seiner Geliebten Conchita in deren Heimat Spanien. Die alte Berberei, mit ihrer vormals heidnischen Kultur und das moderne Algerien erscheinen ebenfalls als Elemente einer metissierten Welt, in der Grenzen überschritten und dadurch tendenziell bedeutungslos werden. Der Erzähler sagt von sich: „Pendu à mon magnifique balcon d'existence, je suis artiste d'observation."

Le champs des oliviers (1972) ist der erste Roman der Trilogie *La découverte du nouveau monde.* Bonn nennt diese Texte *romans-incantations* (Bonn 1985: 18). Ein während des algerischen Befreiungskriegs verbrannter Olivenhain in der Kabylei gibt den Titel. Wieder reist Brandy Fax, das *alter ego* des Autors, im Zug nach Barcelona, um dort seine Geliebte Conchita zu treffen. Es gibt keine

---

[92] Réda Bensmaïa: „D'une frontière l'autre. A propos d'*Un passager de l'Occident* de Nabile Farès", in: *Peuples méditerranéens* 30, 1985, 49-67.

durchgehende Handlung, sondern parzelliert aufgesplitterte Handlungsstränge ohne durchgehende Chronologie oder logische Abfolge. Der erzählerische Diskurs dominiert radikal gegenüber der erzählten Geschichte. Er ist polyphon und antinarrativ. Lyrische Passagen werden mit gesprochener Sprache, mathematischen Formeln, Bildgedichten oder Auszügen aus Pamphleten gemischt. Jede referentielle Illusion wird zudem durch Entgrenzung der Realitätsebene in den Traum und die Phantasie unterbunden. Das Ludische, Subversive und Multiple dominiert in Farès' Romanpoetik. Die Fragmentierung ist für Farès Signum der Moderne.

Der erste Textteil mit dem Titel „L'ogresse au nom obscure" variiert phantasmatisch die Legenden über Aïcha Kandija, über die Farès auch eine soziologisch-anthropologische Studie veröffentlichte[93], und die ihm für die vorislamischen berberischen Wurzeln steht, während im zweiten Teil „Les Grives du nom diurne" Reminiszenzen an Akbou, das Dorf in der Kabylei und Onkel Si Saddek, die schon in *Yahia, pas de chance* begegneten, auftreten.

Seine Texte sind für Farès „textes cannibales", die sich im Sinne der Surrealisten und wie es für die innovative maghrebinische Literatur charakteristisch ist, aus vorausgehenden – auch den eigenen – Texten nähren (Villon, Cendrars, Tirso de Molina etc.), wobei das humorvolle Spiel mit den Signifikanten wie bei Bretons „mots en liberté" und im Rekurs auf Rimbaud im Vordergrund steht. Es handelt sich um chromatographische Texte.[94]

Die legendäre berberische Widerstandskämpferin gegen die islamische Eroberung im 7. Jahrhundert Kahena[95] spielt vor allem in *Mémoire de l'absent* (1974), dem zweiten Band der Trilogie, eine wichtige Rolle. Dieser Roman, Bonn zufolge der beste aus Farès' Feder (Bonn 1990a: 129), verschachtelt kunstvoll verschiedene Erzählstränge und umkreist die Suche nach dem im Krieg verschwundenen Vater. Abwesenheit und Verletzung, deren rote blutige Farbe immer wieder evoziert wird, sind das Movens dieses formal avantgardistischen Romans. Die lineare Zeilenstruktur wird gesprengt, regelgerechte Zeichensetzung aufgegeben und verschiedene Schriften (arabische und andere) sowie Zeichnungen integriert. Die neue Lebenswelt und -kultur, in die Mutter und Sohn Abdenouar von Algier kommend in Paris, der „ville moderne", eintauchen, ist multipel und gemischt. Zusammenhalt der gebrochenen Oberflächen- und Tiefenstruktur, in der sich etwa die weiblichen Figuren Malika, Jidda und Kahena überlagern, stiften für den Leser die über die Romangrenzen hinweg auftretenden gleichen Figuren wie Mokrane, Nouria, Rachida, Tante Alloula. Auch in *L'exil et le désarroi* (1974), dem dritten Teil der Trilogie, begegnen sie wieder. In diesem Roman dominiert das reflektierende Element. Die Figuren existieren durch ihre überwie-

---

[93] *L'ogresse dans la littérature orale berbère.* Paris 1994.

[94] Farida Boualit: *Pour une poétique de la chromatographie: les cinq textes-programmes de Nabile Farès.* DNR Paris 8, 1993.

[95] Jean Déjeux: „La Kahina: de l'histoire à la fiction littéraire. Mythe et épopée", in: *Studi magrebini* 15, 1983, 1-42.

gend bitteren und düsteren Gedanken über das Exil.[96] Die Aufspreizung des Erzählens in plurale Stimmenvielfalt ist beibehalten, das Spielerische etwas zurück-
gedrängt. Mythische Bilder von frappierender Intensität wechseln mit Passagen,
die die politische Gegenwart kritisieren (Walter 1990: 113). Farès' Bücher sind
keine einfach lesbaren Texte, sondern sie illustrieren, was Gilles Deleuze und
Félix Guattari in *Kafka, pour une littérature mineure* (1975) schreiben:

> Écrire n'a rien à voir avec signifier, mais avec arpenter, cartographier, même des
> contrées à venir.

Darin nähern sich Farès Werke auch deren Konzept des Rhizoms an.[97]

Boudjedras Texte der siebziger Jahre vertreten ebenfalls diese modernistische
Tendenz: Boudjedras zweiter Roman *L'insolation* (1972) schließt an *La répudiation* an. Wieder ist der Sprechakt zentral, die Handlung auf ein Minimum redu-
ziert. Erneut in einer psychiatrischen Klinik, befreit sich der Erzähler Mehdi
durch sein delirierendes Verbalisieren von den psychischen Folgen archaischer
Familienverhältnisse, vor allem der prekären Position der Frau in der Familie. Er
wurde wegen eines Sonnenstichs oder Selbstmordversuchs auf Anordnung der
MSC (*Membres Secrets du Clan*) eingeliefert wurde und erlangt die heilsame
Katharsis, indem er der Krankenschwester Nadia erzählt. Am Ende kann er die
politischen und sozialen Ursachen der Übel benennen.

Er schläft mit seiner Adressatin, wobei er an seine Mutter denkt. Als Philosophielehrer an einer Mädchenschule hat er Samia, eine siebzehnjährige Schülerin
entjungfert, obwohl er wusste, dass dies ihr die Ächtung ihrer Familie beschert.
Er selbst ist das Resultat der Vergewaltigung seiner Mutter durch den angeblichen Onkel Siomar, der das Kind Sli Slimane le Malicieux, genannt Djoha unter-
schob, den er zur Eheschließung mit der Mutter zwang.

Wie schon in *La répudiation* bricht Boudjedra unterdrückende Tabus. Auch
hier fungieren Feste als Höhepunkte des Textes, bemerkenswert ist dabei die
Darstellung der Beschneidung des Erzählers, in der die Szene durch die Angst
des Jungen dominiert ist.[98]

Boudjedras Roman *Topographie idéale pour une agression caractérisée*
(1975) ist mit seiner auf ein Minimum reduzierten Handlung ein Beispiel für die
Abkehr von der literarischen Mimesis: ein „travailleur immigré" trifft am Mor-
gen des 26.9.1973 in der *Gare d'Austerlitz* in Paris ein und verliert sich in den

---

[96] Siehe Farès' Essay *La migration et la marge*. Casablanca 1986.

[97] Gilles Deleuze/Félix Guattari: *Capitalisme et schizophrénie: Mille plateaux*. Paris 1981. Siehe
      Réda Bensmaïa: „Les états du livre. Nabile Farès: L'état perdu, discours pratique de
      l'immigré", in: *Congrès mondial des littératures de langue française, Padoue 23-27 mai 1983*.
      Padova 1984, S. 509-519.

[98] Das Schreiben folgt der Definition Michel Beaujours *Miroirs d'encre*. Paris 1980.
      „L'autoportrait se distingue de l'autobiographie par *l'absence* d'un récit suivi" (S. 126). Siehe
      auch Hornung/Ruhe 1992. Bahia Nadia Ouhibi-Rhassoul spricht von „romans à tiroirs" und
      „vases communicantes" in: „L'écriture dans l'œuvre de Boudjedra", in: Hafid Gafaïti (Hg.):
      Rachid Boudjedra. Une poétique de la subversion. Autobiographie et Histoire. Paris 1999, S.
      79-108.

unterirdischen Gängen der Metro, deren Zeichenhaftigkeit er nicht dekodieren kann. Als er um Mitternacht endlich wieder aus dem Labyrinth herausfindet, ermorden ihn jugendlichen Rassisten an der Haltestelle *Porte de Clichy*.

L'escargot entêté (1977) zeigt einen paranoiden Bürokraten, der den Wahnsinn des Landes verkörpert, und bildet mit *La pluie* (1987), einer weiteren psychiatrischen Fallstudie, ein Diptychon. Der namenlose Icherzähler schreibt über sechs Tage aus seinem Beamtenleben Tagebuch, um eine Krisensituation zu meistern. Er leitet das städtische Rattenvernichtungsbüro in Algier und widmet sich der Vernichtung der Rattenplage, die an Camus' *La peste* erinnert. Am ersten Tag, an dem er sein Journal führt, begegnet ihm morgens auf dem Weg zum Dienst eine Schnecke, von der er sich bedroht fühlt. Zunehmend bestimmt die Schnecke den Tagesablauf des pedantischen, sozial isolierten und pflichtbewussten Beamten. Er wird nachlässig und vergisst mitunter gar seine Aufgabe der Rattenvernichtung, ungewohnte Gedanken bedrängen ihn, die Schnecke wird auch zur erotischen Obsession.[99] Er fühlt sich von ihr verfolgt, gequält, bespitzelt. Am sechsten Tag zertritt er das Tier. Dies ist kein gelungener Akt der Befreiung, denn die Schnecke erweist sich als das verdrängte Unbewusste des Kranken, der die repressiven Gesellschaftsstrukturen voll verinnerlicht hat. Der Text zeigt Nähen zu Kafka und vor allem Gogols *Tagebuch eines Wahnsinnigen*. Pikanterweise endet Gogols Text mit einer absurden Bemerkung über Algerien: „Aber wissen sie auch, dass direkt unter der Nase des Beys von Algier eine Warze sitzt?"[100] Der Text ist metaphorisch äußerst dicht, kontrastiert phantasmagorische Digressionen mit der Knappheit der Amtssprache.

Die weibliche Hauptfigur des zweiten Romans dagegen, eine anorektische und an Schlaflosigkeit leidende Ärztin für Geschlechtskrankheiten in einer nicht genau benannten algerischen Stadt, öffnet sich ihrem Gefühlsleben, indem sie nachts, ebenfalls sechs Nächte lang, ihre Lieblingsautoren und ihr Tagebuch liest und dieses neu schreibt. Diese Konfrontation mit schmerzhaften Erinnerungen ruft in ihr Suizidgedanken hervor. Zentral ist das weibliche Erleben der ersten Menses. Vergleicht man sie mit Selma, der Heldin von *Le démantèlement* (1982), die als Archetyp der Amazone aktiv und emanzipiert im Leben steht und kritisch über die junge Vergangenheit ihres Landes reflektiert, so zieht sich die Frau in *La pluie* in ihre Selbstbezüglichkeit zurück.[101] Das Schreiben, „l'envie de m'écrire", ist der Weg zur Heilung, zur Versöhnung von Innen und Außen, den die Gesellschaft ihr durch die Segregation der Geschlechterrollen und -räume erschwert. Der Roman kommuniziert intertextuell mit Proust, Céline, Sartres *La nausée* und Claude Simon.[102]

---

[99] Siehe zum Eros bei Boudjedra Toso Rodinis 1994.

[100] Zit.n. Walter 1990: 136.

[101] Denise Brahimi: *Maghrébines. Portraits littéraires*. Paris 1995, S. 12f.

[102] Roland Spiller: „Écrire le moi", in: Thomas Bremer/Jochen Heymann (Hg.): *Sehnsuchtsorte. Festschrift für Titus Heydenreich*. Tübingen 1999, S. 403-419. Martha Kleinhans: „Die Schöpfung des Ich", in: Ernstpeter Ruhe (Hg.): *Europas islamische Nachbarn. Studien zur Literatur und Geschichte des Maghreb*. Würzburg 1993, Bd. 1, S. 171-191.

Mit *Les 1001 années de la nostalgie* (1979) bezieht sich Boudjedra auf *Tausendundeine Nacht* und die lateinamerikanische Literatur, vor allem den magischen Realismus von García Márquez. Márquez' Roman *Cien años de soledad* bildet den vorrangigen intertextuellen Bezug (Zeliche 2005: 185-224). Bei Boudjedra ereignen sich im Dorf Manama (ar. ‚Träume') ähnlich wie in Macondo, dem Schauplatz bei Márquez, Ereignisse, die die rationale Weltsicht in Frage stellen. In Manama lebt der mit magischen Kräften begabte Mohammed S.N.P. (‚sans nom patronymique'). Er ist auf der Suche nach seiner Identität und vor allem einem richtigen Namen. In Ibn Chaldun (1332-1406), der vier Jahre in dem Dorf gelebt haben soll, sieht er einen Vorfahren und sucht den Platz, an dem einst dieser seine *Mukaddima* schrieb. Auch Mohammeds Mutter Messaouda, die an Márquez' Ursula erinnert, besitzt übersinnliche Kräfte. Sie führt die Dorfbewohner im Kampf gegen den despotischen, korrupten Provinzgouverneur Bender Chah, der seine älteste Tochter mit dem reichen König von Khalijie vermählte. Hierin liegt eine Parodie der Prunkhochzeiten in *Tausendundeine Nacht*. Diese orientalische Erzählsammlung will ein amerikanisches Filmteam, das ins Dorf kommt, verfilmen. Die Dorfbewohner sind zunächst von der anbrechenden Moderne verlockt, werden aber zunehmend versklavt. Sie lehnen sich auch gegen die Verballhornung von *Tausendundeine Nacht* auf, denn es handelt sich um eine „superproduction au chewing-gum mentholé et au fondu-enchaîné vieillot" (S. 217), deren Dekor lediglich aus Pappmaschee besteht und der Verfälschung dient. Mohammed findet schließlich seine Identität als direkter Nachfahre Ibn Chalduns bestätigt, kann aber die zwei absurderweise von den Behörden geforderten lebenden Zeugen nicht bringen, so dass er weiter ohne Namen bleibt.

Die in den Text eingewobenen Geschichten, Märchen, Anekdoten und Legenden der islamischen Mythologie sind als Replik auf *Tausendundeine Nacht* konzipiert. Gleichzeitig werden mit dem Mittel der Groteske historische Figuren entmystifiziert. Der Text lässt sich als Allegorie sowohl der algerischen Revolution wie der nachkolonialen Phase lesen, wobei für die allegorische Geschichtsdarstellung Günther Grass mit *Die Blechtrommel* ein Modell Boudjedras ist.[103]

2.2.3   Die achtziger Jahre

1980 waren von 18,66 Millionen Algeriern 46,5% jünger als fünfzehn Jahre. Allein im Jahr 1980 wurden 819.000 Kinder geboren, 19.000 mehr als in Frankreich mit seiner dreimal so großen Bevölkerung. Bei dieser galoppierenden Demographie belief sich das BIP Algeriens 1981 mit 36,6 Milliarden Dollar nur auf 1.917 Dollar pro Kopf, womit Algerien weit hinter Libyen (8.640), aber noch deutlich vor Tunesien (1.242) und Marokko (722) rangierte (Stora 1994: 39).

---

[103]   Jarrod Hayes: *Queer nations. Marginal Sexualities in the Maghreb*. Chicago/London 2000, S. 75.

1984 importierte Algerien 60% seines Nahrungsmittelbedarfs: die Hälfte des konsumierten Getreides, dessen Ertrag 1981 deutlich unter dem der Jahre 1954-57 lag, 80% des Öls, zwei Drittel aller konsumierten Hülsenfrüchte und nahezu den gesamten Zucker. Die Landflucht erfasste ca. 100.000 Personen jährlich.

Die Zahl der in Frankreich lebenden Algerier stieg: von 795.920 im Jahr 1982 auf 820.900 im Jahr 1988. Hatte Boumedienne noch 1973 in einer Rede bei der Eröffnung einer Konferenz über Emigration betont, dass ein in Frankreich lebender Algerier stolz auf seine „authenticité arabo-islamique" sein solle, die ihn „protège de toute volonté d'intégration dans la société d'acceuil",[104] so bildete sich nun eine algerische Gemeinschaft, die sich dauerhaft ohne Gedanken an Rückkehr in Frankreich einrichtete, auch wenn sie mit ihrer Herkunftsgesellschaft solide wirtschaftliche und soziokulturelle Kontakte pflegte (Stora 1994: 42-43). 1986 führte Frankreich Visumpflicht für Algerier ein.

Ab 1980 wurde in Algerien am Modell der Ostblockstaaten orientiert die „école fondamentale" eingerichtet: eine neunjährige Schulzeit aus „cycle de base" (sechs bis neun Jahre), „cycle d'éveil" (zehn bis zwölf Jahre), in dem 10 der 27 Unterrichtsstunden pro Woche auf Französisch abgehalten wurden, schließlich der „cycle terminal" (dreizehn bis sechzehn Jahre), der zur wissenschaftlichen Ausbildung hinleitete.

Die größte Herausforderung für das Schulsystem war jedoch auch in den achtziger Jahren das starke Bevölkerungswachstum, für dessen Steuerung 1983 erstmals ein nationales Programm sorgen sollte. Die Geburtenrate war auf 6,1 Kinder im Vergleich zu den Spitzenwerten 8,1 pro Frau 1974 gefallen, was von Fachleuten als Resultat der Scholarisierung der Frauen und ihrer Beteiligung am Arbeitsmarkt gesehen wurde (Stora 1998: 50).

Chadli Bendjedid, der seit dem 7. Februar 1979 Präsident der Republik war, „homme discret, moins ‹révolutionnaire› et plus gestionnaire" (Stora 1998: 65), setzte Signale für neue Entwicklungen: Am 30. Oktober 1980 ließ er Ben Bella frei und strebte eine Liberalisierung der Wirtschaft an, indem der private Sektor in seiner Bedeutung anerkannt werden sollte. Kritiker wie Djillali Hadjadj bewerteten dies so:

> Fort de la manne pétrolière, le nouveau président lança à Alger des travaux de prestige ruineux. La corruption atteignit des niveaux inconnus jusqu'ici, attaquant, du haut en bas de la société, les ressorts matériels, politiques et moraux de la nation.[105]

Die erste Herausforderung, mit der sich die Regierung Chadli konfrontiert sah, war der sogenannte „printemps berbère". Die Nationalcharta von 1976 hatte nicht nur keine Aussage zur berberischen Kultur und Sprache enthalten, sondern umgekehrt festgeschrieben dass „l'usage de la langue arabe et sa maîtrise en tant qu'instrument fonctionnel créateur sont une des tâches primordiales de la société algérienne" (Stora 1998: 65). Nachdem die Regierung einen für den 19. März

---

[104] Zit.n. Stora 1994: 42.
[105] Djillali Hadjadj: *Corruption et démocratie en Algérie*. Paris 1999, S. 12f. Ein spektakuläres Monument ist das Märtyrerdenkmal der *Jardins de la victoire* (*Ryad el Feth*) ibid., S. 47f.

1980 angekündigten Vortrag des Schriftstellers Mouloud Mammeri über die berberische Sprache an der Universität Tizi-Ouzou verbot, kam es zu einer Besetzung der Universität durch Studenten und Lehrende, schließlich zum Generalstreik in der Kabylei. Die Regierung griff hart durch, doch bedeutete dieses Aufbrechen des berberischen kulturellen Selbtbewusstseins die Artikulierung eines
ersten wichtigen Gegendiskurses innerhalb des nach dem Prinzip der Einstim-
migkeit funktionierenden Systems (Stora 1998: 66).

1980 forcierte der FLN auf ihrem Parteitag die Arabisierung und richtete einen ‚Obersten Rat für die Nationalsprache' ein. Im Parteiapparat, den Massenor-
ganisationen und dem Parlament sollte das Arabische gefördert werden, die französischsprachigen Sendungen im Fernsehen sollten beschnitten werden, Hocharabisch für alle Studenten obligatorisch sein. 1984 gründete der FLN eine ‚Aka-
demie für die arabische Sprache', allerdings war das Arabisierungskonzept in der
neuen Nationalcharta von 1986 liberal, zumindest in Bezug auf den Bilinguismus
von Arabisch und Französisch. Die allgemeine Durchsetzung des Hocharabischen wurde allerdings erstmals als Staatsziel verankert (Kühnel 1995: 46). Nach
den Unruhen im Oktober 1988 betonte Chadli in einer Rede am 14.12.1988, dass
die Stärkung der Nationalsprache künftig die Hauptaufgabe des FLN sei. In der
Presse häuften sich polemische Stimmen gegen die Frankophonen. 1989 wurde
das bilinguale Abitur abgeschafft, die französischen Gymnasien, wo alles auf
Französisch unterrichtet wurde, geschlossen und die Naturwissenschaften an den
anderen Oberschulen künftig auf Arabisch unterrichtet. Diese Maßnahmen fanden ihren Ausdruck im Arabisierungsgesetz vom 26.12.1990.

Bezüglich des Algerienkriegs und seiner Geschichtsschreibung bemühte sich
der FLN ab den Jahren 1982-84 um das Sammeln von Zeitzeugnissen. Er richtete
eine *Commission Nationale d'Écriture de l'Histoire* ein und organisierte *Seminare* mit dem Zweck, eine staatstragende „mémoire unamiste" (Stora 1994: 74) zu
erzeugen. In *Algérie-Actualité* war am 28. 10. 1982 zu lesen:

> Rien ne peut nous permettre de demeurer spectateurs d'une histoire que d'autres peu-
> vent écrire, que certains ont tenté de falsifier selon leur bord politique ou leurs intérêts
> immédiats. (Stora 1994: 74)

Biographien von im Kampf Gefallenen, überwiegend im panegyrischen Gestus
verfasst, sollten der Jugend den Patriotismus und die Entschlossenheit ihrer Alt-
vorderen nahe bringen. Die Armee wurde dabei weiter als Säule des Staates legi-
timiert. Am 24. Oktober bestattete man in Algier Krim Belkacem und acht Führer
des FLN festlich neu. Am 1. November, zum 30. Jahrestag des Aufstands rehabi-
litierte und begnadigte der Präsident per Dekret 21 historische Persönlichkeiten.
Doch als *Algérie-Actualité* am 8. Juli 1985 eine Sondernummer über die *Organisation Spéciale*, die 1947 von den nach Unabhängigkeit strebenden Kräften eingerichtet worden war, druckte und darin Aït Ahmed, Boudiaf und Ben Bella er-
wähnte, wurde diese an den Kiosken konfisziert und tausende Exemplare vernichtet. Bekannt bei der Jugend, so eine Umfrage von *Algérie-Actualités* im Juli
1987, waren nur die in den Medien oft erwähnten schon vor der Unabhängigkeit

gefallenen Helden. Mimouni bemerkte dazu, dass für die 60% Algerier unter zwanzig Jahren der Krieg zwar existiert habe, aber „une vieille histoire aux aspects mythiques" sei (Stora 1994: 75).

Ein Feld, über das der Staat in den 80er Jahren zunehmend die Kontrolle verlor, zumal er nicht über eine religiöse Legitimierung verfügte wie etwa der marokkanische, ist die Religion. Die Nationalcharta von 1986 versuchte den Islam dem Staat einzupassen, ohne ihn ihm jedoch zu unterstellen. Am 2. November 1982 wurde ein Student von islamistischen Mitstudenten in der Wohnheimsiedlung Ben Aknoun in Algier mit dem Säbel getötet. 1985 wurden 135 Islamisten angeklagt, einer illegalen Organisation anzugehören und ihr Führer Mustapha Bouyali in Abwesenheit zu lebenslanger Haft verurteilt und im Januar 1987 erschossen. Die Beisetzung Cheikh Abdellatif Soltanis am 16. April 1984 war ein erster Massenaufmarsch von Islamisten. Es wurden verstärkt neue Moscheen gebaut, 1986 landesweit fast 6.000, deren sogenannte *imams libres* oft islamistisch inspiriert waren (meist der *Association des Frères Musulmans* nahestehend, die Hassan el-Banna im Ägypten der 30er Jahre gegründet hatte). 1984 öffnete eine Universität für Islamstudien in Constantine. Ideologisch traten die Imame während der Debatte über den *Code du Statut Personnel et de la Famille*, der nach ständigem Vertagen seit 1962 schließlich am 29. Mai 1984 von der Assemblée nationale populaire verabschiedet wurde, auf und machten ihren Einfluss geltend. Die partielle Beibehaltung der Polygamie, das Verbot für Algerierinnen Nicht-Muslime zu heiraten, die Verpflichtung auch als Volljährige einen „tuteur matrimonial" zu haben, stehen in flagrantem Widerspruch zu der in der Verfassung von 1976 proklamierten Gleichheit vor dem Gesetz. Das bekämpfen die algerischen Frauenverbände, während die Islamisten die völlige Anwendung des islamischen Rechts verlangen (Stora 1994: 77).

Nach dem starken Fall der Ölpreise 1985 verhängte der Staat ein Sparprogramm. Artikel des Grundbedarfs und die Versorgung wurden knapp. Zugleich stiegen die Preise, so dass am 4. Oktober 1988 vor allem Jugendliche in Algier auf die Straße gingen. Die Bewegung nahm den Charakter eines Aufstands an. Öffentliche Gebäude, Fluggesellschaften und Einkaufszentren wurden verwüstet und geplündert. Die Armee fuhr an den strategischen Punkten auf, doch der Protest verbreitete sich auch in andere algerische Großstädte. Die nicht freie Presse sprach von 500 Toten. Signifikant war die Mobilisierung der Bevölkerung durch die Islamisten. Der Schock und die anschließende Mobilisierungswelle auch unter den demokratisch gesinnten Kräften war so massiv, dass das Regime zügig den Übergang zu einem Mehrparteiensystem vorbereitete (Stora 1994: 81). Chadli kündigte ein Referendum über eine Verfassungsreform an, das bei einer Wahlbeteiligung von 83,08% mit 92,27% angenommen wurde. Der FLN wollte die Partei vom Staat abkoppeln. Allerdings war Chadli bei den Präsidentschaftswahlen am 22. Dezember 1988 der einzige Kandidat und wurde damit wiedergewählt. Die neue Verfassung sprach nicht mehr von Sozialismus, auch nicht vom FLN, Artikel 40 öffnete den Weg zu einem Parteienpluralismus. Am 23. Februar

1998 wurde die Verfassung mit 73,4% der Stimmen in einem erneuten Referendum angenommen.

Das RCD (*Rassemblement pour la Culture et la Démocratie*) von Said Sadi auf der einen Seite und der FIS (*Front Islamique du Salut*) auf der anderen wurden gegründet. Die Opposition zum FLN, deren Führer im Ausland lebten, wurde wieder zugelassen: Hocine Aït Ahmeds FFS (*Front des Forces Socialistes*) und Ben Bellas MDA (*Mouvement pour la Démocratie en Algérie*). 1989 und 1990 wurden vierundvierzig Parteien zugelassen. Zugleich entflocht sich die Armee vom FLN, indem die Hohen Offiziere das Zentralkomitee der Partei verließen (Stora 1994: 82f.). Die Presse diversifizierte sich, 1990 gab es sechs nationale Tageszeitungen, unabhängige Wochenjournale entstanden, Verlage traten in Konkurrenz zur SNED.

Die Regierung Kasdi Merbah (Nov. 1988 bis Sept.1989) stärkte die Autonomie der Unternehmen. Lastender Druck ging jedoch weiter von der Auslandsverschuldung aus. Der Dinar verlor rapide an Wert im Vergleich zum Französischen Franc, die Kaufkraft sank.

2.2.3.1 Multikulturelle Befragung von Tradition und Moderne

Mit der Spannung zwischen Modernität und Tradition setzte sich die maghrebinische Literatur in Form historischer Romane auseinander. Auch für die in den 80er Jahren in Frankreich entstehende *Beur*-Literatur ist dieser an den Generationenkonflikt gekoppelte Aspekt zentral. Eine andere Neuheit, die Literatur von Frauen, war zugleich Folgeerscheinung und eine Ursache der Modernisierung. In der Diskussion um die Postmoderne ist die maghrebinische Literatur in mehrfacher Hinsicht aufschlussreich. Multikulturalität und die Kreuzung von Diskursen und Genres charakterisieren sie seit ihrer Entstehung. In den achtziger Jahren vollzog sich angesichts der oben skizzierten sozialen Entwicklungen im Spannungsfeld von Archaik und Avantgarde ein grundlegender Wandel in der Auffassung von der gesellschaftlichen Funktion des Schriftstellers und Intellektuellen. Die Utopien von ehedem wichen der Desillusionisierung oder ironischer Distanz.

So in Farès' *La mort de Salah Baye ou la vie obscure d'un maghrébin* (1980), in dem der anonyme Erzähler, ein Journalist, der die Geschichte des Salah Baye enthüllt, am Ende selbst in einem Sack ins Meer geworfen wird. Unklar, jedoch umso bedrückender, ist die Atmosphäre der Bruderkämpfe um revolutionäre Ziele.

Habib Tengour (geb. 1947) ist Soziologe, Ethnologe und Kulturanthropologe. Noch vor Ausbruch des Algerienkriegs ging er mit seinen Eltern nach Paris. Sein Vater, ein Handwerker, war politisch für die Unabhängigkeit engagiert. Dieser familiäre Background, später die Ereignisse im Mai 68 prägten Tengours kritische Haltung. Nach einem ersten Studienabschluss in Soziologie in Paris führte er seine wissenschaftliche Laufbahn an der Universität Constantine fort. Gegenwärtig lebt und arbeitet er in Paris und Algerien. Sein parallel zur wissenschaftlichen Tätigkeit entstehendes literarisches Werk speist sich aus der von ihm ganz bewusst gelebten Interkulturalität („un biculturalisme assumé", Achour 1990a: 153). Immer wieder verleiht Tengour darin zusammen mit der kollosalen poetischen Dichte seiner Texte auch seiner kritischen Sicht der Lebensumstände in Algerien Ausdruck.

Tengour selbst kennzeichnete in seinem Manifest *Le surréalisme maghrébin* die Situation des Maghrebiners als die im Dritten Raum:

> Il existe en effet un espace divisé appelé Maghreb mais le Maghrébin est toujours ailleurs. Et c'est là qu'il se réalise.[106]

Tengour beruft sich auf den Surrealismus, vor allem André Breton und seine Manifeste. Er praktiziert literarischen *Métissage* und ist in diesem Sinn damit beschäftigt die Regelwerke von Hier wie Dort zu verschieben, zu dezentrieren, „détourner" in Édouard Glissants Sinn.[107] Sein Universum ist keineswegs regionalistisch, sondern im Höchstmaß kosmopolitisch.[108] Entsprechend umfassen die intertextuellen Referenzen von den französischen Surrealisten und Symbolisten über Diderot, Joyce, Faulkner, Tschechow, Paz, Vallejo, japanische Poesie, arabische und persische Klassiker bis hin zur deutschen Romantik, in erster Linie Hölderlin.

Ab 1976 publizierte Tengour sehr dichte und beeindruckende Lyrik. Diese verschmilzt arabische Poesietradition (z.B. die Eröffnung der *Muallakat*-Dichtungen durch die nostalgische Besingung des Ortes in Ruinen oder der weggezogenen Geliebten als Incipit seiner Texte) mit der Tradition der Surrealisten.[109]

Seine Romantetralogie bildet gewissermaßen eine modernere Replik auf Mohammed Dibs Algerientrilogie der fünfziger Jahre. Sie besteht aus den „romanspoèmes" oder „poèmes-récits" *Tapapakitaques – La poésie île* (1976), *Le vieux de la montagne* (1983), *Sultan Galièv ou la rupture des stocks* (1985) und *L'épreuve de l'arc* (1990). Tengour mischt in seinen Texten, die die traditonellen Gattungszuschreibungen sprengen, Fiktion und Geschichte, Mythos und Dokumentarisches. Dabei wird Algerien kritisch betrachtet, etwa die Perspektivlosigkeit der Jugend oder der sich verbreitende Fundamentalismus. Tengour stellt in *Le vieux de la montagne* den aktuellen religiösen Fanatismus gespiegelt in der mittelalterlichen Assassinenbewegung dar. Das Scheitern der algerischen Politik bringt er in *Sultan Galièv* im Spiegel der russischen Oktoberrevolution zur Sprache.

Die *errance* ist in Tengours Texten ein zentrales Motiv. Der emblematische Name Ulysse, der auf Homers *Odyssee* ebenso wie James Joyces *Ulysses* verweist, verbindet über den Archetyp des Exilierten und der Reise den Mythos mit der Ebene der Identitätskonstruktion des erzählenden Ich.

---

[106] In: *Peuples méditerranéens* 17, 1981, S. 77-81, hier S. 78.
[107] *Le discours antillais*. Paris 1981.
[108] Mourad Yelles (Hg.): *Habib Tengour ou l'ancre et la vague*. Paris 2003, S. 12.
[109] Regina Keil: „Le mot disait séparation. Maghreb et modernité chez Habib Tengour", in: *Cahier d'études maghrébines* 1, 1989, S. 72.

Schon *Tapapakitaques – La poésie île* mit seinem dadaistischem Titel bezieht sich auf Odysseus. So heißt der Icherzähler und Held, ein junger in Paris lebender Dichter: „Je m'appelle ULYSSE j'ai vingt-deux ans je fais de la sociologie parce que j'ai échoué en droit." Die Aussagestruktur ist autobiographisch. Der Text ist dominant lyrisch, obwohl er auch einige eher realistische Schilderungen enthält. Die Heimat Ithaka/Algerien erlebte der junge Poet zunächst nur in den Ferien und ist enttäuscht über die gescheiterte Revolution. Seine Träume umkreisen die bevorzugten Themen der Surrealisten, Liebe, Poesie und die Revolution. Er kehrt dennoch in die Heimat zurück, wo er bemerkt, dass Dichter in der Gesellschaft keinen Platz haben. Deshalb zieht er sich in die innere Emigration zurück. Als angeblicher Spion endet er schließlich am Galgen. Der Text ist im hohen Grad spielerisch, indem er wie in den surrealistischen Kollagen zwei Wirklichkeitsebenen nebeneinander setzt, die des Mythos und die der Lebenserinnerung. Dabei ist er häufig ikonoklastisch und zieht Räume und Zeiten wie in einem Teleskop zusammen.[110] Der hier präsente schwarze Humor weicht in den folgenden Romanen einem ernsteren Duktus.

Sultan Galièv ou la rupture des stocks (1983) behält die polyphone Struktur ebenso bei wie die Technik der raum-zeitlichen Zusammenschau. Tengour lässt zum Mythos gewordene Figuren der Russischen Revolution auftreten. Der Titelheld ist eine historische Figur, ein tatarischer Muslim aus Kazan und Revolutionär der ersten Stunde, der eine kommunistische islamische Republik innerhalb des sowjetischen Nationalitätenverbandes gründen wollte. Der Roman schildert dessen fiktive Freundschaft mit dem Dichter Sergej Jessenin. Beide sind von der Revolution enttäuscht. Jessenin begeht Selbstmord, Galièv wird von Stalin von 1923 bis 1939 als Konterrevolutionär in einem Lager interniert und endet, so imaginiert es Tengour, nachdem um 1940 seine historischen Spuren verloren gehen, unter falschem Namen als Bibliothekar in Moskau. Parallelen werden durch den Dichter hergestellt, der sich teilweise mit Galièv, teilweise mit Jessenin identifiziert. Dabei verschwimmt Buchara mit Constantine in einer gleitenden Bewegung, die Jacqueline Arnaud als dem surrealistischen Kino verwandt sieht.[111] In surrealistischer Montage-Technik werden historische Dokumente in den onirischen Erzählfluss montiert und ebenso Elemente der algerischen Gegenwart wie die schon im Titel genannte „rupture des stocks".

Le vieux de la montagne konfrontiert das Scheitern dreier historischer Figuren mit den Problemen der modernen Gesellschaft. Der sehr allusive Text mischt die Zeit des Endes der Herrschaft der Abbasiden (749-1258) durch die mongolische Eroberung und die Seldschukenherrschaft über Persien und Arabien mit der Moderne. Bagdad, Samarkand, Ghom, Nischapur und Alamut, werden mit Paris und dem Algerien der ausgehenden siebziger Jahre verbunden. Orte und Zeit gehen ineinander über und erklären sich gegenseitig. Die historische Figur des Dichters

---

[110] Hédi Abdel-Jaouad: „Habib Tengour ou le zappeur surréaliste", in: Mourad Yelles (Hg.): *Habib Tengour ou l'ancre de la vague*. Paris 2003, S. 39-64.

[111] Jacqueline Arnaud: „Les maghrébins et le surrélisme", ibid. S. 15-37, hier S. 34.

und Mathematikers Omar Chajjam (1048-1132), der von den Dogmatikern für die Lobpreisung diesseitigen Genießens in seinen *Rubajat* verdammt wurde, steht im Mittelpunkt. Er vertritt die Philosophie. Nizam al-Mulk, genannt Abu Ali, Großwesir des Sultans Alp Arslan, repräsentiert das Gesetz, die weltlich-staatliche Macht. Hassan as-Sabbah, der nach der hagiographischen Tradition ‚Alte vom Berge" und Führer der Sekte der *Hachichiyun*, genannt die Assassinen, repräsentiert die Wahrheitssuche des Mystikers. Er lässt aber aus religiösem Fanatismus Nizam ermorden. Alle drei Männer sind Anhänger Avicennas. Sie lieben parallel zu Katebs *Nedjma* die schöne Badra, die Nizam heiratet und als einzige überlebt. Das Ich des Erzählers lagert sich immer wieder über die historische Figur. „Le vieux de la Montagne sera le poème de la solitude de la lumière blanche qui prend au cœur comme un pincement [...]" (S. 17) Die *Rêverie* des Dichters ist frei, so reklamiert es der Text.

Die Assassinen wurden 1818 von Joseph von Hammer-Purgstall in seiner *Geschichte der Assassinen aus morgendländischen Quellen* erstmals orientalistisch aufgearbeitet. Der literarische Mythos der Assassinen verdankt sich Edward Fitzgerald und begegnet in William S. Burroughs *Cities of the Red Night*.[112] Der Vergleich mit dem ebenfalls in Paris veröffentlichten Roman des Exil-Iraners Freidoune Sahebjam (1995) *Le vieux de la montage* und mit Amin Maaloufs *Samarcande* (1988) zeigt, dass Tengour ganz im Gegensatz zu diesen Texten auf jede realistische Darstellung verzichtet. Lassen sich die beiden Texte als historische Romane qualifizieren, so ist Tengours Text eine *rêverie historique*.[113]

Der Roman *L'épreuve de l'arc* ist ebenfalls deutlich dem Surrealismus verhaftet. Der Titel bezieht sich erneut auf die homerische Bilderwelt und verweist auf das Bogenschießen bei der Heimkehr des Odysseus. Der Mythos des Odysseus als Reisender wird im Text auf komplexe Weise aufgegriffen[114] und beschließt den Text, wobei offen bleibt, ob der in Frankreich lebende Icherzähler je selbst zurückkehren wird, da der "retour" zuvor schon als "mirage fatal" (S. 23) bezeichnet wurde. Der Text entfaltet unter Rekurs auf den Mythos eine Meditation über die *errance* und das interkulturelle Nomadentum. Zweiter wichtiger Bezug ist dabei der auf Rimbaud (S. 128) als Dichter und Reisender. Von Rimbaud, dessen Rückkehr aus Aden auch ein "mirage fatal" war, stammt ein lateinisches Gedicht über Jugurtha, in welchem er gegen die französische Kolonialpolitik den Emir Abd el-Kader feierte (*Œuvres complètes*, S. 989). Zentral ist das Thema des Bovarismus, der verformenden und gefilterten Wirklichkeitswahrnehmung auf der Grundlage von Lektüren. Auch der *amour fou* ist, gebunden an die Bretons Nadja verwandte Chirine, wieder Thema wie in den vorausgehenden Texten. Durch die kritische Bestandsaufnahme der vorgeformten Diskurse über die algerische wie arabische Identität zeigt Tengour die Unmöglichkeit, sich kulturell in

---

[112] Siehe Abdelwahab Meddeb: *Die Krankheit des Islam*. Heidelberg 2002, S. 191-197.

[113] Christiane Chaulet-Achour: „Alamut, Nishapoor, Samarcande... Écrire dans la mouvance de la légende et de l'Histoire", in: Yelles 2003: 113-131.

[114] Siehe Giuliana Toso-Rodinis: „Le *nostos* d'Ulysse de Habib Tengour", in: Régis Antoine (Hg.): *Carrefour de cultures*. Tübingen 1993, S. 297-308.

nur einem Bezugsfeld zu verorten. Mit einer betont ironischen Sicht unterzieht er die gängigen Stereotypen einer Revision, die weit in den interkulturellen Raum ausgreift. Dieser verunsichert, was arabische Zitate ohne Übersetzung dem ‚okzidentalen' Leser verdeutlichen, da sie ihm Erklärungen wie sie in exotistischen Texten anzutreffen sind, vorenthalten. Der Text besitzt eine ausgeprägte Orientierung zu Maxime und Sentenz. Mit dem Untertitel „Séances 1982/1989", der Doppelung des Erzähler-Protagonisten durch einen Freund, mit der Dialogstruktur und Wahl von Kneipen, Hammam und Bordell als Schauplätzen schließt er an das arabische Genre der Makamen wie auch die *poèmes-conversation* von Apollinaire an (Abdel-Jaouad 2003: 57).

Al-Hamadhani mit Beinamen Badi as-Saman (968-1008) gilt als Begründer der Makamen, die auf Bettleransprachen zurückgehen.[115] Sein Held Abu al-Fath al-Iskandari, ein vagabundierender Literat, dem der Erzähler Isa b. Hisham zur Seite gestellt ist, tritt in den 51 von ca. 400 erhaltenen Makamen in wechselnden Rollen auf.[116]

Al-Hariri (1054-1122) führte die seither ungeheuer populäre Gattung 1101 zur Meisterschaft.[117] Er erschuf eine autobiographische Makrostruktur, in der die fünfzig Makamen dem Lebenslauf des Helden Abu Said von Serug folgen. Dieser spricht nicht selbst von sich, sondern der Erzähler Al-Harith ben Hammamm übernimmt dies in der Ich-Form. Meist ist er auch in der Handlung angesiedelt. Er berichtet, wie er an jeweils neuen Orten unter seinen wechselnden Identitäten und Namen Abu Said wiedererkennt. Erzähler und Held bilden ein untrennbares Freundes-Gespann, in dem der eine das *alter ego* des anderen ist. Sie drücken die Pole des erzählenden und erlebenden Ich aus. Der Erzähler wie der Held sind Gebildete, die das gelehrte Wissen ihrer Zeit, den *adab*, vollendet beherrschen und die arabische Sprache kunstvoll handhaben.

Die Makamen lebten in der arabischen Literatur durchgängig bis ins 20. Jahrhundert fort und flossen auch in die Oralliteratur ein. Die Form der gelehrten Reimprosa ist verbunden mit der Sequenzenreihung, in der jede Makame eine eigenständige Narration ist, die durch die Figur des Helden und des Narrators miteinander verbunden sind. Dieser Held wechselt seine Berufe und Tätigkeiten, bewegt sich im Kontakt mit den verschiedensten gesellschaftlichen Gruppen und Milieus und tut sich durch seine Unmoral wie seine scharfsinnigen Reden und außergewöhnlichen rhetorischen Fähigkeiten hervor.

Die Technik Tengours wurde als „zapping" bezeichnet (Abdel-Jaouad 2003: 59). Sie speist sich aus einer Poetik des Disparaten und Heterokliten, die die „identité maghrébine composite et plurielle" ausdrückt.

---

[115]   Vgl. Carl Brockelmann/Charles Pellat: „Makama", in: *The Encyclopaedia of Islam. New Edition*, Leiden 1991, Bd. 6, S. 107-115. Abdelfattah Kilito: *Les Séances. Récits et codes culturels chez Hamadhânî et Harîrî*. Paris 1983.

[116]   Al-Hamadhânî. *Vernunft ist nichts als Narretei. Die Makamen*. Tübingen 1982.

[117]   Die moderne Neuausgabe der Rückertschen Übersetzung von 1826 mit ausgezeichnetem Nachwort von Wiebke Walther (S. 282-310): Al-Hariri. *Die Verwandlungen des Abu Seid von Serug*. Leipzig 1989.

2.2.3.2 Rückkehr zum Erzählen

Für die achtziger Jahre ist eine weitere Strömung kennzeichnend, die den *récit* und damit das Erzählen aufwertete. Neben Ali Boumahdis *L'homme-cigogne du Titteri* (1987) und den Romanen Rabah Belamris und Mohammed Moulessehouls zählen die Romane Mimounis zu dieser Tendenz, wobei sie gleichzeitig auch den Befreiungskrieg aufarbeiten und soziale Probleme der algerischen Gesellschaft thematisieren.

1982 erschien von Rabah Belamri (1946-1995), der auch Lyriker war, *Le soleil sous le tamis*. Es ist ein autobiographischer Bericht, der ‚wie der Untertitel angibt, „un enfant, une famille, un village d'Algérie avant l'indépendance" zum Gegenstand hat. Der in Bougaâ geborene Belamri erblindete 1962 infolge einer Netzhautablösung, worauf der Titel mit der Metapher der teilweise verdeckten Sonne verweist. Drei Teile stellen drei Lebensbereiche des Jungen dar: „La rue et les saisons " zeigt das Dorfleben aus der Perspektive des Kindes, die erste Liebe und erste Erfahrungen mit Gewalt. Auf der Straße tritt das Fremde in den eigenen Kulturkreis: Franzosen, Soldaten, Missionare. „L'arbre de vie" behandelt die Familie. „Deux paradis à l'horizon" bezieht sich auf die beiden kulturellen Universen: Koranschule und französische Schule, in der nicht über die Algerier selbst gesprochen wird. Der Vater gibt jedoch seinem Sohn das verheißungsvolle Bild mit auf den Weg, dass er auf diese Weise in zwei Paradiese eingehen könne, das muslimische und das christliche.

Sein Roman *Regard blessé* (1987) parallelisiert die Erblindung des Protagonisten Hassan mit der algerischen Geschichte: Am 12. März 1962 geht er aus seinem Dorf nach Algier, wo er am Vorabend des Waffenstillstands an der Netzhaut operiert wird, doch die Attentate und Unruhen lassen die medizinische Nachbetreuung nicht stattfinden. Im Dorf können die Heiler nichts ausrichten, er erblindet. Die Menschen selbst, so die Botschaft, verschlimmern die Ereignisse und die Zerrissenheit des Landes.[118] Weitere Romane Belamris sind *L'asile de pierre* (1989) und *Femmes sans visage* (1992).

Mohammed Moulessehoul (geb. 1955), der später das Pseudonym Yasmina Khadra wählte, schrieb zunächst die Romane *Amen!* (1984) und *El-Kahira, cellule de la mort* (1986). In *Le privilège du phénix* (1989) zeigt er den Landstreicher Flen, der durch verschiedene Begegnungen eine Wandlung von der Selbstablehnung zur Bewusstheit seiner eigenen Integrität durchlebt.

Sein überwiegend in Umgangssprache und Argot geschriebener Roman *De l'autre côté de la ville* (1988) zeichnet das Leben zweier Landstreicher, Lord de Housenchuck und Otter S. Brugg, am Rand der Gesellschaft. Die Namen der Protagonisten gemahnen an Voltaires *Candide*, während ihre Dialoge sie mit Becketts Figuren verbinden. Der imaginäre Ort Sutterhells in Soumanland ist

---

[118] B. Magnier: „Regard blessé", in: Jean-Pierre De Beaumarchais/Daniel Couty/Alain Rey (Hg.): *Dictionnaire des littératures de langue française*. Paris 1994, Bd. 4, S. 1658.

Schauplatz der politisch-sozialen Fabel. Im ersten der 18 Kapitel betrachten sie gemeinsam den Sonnenaufgang und diskutieren über dessen literarisch-metaphorische Bedeutung:

> C'est comme lorsqu'on renaît. Tu vois ce que je veux dire? C'est bon signe. – Je ne crois pas aux signes. – C'est dans les livres. (S. 11)

„C'est quoi, ce patelin?" fragen sie immer wieder, um die am Meer gelegene, nach faulendem Fisch riechende Örtlichkeit zu lokalisieren. Sie suchen Nahrung in Mülltonnen und Otter, der Todessehnsucht hat, erzählt seine Traumvision eines Gehängten, der den Menschen als Zeichen dient. „Je veux être ce Pendu, Lord. Je veux être ce cadavre-prophétie qui freinera la noirceur des hommes" (S. 37). Lord tadelt ihn, dass Selbstmord verboten sei, und daran zerbricht ihre Freundschaft nach vierzig Jahren. Sam M.P. ist in deutlicher Replik auf den Candide (ihm fehlt eine Hälfte seines Gesäßes, S. 48) als Inkarnation des Optimismus gestaltet. Er führt das pünktliche Leben eines kleinen Angestellten, aber als professioneller Bettler und angeblich blinder Taubstummer. Otter verwandelt sich völlig, nachdem er Pretty Darling traf, die er heiratet. Dadurch verlässt er den älteren Lord, der ihn als Kind aufgenommen hatte, definitiv. Dieser macht ihm Vorwürfe und reißt Otter am Ende von einer Klippe mit in den Tod. Es ist die Geschichte einer unauflöslichen Freundschaft, vielleicht in Anlehnung an die Makamen-Struktur zu sehen. Konkrete Bezüge auf die algerische Gesellschaft stehen hinter allgemein menschlichen Betrachtungen zurück.

2.2.3.3   Aufarbeitung des Befreiungskriegs II

Seit 1981 veröffentlichte Boudjedra seine Texte zuerst in arabischer Sprache, kurz später gefolgt von ihrer französischen ‚Übersetzung', die jedoch deutlich die Handschrift Boudjedras erkennen lassen und wohl eher als Originaltexte zu werten sind. Boudjedra kratzt in seinem Roman *Le démantèlement* (1981) an den stilisierten Heldenbildern. Aus der Perspektive einer jungen Frau wird der Befreiungskrieg kritisch hinterfragt. Auch in *Le désordre des choses* (1991) steht die Auseinandersetzung mit Erinnerung und Geschichte im Mittelpunkt. Boudjedra sprach von „rectification de l'histoire" bezüglich eines am 11. Februar 1957 in Algier guillotinierten Unschuldigen.[119] ‚Die Unordnung der Gegenwart' mit den Aufständen am 10.10.1988, so die Überschrift des ersten Textteils, ist allerdings ebenso bedrängend. Die ständig wiederkehrenden traumatischen Erlebnisse, auch die Verstoßung der Mutter, werden zur Obsession, sie verselbständigen sich und überwältigen die sich erinnernden Personen. Das Erzählen und die Aufzeichnung der Erinnerungen bleibt ambivalent, weil es einerseits Erleichterung verschafft, andererseits jedoch stets eine Form von Verfälschung ist und daher dem Zweifel unterliegt.

---

[119] *Cahier d'études maghrébines* 4, 1992, S. 132.

Azzédine Bounemeur (geb. 1945) begann eine auf sechs Bände geplante Darstellung des Algerien-Kriegs. *Les bandits de l'Atlas* (1983) thematisierte die Lage der armen Bauern im Tell-Atlas. Sie werden von den Feudalherren im Verein mit den Franzosen ausgebeutet. Hassan rächt erfolgreich den Tod seines Vaters. *Les lions de la nuit* (1985) spielt im Sommer und Herbst 1954. Wieder stehen arme Bauern im Zentrum der Handlung. Von der nationalistischen Partei im Stich gelassen, versuchen sie aus eigener Kraft einen bewaffneten Aufstand gegen die Kolonisten. *L'Atlas en feu* (1987) führt das Fresko fort und beschreibt die ersten bewaffneten Kampfhandlungen im Constantinois ab Sommer 1955. Der vierte Band *Cette guerre qui ne dit pas son nom* (1993) wurde von dem französischen Verlag zurückgewiesen (Walter 1990: 97).

Malek Ouarys Roman *La montagne aux chacals* (1981) erzählt die Geschichte eines aus dem Zweiten Weltkrieg heimkehrenden Algeriers, der sich der Untergrundbewegung anschließt.

Boudjedras *Le vainqueur de coupe* (1981) zeigt das schmutzige Gesicht des Krieges im französischen Mutterland. Es ist die Geschichte eines vom FLN verübten Attentats am 26. Mai 1957 im Fußballstadion Colombes während des Pokalendspiels Toulouse-Angers. Sadok lässt in seiner Gefängniszelle die Ereignisse Revue passieren. Erzählstränge mischen und verschlingen sich; die Chronologie in ihrem linearen Verlauf ist immer wieder durchbrochen. Zwischen die Gedanken Sadoks sind die Reportagen des Fußballspiels eingeschoben. Obwohl der Leser schon bald weiß, dass das Attentat ausgeführt wurde, treibt die Handlung in wachsender Spannung auf den Schluss zu, in dem der tödliche Schuss fällt, eine Art pervertiertes *Golden goal*.

Tahar Djaouts (1954-1993) Roman *Les chercheurs d'os* (1984) gelangt zu dem Fazit, dass man die toten Helden ruhen lassen soll und sie nicht für eigene Zwecke missbrauchen darf. Ein junger namenloser Mann macht sich im Auftrag der älteren Familienmitglieder mit mehreren Begleitern aus seinem kabylischen Heimatdorf auf, die Gebeine seines gefallenen Bruders zu suchen. Doch er muss erkennen, dass die Menschen in der Stadt gleichgültig sind und kein Interesse daran haben, Leichen zu exhumieren, um sie an eine angemessenere Ruhestätte zu überführen. Ironisch dekonstruiert der Autor Klischees und zeigt die versteinerte Beharrungskraft der Alten, die unwillig sind, sich der neuen Zeit anzupassen und deshalb so beharrlich an den Knochen der Verstorbenen hängen.

Der bei Algier geborene Mimouni rechnet sich der „génération d'écrivains du désenchantement" zu.[120] Als Schriftsteller, der seine Rolle als Zeuge und Gewissen der Nation erfüllt, erhebt er seine Stimme gegen die intolerante Ideologie und den Obskurantismus in Algerien und geißelt in seiner Literatur „qui met le doigt sur la plaie", wie er sagte, die Korruption und den Verfall moralisch-menschlicher Grundwerte.[121] Seine Romane sprechen eine klare Sprache und er-

---

[120] Interview mit Hichem Ben Yaïche „La société algérienne sous le regard de Rachid Mimouni", in: *Horizons* 25.02.1991.
[121] Najib Redouane: *Rachid Mimouni: entre littérature et engagement*. Paris 2001, 16f.

zählen Geschichten ohne metareflexiv das Erzählen zu problematisieren. Mimouni glaubt an die Möglichkeit, mit Literatur direkt auf gesellschaftliche Sachverhalte zu verweisen:

> Le rôle de l'écrivain est un rôle de témoin et un rôle de conscience. C'est aussi celui qui a le devoir de dire la vérité, quel que soit le régime installé.[122]

An anderer Stelle formuliert er eine Art Glaubensbekenntnis und setzt sich von den westlichen Schriftstellern ab, die sich seiner Meinung nach auf elegant-verwirrte Weise ihrem desillusionierten Skeptizismus hingeben:

> Je crois à la littérature comme cheval de Troie pour corroder de l'intérieur la forteresse des mystificateurs qui nous affirment que le ciel est toujours bleu. Je crois à la littérature qui met le doit sur la plaie. (Interwiev mit Jacques Berton in *Jeune Afrique* 1781, 23.2.-1.3.1995, S. 60)

Le fleuve détourné (1982) ist in einem Lager angesiedelt, in dem subversive Elemente kastriert werden sollen. Der namenlose Icherzähler rekonstruiert im Gespräch mit dem Mithäftling Omar sein Leben. Er will dem *Administrateur en Chef* klar machen, dass nur ein Missverständnis ihn in das Lager geführt hat. Dazwischen sind Passagen über den Lageralltag der dem herrschenden System unbequemen Menschen geschoben. Diese sind der alte Weise Vingt-Cinq, der todkranke, rauschgiftsüchtige Student Omar, der alte Widerstandskämpfer Rachid und ein Schriftsteller. Die Anträge des Icherzählers auf Entlassung und Familienzusammenführung scheitern an der Bürokratie. Seine Geschichte ist die: Als Schuster beteiligt er sich auf Drängen der *Mudjahedin* am Befreiungskrieg. Bei einem Luftangriff wird er verwundet, nach Tagen gefunden und in einer Klinik in einem nicht genau definierten Land gesundgepflegt. Er leidet an vollkommener Amnesie, so dass er nach seiner Genesung noch Jahre als Gärtner dort bleibt, bis er das Gedächtnis wiedererlangt. Voll Sehnsucht kehrt er nach Algerien in sein Dorf zurück. Doch seine Frau hat mit ihrem Sohn das Dorf verlassen, wie er von seinem Vater erfährt. Die Zeiten, so erfährt er weiter, haben sich sehr verändert. Sein zum Bürgermeister avancierter Cousin Ahmed erklärt ihm, dass er als offizieller Held des Befreiungskriegs jetzt auf dem Kriegerdenkmal des Dorfes verewigt sei, man ihn als Lebenden ohne Papiere, da er aus dem Register gestrichen sei, jedoch nicht mehr gebrauchen könne. Er geht in die Stadt auf der Suche nach Frau und Sohn. Als er sie findet, berichtet sie ihm, dass sie als Witwe wegen der Rente von vier Männern missbraucht wurde. Er erschießt diese und wird verhaftet. Bei einer Begegnung mit seinem Sohn muss er ähnlich wie Pirandellos *Il fu Mattia Pascal* erkennen, dass er in dieser Gesellschaft nichts mehr verloren hat. Die Zeit der Helden ist endgültig vorbei. Mit beißendem Humor, der sich oft aus dem Lakonismus der berichtenden Sprache speist, und in Anlehnung an Romane der 70er Jahre kritisiert Mimouni die Aufgabe der Ideale der algerischen Revolution. Dem Roman stellt er ein entsprechendes Zitat von Abdelhamid Ben Badis voran. Mimouni bezieht sich mehrfach in dem Roman auf D'juha oder Hodja

---

[122] Interview in *Horizons*, zit.n. Najib Redouane 2001: 16.

Nasreddin, der auch von Kateb in seinem Theaterstück *La poudre d'intelligence* (1959) evoziert wird, ebenso von Dib in der Novelle *Le compagnon* (Walter 1990: 118f.). Er ist die Figur des schlauen Dummkopfs, der auch in Boudjedras *L'insolation* (1972) wieder erscheint. Die authentische und nicht die ideologisch verfälschte Geschichte ist in einem lebendigen Gedächtnis aufgehoben, doch sie stört.

Une paix à vivre (1983) wurde schon vorher verfasst und stark zensiert, vor allem Passagen über den Staatsstreich 1965. Der Icherzähler Ali Djebari, der kurz vor dem Ende des Algerienkriegs eingeschult wird, berichtet von seinem Schicksal. Durch den Tod seiner Eltern, die beim Angriff auf das Dorf von einer Bombe unmittelbar neben ihm zerfetzt wurden, ist er schwer traumatisiert und in der Schule soll seine Heilung beginnen. Das Ende seines individuellen Chaos ko-inzidiert mit dem Ende des kollektiven Chaos des Krieges und dem Eintritt des Landes in den Frieden, den es nun aktiv zu gestalten gilt. Schulalltag und Lehrer werden in ihrer ebenfalls von Pirandello inspirierten humoristischen Dimension geschildert, d.h. anrührende Züge mischen sich mit komisch-grotesken Aspekten und Verhaltensweisen. Die Kulturbürokratie des unabhängigen Algerien wird ka-rikiert.

Der Titelheld und Icherzähler des beißend kritischen Romans *Tombéza* (1984) blickt vor dem Tod auf sein Leben zurück. Er erwacht nach einem mysteriösen, wahrscheinlich herbeigeführten Autounfall in der Abstellkammer eines Kranken-hauses aus dem Koma. Er ist gelähmt und seine einzige taktile Wahrnehmung in der übelriechenden Umgebung sind über sein Gesicht laufende Kakerlaken. Wäh-rend die Fernsehansprache zum 10. Jahrestag der Unabhängigkeit in sein Ohr dringt, schießen Rückblenden aus seinem Leben bis zu seiner Geburt durch sei-nen noch wirren Kopf. Es wird deutlich, dass er mehr Opfer als Täter ist. Er wur-de als deformierter, hinkender Sohn einer fünfzehnjährigen vergewaltigten Mut-ter geboren, die aufgrund der archaischen Sitten vom Vater fast totgeprügelt wurde, darüber den Verstand verlor und bei der Geburt starb. Sein Leben ist eine Kette von Erfahrungen des Hasses, des Elends und des Ausgeschlossenseins, von der Familie, sozialen Bindungen und der Religionsgemeinschaft. Er selbst wen-dete sich dann gegen seine Landleute, die er zunächst im Krieg als Harki, den Franzosen dienender Soldat, bekämpfte. Das verschaffte ihm erstmals einen rich-tigen Namen und damit eine zeitweise Identität, die er bei Kriegsende wieder verlor. Später tyrannisierte er die Kranken und Mitarbeiter des Krankenhauses, in dem er tätig war. Der Roman mit seinem Spiel aus Rückblenden und Digressio-nen öffnet die Chronologie durch szenische Bilder hin zur Simultaneität zwi-schen Damals und Heute. Die Korruption ist allgegenwärtig, die Krankenhauslei-tung wie alle anderen Führenden sind in sie verstrickt. Die Unterdrückung von Freiheit, Recht, Demokratie und Gerechtigkeit haben Algerien ins Abseits ge-führt. Der blinde Seher ist luzide, doch wird er von einer Klippe gestürzt. Wer zu deutlich sieht, muss aus dieser blockierten Gesellschaft verschwinden, so der tie-fe Pessimismus Mimounis in diesem Roman, der neben dem Bezug auf den Be-freiungskrieg auch deutlich mit der algerischen Gesellschaft abrechnet. Die Referenz auf die algerische Geschichte ist in Mimounis Werk durchgehend, denn „notre mémoire est un élément déterminant de notre avenir" (Interview mit Abdelkader Djeghloul in *Arabies*, Nov. 1989, S. 97). Neben der Kritik an der totalitären Ausübung der Einparteienherrschaft spricht Mimouni soziale Übel an: den Schwarzmarkt (*Trabendo*), die Knappheit oder den Mangel bestimmter Nahrungsmittel, die Wohnungskrise, Ausfall von fließendem Wasser oder die Zustände in den Krankenhäusern.

2.2.3.4   Abrechnung mit der algerischen Gesellschaft

Tahar Djaout gestaltete seine kritische Abrechnung mit der algerischen Gesellschaft verfremdet. Er lässt den Erzähler-Protagonisten in *L'exproprié* (1981) eine nächtliche Zugfahrt mit einem „train-cour d'assises" unternehmen, aus dem jeder Angeklagte an dem ihm durch das Urteil bestimmten Bahnhof aussteigen muss. Er weiß nicht, warum er in diesem Zug sitzt. In heterogenen Diskursfragmenten und poetischer Sprache erinnert er sich an die Kindheit und persönliche wie kollektive Vorfahren. Erotische Träumereien und Erinnerungssequenzen an sein Exil drängen in sein Bewusstsein.

Mouloud Mammeris *La traversée* (1982), mit dem sich der Autor nach zwanzigjähriger Schreibpause zurückmeldete, bewertet die Konsequenzen der Revolution bitter. Nach zwanzig Jahren wird das Land nach wie vor von einer auf ihre Privilegien bedachten Oligarchie regiert. Nach der ersten Wüstendurchquerung, die dem Roman den Titel gibt, ist eine neue erforderlich.

Mourad ist Journalist bei der Zeitschrift *Alger-Révolution*. Die Verhältnisse in seinem Land und die Zensur bei seiner Zeitung widern ihn an. Das Exil scheint ihm der einzige Weg, seine Integrität zu wahren. Er veröffentlicht in der Zeitung eine Fabel, die, eher durch Zufall, der Zensur entgeht. Es ist die Geschichte einer Karawane, die unter großen Strapazen die Wüste durchquert. Geführt wird sie von sich aufopfernden Helden, die ihr den Weg zur Oase bahnen. Es ist eine Parabel auf den Befreiungskrieg. Nach der Ankunft in der Oase – der Unabhängigkeit – und dem Tod der Helden im neuen Umfeld beherrschen die sogenannten Epigonen und Ideologen das Volk.

> Cela créa autour de la caravane un énorme vide, que les épigones se hâtèrent de remplir. La rapidité de la substitution étonna quelques oasiens; les épigones leurs révélèrent que les héros, avant leur mort, leur avaient donné délégation expresse d'accomplir leurs vœux, dont ils gardaient jalousement la liste dans le saint des saints. [...] Des hommes se présentèrent d'eux-mêmes, qui dirent qu'ils avaitent la recette. On les mit à l'épreuve, le succès dépassa les espérances. Les épigones firent de ces magiciens un corps de spécialistes attitrés, appointés et méprisés, qu'on appela les idéologues. (S. 36f.)

Den Druck der Redaktion, diesen zu deutlichen Artikel durch einen anderen praktisch zu dementieren, beantwortet Mourad mit der Kündigung. Vor seinem Ausscheiden aus der Zeitung begleitet er noch für einen Monat mit einem Redaktionsteam die französische Journalistin Amalia, die mit ihm im Befreiungskrieg für den FLN zusammenarbeitete, bei einer Reportage über das Sahara-Öl in die Wüste. Mit dabei sind der Marxist Serge, der fanatische Moslembruder Boualem und der junge Souad, sämtlich Mitarbeiter der Zeitung. Diese Wüstendurchquerung verläuft enttäuschend. Boualem kommt zu dem Schluss, dass das Öl den Glauben getötet hat. Mourad ist enttäuscht von seinen Erwartungen an die Kraft der Wüste und verbittert über seine Freunde. Erkrankt kehrt er in sein Heimatdorf Tasga in der Kabylei, das aus *La colline oubliée* vertraut ist, zurück. Im Delirium des Fiebers lässt er Erinnerungen an seine Freunde von einst wach werden. Als einer der letzten Idealisten der „race des purs" stirbt er, wie ein Brief Kamals an Amalia den Leser wissen lässt. Die Wüstendurchquerung soll an die Wanderung der Kinder Israels in das Gelobte Land im Alten Testament erinnern. Sie spielt auch auf eine Stelle in Bourbounes *Le muezzin* an.

Boudjedras *La macération* (1985) synthetisiert mit einem längeren zeitlichen Abstand zum Erlebten die früheren Romane noch einmal.[123] Boudjedra betonte selbst, dass er darin die Geschichte seiner Familie literarisch verarbeitet habe. Wieder geht es um die „personnalité inextricable, incontournable, incernable et inénarrable du père englouti dans sa propre étrangeté, dont j'essayais de démonter les mécanismes, de démanteler les structures et d'analyser les motivations" (S. 11).

Mimounis *L'honneur de la tribu* (1989) widmet sich wie seine vorausgehenden Romane auch der Aufarbeitung des Krieges, legt den Akzent jedoch auf die Abrechnung mit der algerischen Gesellschaft. Die Handlung dieses prosaischen Dramas spielt im ländlichen Milieu. Ein alter Mann erzählt die Geschichte seines Dorfes Zitouna in den Bergen Algeriens. Von den Franzosen nach der Eroberung des Landes aus seinem angestammten fruchtbaren Tal vertrieben, lebt der Stamm seit anderthalb Jahrhunderten abgeschieden in der Einöde. Nach dem Befreiungskrieg machen sich einige Dorfbewohner auf, um ihr heimatliches Tal, an das alle sehnsuchtsvoll zurückdenken, wieder in Besitz zu nehmen. Doch das Land gehört jetzt dem Staat. Die Zivilisation erfasst das Dorfleben durch Omar El Mabrouk, der zum Präfekt des Bezirks wird und sich als despotischer Provinzfürst aufführt. Gegen den Willen der Dorfbewohner wird modernisiert und technisiert, was die alten Sitten und Gebräuche obsolet macht und auch die Dorfjugend abtrünnig werden lässt. Mimouni valorisiert durch den Diskurs des Alten die Vergangenheit in ihrer mythischen Dimension (Redouane 2001: 42) und prangert die von oben verordnete, mit Betrug und Gewalt durchgesetzte ‚Zivilisierung', das heißt Verwestlichung der ländlichen Gebiete Algeriens an. Dabei greift er auf das Märchen und die Fabel aus der oralen Erzähltradition zurück, verwendet intertextuelle Verweise auf Kateb und García Márquez und entwickelt eine cinematographische Bildsprache.

---

[123] Er spickt seinen Text mit Auszügen der sieben vorausgehenden Texte. So Ernstpeter Ruhe: „Le moi macéré: autobiographie et avant-garde selon Rachid Boudjedra", in: Hornung/Ruhe 1992, S. 191. Der Maulbeerbaum repräsentiert einen Bezug auf Simon, aber auch Boudjedras Verwurzelung in Algerien. Dazu Armelle Crouzières-Ingenthron: „A la recherche de la mémoire et du moi", in: Gafaïti 1999, S. 109-137.

2.2.3.5   Entmythologisierung der Geschichte

Boudjedras historischer Roman *La prise de Gibraltar* (1987), wie die vorausgehenden von Antoine Moussali mit dem Autor aus dem Arabischen übersetzt,
bezieht die Eroberung Andalusiens 711 durch Tarik ibn Sijad und die Massaker
der französischen Armee in Constantine 1955 aufeinander. Den Arzt Tarik quält
die Namensidentität mit dem historischen Eroberer, so dass er mit seinem Freund
Kamal auf dessen Spuren nach Spanien reist, der kollektiven Vergangenheit
nach. Einen zweiten Erzählstrang bildet die individuelle Geschichte mit den persönlichen Erinnerungen an den grausamen Lehrer der Koranschule und die französischen Kolonisatoren. Beide Erzählstränge sind achronologisch mit Wieder-
holungen und Variationen konstruiert, entziehen sich der eindeutigen Ent-
schlüsselung. Neben Tarik fungieren Schams ad-Din und der Freund Kamal als
Erzähler. Die psychischen Leiden des Individuums sind bedingt vom sich entziehenden Sinn der Geschichte. Zentral ist der Bezug auf eine persische Miniatur
von Al-Wasiti, deren Spiralstruktur als Emblem des Textes zu deuten ist.[124] Auch
die Geschichte besitzt keine Finalität, sondern eine Spiralstruktur mit der Gewalt
im Zentrum. Als Prätext fungiert Claude Simons *La bataille de Pharsale* (Zeliche
2005: 149-184), dessen Symbolik des Baums und Farbgebung aufgegriffen werden.

Tahar Djaouts *L'invention du désert* (1987) ist sein dritter Roman. Ein Icherzähler schreibt „dans les villes froides" im Exil parallel zu Erinnerungen an sein
Leben, die Kindheit in der Kabylei und Wüstenexkursionen, eine Geschichte der
Dynastie der Almoraviden, die sich um den religiösen Erneuerer Ibn Tumart (ca.
1098-1130) zentriert, der die neue Dynastie der Almohaden begründete. Der Erzähler katapultiert die historische Figur in die Gegenwart, wo er mit seiner Predigt an der Modernität scheitert. Seinerseits erinnert sich der Erzähler an Reisen
nach Arabien, zur Großen Moschee in Mekka und nach Aden auf den Spuren
Rimbauds. Die großen Wüsten überlagern sich mit der eisigen Stadtwüste von
Paris. „Les lieux dans la tête se télescopent, s'annulent comme des saisons con-
traires". (S. 10) Ein jungfräulicher Raum der Reinheit soll gefunden werden. In
diesem Sinn ist die Wiederaneignung der Geschichte keine Rückbesinnung auf
festgefahrene Werte, sondern Dynamik.

2.2.4   Die neunziger Jahre

1994 hatte Algerien fast 27 Millionen Einwohner, davon drei Viertel nach der
Unabhängigkeit Geborene (Stora 1994: 6). Die Geburtenrate blieb auf hohem Niveau, sie betrug 1993 etwas unter 3% bei anhaltendem Anstieg der Lebenserwartung (von 1970 52,4 auf 1992 66 Jahre), Rückgang der Kindersterblichkeit (1970
139,2 pro 1.000, 1992 61) und Landflucht (Städtische Bevölkerung 1970 39,5%,
1992 52%) (Stora 1994: 51). Vor allem der Jugend war die Legitimation des au-

---

[124] Siehe die Deutung von Janina Knab „Emblematik der Spirale. *La prise de Gibraltar*", in: Ruhe
1993: 91-109.

toritären Staatsapparats unter dem seit 1979 regierenden Chadli Bendjedid aus dem Unabhängigkeitskrieg immer weniger zu vermitteln, was sich erstmals bei den Aufständen 1988 zeigte. Die Ausbildungslage war desolat und spiegelte sich in miserablen Prüfungsergebnissen: 1989 bestanden nur 21,6% der Kandidaten das bilinguale Abitur, davon nur 0,16% mit Prädikat; 1990 waren nur 19,8% bei dem jetzt ausschließlich arabischen Abitur erfolgreich, davon 92% erst im zweiten Anlauf (Kühnel 1995: 62).

Nach Einführung des Parteienpluralismus 1989-90 fanden erste Wahlen statt. Bei den Kommunal- und Regionalwahlen am 12. Juni 1990, an denen der FFS nicht teilnahm, gewann der FIS 54,3% der abgegebenen Stimmen, d.h. 33,7% der Wahlberechtigten stimmten für seine Delegierten (4.331.472). Demgegenüber erhielt der FLN nur 18,3% der angegebenen Stimmen (2.245.798). Dennoch glaubte die Partei, dass sich dieser Umstand von allein regulieren würde. Stora hingegen sieht im Erfolg der Islamisten nicht nur den globalen Kontext inklusive Golfkrieg wirken, sondern vor allem eine Reaktivierung der „mémoire politique", indem die Cleavages zwischen dominierenden Kolonisatoren und dem nach Unabhängigkeit strebenden Algerien wieder wachgerufen wurden (Stora 1994: 92f.).

Am 26. Dezember stimmten in diesem Sinn 173 Abgeordnete gegen 8 bei 13 Enthaltungen und 101 abwesenden Palamentariern für das ‚Gesetz zum allgemeinen Gebrauch der arabischen Sprache'. Dieses Arabisierungsgesetz markierte den Übergang von der bis dahin praktizierten exoglossischen Sprachpolitik der *cohabitation linguistique* zur endoglossischen Einsprachenpolitik, die nur noch die einheimische Sprache als offizielles Medium anerkennt. Diese gewollte Aufwertung des arabisch-islamischen Kulturerbes überging dabei den Anteil von 30% frankophoner Bevölkerung, d.h. 12 Millionen Sprecher, die Französisch aktiv beherrschten und 6 Mio. Schüler, die Französisch in der Schule lernten (Kühnel 1995: 2). Sie überging auch die berberophone Bevölkerung. Immerhin versuchten 20 kabylische Abgeordnete eine Ergänzung einzubringen, der zufolge *Tamazight* eine ergänzende Nationalsprache zum Arabischen sein sollte. Bis 1997 sollte laut Artikel 37 die gesamte Lehre an den Hochschulen in arabischer Sprache erfolgen (Kühnel 1995: 21). Das Gesetz enthielt erstmals in den Artikeln 30-34 auch Strafbestimmungen mit bezifferten Geldstrafen bis Berufsverbot, während alle früheren sprachpolitischen Dekrete eher empfehlenden Charakter besaßen (Kühnel 1995: 40). Schon am nächsten Tag kam es zu einer Protestkundgebung in Algier. Hocine Aït Ahmed, der Vorsitzende der oppositionellen FFS bezeichnete das Gesetz, das unter dem Druck des FIS entstanden war, ohne die sprachlichen Gegebenheiten oder die Akzeptanz in der Bevölkerung zu beachten, als „loi scélérate", eine Schande (Kühnel 1995: 48). Einen Tag vor seiner verfassungsrechtlich zwingenden Anwendung wurde vom Obersten Staatsrat, nur fünf Tage nach der Ermordung Boudiafs, per Dekret vom 4.7.1992 diese Anwendung bis auf weiteres ausgesetzt (Kühnel 1995: 58).

Der FIS protestierte gegen die Modalitäten der für den 27. Juni 1991 geplanten Parlamentswahlen und rief am 15. Juni zum Generalstreik auf. Die Anführer des FIS Abassi Madani und Ali Benhadj, der schon den Aufstand 1988 kanalisiert hatte, wurden verhaftet, der Ausnahmezustand verhängt. Die Wahlen fanden am 26. Dezember statt, nur die drei *Fronts* (FFS, FLN und FIS) traten an, während die übrigen Parteien zur Enthaltung aufriefen, die mit 42% befolgt wurde. Obwohl der FIS im Vergleich zu den Kommunalwahlen mehr als eine Million Stimmen verlor, errang er im ersten Durchgang 188 Sitze (der FFS 25 und der FLN ganze 18 Sitze). Die Armee setzte Chadli, der zu einer *Cohabitation* mit dem FIS bereit gewesen wäre, am 11. Januar 1992 ab. Ein *Haut Comité d'État* ('Hoher Staatsrat') wurde gebildet. Dieser rief Mohamed Boudiaf, einen integren und modernistischen historischen Führer der FLN nach 28 Jahren Exil in Marokko an die Spitze des Staates. Ab dem 9. Februar wurde erneut der Ausnahmezustand verhängt. Boudiaf erwirkte das Verbot des FIS und zielte danach auf den FLN, um das System tiefgehend zu reformieren und die Korruption einzudämmen. Am 29. Juni wurde Boudiaf in Annaba von einem Mann seiner Leibgarde ermordet.[125]

> Il fut assassiné en juin 1992 – sur ordre dela mafia politico-financière, selon la commission d'enquête créée pour identifier les commanditaires du meurtre. (Hadjadj 1999: 14)

Ali Kafi, ein anderer Nationalist des Unabhängigkeitskriegs, folgte ihm am 2.7.1992 in der Funktion des Staatschefs. Bélaïd Abdeslam als Premierminister versuchte weiter gegen diese Mafia vorzugehen und wurde im August 1993 von den Militärs seiner Funktion enthoben (Hadjadj 1999: 89).

Am 15. Juli wurden Madani und Benhadj zu je 12 Jahren Haft verurteilt. Am 26. August 1992 fielen einem Terroranschlag auf dem Flughafen von Algier, der offiziell den Islamisten zugeschrieben wurde, zehn Menschen zum Opfer und 128 wurden teilweise schwer verletzt.[126] Von nun an herrschte eine „guerre sans nom". Täglich wurden Polizisten, Gendarmen und Militärs umgebracht, allein fast 400 Menschen vom Beginn des Ausnahmezustands am 9. Februar 1992 bis zum 1. September 1992. Ab dem 5. Dezember bestand zwischen 22 und 6 Uhr Ausgangssperre, doch weitere schwere Anschläge (z.B. am 14. 12. 1992 in Kouba) wurden verübt. Der Generalmajor und Verteidigungsminister Khaled Nezzar selbst entkam am 13. Februar 1993 nur knapp einem Attentat mit ferngesteuerter Autobombe (Stora 1994: 96f.).

Zwischen März und Juni wurden vor allem vom *Front Islamique du Djihad Armé* (FIDA) Intellektuelle ermordet: der Soziologe Djilali Liabès (16. März), der Arzt Laadi Flici (17. März), der Schriftsteller Tahar Djaout durch zwei Kopfschüsse (26. Mai), der Psychiater Mahfoud Boucebsi (15. Juni), der Soziologe M'Hammed Boukhobza (21. Juni), der Dichter Youcef Sebti (28. Dezember), und das Töten nahm kein Ende. Viele Intellektuelle verließen das Land. Auch Ausländer schwebten in Gefahr, seit der GIA (*Groupement Islamique Armé*)

---

[125] Siehe Saïd Zahraoui: *Entre l'horreur et l'espoir. 1990-1999. Chronique de la nouvelle guerre d'Algérie*. Paris 2000, „La mort d'un juste", S. 83-98.
[126] Benjamin Stora: *La guerre invisible. Algérie, années 90*. Paris 2001, S. 18.

auch sie tötete (zwei französische Vermessungstechniker am 21. Sept. 1993), und verließen vorsorglich das Land. Bis Ende 1993 beklagte man über 3.000 Opfer, darunter viele Militärs. Über 12.000 Personen wurden verhaftet (Stora 1994: 99).

Im Januar 1994 riefen mehrere Botschaften ihr Personal weitgehend ab. Der vom HCE designierte Präsident General Liamine Zeroual ließ den ganzen Aurès abriegeln, nachdem aus dem Zuchthaus von Tazoult 1.000 Häftlinge, überwiegend Islamisten, geflohen waren (Stora 2001: 21). Vom 1.4.1994 an blieben alle französischen Schulen und Kulturzentren in Algerien geschlossen (Kühnel 1995: 52).

Parallel zu der Welle der Gewalt, versuchte die Regierung die Wirtschaft zu sanieren. Im April 1994 wurde eine erste Übereinkunft mit dem Internationalen Währungsfond getroffen und ein *Programme d'Ajustement Structurel* (PAS) eingeleitet[127], das die Außenschuldenbelastung deutlich senkte und zu Maßnahmen Raum gab, die in Algerien als „économie de la guerre" bezeichnet wurden.[128]

Schon Boudiaf, aber auch der Bildungsminister Mohammed Djebbar unter Kafi beschritt einen Weg der Arabisierung, die auf Qualität setzte und die gleichzeitige Notwendigkeit Fremdsprachen zu fördern betonte. In der Computerbranche machte die Arabisierung große Fortschritte, während an den Schulen Englisch bei weitem dem Französischen als optionale erste Fremdsprache den Rang ablief (Kühnel 1995: 50ff.).

Der Dramaturg Abdelkader Alloula wurde am 14. März 1994 ermordet. Auch Journalisten waren zunehmend Zielscheibe: Ferhat Cherkit von *El Moujahid* wurde am 7. Juni 1994 getötet, weitere Kollegen im Oktober, am 3. Dezember 1994 wurde der bekannte Said Mekbel angeschossen, der wenige Tage später seinen Verletzungen erlag (Stora 2001: 28). Das Militär setzte Napalm gegen die Maquis des *Mouvement Islamique Armé* (dem FIS nahestehend) ein. Die ausländischen Vertretungen schätzten, dass die Angehörigen des islamistischen Untergrunds bis 1997 auf 27.000 anwuchsen (Stora 2001: 30). Der GIA ermordete am 3. August 1994 fünf französische Konsulatsangehörige in Algier, entführte einen Airbus der Air France. Nach Frankreich schlossen auch die übrigen europäischen Länder ihre Botschaften. Am 27. August wurde die Grenze zwischen Marokko und Algerien geschlossen, nachdem algerische Islamisten Attentate in Marrakesch verübten. Die Nachrichtenagentur Reuters schloss ihre Büros, die großen europäischen Fluggesellschaften stellten ebenso wie die Reedereien der Linienschiffe die Verbindungen nach Algerien ein.

Ab 1995 dienten vor allem Autobomben als Terrormittel. Am 30. Januar 1995 riss eine Explosion in Algier 42 Menschen in den Tod, verletzte 200 weitere. Am Vortag war die „plate-forme de Sant'Egidio", die vom FLN, FIS und FFS als Lösungsperspektive aus der Krise unterzeichnet worden war, von den algerischen Machthabern zurückgewiesen worden.

---

[127] Ahmed Dahmani: *L'Algérie à l'épreuve. Économie politique des réformes 1980-1997*. Paris 1999.

[128] Luis Martinez: *La guerre civile en Algérie*. Paris 1998, „Économie de guerre et dynamique politique", S. 265-300.

Liamine Zeroual wurde am 16. November 1995 mit 61,01% der Stimmen zum Präsidenten gewählt (Stora 2001: 30) und erklärte, den Dialog wieder aufnehmen zu wollen. Die offiziöse Bilanz von Opfern betrug 1995 60.000. Als angebliche Stütze des algerischen Regimes war Frankreich zwischen Juli und Dezember 1995 Ziel von Attentaten. Die Gewalt steigerte sich noch 1996. Im März wurden sechs französische Trappistenmönche enthauptet, am 30. Mai 1996 der Erzbischof von Oran Monseigneur Pierre Claverie in die Luft gesprengt. Dreizehn Dorfbewohnern in der Nähe von Tipasa, darunter einer 90jährige Frau, wurden die Kehle durchgeschnitten. Ähnliches ereignete sich bei Blida, rückte bis in die Randbezirke Algiers vor, wo bei dem Massaker in Bentalha 417 Menschen, vor allem Frauen, Kinder und Alte regelrecht abgeschlachtet wurden (Stora 2001: 31f.).[129] Diese Barbarei hielt an und tötete im Juni 1998 auch den berberischen Rai-Sänger Lounes Matoub, der zehn Jahre zuvor ein Attentat überlebte.

1996 wurde eine vierte Verfassung erarbeitet, 1997 die Parlamentarier beider Kammern gewählt. Erneute Klankämpfe zwischen der Armee und dem Präsidenten verkürzten dessen Mandat. Bei den Präsidentschaftswahlen im April 1999 erhielt Abdelaziz Bouteflika mehr als 65% der abgegebenen Stimmen. Die sechs übrigen Kandidaten (Ahmed Taleb Ibrahimi, Hocine Aït Ahmed, Mokdad Sidi, Abdallah Djaballah und Youcef Khatib) hatten ihre Kandidatur eine Woche zuvor zurückgezogen (Zahraoui 2000: 152).

Im Juli 1999 sprach Bouteflika von mehr als 100.000 Toten, so dass die neunziger Jahre die Phase des algerischen Bürgerkriegs sind, ein Krieg, dessen Konfliktparteien sich verdeckt hielten, um nicht genau identifizierbar zu sein (Stora 2001: 9). Von staatlicher Seite wurde das blutige Geschehen als „lutte antiterroriste" bezeichnet, während es Züge eines Guerillakriegs trug. „Dans les plis d'une guerre entre militaires et islamistes se cachent ainsi d'autres guerres, décicives et confuses", betonte Stora und nannte sie eine „guerre gigogne" (Stora 2001: 13). Andere sprachen euphemistisch von „événements", während die Islamisten von Beginn an in Anlehnung an den ersten Algerienkrieg von ‚Krieg' sprachen.

Über die Bewertung des Islamismus herrscht Uneinigkeit. Für Mohammed Harbi ist er eine Reaktion gegen die erzwungene Modernisierung:

> L'islamisme ne doit pas s'analyser comme le retour d'un réligieux pré-moderne mais comme une idéologisation d'un réligieux dans l'espace d'une Algérie en voie de modernisation. [...] Tous ces problèmes, l'islamisme comme réaction à une sécularisation objective, entend leur donner une réponse dans le cadre d'une unité de pensée plus contraignante que celle à laquelle le FLN a soumis les Algérien.[130]

---

[129] Vgl. die Berichte der Journalisten Abed Charef: *Autopsie d'un massacre*. Paris 1998 und Zahraoui 2000. Speziell zu dem Massaker Nesroulah Yous: *Qui a tué à Betalha?* Paris 2000.

[130] „L'Islamisme, une révolution conservatrice?", in: *Confluences Méditerranée* 11, 1994, S. 66.

2.2.4.1 *Littérature d'urgence*

Wenn Charles Bonn von einem Paradigmenwechsel spricht, indem er das Ende der ikonoklastischen Schreibweise und damit der vorrangig ideologischen Diskussion konstatiert und die algerische Literatur der neunziger Jahre in die Postmoderne einordnet[131], so gilt dies nicht für die hier zu diskutierende Strömung. Angesichts der Bedrohung durch den fundamentalistischen Terror, dem die Bevölkerung ebenso wie sie selbst ausgesetzt waren, ergriffen die algerischen Intellektuellen und Schriftsteller dezidiert das Wort.

Boudjedra und Mimouni besassen den Mut 1992 nach dem Abbruch der Wahl ein Pamphlet gegen die Verlierer und wahrscheinlichen Sieger zu veröffentlichen. Mimouni titelte *De la barbarie en général et de l'intégrisme en particulier*, Boudjedra mit einem Wortspiel *F.I.S. de la haine*, was doppeldeutig als „fils" (‚Sohn') des Hasses gelesen werden kann und Assoziationen an den Romantitel *Le fils du pauvre* von Feraoun, der ja 1962 von der O.A.S. ermordet wurde, weckt. Beide Pamphlete erschienen zwar in Paris, ihre Verfasser lebten aber zu jener Zeit in Algerien, wo Boudjedra 1987 die algerische Liga für Menschenrechte gegründet hatte und seither auf den Todeslisten der Islamisten stand. Der Schriftsteller und Journalist Tahar Djaout bezahlte seine nuancierter vorgetragenen Positionen für eine echte Modernisierung Ende Mai 1993 mit dem Leben. Die zu Beginn seines vierten und letzten, zu Lebzeiten Djaouts erschienen Romans *Les vigiles* (1991) beschriebene Tötung eines Algeriers von französischen Soldaten durch zwei Kopfschüsse antizipierte den wirklichen Tod des Autors, was erschütterte Kommentatoren wie Rachid Mimouni hervorhoben, der in *F.I.S. de la haine* schreibt:.

> All dies beweist, dass der FIS eine gemeinsame Schöpfung von uns allen ist. Daß wir alle für dieses Monstrum verantwortlich sind. Wir haben ihn nicht nur hervorgebracht, sondern auch durch unsere Nachlässigkeit genährt, haben seine Macht und seinen Einfluß auf unsere Gesellschaft und in ihr zu groß werden lassen. Alle sind dafür verantwortlich: die Regierung, die Intellektuellen und auch das Volk [...] (S. 54).

Assia Djebar gab der Literatur, die angesichts der dramatischen und blutigen Ereignisse im Algerien der 90er Jahre entstand[132], in ihrem zugleich diese Strömung illustrierenden Text *Le blanc de l'Algérie* den Namen:

> Je ne suis pourtant mue que par cette exigence-là, d'une parole devant l'imminence du désastre. L'écriture et son urgence. L'écriture pour dire l'Algérie qui vacille et pour laquelle d'aucuns préparent déjà le blanc du linceul. (S. 272)

Djebar rekonstruiert darin den Tod und das Leben dreier ermordeter Freunde: des Psychiaters Mahfoud Boucebsi, des Soziologen M'Hamed Boukhobza und des

---

[131] „Paysages littéraires algériens des années 90 et post-modernisme littéraire maghrébin", in: ders./Farida Boualit (Hg.), *Paysages littéraires algériens des années 90: Témoigner d'une tragédie?* Paris 1999, 8-15.

[132] Zohra Riad klassifiziert diese als „toute la littérature algérienne de langue française qui a trait aux événements présents" in „Rachid Boudjedra et Assia Djebar écrivent l'Algérie du temps présent", in: Bonn/Boualit 1999: 62.

Regisseurs Abdelkader Alloula. In totentanzähnlichen Aufzügen läßt sie die verstorbenen Schriftsteller Algeriens Revue passieren. Sie ist dabei „obsédée par l'accouplement de la mort [...] avec l'écriture" (S. 261) und gehorcht einem Reflex der „autodéfense dans l'immédiat".

„Donner dans le blanc" kann heißen „tirer dans la cible" und verweist metapoetisch auf das Schreiben selbst. Und dieses Schreiben, so Djebars Aufruf, ist absolut dringlich, da einige für das verwundete Algerien schon das Leichentuch bereithalten.

Die Texte der *Littérature d'urgence* decken ein breites Spektrum auf der Skala von Dokumentarismus bis reiner Fiktion ab und verstehen sich einerseits als Resultat der Notwendigkeit, den blutigen Ereignissen und den Reaktionen des schreibenden Subjekts Ausdruck zu verleihen, andererseits wollen sie beim Leser einen Reflexionsprozess in Gang setzen und ihn letztlich zu Parteinahme aktivieren. Meist wurden die Bücher in Frankreich verlegt und rasch auch in andere Sprachen übersetzt. Die Zeitschrift *Algérie Littérature/Action* veröffentlichte[133] ganze Romane dieser Strömung.

Habib Souaïdias (geb. 1969) *La sale guerre* (2001) situiert sich auf der Traditionslinie des Diskurses mit Krieg und Terrorismusbekämpfung als traditionellen Themen. Doch will er keine Heldentaten verherrlichen, sondern mit einer Zeugenaussage sein Gewissen als ehemaliger Offizier der Spezialkräfte der algerischen Armee zur Terrorismusbekämpfung entlasten. Sein chronologisch abgefasstes und mit vielen dokumentaristischen Elementen versehenes *Testimonio* benutzt auch Elemente der autobiographischen Bekenntnisliteratur. Der Verfasser wurde dafür im April 2001 in Algier zu 20 Jahren Haft in Abwesenheit verurteilt ein, da sein Buch die Moral der ANP (*Armée Nationale Populaire*) schwäche.

Ghania Hammadou war Chefredakteurin der unabhängigen Tageszeitung *Le Matin*, bis sie im November 1993 Algerien verließ, nachdem vier Mitarbeiter umgebracht worden waren. *Le premier jour d'éternité* (1997) ist ihr erster Roman. Er liegt auf der Traditonslinie des literarischen Diskurses, der im sentimentalen *roman-fleuve* die Schicksale von Liebespaaren angesichts der gesellschaftlichen Verhältnisse ins Licht setzt. In Eigentherapie gegen den Schmerz des Exils anschreibend benutzt sie auch Elemente des ethnographischen und autobiographischen Testimonios. Sie personalisiert das Schicksal der algerischen Nation.

In einem Interview erklärte sie, dass hinter ihrer Icherzählerin Mériem eigene Erfahrung liege, doch Mériem und ihr Geliebter Aziz eine Art Archetyp repräsentieren.[134] Die Icherzählerin verarbeitet ihre Trauer und rekonstruiert die Geschichte ihrer Liebe. Parallel zur mit gängigen Topoi entwickelten Liebesgeschichte beleuchten metaphorisch dichte Bilder die politische Lage. Die Hetzpredigten, mit denen unsichtbare Einpeitscher von den Moscheen die Galle des

---

[133] Etwa Rahima Karim: *Le meutre de Sonia Zaid* (Nr. 61/62 2002); Morrad Benxayer: *La mosquée* (Nr. 63/64 2002).

[134] „L'Auteur répond aux questions d'Algérie Littérature/Action", in: *Algérie Littérature/Action* 12-13, juin-septembre 1997, S. 127-131.

Hasses verströmen, und die Freitage, an denen der *ennui* über den verdreckten Bodenplatten aufsteigt wie feuchter Nebel über einem Fluss evozieren die „atmosphère d'horreur qui se mettait en place autour de nous" (S. 38). Noch gelingt es den Liebenden ihre Existenzen zu stabilisieren und ihre Liebe zu leben, obwohl er verheiratet ist. Sie fahren ans Meer, wo er früher wie der antike Rhetor im Rauschen der Brandung das Deklamieren geübt hatte; sie fahren im Frühling in die Berge der Kabylei; im Sommer begleitet er sie in die Strandsiedlung von Algier, wo die Reichen unter Bewachung Ferien machen. Nachdem eine Bombe Frauen bei Festtagsvorbereitungen tötete, kehrt sie zurück in die Stadt und arbeitet, obwohl ihre Zeitung verboten wurde, mit den Redaktionsmitgliedern weiter.

Gebäudekomplexe und Siedlungen wie das zerfallende Béjaïa (S. 58) sind Metaphern für das Land. Das Hochhaus, in dem sie lebt, ähnelt einem gestrandeten Schiff. Kolonien von Ratten, wie man sie aus Boudjedras Roman *L'escargot entêté* kennt, beherrschen das Terrain. Der Todestag des Präsidenten Boudiaf am 29. Juni 1992 macht sie zu einer vatermordenden Generation und besiegelt auch ihr Geschick. Mit der Thematik des Verlusts und des Exils, aber auch des unverstellten Sprechens über weibliche Sexualität und Begehren steht der Roman in der Tradition der Romane Taos Amrouches.

In Maïssa Beys Erzählung *Au commencement était la mer...*(1996) wird der Wunsch einer jungen Frau nach sinnlichem Erleben durch ihre fundamentalistischen Brüder gewaltsam unterdrückt.

Fériel Assima liefert mit *Une femme à Alger. Chronique du désastre* (1995) eine Art Tagebuchroman, der das Leiden an den Verhältnissen in Algerien anhand der Schicksale unterschiedlicher Figuren durch die subjektive Ich-Perspektive gefiltert schildert.

Latifa Ben Mansours (geb. 1950) Roman *La prière de la peur* (1997)[135] ist einer der besten Texte der *littérature d'urgence*. Die Autorin, die an einer Pariser Universität lehrt, nahm das schwere Attentat am Flughafen von Algier zum Aufhänger. „Par le serment de nos femmes, se battant mieux que des hommes,/Tu revivras, Algérie. [...] Par le serment des femmes, /Et lorsqu'elles jurent, elles tiennent/De tes cendres, tu renaîtras, Algérie"(S. 380), so endet der Roman, der das Sterben Hanans und die Transzendierung des Todes im Akt des Schreibens erzählt. Hanan, eine Intellektuelle, will definitiv in ihre Heimat zurückkehren. Die Bombe am Flughafen reißt ihr beide Beine ab. Im Marabut, dem Heiligtum ihrer Vorfahren, wohin sie gebracht werden möchte, schreibt sie umsorgt von ihrer Ahnin Lalla Kanza bis zu ihrem Tod ihre Lebensgeschichte nieder. Dabei konfrontiert sie sich mit dem kulturellen Erbe ihrer Familie und ihres Landes. Ihrer namensgleichen Cousine erteilt sie als Vermächtnis den Auftrag, das Manuskript während der Totenwache zu verlesen. Die Lebende identifiziert sich bei ihrem Vortrag immer mehr mit der Toten. Am Ende enthüllt sie das von dieser nicht ausgesprochene Leid ihrer Cousine. Sie war unehelich schwanger. Nur eine Abtreibung war für sie der Ausweg, um nicht am überkommenen Ehrbegriff ihres

---

[135] *Le Chant du lys et du basilic* (1990) war ihr erster Roman.

Familienclans zu zerbrechen. Von einem politischen Machthaber beauftragt überfallen Islamisten das Heiligtum. Die fromme Ahnin wird enthauptet. Die Vorle-
serin des Manuskripts der Toten entkommt mit ihrem Mann und ihren Kindern
nur knapp.

Ben Mansour erzielt durch die Distanz zwischen Ich- und Er-Erzählperspektive und durch die eingefügten Legenden, Anekdoten oder Liedzitate eine
Objektivierung und Sprengung der Perspektive, ohne welche die grauenhafte Materie schwer erträglich wäre. Bezüglich der Darstellung von Gewalt ist ihr Roman
wie die Hammadous und Zinaï-Koudils von Yasmina Mechakras Roman *La
grotte éclatée* (1979) beeinflusst, dessen titelgebende Metapher der Grotte sie
ebenfalls aufgreifen.

In ihrem Roman *L'année de l'éclipse* (2001) verlegt Ben Mansour die traumatischen Erlebnisse in die Erinnerung Haybas, deren Mann und Tochter ermordet
wurden. Sie begegnet in Paris einem Psychiater, der sich in sie verliebt und ihr
neuen Lebensmut vermittelt. Der Roman lässt symbolische Dichte vermissen und
bemüht konventionelle Themen und Figuren (etwa die böse Schwiegermutter,
den segensreichen Psychiater, das die Hoffnung verkörpernde Neugeborene).

Hafsa Zinaï-Koudils Roman *Sans voix* (1997) ist nicht der erste Roman der
Autorin, die für das algerische Fernsehen tätig war und persönlich bedroht nach
Frankreich ging. Die Icherzählerin Baya lebt isoliert, fern von Mann und zwei
Kindern, auf eine Aufenthaltsgenehmigung hoffend, noch vor den algerischen
Parlamentswahlen von 1991 in Paris. Sie will als Sprachrohr der in Algerien Zu-
rückgebliebenen fungieren und unterhält einen imaginären Dialog mit der in Algerien verbliebenen Aïcha, die ihr Double ist, eine Gestalt in deutlicher Anlehnung an Luigi Pirandellos Theaterklassiker *Sei personnagi in cerca d'autore*, die,
einmal der Phantasie des Autors entsprungen, ihr Eigenleben führen. Die Autorin
spricht demzufolge von einer „scène-théâtre-réalité" (S. 15), einer Bühne des
Wirklichkeitstheaters, auf der sich das algerische Drama vollzieht. In Paris wird
Baya Zeugin der düsteren Schicksale algerischer Leidensgenossinnen. Als sie
selbst ihre provisorische Wohnung aufgeben muss, entschließt sie sich am Ende
trotz der Gefahr zur Rückkehr.

Schreiben, das an das Bild der unversiegbaren Quelle geknüpft ist, besitzt für
die Icherzählerin lebenserhaltende Wirkung wie für Scheherazade, die Erzählerin
aus *Tausendundeine Nacht*. In der Allegorie des Landes, das unter schrecklichen
Schmerzen gebiert, drückt sich Hoffnung aus (S. 78).[136] Der Roman schließt wie
auch das Werk Latifa Ben Mansours an Assia Djebars spätere Texte und Filme
an, in denen das Sprechen und Zeugnisablegen verschiedener Frauengestalten mit
dem Anspruch, Geschichte von innen als Frauengeschichte zu schreiben, verbunden wird.

---

[136] Siehe Susanne Heiler: „Algerische Schriftstellerinnen heute: Literatur gegen Fundamentalismus
und Gewalt", in: Ulrike Jekutsch (Hg.): *Selbstentwurf und Geschlecht*. Würzburg 2001, S. 159-
171.

Yasmina Khadras Krimis um den Ermittler Llob (siehe Kapitel 2.6) nehmen den terroristischen Hintergrund als Action-Element auf. Sie sind gesellschaftskritische, realitätsnahe Thriller, die die reale politische Situation für ihr Spiel mit den Elementen des *roman noir* ausschlachten. Auch der weitere literarische Weg von Moulessehoul belegt dies. *Les hirondelles de Kaboul* (2002) benutzt in eben dieser Weise die politische Lage in Afghanistan unter dem Taliban-Regime, um in einer wenig modernen Schreibweise mehrere Paare in ihrer gesellschaftlichen Determiniertheit zu zeigen.

Nachdem Mimouni seine antiislamistische Kampfschrift *De la barbarie en général et de l'intégrisme en particulier* veröffentlicht hatte, wurde ein Kopfgeld auf ihn ausgesetzt. Er verließ 1994 Algerien und ging ins Exil nach Tanger. Im Februar 1995 starb er in Frankreich. *La malédiction* (1993), der letzte Roman aus seiner Feder, zählt zur *littérature d'urgence* und ist dem ermordeten Tahar Djaout gewidmet. Der Text zeichnet Algier als Opfer einer Verfluchung. Literarisches Vorbild ist Camus' *La peste*, doch unter Verzicht auf die Metapher der Pest und Verlegung der Handlung von Oran nach Algier. Der durch die Stadt eilende Arzt kann nur hier und da ein wenig die Konsequenzen der Verfluchung mildern. Die Kritik an den gegenwärtigen Verhältnissen in Algerien ist harsch. Auch in diesem Roman geht es um die Verbindung von historischer Vergangenheit und Gegenwart. Der memoriale Diskurs der Figur des Si Morice verdeutlicht die Notwendigkeit, sich der eigenen Geschichte bewusst zu werden, um eine plurale Identität in der Gegenwart Algeriens leben zu können (Redouane 2001: 46). Mimouni hält den Islam und den sozialen Fortschritt sowie den Weg in die Modernität für kompatibel (Redouane 2001: 151), richtet sich aber gegen jede Form von Integrismus und Fundamentalismus.

Abdelkader Djemaï lebt als Journalist und Autor seit 1993 in Frankreich. Sein erster Roman *Un été de cendre* (1995) zeigt durch die Icherzählung des anonymen *Directeur de l'Administration de la Direction des Statistiques*, wie die „guerre civile" (S. 33) zusammen mit der Mangelwirtschaft das Leben der Algerier beherrscht. Er lebt nach dem Tod seiner Frau Meriem zurückgezogen in seinem Büro und versucht eine positive Sicht der Dinge beizubehalten. Der Text ist eine Replik auf Boudjedras *L'escargot entêté*, wobei der Staatsbedienstete hier äußerst luzide die wahnwitzigen Zustände erkennt und benennt.

Die Sprache von *31, rue de l'aigle* (1998) ist äußerst verknappt und zeigt in kurzen spannungsvollen Sätzen die Täter als im angeblichen Recht bequem eingerichtete Henker, die systematisch alle Freiheit annullieren.

Boudjedras *La vie à l'endroit* (1997)[137] behandelt wie sein Roman *Les funérailles* (2003) den Terror in Algerien. Der Intellektuelle Rac, dessen Name den drei Anfangsbuchstaben von Boudjedras Vornamen entspricht, wird wie der Autor – seit der *fatwa* des FIS – mit dem Tod bedroht und muss sich verstecken. Die drei Textteile sind datiert: „Alger: 26 mai 1995", „Constantine: 26 juin 1995",

---

[137] Ali Yedes: „Le réel et le fictif dans *La vie à l'endroit* de Rachid Boudjedra", in: Gafaïti 1999, S. 139-165.

„Bône: 16 juillet 1995". Boudjedra kontrastiert den Freudentaumel über ein gewonnenes Fußballspiel mit der Ermordung Yamahas, des Maskottchens des siegreichen Clubs, und zeigt die Beziehung zu Frankreich anhand Racs Paarbeziehung mit Flo. Für Rac sind die gegenwärtigen Gewalttäter die Assassinen des 13. Jahrhunderts. Der Text will vor allem politische und soziale Übel denunzieren im Stil eines Pamphlets.[138] *Les funérailles* zeigt die Jahre 1995 bis 2000 aus der Perspektive Sarahs und Salims, zweier Kommissare der Antiterror-Brigade von Algier.

Tengours *Gens de Mosta* (1997) bezieht sich im Titel auf *Dubliners* von Joyce und zeigt Hasni, der davon träumt einen „roman dans lequel le monde en détresse serait transfiguré" (S. 56) zu schreiben, woran Fragen nach den Möglichkeiten der Literatur geknüpft sind. Der Text entzieht sich den Klassifizierungen, kann sowohl als *roman-poème* wie als Sammlung von Novellen betrachtet werden. Im Paratext wird der Text mit „Moments 1990-1994" genauer gekennzeichnet (Ali-Benali 2003: 66). Diese „Moments" sind als Teile des virtuellen Gesamttextes konzipiert. Die Schreibstrategie ist somit die des Fragments oder des Puzzles. Ein erzählerischer Moment ruft den nächsten auf und unterscheidet den Text von einer genealogischen Familienchronik. Zentral ist der Ort Mostaganem und in ihm das Viertel Tigditt, das als Matrix des Sprechens erscheint. Die Bezüge auf die blutigen Ereignisse in Algerien sind nicht im Vordergrund, aber in der Reflexion über das Schreiben enthalten sowie in der Konfrontation mit dem Kino, in dem neben der Filmwelt, die als Katalysator der Welterfahrung funktioniert, die Wochenschauen „cadavres au nez coupé" zeigen und damit Alpträume auslösen. Ein Moment heißt *Ulysse chez les intégristes.* Auch hier ist der Mythos von Odysseus, den Kirk Douglas in einem Film mit Silvana Mangano spielte, bestimmend. Ithaka ist jetzt Mostaganem gewichen, als einer Art ‚Meridian' (S. 107), von dem aus sich die Identität des Ich wie seiner soziokulturellen Bezugsgruppe, „la bande la Suika", eines Platzes des Viertels, konstituiert. Gab es in der Kindheit und Jugend eine Art Goldenes Zeitalter, so ist die Gruppe später an verschiedene Orte auch im Ausland zerstreut. Mosta, der mythische Ort steht in Kontrast zu den Ereignissen, die im „ailleurs" stattfinden und ist eine Gegenwelt. Der Text entfaltet eine Dialektik von Verschwommenem, Vagem und Genauigkeit, Präzision.

Jamel Eddine Bencheikh parallelisiert in *Rose noire sans parfum* (1998) den Aufstand der Zendj im 19. Jahrhundert mit der gegenwärtigen Situation. Aïssa Khelladis zweiter Roman *Rose d'abîme* (1998) nach *Peurs et mensonges* (1997) begibt sich auf die Spur des Fanatismus anhand des Schicksals Wardas, dessen tragische Dimension er freilegt. Mohamed Kacimis *Le jour dernier* (1997) greift auf Abrahams Opfer seines Sohnes als Kernmotiv zurück.[139]

Tahar Djaouts 1999 postum erschienener Roman *Le dernier été de la raison* (1999) gehört ebenfalls zur Strömung der *littérature de l'urgence,* da er von der

---

138 Mounira Chatti: „L'envers de l'Algérie ou l'exil intérieur (A propos de *La vie à l'endroit)*", in: Gafaïti 2000: 236-249, hier 248.

139 Lahsen Bougdal: „La dimension parabolique de la peinture dans *Le jour dernier* de Mohamed Kacimi", in: Bonn/Boualit 1999: 77-87.

unmittelbaren Aktualität inspiriert wird und diese zu einer negativen Utopie aus-spinnt. Die *Frères Vigilants* haben die Macht übernommen. Der Buchhändler Boualem Yekker versucht der Unterdrückung zu entkommen, indem er sich in die Welt der Bücher, der Träume und der Kindheitserinnerungen zurückzieht.

Amin Zaoui (geb. 1956) schreibt erst seit den 90er Jahren aufgrund der Ereignisse in seiner Heimat, gefördert durch ein Literatenstipendium auf Französisch. Zwei Essays, *Fatwa pour Shéhérazade* (1997) und *L'empire de la peur. Introduction à la culture du sang en Algérie et au monde arabe* (1999) widmete er den Ereignissen in Algerien. Sie zeigen wie seine Romane *Sommeil du mimosa, suivi de sonate des loup* (1998), *La soumission* (1998) und *La razzia* (1999) eine auf die Denunziation aller Miseren und Ungerechtigkeiten gerichtete Schreibweise, die sich keine Fesseln anlegt und den Intertext der traditionellen arabischen Literatur, der Literatur des Maghreb und der Weltliteratur als dichtes Gewebe unterlegt.[140] In dem Kurzroman *Sommeil de mimosa* dient die Tagebuchstruktur als haltendes Gerüst, während die Mimouni gewidmete *Sonate des loups* der Ästhetik des Fragments folgt. *La soumission* ist mit der Betonung der Sexualität und Oralität Texten Boudjedras verhaftet und nicht zur *Littérature d'urgence* zu zählen.

2.2.4.2 Sonstige Strömungen und Werke

Neben den Romanen Djebars und Dibs, die in den Abschnitten zu diesen Autoren vorgestellt werden, ist hier Boudjedras Roman *Timimoun* (1994) zu nennen. In diesem an Allegorien reichen Text kommt Boudjedra auch auf seine Vergangenheit als Autor zu sprechen (Zeliche 2005: 147).[141] Ein namenloser ehemaliger Jagdflieger, der wegen seines Alkoholkonsums aus der Armee entlassen wurde, fährt in einem alten Bus namens *Extravagante* Touristen auf der Strecke Alger-Goléa-Timimoun durch die algerische Sahara. Meldungen über Mordtaten von Islamisten aus dem Radio und der Zeitung sind in Majuskeln in den Text montiert und bleiben unkommentiert stehen. Der Erzähler-Protagonist verliebt sich in die Passagierin Sarah, der er gleichgültig ist, und flüchtet sich aus seiner affekt-gestörten bitteren Existenz in die Leere der Wüste, die mit ihrer Weite und ihrer Rätselhaftigkeit auch ein ambivalenter Ort ist, der mit der Überfülle von Gewalt in der algerischen Gegenwart kontrastiert (Gafaïti 2000: 240). Sie konfrontiert ihn auch mit seinem eigenen Innenleben und seiner Vergangenheit.[142]

Farès veröffentlichte 1994 den Roman *Le miroir de Cordoue*, der eng mit seinen vorausgehenden Texten verwoben ist. Farès zählt mit seiner Thèse d'État *La théorie anthropologique au Maghreb. Le cas de la littérature maghrébine de langue française. Recherches de psycho-sociologie de la connaissance* (Paris 10,

---

[140] Guy Dugas: „Amin Zaoui, ou l'écriture du fragment", in: Beate Burtscher-Bechter/ Birgit Mertz-Baumgartner (Hg.): *Subversion du réel.* Paris 2001, S. 117-125, hier S. 119.

[141] Armelle Crouzières-Ingenthron: *Le double pluriel dans les romans de Rachid Boudjedra.* Paris 2001 sieht auch in diesem Roman das „devenir-féminin" im Anschluss an Deleuze/Guattari. (S. 165-185).

[142] Najib Redouane: „Voyage au bout de l'être dans *Timimoun*" in: Gafaïti 2000: 251-263.

1986) zu den maghrebinischen Autoren, die selbst auch wissenschaftlich über ihr literarisches Feld reflektieren.

Réda Bensmaïas *Alger ou la maladie de la mémoire* (1997) ist ein Roman über die Erfahrung der Multikulturalität zwischen Algerien und Amerika. Der Erzähler Mrad, der in den USA lebt wie der Autor, kehrt 1987 nach vielen Jahren nach Algerien zurück, das ihm fremd ist. Der Text reflektiert über Fragmente einer Existenz, die nicht mehr miteinander kommunizierenden Orten angehören, und die Schwierigkeit eines Romanprojekts.

> Pour en revenir à l'élaboration d'un roman, un vrai – est-ce que l'écrivain du terroir essaie de généraliser la nation? Est-ce que son objectif c'est de produire la nation en général? La nationalité en général? L'identité ‹culturelle› en général? Non, ce qu'il va faire, le preux, c'est d'étaler sous vos yeux les manières et les paroles et la vie de quelques hères regroupés dans un petit coin de la terre. (S. 97)

Tahar Djaouts Roman *Les vigiles* (1991) erzählt mit beißender Gesellschaftskritik und viel Humor die Geschichte Mahfoud Lemdjads, der als Lehrer in der Banlieue von Algier eine Maschine erfunden hat, die er patentieren lassen möchte. Dies setzt ihn den heftigsten Verfolgungen aus, bis seine Maschine auf einer Technikmesse in Heidelberg gewürdigt wird. Verschlungen ist dies mit den Lebensläufen zweier älterer Männer.

Une peine à vivre (1991) von Rachid Mimouni wandelt den Titel seines früheren Romans ins Negative ab. Algerien wird zwar nicht explizit genannt, doch spielt der Roman in einem Erdöl exportierenden Land mit Stränden und römischen Ruinen. Es geht um die totalitäre Herrschaft des Maréchalissime.

Nourredine Saadis Romanerstling *Dieu-le-Fit* (1996) zeigt, in eine Parabel gekleidet, wie in dem imaginären Land Wallachye, in dem der Leser leicht Algerien erkennt, ein absurdes totalitäres Regime das fatalistische und ohnmächtige Volk aus seinem prekären Lebensmodus vertreibt und diejenigen Intellektuellen, die die Menschen unterstützen, kriminalisiert und pathologisiert. Der Prolog stellt metaliterarisch die Schwierigkeit des frankophonen algerischen Autors vor: Eine Frau versucht einen Text über ihre Mutter zu schreiben, findet aber kein angemessenes französisches Wort für die Farbe ihrer Gesichtstätowierung.

Die Romane Abdelkader Djemaïs zeigen ihn als meisterlichen Erzähler. *Sable rouge* (1996) konstruiert eine fragmentierte Geschichte, die von Mohammed Dib im Nouvel Observateur als „une eau-forte aux contrastes corrosifs" und als wichtiger Meilenstein des algerischen Romans bezeichnet wurde.

Mémoires de nègre (1999) verschränkt zwei diskursive Ebenen miteinander: die Stammessaga und panegyrische Lebensgeschichte, die der im Titel genannte Ghost-Writer für den reichen Geschäftsmann Golo gegen üppiges Salaire schreibt, kontrastiert mit burlesken Alltagsszenen, in denen die Nachbarn des Schreibers und Icherzählers, der Fußballstar Belkacem, der Islamist Hadj Baroudi und die Familie Bachirs in ihren Anpassungsbestrebungen an die Modernität und die Wechselfälle des Lebens gezeigt werden. Der Text ist gespickt mit literarischen Anspielungen, wie der Name Golo, der an die Laterna magica zu Beginn von Prousts *A la recherche du temps perdu* gemahnt, oder dessen schöne junge

Frau Nadia, die auf den gleichnamigen Roman Bretons verweist. Vielfältig sind auch die intertextuellen Bezüge auf algerische Romane (z.B. die Ratten Boudjedras oder der Muezzin) und andere typische Diskursformen (z.B. die politische *langue de bois*).

Hamid Skif *La princesse et le clown* (1999) spielt mit intertextuellen Versatzstücken und parodistischen Verfahren, etwa der Karikatur der *langue de bois* der Politiker oder des pseudo-religiösen Diskurses.[143]

Das Panorama des algerischen Romans fächert sich unter der in Frankreich durch die blutigen Ereignisse in Algerien gewachsenen Aufmerksamkeit merklich auf. Viele Autoren treten mit einem einzigen Werk hervor. Eine Reihe von Romanen, aus denen Saïd Amadis mit *La loi des incroyants* (1995) positiv hervorsticht, widmet sich in literarisch völlig überholter Manier Kindheitserinnerungen wie z.B. Abed Charef *Miloud, enfant algérien* (1995) (Bonn 1999: 18).

2.3   Judeoalgerische Literatur

Diesem wie auch den Abschnitten zur judeomarokkanischen und judeotunesischen Literatur liegt die Definition Guy Dugas' zugrunde, dem es darauf ankam die Gemeinsamkeiten der judeomaghrebinischen Literatur herauszuarbeiten, ohne freilich die Spezifika der drei Maghreb-Staaten zu vernachlässigen:

> Pourrait donc être nommée ‹judéo-maghrébine› toute œuvre qui, dans le grain de l'écriture ou la paille des mots, révèlerait à la fois la judéité et la maghrébinité de son auteur: est écrivain judéo-maghrébin tout écrivain juif né au Maghreb, d'ascendance ou de résidence maghrébine, dont l'œuvre est travaillée/fait référence, de façon plus ou moins explicite, par/à une double condition de ‹Juif› et d'‹Arabe›. (Dugas 1990: 19)

Das Vichy-Régime hob das Décrét Crémieux von 1870 auf und verlieh den *Statuts des Juifs* von Oktober 1940 und Juni 1941 auch in Algerien Geltung, wo sie äußerst streng angewendet wurden. Die Berufsfreiheit wurde eingeschränkt und große Betriebe wurden ‚arisiert'. Das Ende der Vichy-Verwaltung in Algerien brachte jedoch keine sofortige Besserung, erst nach einer langen Kampagne in der amerikanischen Presse wurde das Judenstatut annulliert. In der unmittelbaren Nachkriegszeit lebten noch 120.000 Juden in Algerien. Während des Befreiungskriegs verhielt sich die jüdische Bevölkerung möglichst neutral, wozu die Gemeindeführer und die jüdischen Organisationen rieten. Bei der Unabhängigkeit verließen viele das Land, vor allem Richtung Frankreich. Dort lebten in den achtziger Jahren 85,5% der algerischen Juden und ihrer Nachkommen (Klein 1998: 33).

---

[143] Zohra Bouchentouf-Siagh: „Cacophonie et brouillage du récit", in: Burtscher-Bechter/Mertz-Baumgartner 2001: 27-40.

2.3.1   Frühe Autoren

Der in Oran geborene Sadia Lévy veröffentlichte 1896 zusammen mit Robert Randau den Roman *Rabbin*. Er gilt als der Beginn der judeo-maghrebinischen Literatur in französischer Sprache.

Düster werden in diesem Roman die Folgen der Anpassung an westliche Lebensmodelle bei der jungen Generation und die widerstreitenden tradierten Sitten miteinander konfrontiert. Yéhoschouah ist der Faszination der westlichen Literatur und Philosophie verfallen und gibt sich im traditionellen Milieu der marokkanischen Stadt Tetuan als Rabbi aus. Sein Antrieb sind einzig egoistische Motive und er verkörpert die negative Seite der Modernität. Nur Esther, die Tochter eines Kaufmanns, den er ruiniert, und der ihm seine Tochter verkauft, bringt Licht in das düstere Panorama von arrangierten Heiraten und überkommenen Riten. Sie ist eine moralische Figur, allerdings bringt die Ehefrau des Helden sie aus Eifersucht um. Zu Recht weist Klein auf den Antisemitismus Randaus hin, der ja bei der Entstehung des ziemlich klischeehaften Textes beteiligt war, der jedoch mit seiner wechselnden internen Fokalisierung erzählerisch recht modern ist (Klein 1998: 50).

Louis Bertrand förderte die Autorin Elissa Rhaïss. Doch ist festzuhalten, dass die jüdischen Autoren sich gegen das Unrecht des Kolonialsystems stellten und für eine aufgeklärte Kolonialverfassung stark machten. Sie sprachen auch die antisemitischen Ausschreitungen von 1897 und 1898 in ihren Texten an, wie Elissa Rhaïss in ihrem Roman *La fille des pachas* (1922) oder Maximilienne Heller in *La mer rouge* (1923).

Blanche Bendahan brachte in ihrem Roman *Mazaltob* (1930) neben dem Französischen die vernakulären Sprachen Hebräisch, Judeo-Spanisch und Judeo-Arabisch in den Text ein. Doch dominierte unter den jüdischen Autoren der Zwischenkriegszeit noch sichtlich der Wunsch, ein möglichst perfektes geschliffenes Französisch zu schreiben.

Elissa Rhaïss (1876-1940), geboren als Rosine Boumendil, war mit neun Romanen und drei Erzählbänden die produktivste Autorin vor 1935. Sie veröffentlichte 1919 ihren ersten Roman, lebte danach einige Jahre in Paris. Ihre Romane wurden als Werk einer muslimischen Araberin, die für ihre schriftstellerische Laufbahn den Harem verlassen habe, ausgegeben. Damit wurden die exotistischen Bedürfnisse der Leser bedient. Schon das Pseudonym suggerierte mit seiner jüdischen und arabischen Komponente ein kulturelles *entre-deux*, dem auch die Figuren, die in den Texten in Szene gesetzt sind, entsprechen: es sind Berber, Araber, Juden und Spanier. Rhaïss tritt vor allem für die Rechte der maghrebinischen Frau ein, der sie eine Stimme verleiht, wobei sie den ganzen Maghreb einbezieht. Verbotene Liebe, Generationenkonflikt und Emanzipationsversuche sind die Themen ihrer Texte. Dabei stehen individuelles Glücksverlangen und das Gewicht der Tradition und Gesetze im Konflikt miteinander, der jedoch noch nicht im Sinn des Einzelnen entschieden werden kann.

1982 erhob Paul Tabet, der Sohn ihres Sekretärs Raoul Tabet, die Anschuldigung, dass sein Vater ihr Werk verfasst habe. In seinem Buch *Elissa Rhaïss* vermischt er echte und fingierte Dokumente zu einer fiktiven Biographie.

Joëlle Allouche-Benayoun und Doris Bensimon haben 1989 für Algerien die These formuliert, dass vor allem durch die Mütter die französische Kultur in die Familien eindrang. Klein (1998: 43) zufolge ließ die frühere Ausgrenzung der Frauen vom Studium der religiösen Texte die Hinwendung zur französischen Sprache und Kultur leichter gelingen, was den großen Anteil an jüdischen Autorinnen erklärt, denn zwischen 1896 und 1935 stammt die Hälfte aller Texte von Autorinnen. Zu nennen ist die in Constantine geborene einst bekannte Autorin Maximilienne Heller (1889- um 1960), deren Biographie bisher nicht gänzlich rekonstruiert werden konnte. Sie setzt Figuren in mehreren Romanen in Szene, die an der jüdischen Tradition festhalten und andere, die dagegen aufbegehren. Ihr Roman *La mer rouge* (1923) allerdings zeigt anhand des Protagonisten Achille Mélindès, einem jüdischen Rechtsanwalt, den Kampf gegen den Rassismus der Siedler und das Eintreten für eine friedliche Völkergemeinschaft in Algerien. Auch hier wird in Gestalt des Großvaters, der seinen Enkel verflucht und schließlich umbringt, das tradierte Gesetz als Hindernis für den Fortschritt dargestellt.

2.3.2 Autoren im Exil

Jean-Luc Allouche (geb. 1948 in Algerien) lebt in Paris. *Les jours innocents* (1983) setzt die Vergangenheit zur Gegenwart im Exil in Kontrast und experimentiert mit der autobiographischen Ausdrucksmöglichkeit als Identitätssignal: „ich" ist die Form, in der die Zeit vor dem Exil erzählt wird und kann nur bei der Rückkehr ins Geburtsland wieder gesagt werden.

Albert Bensoussan (geb. 1935), der in Algier Hispanistik studierte und an der Universität Rennes lehrte, lebt seit 1963 in Frankreich.[144] Sein erster Roman *Les Bagnoulis* (1965) versucht ähnlich wie Dibs Roman *Qui se souvient de la mer* den Krieg in seiner onirischen und apokalyptischen Dimension zu erfassen. Wenig überzeugte Soldaten der Bagnoulis stehen gegen „troupes frimaises", die ihren Aufstand niederschlagen sollen. Doch die eigentliche Gefahr droht vom Meer, das die Insel (die Etymologie von El Djezaïr, dem algerischen Namen für Algerien bedeutet ‚Insel') zu verschlucken droht. Da die fundamentale Solidarität zwischen den Menschen durch Egoismus und Unverständnis verstellt ist, können sie als Kollektiv den übergroßen Mächten nicht trotzen. Am Ende brechen, wie auch in anderen algerischen Romanen der Zeit, die schützenden Dämme und die Insel wird vom Meer überschwemmt:

> La révolte des Bagnoulis a pris fin lorsque les eaux ont rompus les derniers digues. Une page d'histoire, une toute petite page. Le pays a été noyé...

---

[144] Marc Gontard: „Itinéraires judéo-maghrébins. Naccache, El Maleh, Bensoussan", in: *Peuples méditerranéens* 30, 1985, S. 123-138. Bensoussan schlug die Bezeichnung Sephardische Literatur vor.

Der Erzähler, der als Journalist aus Frankreich kam und nur episodisch am Schicksal der Insel teilhatte, trägt nun das Land wie andere „en [leur] chair comme une paupière béante". Die entfesselten Naturgewalten stehen metaphorisch für die Geschichte, die sich als kollektives Schicksal dem Einzelnen übermächtig entgegenstellt. Am Textende klingt in den Reflexionen des Icherzählers die vage Hoffnung auf eine Zukunft der *Bagnoulis* an:

> Peut-être, malgré tout, reste-t-il au fond du cratère quelque poignée de Bagnoulis qui attendent la remontée des terres pour renaître à un nouveau pays, à une nouvelle vie; je l'ignore. (*Algérie. Les romans de la guerre*, S. 719)

Bensoussan thematisiert in seinen folgenden Romanen *La Bréhaigne* (1974), *Frimaldjézar* (1976), *Au nadir* (1978) ebenfalls die Verquickung der individuellen Geschichte mit der kollektiven Geschichte.[145] Der Akzent liegt nun auf der Darstellung des Exils. In *La Bréhaigne* experimentiert er mit den Erzählzeiten und benutzt das Bild des Schiffbruchs (Klein 1998: 55), um das Exil in seiner Tragik darzustellen.

Au nadir richtet die Erinnerung in die Zeit vor dem Exil, privilegiert das erzählende Präsens und zeigt das freie Leben zweier Freunde in Algier, die gemeinsam in französischer und spanischer Kultur wie auch körperlich-sinnlichen Genüssen schwelgen, die im Gedächtnis über olfaktorische Erinnerungen gespeichert sind. Die Auswirkungen des Algerienkriegs bleiben dabei völlig peripher (Klein 1998: 83ff.). Auch die späteren Romane und kürzeren Erzähltexte Bensoussans wie *Djebel-Amour, ou l'arche naufragère* (1992) oder *Le chemin des aqueducs* (1999) umkreisen vor allem das Exil.

Gil Ben Aych (1948 in Tlemcen geboren), lebt seit 1956 in Frankreich. Seine Romane sind *L'essuie-mains des pieds* (1981), *Le voyage de mémé* (1982) und *Le livre d'Étoile* (1986). Im letzten Roman zeigt er den „itinéraire" der alten Étoile, die ins Exil nach Frankreich gehen muss. Als „Juive voyageante sans voiture" reflektiert sie über ihre Unangepasstheit an die westliche moderne Lebenswelt, die sie nach und nach in immer verzerrterer Form bis hin zur „folie" wahrnimmt, wobei sie das Identitäre und Einheitstiftende, etwa ihrer Stadt Tlemcen oder des Himmels über Algier, allem Trennenden und Unterschiedlichen entgegensetzt. Antwortet der erste Textteil auf die Frage ihrer Enkel, wie sie denn von Algerien nach Frankreich gekommen sei, so zeigt sie im zweiten Teil des Textes ihren Weg in den Wahn und die heilend-kathartische Wirkung durch das Erzählen, die *jouissance du dire*, wie Daniel Sibony dies nennt.[146] Dabei vermengen sich zunehmend die drei Sprachen, in denen sie spricht, ihr fehlerhaftes Französisch, ihre arabische Muttersprache und das Hebräische als Sprache der Religion, das sie als Analphabetin jedoch nicht lesen kann. Auch auf der räumlichen Ebene und

---

[145] Siehe Elisabeth Schousboë: *Albert Bensoussan*. Paris 1991.

[146] *Jouissance du dire. Nouveaux essais sur une transmission de l'inconscient*. Paris 1985 und *La Juive. Une transmission de l'inconscient*. Paris 1983. Siehe Susanne Heiler „D'une ville l'autre, d'une ville à l'autre, l'autre ville. A propos du *Livre d'Étoile* de Gil Ben Aych", in: *Cahier d'études maghrébines* 4, 1992, S. 138-143.

der Ebene der Figuren und Zeiten konvergiert das Disparate, was als Wiederherstellung und Affirmierung der bis zu ihrer Auflösung getriebenen Identität gedeutet werden kann. Der Text zeigt keine gelungene kulturelle Hybridisierung, sondern ist eher rückwärtsgewandt noch dem identitären Modell verhaftet, dessen Aufgabe einen persönlichen *border line* Zustand generiert, der die Folgen der kulturellen Entwurzelung allerdings zum Ursprung des Textes aufwertet. Ben Aych nennt sein künstlerisches Projekt *La Découverte de l'amour et du passé simple*.

2.4   Beispielhafte Autorenwege

2.4.1   Mohammed Dib

Mohammed Dib wurde 1920 im westalgerischen Tlemcen, einer Stadt mit großer kultureller Vergangenheit, geboren. Er zählte, wie oben bereits dargestellt, zur ersten Generation algerischer Schriftsteller nach dem Zweiten Weltkrieg. Unter Bezug auf das Erscheinen seines Romanerstlings *La grande maison* (1952) wurden er, Feraoun und Mammeri innerhalb der algerischen Literaturgeschichte als die 52er Generation bezeichnet.

Dibs Familie war eine „famille bourgeoise ruinée", wie er selbst sagte, die, sehr weitreichend verzweigt, Angehörige der verschiedensten sozialen Schichten und Milieus umfasste.[147] Nach Schule und Studium zunächst in Tlemcen, dann in Oujda in Marokko, war Dib vor dem Zweiten Weltkrieg zeitweise als Lehrer in Zoudj Begal unweit der marokkanischen Grenze tätig. Anschließend übte er unterschiedliche Berufe aus: vom Dienst an der Waffe ausgemustert, als Buchhalter im Armeebüro (1940-41), später bei der Eisenbahn und als Übersetzer vom Englischen ins Französische für die Alliierten (1943-44). Zurück in Tlemcen ab 1945 entwarf er, da er künstlerisch sehr begabt war, Teppiche, die als wertvolle Einzelstücke hergestellt wurden, 1950 und 1951 schrieb er als Journalist für *Alger Républicain*, gab diese Tätigkeit dann jedoch auf, um sich seinem eigenen Schreiben zu widmen.

Schon mit fünfzehn Jahren schrieb er, und zwar vor allem Poesie. Er gibt an, dass dem keineswegs das Bedürfnis zugrunde lag, sich in die eigene Innenwelt zurückzuziehen, sondern der Impuls, Gedanken nach außen zu projizieren. Sein erstes veröffentlichtes Gedicht war *Véga* 1946 in der Zeitschrift *Forge*.[148] Wichtig in seiner Hinwendung zur Literatur waren für Dib die Literatentreffen in Sidi Madani in der Nähe von Blida von Januar bis März 1948. Neben Jean Cayrol nahmen Albert Camus, Jean Sénac, Brice Parain daran teil. Aus Briefen an Sénac und Artikeln wissen wir, dass er neben ausgiebiger Lektüre der Klassiker der Weltliteratur damals Texte von Virginia Woolf sehr schätzte, die amerikanischen

---

[147] Jean Déjeux: *Mohammed Dib. Écrivain algérien*. Sherbrooke 1977, S. 9.
[148] Amina Bekkat/Afifa Bererhi: *Mohammed Dib*. Blida 2003, S. 13.

Autoren Dos Passos, Faulkner und Steinbeck und die russischen Schriftsteller. Doch wie er später in den siebziger Jahren rückblickend in einem Interview in *Les Nouvelles littéraires* (N° 2518, 5 février 1976, S. 21) betonte, bevorzugte er Paul Valéry und jene Autoren „dont la langue est calquée sur le mouvement de la pensée" (Déjeux 1977: 10).

Die Beziehung zwischen Poesie und Roman beschrieb Dib 1961 so:

> L'exercice de la poésie mène vers un tel affinement, à une recherche tellement poussée dans l'expression, à une telle concentration dans l'image ou le mot, qu'on aboutit à une impasse [...] Il faut briser le mur d'une façon ou d'une autre. Et voilà pourquoi je fais les deux choses à la fois. Le roman n'est-il pas, d'ailleurs, une sorte de poème inexprimé? La poésie n'est-elle pas le noyau central du roman? Et les anciens n'avaient-ils pas raison de baptiser leur œuvre en prose *mon poème*.[149]

1951 heiratete Dib Colette Belissant. Das Paar hat vier Kinder. 1952 reiste Dib nach Frankreich, das er erstmals 1948 besucht hatte. Bei Seuil, wo Jean Cayrol zu jener Zeit tätig war, erschien sein Roman *La grande maison* als Auftakt einer ersten Algerien-Trilogie. Der Roman verkaufte sich sehr gut, so dass ein Monat später bereits ein Nachdruck erfolgte. 1954 folgte *L'incendie*, der zweite Band der Trilogie. Beim Ausbruch des Algerienkriegs unterschrieb Dib das Manifest „Fraternité Algérienne", das mehr als zweihundert Franzosen und Algerier unterzeichneten, mit dem Ziel eines „rapprochement entre les deux populations" (Déjeux 1977: 10). 1957 schloss *Le métier à tisser* die Algerientrilogie ab.

1959 wies die Kolonialverwaltung Dib aus Algerien aus und er ließ sich zunächst in Mougins in Südfrankreich bei seinen Schwiegereltern nieder. Er unternahm viele Reisen nach Osteuropa. 1960 ging er nach Marokko, wo *La grande maison* verfilmt werden sollte. Ab 1964 lebte Dib im Raum Paris, zunächst in Meudon-la-Forêt, später in La Celle Saint-Cloud.

In seinem monumentalen Romanwerk vollzog Dib nach der ersten Trilogie die Abkehr vom mimetischen Schreiben, das realistisch Wirklichkeit abbildet. Er experimentierte mit poetisch-symbolistischen, mythischen bis hin zu mystischen Sprachschöpfungen. Dies kennzeichnete von Anfang an sein ebenfalls umfangreiches dichterisches Werk, das eng mit dem Romanwerk verflochten ist und dieses mitbeleuchtet. Schon sein erster, noch vor der Unabhängigkeit Algeriens veröffentlichter Lyrikband *Ombre gardienne* (1961) mit einem Vorwort Louis Aragons bedichtete das Exil als Metapher der menschlichen Existenz und problematisierte metapoetisch das Dichten als Metapher des Exils.

Sein Selbstverständnis als frankophoner algerischer Autor charakterisierte Dib 1971 so:

> J'écris sutout pour les Algériens et les Français. Pour essayer de faire comprendre à ceux-ci que l'Algérie et son peuple font partie d'une même humanité, avec des problèmes communs, pour l'essentiel, et pour inviter ceux-là à s'examiner eux-mêmes sans pour cela leur donner un sentiment d'infériorité [...] Mon ambition reste cepen-

---

[149] Interview mit Jeanine Parot in *Les Lettres françaises,* 2 mars 1961, zit.n. Déjeux 1977:10.

dant d'intéresser n'importe quel lecteur. L'essentiel est le fond d'humanité qui nous est commun, les choses qui nous différencient demeureront toujours secondaires.[150]

1974 nahm Dib eine Gastprofessur an der *University of California* in Los Angeles wahr. 1975 reiste er erstmals anlässlich eines Schriftstellerkolloquiums nach Finnland; viele weitere Male kehrte er dorthin zurück. Sein Gesamtwerk, an dem er bis zu seinem Tod am 2. Mai 2003 in Paris schrieb, umfasst neben einer Vielzahl von Romanen Gedichtbände von beeindruckender Kreativität sowie Novellen (*Au café*, 1955; *Talisman*; 1966). Dib war unzweifelhaft einer der besten Schriftsteller des Maghreb, für den Poesie und Prosa gleichwertige Ausdrucksmittel darstellten. Zentral ist bei Dib die Reflexion über die Grenzen und Möglichkeiten der Sprache.

2.4.1.1 Die erste realistische Algerien-Trilogie

Die drei Romane, die Dibs erste Algerien-Trilogie bilden, zeichnen das Leben in Tlemcen, seiner Geburtsstadt in den Jahren 1939 bis 1942 nach. Die Romane zeigen anhand emblematischer Fuguren und exemplarischer Situationen das algerische Alltagsleben, das die Kolonialliteratur ausblendete oder verzerrte. Die Handlung folgt der Entwicklung des jungen Omar im Alter zwischen 11 und 14 Jahren. Er verliert die kindliche Naivität und erfährt seine Initiation in die harte Lebenswirklichkeit von der Schulzeit bis zu seiner Ausbildung in einer Teppichwerkstatt. Dabei erwacht er zu politischem Bewusstsein.

Der erste Roman *La grande maison* stellt mit realistischen Mitteln eine algerische Kindheit dar, mit der sich auch algerische Leser identifizieren können. Die Darstellung des Lebens aus der Sicht des kleinen Omar in *Dar Sbitar*, einem alten großen Wohngebäude, das viele Familien beherbergt, ist eine Anklage gegen den Hunger und Zeugnis vom Überlebenskampf in der von Widersprüchen zerrissenen algerischen Gesellschaft. In einem von religiöser Bigotterie und kolonialer Unterdrückung geprägten Klima streift Omar auf der Suche nach Brot durch Tlemcen. Im übertragenen Sinn spiegelt sich die individuelle Suche des Jungen im kollektiven Schicksal des Landes, denn auch Algerien sucht in den Jahren des aufkeimenden Widerstandes nach Nahrung für eine neue Identität. In formaler Hinsicht spiegelt die Episodenstruktur dieses Bildungsromans die Zerrissenheit der algerischen Identität wider. Thematisch klingt die Dissonanz besonders im Kapitel über die Schule an. Dort versucht der Lehrer vergeblich die algerischen Schüler auf „ihre" Heimat, *la patrie*, nämlich das französische Mutterland einzustimmen. Es dominiert leitmotivisch die glühende Sommerhitze.

Der zweite Band *L'incendie* (1954) besitzt aus heutiger Sicht prophetische Dimensionen, erschien er doch nur sechs Monate vor der revolutionären Erhebung des algerischen Volkes am 1. November 1954. Im Zentrum der Handlung steht der titelgebende Brand, der durch den Gesang Slimans im 2. Kapitel von der realen auf die metaphorische Ebene transponiert wird. Die Metapher des Feuers ver-

---

[150] Interview mit Claudine Acs in *L'Afrique littéraire et artistique* 18, août 1971, zit.n. Déjeux 1977:11.

weist auf den aufflammenden Prozess der Bewusstwerdung und Auflehnung. Omar, der als wiederkehrende Figur die Romane miteinander verbindet, geht aufs Land, womit erkennbar wird, dass die soziale Lage nicht nur in der Stadt gespannt ist. Die das Land bestellenden Fellachen sind durch die Kolonialisten enteignet. Der Stamm der Bni Boublen streikt während des Winters 1939-40. Die Aktionen der sich organisierenden Fellachen, deren Politisierung in den Kapiteln V bis XV dargestellt wird, sind einem Streik in Aïn Taya bei Algier nachempfunden, über den Dib für *Alger Républicain* 1951 berichtete.[151]

> Le fait passé et connu désigne ainsi indirectement le fait à venir, dont l'importance est bien plus grande pour le peuple algérien. (Bonn 1985: 29).

Im Roman verlegt er sie in die Gegend von Tlemcen. Der Streik wird zwar gewaltsam niedergeschlagen, doch, so heißt es am Ende ähnlich wie in Émile Zolas Roman *Germinal*: „Un incendie avait été allumé, et jamais plus il ne s'éteindrait" (S. 154).

Dib bezog für die Gestaltung der Sprache der Bauern literarische Anregungen von den italienischen Neo-Realisten Carlo Levi, Ignazio Silone und vor allem Elio Vittorini.[152] Er kreiert in seinem Roman eine Sprache für die bisher Sprachlosen, die dadurch zu Subjekten der Geschichte werden. Seine didaktische Zielsetzung, die Dib in Interviews jener Zeit betont, bedient sich allerdings keines ideologischen Diskurses, sondern setzt mit der Figur des kommunistischen Intellektuellen Hamid Sarraj lediglich eine bisher in der algerischen Literatur so nicht vernehmliche Stimme ein (Bonn 1985: 33). Eine wichtige Dimension ist im Text darüber hinaus einer ganz anderen Sprache, nämlich der des Körpers, beigelegt, etwa dem der jungen Zhor, mit dessen Evokation der Roman auch schließt.

Le métier à tisser[153] (1957) behandelt das Leben der Teppichweber in der Stadt zwischen 1941 und der Landung der Amerikaner in Nordafrika im November 1942. Lieferungen an die deutsche Armee unter der Vichy-Regierung bringen den Webereien einen Aufschwung. Der Unternehmer, bei dem Omar als Lehrling und ganz unten in der Hierarchie der Arbeiter mit seinen Schwestern im feuchten Souterrain beschäftigt ist, behandelt seine Arbeiter schlecht und vertrinkt ihren Lohn. Die meisten resignieren, andere wie der Ex-Zuchthäusler Hamra vertreten radikale Umsturzideen. Verhungernde Bauernfamilien betteln zu Scharen in der Stadt, bis die französischen Behörden sie wieder zurück aufs Land bringen. Omar sieht eine Frau, die wie in Trance ihren verhungerten Säugling umklammert und ein Mädchen, das vor Entkräftung nichts mehr zu sich nehmen kann. In diesem Roman sind es sintflutartige Regenfälle, die die elementaren Kräfte versinnbildlichen und zerstörende wie reinigende Funktion haben.

---

[151] Jean Déjeux: „A l'origine de *L'Incendie* de Mohammed Dib", in: *Présence francophone* 10, 1975, S. 3-8.

[152] François Desplanques: „Aux sources de *L'Incendie*", in: *Revue de littérature comparée* 4, 1971, S. 612.

[153] Der haitianische frankophone Autor René Depestre leitet von Dibs Romantitel den Titel seines Essays *Le métier à métisser* (1998) ab.

Der französische Naturalismus und Realismus wird von Dib, der sich einzelne spezifische Erzählverfahren aneignet, auch mit seiner Forderung nach Kohärenz, Lesbarkeit und Wahrscheinlichkeit aufgenommen. Die Trilogie zeigt eine prekäre soziale Lage, wobei deren Ursachen aufgedeckt werden. Nahegelegt wird eine Perspektive aktiven Handelns, wodurch die vom Kolonialsystem Unterdrückten zu handelnden Subjekten werden. Das Spiel der von Dib fortlaufend entfalteten Metaphern unterwandert dabei subversiv das symbolische Universum des Kolonisators.

2.4.1.2   *Un été africain*: literarische Umorientierung

In *Un été africain* (1959) geht es um den Befreiungskrieg und das darin liegende Potential zu positiven Veränderungen. Diese sind – so Dibs Credo – nur gemeinsam zu vollbringen: „Aucun de nous n'est capable tout seul de changer ce qui est!" (Déjeux 1977: 17) Kritisch evaluiert der episodisch angelegte Text an miteinander parallelisierten Schicksalen, welche Aspekte des nationalen Identitätskonflikts durch den Kolonialismus verursacht, welche hingegen hausgemacht sind. Für das Beharrungsvermögen der Tradition steht Moukhtar Raï, der seine Tochter Zakya, obwohl sie das Abitur hat und Lehrerin werden könnte, mit ihrem untauglichen Cousin verheiraten will. Das Ressentiment, welches der Kolonialismus in die Herzen der Algerier pflanzt und sie zum Kampf antreibt, ist die Triebfeder des Bauern Marhoum. Hingegen kann Baba Allal, der weise Alte, das Engagement seines Sohnes für den Befreiungskrieg zunächst nicht gutheißen. Djamal findet keinen Weg aus seinem lähmenden Lebensüberdruss, seiner „nausée" als ehemaliger Verwaltungsangestellter (S. 82), hin zum Handeln. Ba Sahli bringt seinen Sohn als Verräter aus den eigenen Reihen um.

Schon in diesem Text klingen die „significations confuses et contradictoires" der Welt (S. 59) an, die Notwendigkeit, die Menschen „dechiffrieren" zu können (S. 68), die Kompartimentierung in eine obere sonnige Welt und die „demi-ténèbres du sous-sol" (S. 72) sowie die Metamorphosen der Menschen.

2.4.1.3   Phantastisch-symbolistische Romane

Qui se souvient de la mer (1962) zeigt nach Dibs Emigration aus Algerien eine völlig gewandelte *Écriture*, die sich gänzlich vom realistischen Schreiben abwendet. Im Nachwort zu dem Roman nennt Dib seine neue Schreibweise „écriture de pressentiment et de vision" und bezieht sich auf Pablo Picassos Gemälde *Guernica*, das für ihn modellhaft den unvorstellbaren Schrecken zum Ausdruck bringt. Dieser kann nicht mit realistischen Einzelheiten dargestellt werden, was ihn ‚gewöhnlich' werden ließe, sondern wird vom Künstler als einem „accoucheur des rêves" aus dem kollektiven Unbewussten hervorgespürt und als „périphrase pour nommer ce qui n'a strictement pas de nom" ins Werk gesetzt. Auch wenn die traditionellere Literatur für Dib ebenfalls noch ihre Berechtigung bewahrt, zielte er nunmehr auf diese andere Dimension:

L'autre versant des choses que j'ai voulu explorer, ressemble fort au mariage du paradis et de l'enfer, et il n'est possible de rendre ce qui ressemble tantôt au paradis, tantôt
à l'enfer, et souvent aux deux à la fois, que par des images, des visions oniriques et
apocalyptiques. Ce sont les seuls projecteurs capables de jeter quelque lumière sur de
tels abîmes. (S. 191)

Mit diesem Roman und den folgenden entwickelte Dib einen phantastisch-
symbolistischen Stil mit surrealistischen, onirischen und mystischen Tendenzen.
Die Welt der Träume und Gehalte des Unbewussten wurden als wichtige Be-
standteile der Realität einbezogen. Raum und Zeit werden poetisch verdichtet
und aufgelöst. Der in *Qui se souvient de la mer* entwickelte neue Stil lotete das
menschliche Sein in einer rätselhaften bis feindlichen Welt aus und inspirierte
viele der jüngeren Autoren.

Die Handlung spielt auf mehreren Erzählebenen: auf der Ebene gegenwärtiger
Ereignisse, die auch zeitoffen, oft präsentisch kommentiert und hinterfragt werden, mischt sich eine realitätsnähere Ebene des Alltags mit einer onirischen, „ce
double cours des choses en moi" (S. 39). Dazwischen tauchen Erinnerungen des
namenlosen Erzählers auf. Aus der alten Stadt wächst in einer unaufhaltsamen
Metamorphose eine neue Stadt hervor. Er durchstreift diese chaotische und alb-
traumartige Stadt, die von einer anschwellenden Meeresflut bedroht ist, ein Labyrinth, in dem Menschen verschwinden und versteinern. Ihre Beherrscher sind
Monster, Mischwesen aus Mensch und Maschine (*minotaures*) und kriegerische
Vögel (*iriaces*). Daneben gibt es die verbotene Stadt der Neubauten (*la nouvelle
cité*) und eine unterirdische Stadt (*la ville du sous-sol*) der Tiefe, deren Bewohner
gegen diese und die Monster kämpfen. Nafissa, die Frau des Erzählers, sucht sie
regelmäßig auf, doch eines Tages kehrt sie nicht mehr zurück. In der unterirdischen Stadt schwelt ein Brand. Bevor die oberirdische alte Stadt von der anschwellenden Flut des Meeres überspült wird, nachdem alle neuen Bauten gesprengt wurden, gelangt der Erzähler in Umkehr des Orpheus-Mythos, geleitet
von Nafissa und dem Freund El Hadj in die unterirdische Stadt.

Die aus dem Gedächtnisraum herbeidrängenden Erinnerungen des Erzählers
betreffen Szenen im elterlichen Haus, das als verfallendes Schloss erscheint, den
alten blinden Bettler Salah, die erste Begegnung mit der Stadt, bei dem der Junge
in Glasscherben trat und sich schwer verletzte und infizierte, den Tod des Vaters
und damit den Eintritt in ein neues Leben.

Die untergehende Stadt steht für das alte koloniale Algerien. Die Frau in der
Gestalt Nafissas spielt eine besondere Rolle. Ihr Name leitet sich von dem arabischen Wort *nafs* (‚Seele', ‚Ich', ‚Selbst') ab. Sie initiiert den Erzähler, was wiederholt an das Bild einer Grotte geknüpft ist, und führt ihn auch in die Freiheit.
Das Meer ist das weibliche Urelement des Lebens, was im Französischen durch
die Homonymie mit „mère" anklingt. Es steht als Flutwelle dem Stein und dem
Feuer entgegen und ist die mütterliche Kraft, *eau martiarcale*, wie es in dem Ge-
dichtband *Omneros* (S. 30) heißt. Ihm eignet Dauerhaftigkeit und es kann als das
algerische kollektive Gedächtnis gedeutet werden. Das Thema der Zerstörung
und des Wiederaufbaus oder Neuaufbaus der Stadt ist eminent politisch. Auf ei-

ner symbolischen Ebene ist es an den Mythos des Phönix gekoppelt. Der Roman lässt sich auch als metapoetischer Roman lesen.

> Cela provenait du fait que la ville s'était noyée dans le basalte ou plus exactement que le basalte l'avait recouverte. Le résultat aussi fut que les mots renoncèrent à être des paroles et se changèrent en certaines choses qui ressemblaient à des galets avec lesquels nous allâmes cogner partout, essayant de sonder jusqu'où allait la profondeur des strates. (S. 18)

Die Struktur der Welt, deren Dimension als Realität oder Simulakrum wiederholt diskutiert wird, erscheint am Ende als Hologramm:

> La véritable complication, hélas, ne réside pas là, elle vous attend plutôt dans la très spéciale relation où vous vous trouverez avec la totalité – totalité de la ville, totalité de chaque quartier – présente et identique partout. Êtes-vous au centre d'un complexe: la totalité des autres, aussi bien que celle de la ville, se reconstitue autour de vous dans ses moindres traits. Alors surgit le problème de l'identité [...] (S. 186)

Cours sur la rive sauvage (1964) schließt an den vorausgehenden Text an und ist ebenfalls stark verschlüsselt, onirisch und surrealistisch. Die Metamorphose der Stadt, in der man die Kolonisierung und den Algerienkrieg sehen kann, hat hier zwar auch noch den Charakter einer historischen Umwälzung, doch begegnet sie dem Helden als Gesamtkomplex einer weiteren vielschichtigen Initiationserfahrung, die sich erneut in einer labyrinthischen Stadt vollzieht.

Der Icherzähler Iven Zohar fährt mit Radia im Trolleybus durch die Stadt zu ihrer bevorstehenden Eheschließung. Der Text evoziert die Macht der Liebe in surrealen Bildern: etwa, wie sie ihm fünf Wunden mit einem Lichtstrahl in die Herzgegend brennt. Doch sie werden durch eine nicht ganz fassbare Katastrophe (*cataclysme*) getrennt, nach der Dunkelheit und Chaos herrschen. Iven folgt seiner Geliebten oder ihrem vermeintlichen Bild durch ein phantastisches Labyrinth, in das sich die ,alte Stadt', „notre capitale" (S. 24) oder „notre cité", plötzlich verwandelt hat. Als er Radia ansieht, entdeckt er eine andere Frau, Hellé, in ihr. Die „cité-nova" ist futuristisch und wie schon in *Qui se souvient de la mer* von phantastischen Wesen bevölkert, *takas*, fliegenden kreischenden Geschöpfen, die sich in Menschen verwandeln, und lebenden Statuen (*Vorasques*). Im Inferno der ,neuen Stadt', die in konzentrischen Kreisen angelegt ist, fungiert Hellé in Rückbezug auf Dantes *Divina Commedia* als Ivens Béatrice, die ihm, als er am Ende in die „ville du Soleil", „ville de lumière", die „cité-Hellé" gelangt, entschwindet. Der Roman stellt zwei äußere Welten gegenüber, die zu einer dritten Dimension überschritten werden.[154] Dem entsprechen die beiden Frauengestalten und ihre Verschmelzung zu Radia-Hellé. Gleichzeitig ist es die Erzählung einer entgrenzenden Liebe, der Suche des Helden nach der Geliebten, bei der er Initiati-

---

[154] Hier deutet sich schon an, was Dib in *Neiges de marbres* (S. 100) unter Bezug auf den Koran als „el Barzakh" bezeichnete, das *entre-deux*, durch das die Totalität angestrebt werden kann und das ihm Grundkonzept seiner poetischen und ästhetischen Schöpfung wurde: „La nuit et le jours exilé l'un dans l'autre et celui qui dis *je*, de soi en soi. [...] N'est-ce pas le Barzakh s'il pouvait exister et s'il faut y vivre?" (Bekkat/Berheri 2003:47).

onsprüfungen zu bestehen hat, wobei sich sein Bild von der Geliebten selbst
wandelt. Der Weg Ivens durch das Labyrinth ist noch mehr: er ist ein Nachfor-
schen, eine Suche nach der Bestimmung des Menschen, eine Reflexion über die
Unsterblichkeit, über die Liebe, den *amour-fou* als Drang zur Ganzwerdung des
Ich im Anderen, die Rolle des Weiblichen, der Frau als Wegweiserin des Mannes, der *anima* als Seelenanteil. Sie gibt ihm den Rat: „Cours sur la rive sauvage;
peut-être sauras tu..." (S. 126).

In diesem poetischen *Récit* sind die einzelnen Blickwinkel entpersönlicht und
ist das Soziale zurückgenommen zugunsten des radikal subjektiven Ausdrucks
im Monolog. Dibs kreative Gestaltungsabsicht zielt in diesem Text auf die Öffnung des eingeengten Bezugs auf den Maghreb und Algerien in den Universalis-
mus.

2.4.1.4   *La danse du roi*

La danse du roi (1968) artikuliert wie Bourbounes *Le muezzin* (1968) und andere
Romane der Zeit die Unzufriedenheit mit der *révolution avortée*. Dib orientiert
sich hin zu einer neo-realistischen Tendenz und zeigt Protagonisten, einen Mann
und eine Frau, die im Befreiungskampf engagiert waren und von der neuen politisch-sozialen Situation enttäuscht sind. Allerdings bleibt auch in diesem Text der
Verfremdungseffekt bestehen, indem die Wesen und die Welt in ihrer unauslot-
baren Undurchsichtigkeit gezeigt werden. Der Todesengel Azraïl triumphiert am
Ende und erweist sich als der Herrscher (*roi*). Der titelgebende Tanz ist somit
kein Freudentanz, sondern ein Totentanz, ein Reigen grotesker Figuren. Der Bezug zum Vater ist für das Land der „bâtards" gestört:

> Du jour où le Français est entré dans ce pays, plus aucun n'a eu un vrai père. C'était
> lui qui avait pris sa place, c'était lui le maître. Et les pères n'ont plus été chez nous
> que des reproducteurs. Ils n'ont plus été que des violateurs et les engrosseurs de nos
> mères, et ce pays n'a plus été qu'un pays de bâtards. (S. 159)

2.4.1.5   Das Diptychon über das postkoloniale Algerien

Dib plante eine zweite Trilogie über das postkoloniale Algerien. Der dritte Band
wurde jedoch nicht geschrieben, so dass die Romane *Dieu en barbarie* (1970)
und *Le maître de chasse* (1973) ein Diptychon bilden.

Der Titel *Dieu en barbarie* spielt mit der mehrfachen Bedeutung von Barbarei, auch im Sinne einer neuen unmittelbar auf die Unabhängigkeit folgenden
Barbarei, welche die kulturelle Vielgesichtigkeit des Landes nicht anerkennen
will.

Vor allem die wiederkehrenden Protagonisten stiften den Zusammenhalt zwi-
schen den beiden Romanen. Dieses Prinzip des Realismus erweist dem großen
Meister Balzac Referenz, doch ist Dibs Prosa nicht nur realistisch, sondern auch
sehr poetisch und visionär. Vor dem Staatsstreich 1965 diskutiert der Chirurg Dr.
Mounir Berchig in seinem Haus, in einer nicht genau benannten algerischen
Stadt, mit einer Runde von Freunden und Nachbarn, dem jungen Juristen Kamal

Waëd, dem ungelernten früheren Gewerkschafter Hakim Madjar, dem jungen Lehrer und *coopérant* Jean-Marie Aymard, Hamdi und Si-Azallah. Kritisch evaluiert werden die im postkolonialen Algerien anstehenden politischen Optionen, angezielte Gesellschaftsmodelle und Wege der Entwicklung. Dibs These ist dabei, dass es nach der Revolution jetzt um Zivilisation geht. Kamal Waëd ist hoher Staatsbeamter, vertritt die Zentralgewalt und die neue Ordnung des technokratischen Wegs der forcierten Industrialisierung. Er ist irritiert, dass ein Unbekannter mit Zustimmung seiner verwitweten Mutter jahrelang sein Studium in Frankreich finanzierte, das ihm den sozialen Aufstieg sicherte. Vergeblich stellt er sie zur Rede und forscht nach seinem, wie er glaubt, wahren Vater. Am Ende erfährt er, dass es der intelligente, skeptische und bisweilen zynische Berchig war, der nüchtern und unverblümt die Schwierigkeiten Algeriens betont, auch dass das Land die ursprünglichen revolutionären Ziele aus dem Blick verloren hat. Madjar ist mit der Französin Marthe verheiratet und steht einer religiös-mystischen Bewegung von Fellachen vor, den *mendiants de dieu*, die im Landleben und den Bauern das Authentische, die „pâte originelle" (S. 13) des Landes sehen. Für sie ist der mystische Islam der Weg zur Veränderung, auf dem sie eine kollektiv-humanitäre Aufwertung der Landwirtschaft unter Rückgabe der Ländereien an die sie bestellenden Bauern basieren wollen. Mittler zwischen dem Kosmos und den Menschen ist Madjars Gehilfe und auch Double, der landlose Fellache Lâbane, der an Gestalten aus *L'incendie* erinnert, und von inneren Stimmen geleitet wird. Der Franzose glaubt naiv-optimistisch an die Zukunft Algeriens im neuen Bewusstsein der Freiheit.

Die Handlung wird dem Leser überwiegend durch Dialoge und innere Monologe der Figuren erschlossen. Dabei nähert sich Dib stellenweise mit einem pronociert elliptischen Stil an das gesprochene Arabisch an und verwendet Recte- und Kursivdruck, um zwei Textebenen zu schaffen. Diese betreffen einerseits die sozialen Beziehungen, andererseits eine dunklere Zone mit anderen Kausalitäten, in die die Figuren initiiert werden, so dass das Politische ins Metaphysische und die ästhetische Dimension geöffnet wird. Naget Khadda spricht von Hypostase des Politischen ins Mystische.[155]

Le maître de chasse (1973) spielt 1965. Kamal Waëd ist Antagonist von Hakim Madjar und seiner Anhänger, zu denen auch Jean-Marie Aymard als Wünschelrutengänger gehört. Die technokratisch ausgerichtete moderne Ordnung, die die Errungenschaften der Revolution verteidigen will, steht gegen die ländlich-archaischen Strukturen und vor allem gegen die spirituelle Kraft. Madjar fährt mit vier Begleitern in die Wüste, um den dort lebenden Menschen bei der Wassersuche zu helfen. Waëd schickt Ordnungskräfte aus, ihn zu töten. Er wird mit der Aureole des Märtyrers begraben und lebt für seine Anhänger, die *mendiants de dieu*, wie für seine Frau weiter. Sein Name wie auch die Theorie, die er predigt, verweist auf den fatimidischen Kalifen Imam El Hakim (996-1021) und den

---

[155] Khadda, Naget: „Nouveau projet social et métaphore mystique", in: *Itinéraire et Contacts de Cultures* 21-22, „Mohammed Dib", 1995, S. 191.

Ismaelismus (Khadda 1995: 199). Als unmittelbare Religion ohne Klerus und Teufelsglauben folgt sie dem Ziel, den Menschen mit seiner Existenz zu versöhnen und die höchsten Ideale des Islam wie Gleichheit, Brüderlichkeit und Gerechtigkeit zu verwirklichen. Der Roman ist erzähltechnisch sehr gelungen. Ausschließlich Monologe und Dialoge der handelnden Figuren formieren sich zu einer Polyperspektivität. Vor allem die Szenen um den Tod Madjars stellen diesen mehrfach aus unterschiedlichen Perspektiven dar. Oft sind dialogisch-theatralische Szenen in die Romanform integriert sowie Anleihen an filmische Verfahren gemacht. Eine kreisförmige zyklische Zeit, die als eine Imitation sufistischer Texte anzusehen ist, wird konstruiert. Hinter der äußeren Erscheinung der Dinge und Menschen zielt die mystische Dimension auf den esoterischen verdeckten Sinn. Der oszillierende doppelte Sinn wird auch in diesem Roman durch den typographischen Wechsel von Abschnitten in Recte- und in Kursivschrift angezeigt. Es geht im Rekurs auf den Islam um das „ressourcement de l'acculturé" (Khadda 1995: 203). Prägendes Bild ist die Verbindung von Feuer und Kälte. Lâbane sagt über sich:

> Mais une part de moi n'est pas longue à céder. D'un coup, elle me déserte, elle tourne le dos à la connaissance qu'elle a de l'autre part, de ses raisons, de sa peine. Elle se refugie ailleurs, en pays inconnu. (S. 25f.)

Er bezeichnet sich als „immensité incendiée" (S. 26). „Je ne suis plus qu'une chrysalide sombre, vide [...] L'opacité en pleine lumière," stellt er fest, als Kamal Waëd auftritt (S. 28). Der titelgebende *maître de chasse* ist eine ambivalente Schicksalsmacht.

2.4.1.6   Exilromane

Die Helden von Dibs Exilromanen, dessen erster in Paris angesiedelt ist, die weiteren im hohen Norden, bewegen sich als Marginalisierte, von ihrem sozialen Umfeld getrennt, in einer Gesellschaft, die sie nicht integriert. Sie sind diejenigen, die durch ihr Sosein im Dritten Raum zwischen den Kulturen alle geschlossenen Denk- und Glaubenssysteme aufbrechen. Wie in früheren Texten spüren sie als orphische Wesen der tieferen verborgenen Essenz der Dinge nach.

> La structure en labyrinthe de la quête des personnages, déjà présente dans les premiers récits dibiens, devient la métaphore même de l'histoire d'exil et les cités que les nouveaux héros arpentent, représentent aussi bien l'ailleurs et l'inconnu à apprivoiser que les circonvolutions de l'être et le cheminement tâtonnant de la pensée et des désirs. [156]

2.4.1.6.1   *Habel*

Habel (1977) verlagert den Schauplatz nach Paris, besitzt aber den Bezug auf die ‚Algerianität', die als vertane Möglichkeiten erscheint und hin zu einem humanistischen Ideal für die Zukunft erweitert wird. Die negative Identitätserfahrung

---

[156]   Naget Khadda: *Mohammed Dib. Les lieux de l'écriture*. Alger 2003, S. 4.

ist gesteigert. Isolation, Einsamkeit und Entfremdung bestimmen das Leben der Protagonisten, die selbst in der Liebe keine Geborgenheit mehr finden. Allerdings ist dieser Roman mehr als ein Emigrationsroman. Der Roman ist zugleich eine *mise en abyme* des Schreibens.

Der neunzehnjährige Habel wurde von seinem Bruder, der alleine herrschen wollte, in die Fremde geschickt und lebt in Paris. Er liebt zwei Frauen, die sehr lebendige Sabine und die blonde Lily, die ihm immer wieder entgleitet. Eines Tages liest er in der Zeitung vom Selbstmord des bekannten Schriftstellers Eric Merrain. Er kannte den Toten, den er „le Vieux" nannte, auch als Transvestiten mit dem Namen „Dame de la Merci". Habel durchstreift auf der Suche nach der verschwundenen Lily das nächtliche Paris. Jeden Abend wartet er an einer Straßenkreuzung. Es ist unklar worauf. Lily und der Tod sind in seiner Vision des Todesengels Azrail mit denselben Attributen versehen, Eros und Thanatos fallen zusammen. Der Engel übergibt ihm von seinem Pfauenfedermantel ein paar Augen, die ihn Menschen und Dinge anders, irrational, sehen lassen.

Er heißt nun Ismaël und erkennt sich in einem auf der Toilette eines Cafés fast zu Tode geprügelten Individuum wieder; er wohnt dem Schauspiel einer Selbstkastration bei und erkennt sich auch hier als Opfer. Seine Prüfungen münden in der Prostitution bei der „Dame de la Merci" alias „le Vieux" alias der Schriftsteller Eric Merrain. Als er nun von dessen Tod liest, aber sein *alter ego* dadurch nicht los wird, von dem er Manuskripte eines Romans besitzt, verbrennt er diese. Er sucht sich Arbeit in der Psychiatrie, in die Lily inzwischen eingewiesen wurde, um bei ihr sein zu können.

Der Roman hebt sich deutlich von den beiden eher realistischen vorausgehenden Romanen ab. Die Problematik der doppelten Kultur und des Exils des Schriftstellers ist zentral.

2.4.1.6.2 Die nordische Trilogie

Dibs nordische Trilogie kann man unter das Diktum von Henry Michaux stellen: „Faute de soleil sache mûrir dans la glace."[157] Algerien ist abwesend, auch wenn der Bezug zwischen Nord und Süd reflektiert wird. Dibs „Trilogie nordique" besteht aus den Romanen *Les terrasses d'Orsol* (1985), *Le sommeil d'Ève* (1989) und *Neiges de marbre* (1990).[158] Sie ist während und nach langen Aufenthalten und Reisen in nordischen Ländern, vor allem Finnland, entstanden. Sie ist gekennzeichnet durch die Suche nach elementaren philosophischen und mystischen Wahrheiten des Menschseins. In merklichem Bruch mit der sozio-kulturellen Referenz auf den Maghreb entfaltet Dib eine „esthétique de l'apatride, de la déterritorialisation, ou encore [...] une cosmopoétique" (Adjil 1995: 11). Schon die Namen Orsol im Titel, aus frz. *or* (‚Gold') und span. *sol* (‚Sonne'), und die

---

[157] *Poteaux d'angle*. Paris 1981. Siehe Tahar Bekri „Une lecture de la trilogie nordique de Mohammed Dib", in: Immaculada Linares (Hg.): *Littératures francophones*. Valencia 1996, S. 219.

[158] Bachir Adjil: *Espace et écriture chez Mohammed Dib: La trilogie nordique*. Paris 1995.

Namen der Protagonisten Ed/Aëd aus arab. *'-a-d* (,zurückkehren') und Aëlle, frz. *à elle*, vereinen verschiedene Bedeutungsebenen und sind Chiffren der Interkulturalität und Deterritorialisation (Adjil 1995: 87). „Je suis revenu", der erste Satz des Romans, paraphrasiert den Namen des Protagonisten und das Leitmotiv einer nie stattfindenden Rückkehr, es sei denn im übertragenen Sinn als Rückkehr zur Frau, denn Aëlle steht für das Liebe, Wärme und Licht spendende weibliche Prinzip, das ein zentrales Thema bei Dib ist.

Wichtige Themen sind in der ganzen Trilogie das Double, der Spiegel, die Tiermetamorphose, Esoterik (z.B. Dschalal ad-Din Rumi oder Sohravadis *L'Ishrâq ou le voyage intérieur*) und Schrift.

Aëd geht im Auftrag der Regierung von Orsol, einem fiktiven Land, in dem man Algerien sehen kann, in die nordeuropäische Stadt Jarbher, um dort alles für künftige Verträge Wissenswerte über die Wirtschaft, das Management usw. festzuhalten und regelmäßig zu melden. Zunächst erlebt er die Stadt als angenehm und überaus harmonisch. Keiner will ihm die schreckliche Entdeckung eines rätselhaften Grabens am Meeresstrand glauben, in dem undefinierbare menschenähnliche Geschöpfe, „hideuses créatures" (S. 43), vegetieren. Seine Versuche, eine Erklärung zu erhalten, scheitern, denn alle die er er fragt, weichen aus. Seine wöchentlichen Berichte nach Orsol bleiben unbeantwortet, ebenso ein Gesuch um Abberufung in die Heimat. Nur seine in Orsol gebliebene Frau Eïda schreibt ihm, dass sie ihn mit ihrer Tochter verlässt. Anscheinend hat die Regierung ihn vergessen. Eingeladen auf eine der Jarbher vorgelagerten Inseln, erlebt er eine intensive Liebesbeziehung mit Aëlle, die ihn Ed nennt, aber weiß, dass er ihr Land verlassen muss. „Attéré, je perds soudain la notion de ma propre identité, tout ce qui m'entoure *m'étrange*" (S. 135). Während er seinen Namen, seinen Auftrag, Aëlle, den Graben zu vergessen beginnt, und am Schluss des Romans in die totale Amnesie gleitet, wird durch den polysemischen Begriff „çadaqa", den ein anderer Exilierter ihm gegenüber im Sinne von „charité" gebraucht, was zugleich ,Wahrheit', ,Echtheit' und ,Freundschaft' bezeichnet (Khadda 2003a: 101), der Koran und die religiöse Botschaft wachgerufen. Das Erleben des Exils verschärft sich dadurch noch. Am Ende wird die kulturell-sprachliche Alterität in dem wiedergefundenen Filmtitel *For ever* verdichtet.

Le sommeil d'Ève (1989) ist die ebenfalls sehr verschlüsselte Geschichte einer Frau und ihrer Liebe, die sie vor der Auflösung zu retten sucht. Das Schreiben erscheint als Kampf gegen die Leere, das an das Undurchdringliche stößt und mit der „opacité du langage" ringt. Die Liebe als mystische Verschmelzung mit dem Anderen jenseits von Raum und Zeit führt zur Auflösung des Ich (*fana*).

Faïna, deren Name mit weitgehend entsemantisiertem *Signifiant* berberisch sein und ,tödlich' (*fania*) bedeuten könnte (Adjil 1995: 77), ist eine verheiratete Wissenschaftlerin aus dem Norden. Sie liebt Solh, einen Mann aus dem Mittelmeerraum, der als Mathematiker in Frankreich lebt. Sie liebt in ihm den Wolf und fühlt sich als Wölfin. Damit wiederbelebt sie den nordischen Mythos einer Frau, die um dem Wolf zu folgen alles aufgibt. Dib stützte sich auf die Novelle des Finnen Aïno Kallas (1878-1956) *La fiancée du loup*.[159] Sie ist als Motiv einer Postkarte, die Solh ihr schickt, im Text erwähnt, und entstammt ihrerseits der mittelalterlichen Lykanthropie und Lykomanie. Von Paris, wo Faïna mit ihrem Mann Oleg lebte, ging sie in ihre nordische Heimat, nach Pohjan, um ihren Sohn Lex zur Welt zu bringen und zu taufen. Mit Oleg, der sie dort abholte, kehrt sie am Rand einer Nervenkrise (S. 91) und von dem Phantasma, ihn zu beißen und sich in seinem Blut zu ertränken (Adjil 1995: 112) besessen, nach Frankreich zurück. Solh, von dem sie sagt „Solh est plus que l'homme que j'aime: il est le miroir qui me renvoie le reflet du monde" (S. 37f.), versucht, ihr in Gesprächen, bei Spaziergängen und Ausfahrten zu helfen. Sie scheint zu gesunden und verlässt ihn. Er erzählt ihr ein arabisches Märchen, erklärt ihr die Zahlentheorie, rezitiert ihr einen Text von Ibn Arabi über das weibliche Prinzip:

> Écoute Ibn Arabi, ce qu'il dit: «L'Absolu manifesté dans la forme de la femme est agent actif parce qu'il exerce un contrôle total sur le princip féminin de l'homme, c'est-á-dire sur son âme. L'absolu est aussi passivement réceptif car, dans la mesure où il apparaît dans la forme de la femme, il est contrôlé par l'homme et soumis à ses ordres. De ce fait, contempler l'absolu dans une femme, c'est en voir simultanément les deux aspects, et c'est le voir plus parfaitement que dans toutes les autres formes où il se manifeste». (S. 195f.)

Sie (Teil 1: „Moi qui ai nom Faïna") und dann er (Teil 2: „Moi qui ai nom Solh") schreiben in der Ich-Form. Der Wolf, im Singular und groß geschrieben fungiert als „anagramme déguisé" des Namens des Autors, denn Dib bedeutet auf arabisch Wolf, und ist „une marque biographique" im Text (Adjil 1995: 112).

Neiges de marbre (1990), der dritte Band der Trilogie, thematisiert die Liebe zwischen Vater und seinem Töchterchen Lyyl. Das Elternpaar Roussia und Borhan ist getrennt und gehört unterschiedlichen Kulturen an, die vor allem als der nordische und mediterrane Raum miteinander kontrastiert sind (Adjil 1995: 31). Sie ist Russin und lebt in Finnland, er lebt fern seiner nicht genauer bestimmten Heimat als Übersetzer in Paris. Der Erzähler, der passagenweise in der Ich-Form spricht, ist ein zärtlicher zugewandter Vater. Damit wird das verbreitete Bild des tyrannischen Vaters in der maghrebinischen Literatur ersetzt. Auch das kleine Mädchen erhält in einzelnen Kapiteln seine Stimme. Es geht um das Inkommensurable der Liebe, um Imagination (*rêve*), Spiel, Geschichtenerzählen, die Differenz zwischen den Kulturen und die Aspiration, diese im *Barzakh*, dem Sinnbild der mystischen Fusion der Gegensätze aufzuheben. Dieser Bereich wäre auch der Ort, in dem das Leiden des Exils schwindet.

2.4.1.7 Zur Quelle des Schreibens durch mystische Askese

Le désert sans détour (1992) fasst das Romanprojekt als Suche nach dem Ursprung des Schreibens. In einem dichten intertextuellen Geflecht werden Genesis, Koran, Mythologie, orale Erzähltradition, arabische Poesie (*atlal*) und andere

---

[159] Adjil 1995:110-114. Der Text erschien in der gleichnamigen Novellensammlung 1990 in Frankreich bei Viviane Hamy, war Dib aber schon vorher bekannt.

Texte wie Dino Buzzatis *Il deserto dei tartari* aufgerufen und dadurch das
Schreiben als Zitat von bereits Geschriebenem vorgestellt. Dib koppelt die Wüste
an das Bild des versiegenden Worts als Ausdruck des tiefsten Exils und der radikalen Einsamkeit des Menschen. Hagg-Bar und sein Begleiter Siklist, die sowohl
an die Gespanne der Makamenliteratur wie an Diderots Jacques und seinen Herrn
oder Beckettsche Figuren erinnern, suchen vergeblich die ursprüngliche Quelle
(„la source du sens", S. 101) und die erste Inschrift, um sie zu entziffern. Der
Text setzt die Grausamkeit der Menschen in Szene und fragt nach den Möglichkeiten des Traums und des Schreibens, das von der Auflösung allen Sinns durch
die Unmöglichkeit des Benennens bedroht ist.

> Ou, dirais-je encore, nous sommes d'autres gens venus remplacer d'autres gens qui
> nous auraient précédés et qui auraient été nous-mêmes. (S. 37)

L'infante maure (1994) ist die kontrapunktische Replik auf den vorausgehenden
Text. Der sehr poetische Roman lässt sich auch als vierter Band zu der nordischen Trilogie gruppieren. Polyphon wird das träumende Reflektieren der jungen
Lyyli Belle, die Welt ihrer Imagination, entfaltet und mit den Welten ihrer Mutter
und vor allem ihres Vaters verbunden. Zentrales Thema ist wieder die Trennung,
das Leiden an der Abwesenheit des geliebten Menschen und die Überwindung
der Trennung durch mystische Fusion.

Die beiden Textteile *L'héritière* und *L'infante maure* entfalten sich nicht an
einer Zeitachse, sondern gemäß der Intensität des Erlebens in der unendlichen
kreisförmigen Bewegung von Fülle zu Leere und daraus aufragenden Glücks-
momenten.

Es ist Sonntag. Lyyli Belle schläft nicht ein, wie der Icherzähler zu Beginn
von Prousts *A la recherche du temps perdu*, sondern sie lotet den Zwischenbe-
reich zwischen Schlaf (*la source*) und Wachen aus. Vater und Mutter sind nicht
bei ihr, aber nah. Weiß bzw. Helligkeit und Schwarz bzw. Dunkelheit sind grundlegende Isotopien des Textes wie auch die Opposition zwischen Wasser und Feuer. Der Tanz, Kikki, eine Figur ihrer imaginierten Welt, die schon in *Neige de
marbre* begegnete, ihr Garten und das Land „loin d'ici", in das sie sich phanta-
siert, machen sie glücklich; ebenso die Präsenz des Vaters, „un loup dont l'œil
dégage une lumière de velours et de reconnaissance" (S. 21). Während er
schreibt, spricht sie mit ihm über ihre Ängste. Das Bild des Spiegels ist erneut
Leitmotiv:

> On se regarde ainsi dans un miroir, on y découvre quelqu'un et on ne peut pas tou-
> jours dire si c'est une tromperie ou quoi. C'est sans doute soi, sans doute quelqu'un
> d'autre. (S. 28)

Die Wüste des Landes ihres Vaters spiegelt sich in der Schneewüste ihrer Heimat
(S. 31). Der Vater beschreibt in der Ich-Form, wie die Tochter vor ihm tanzt und
welche Emotionen dies in ihm auslöst. Dann wechselt die Perspektive wieder zu
Lyyli, die auch eine Geschichte der Mutter über ihre erste Parisreise, in Kursiv-
schrift deutlicher als Zitat markiert, wiedergibt. Erneut aus der Perspektive des
Vaters wird ein Spiel beschrieben, das er mit der Tochter spielt. „D'ou en ce mo-

ment, cette enfant me vient-elle? De quel exil, de quel occident obscur?" (S. 60),
fragt er sich. Kikki erscheint erneut, hat nun selbstzerstörerische Züge und seine
Zeit erweist sich als abgelaufen.

Der zweite Textteil (S. 95-181) zeigt die Mutter in ihrem Leiden an der Trennung, zitiert sie über „L'immobilité de l'errance" (S. 99). Die Tochter versucht
auf ihrem Baum für den Vater weithin sichtbar zu sein, ihn gegenwärtig zu halten, auch wenn er abwesend ist (S. 119). Sie erzählt der Mutter eine Geschichte,
die sie vom Vater kennt, erinnert sich dabei an Scheherazade, die Prinzessin aus
Tausendundeine Nacht, die durch Erzählen ihr Leben rettet (S. 144). Dann reist
sie in der Imagination in die Sandwüste zu ihrem Großvater, der ihr einen Basi-
lisk schenkt, der auf dem Sand Zeichen malt, die sie jedoch nicht entziffern kann,
da der Wind sie verweht. Doch das korrespondiert ihrer und ihres Vaters Geschichte, der zweier Fremder, die sich gegenseitig aus ihrem „étrangement" rei-
ßen[160] und so vermeiden, im Dazwischen ortlos zu sein:

> Ce qu'il ne faut surtout pas que je fasse: tomber entre deux lieux. Dans l'un, oui, dans
> l'autre, oui; entre, non. Je veux que l'un m'appelle à partir de l'autre et que j'y coure
> et, aussitôt après, coure ailleurs. Parce que je crois qu'on naît partout étranger. Mais si
> on cherche ses lieux et qu'on les trouve, la terre alors devient votre terre. Elle ne sera
> pas cet horrible entre-monde auquel je me garde bien de penser. (S. 171)

Es folgt der Verweis auf die Flucht von Ismaël und seiner Mutter Agar, die für
die Muslime am Beginn ihrer Religion steht. Hier liegt auch eine intertextuelle
Verbindung zu Albert Memmi vor. In der Wüste ist wie im vorausgehenden Text
die Quelle verborgen. Sie ist oft im Werk Dibs entsprechend der Homonymie im
Arabischen mit dem Auge verbunden.[161] Der Text entwickelt auf einer zweiten
tieferen Bildebene eine Reflexion über Imagination, Geschichtenerzählen,
Schreiben und die Quelle dieser Tätigkeiten. Auf dieser semantischen Schicht
lässt sich Lyyli Belle als die Kreativität des Dichters lesen.

Si diable veut (1998) ist Dibs, wenn auch poetisch verschlüsselter Beitrag zur
littérature d'urgence. Die islamistische Bedrohung wird an die wilden Hunde gekoppelt, die den Ort Tadart als „démons animaux" gefährden. Der junge Ymrane,
der als Kind von Arbeitsemigranten, also *Beurs*, nach dem Tod seiner Mutter aus
Frankreich in deren Heimat zurückkehrt, besitzt hingegen wölfische Züge. Er begegnet der jungen Safia, denkt allerdings auch an Cynthia und seinen Lehrer im
anderen Land, während seine Tante die Heirat mit Safia arrangiert. Im Mauso-
leum des Lokalheiligen weigert er sich auf Safias Drängen zwei Tauben zu opfern, um Regen zu erbitten, sie verliert, scheinbar von Dämonen besessen, die
Sprache. Der Hund, den die Dorfbewohner gemäß ihres alljährlichen Ritus aus-
schicken, um den Frost zu vertreiben, kehrt gegen alle Gepflogenheit zurück, ist
aber wild geworden und hat eine Hündin und Welpen dabei. Der Onkel zitiert

---

[160] „Je vais, je viens parce que cet homme qui est mon papa, c'est homme est un étranger. Il a
besoin que j'aille le chercher dans son étrangement. Et moi, ici dans mon propre pays, que suis-
je, sinon une autre étrangère. A son tour il vient et m'arrache à mon étrangement." (S. 171)

[161] Siehe *L'aube Ismaël*, S. 55-57.

Verse der 18. Sure ‚Die Höhle', die die beliebte Legende von den Siebenschlä-
fern aufgreift.[162] In den zitierten Versen geht es um die Vervielfachung und ge-
naue Festlegung der Zahl, wie auch den Bezug von Menschen und Hund. Durch
das Blut der Opferlämmer beim *Aid*-Fest werden wilde Hunde in großer Zahl an-
gelockt, denen als angreifende Rotte auch Safia zum Opfer fällt. Ymrane kehrt
nach Frankreich zurück. Dib gelingt es, durch die allegorische Verschlüsselung
den Islamismus als Entgleisung der natürlichen Ordnung vorzustellen und den
Kontrast von rituellem Opfer und Metzelei zu betonen, den er in *L'arbre à dires*
(1998), einem Essay-Band, argumentativ unter Bezug auf Abraham ausführt.

Comme un bruit d'abeilles (2001) hat eine Zwitterform zwischen Roman und
Novellenband. Der Text ist in zehn kürzere Erzählsequenzen fragmentiert, wobei
Le sourire de l'icône vier fortlaufende, in Russland nach der Perestroika angesiedelte Sequenzen bildet, zwischen die novellenartige Geschichten über Algerien,
aber auch über Prag eingebettet sind. Für Dib drückt dies die gegenwärtige glo-
balisierte Welt aus, in der jede Erzählung über vereinzelte Menschen, die ihrem
Schicksal folgen oder versuchen ihm durch Handeln, Träumen oder Flucht in den
Wahn zu entgehen, mit allen Erzählungen über Schicksale in anderen Ländern
dialogisiert. Dafür greift er auf den von Diderot in *Le rêve de d'Alembert* ange-
führten Bienenschwarm zurück. Die Leitfrage ist, wie der mit dem Motto gestiftete Bezug auf Nietzsches *Menschliches, Allzumenschliches* zeigt, ob die Menschen heutzutage noch Menschen sind, denen nichts Menschliches fremd ist. Und
natürlich schwingt auch der Verweis auf die 16. Sure ‚Die Bienen' mit, derzufol-
ge die Taten der Menschen gerichtet werden. In *L'arbre à dires* zitiert Dib Verse
über die Exilierten:

> Cependant ton Seigneur, envers ceux/Qui ont émigré, après avoir subi des /Épreuves,
> ceux qui ont ensuite lutté/Et qui ont été constants;/Qui, ton Seigneur sera, après ce-
> la/Celui qui pardonne et fait miséricorde. (S. 60)

Auch seine eigene Exil-Erfahrung[163] und die anderer kreativer Menschen, „Jean
sans Terre", wie er sie im Rückgriff auf Goytisolo nennt, dient ausgehend von
der *Étrangeté* der Annäherung an die Welt, an den Anderen und den Weg hin zu
dieser geheimnisvollen Tür, hinter der für Dib der *Barzakh* liegt und die „perle de
bonheur".

> L'exil nous fait en même temps moins étrangers au monde, ses chemins sont, dans la
> mesure oú nous le voulons, les plus sûrs à nous mener vers l'Autre, notre semblable.
> Et à l'extrême de la Voie qu'il ménage à la différence peut se révéler une porte ou-
> verte à telle forme de résurrection. (*L'arbre à dire*, S. 66)

Simorgh (2003), Dibs letztes Werk, rekurriert im Titel auf den Vogel der persi-
schen Mythologie und ist extrem fragmentiert. Es ist eine Art literarisches Testa-

---

[162] Tilman Nagel: *Der Koran. Einführung, Texte, Erläuterungen*. München 1983, S. 66.
[163] „Cette Œuvre peut (doit) être lue comme un dispositif intégré au brassage culturel" (Naget
Khadda, *Le Quotidien d'Oran*, 4.5.2003).

ment, in dem er noch einmal auf seinen Bezug zur französischen Sprache zurück-
kommt:

> Ce que j'aime dans le français, la langue: son tranchant. A utiliser le français, votre
> esprit s'affine, s'effile, s'affûte, se fait source de rayon laser. Vous lisez dans votre
> pensée avec la pointe d'un rayon laser. (S. 91) [...] Ne pas oublier que nous sommes
> les hôtes de la langue française. Non pas les fils, non pas les filles. (S. 103)

Dib wurde neben anderen Preisen 1995 von der *Académie Française* der *Grand
Prix de la Francophonie* für sein Gesamtwerk verliehen. Den Verflechtungen der
Kulturen nachspürend, indem er Einflüsse von Junaïd, Conrad, Kierkegaard,
Baudelaire, Rimbaud, Breton, Gracq, Picasso, Ibn Arabi und Bach integriert, und
am Puls der gesellschaftlichen Umwälzungen seiner langen produktiven Schaf-
fenszeit orientiert, hat Dib seine Schreibweise mehrfach erneuert und in seinen
sich zugleich entziehenden Sinnkonstruktionen wie in einer alchimistischen Suche nach der Wahrheit die universellen Themen der Liebe, des Todes, des Wahn-
sinns oder Exils berührt. Seine Motive sind der kryptische weibliche Körper, den
es zu dechiffrieren gilt, Wasser als Flut, durststillende Quelle oder Spiegel, in
dem Narziss sich sieht, Magie und Zauberei, das Ludische im Kind oder der
Sprache, die Begegnung und Verschmelzung von Mensch und Tier und alle Formen des Übergangs, sowie das Geheimnis.

2.4.2   Assia Djebar

Assia Djebar[164] wurde 1936 mit dem bürgerlichen Namen Fatima-Zohra Imalay-
en in der Küstenstadt Cherchell bei Algier geboren. 1952 legte sie am französischen Gymnasium in Blida ihr Abitur ab, nachdem ihr Vater, ein Lehrer an der
französischen Grundschule, wie sie in ihren Texten darstellt, ihr den Weg zur
französischen Schule und Bildung eröffnete. 1955 wurde sie als erste Algerierin
an der *École Normale Supérieure* in Paris zum Studium zugelassen und studierte
Geschichte. Als die algerischen Studenten 1956 in den Streik traten, schlossen sie
und ihr jüngerer Bruder sich der Protestbewegung gegen den Algerienkrieg an.

2.4.2.1   Romane der *dissimulation*

Die ersten Romane Djebars vermeiden jegliche autobiographische Tendenz und
verhüllen die Autorin und ihre Biographie. Den ersten Roman *La soif* (1957)
schrieb Djebar, anstatt ihre Jahresprüfung abzulegen, in zwei Monaten. Für die
Publikation wählte sie, wie sie später darlegte, aus Angst, ihrer Familie zu miss-
fallen, den *nom de plume* Assia Djebar.

Nadja, die Protagonistin, entstammt einer frankoalgerischen Mischehe. Um
ihren Freund eifersüchtig zu machen, will sie den Mann einer Freundin verführen. Vor allem die tiefgründige psychologische Studie beeindruckte und wurde
seinerzeit mit Françoise Sagans *Bonjour tristesse* verglichen.

---

[164] Mildred Mortimer: *Assia Djebar*. Philadelphia 1988.

Die völlige Aussparung des Befreiungskrieges in *La soif* erscheint rückblickend als originell, da gänzlich außerhalb des damaligen dominanten Trends der algerischen Literatur stehend, trug jedoch der Autorin den Vorwurf ein, ihre Romane bezögen sich nicht auf die Wirklichkeit. In dem Roman, der für die damalige Zeit revolutionär neben weiblicher Lust auch die Erfahrung der Abtreibung thematisiert, rückt wie in den späteren Texten von Taos Amrouche der weibliche Körper in den Mittelpunkt.

> Je me souviens lors de mon premier roman, en 1956, avoir pensé farouchement que, vivant alors en plein les incidents de la guerre d'Algérie, il aurait été indécent de ma part d'utiliser cette vie comme thème. C'était pour moi alors plus que de la politique, plus que de la littérature, oh! bien plus, la vie la plus quotidienne possible. [...] D'une part je me méfiais, je me méfie toujours d'une littérature a priori témoignage; d'autre part, parce que j'écrivais en français, je pensais alors que je n'avais à faire entrevoir ‹aux autres› qu'une surface de moi et des miens; en somme, une autre langue me faisait prendre comme règle de départ dans la facture du roman la dissimulation.[165]

Ihr zweiter Roman *Les impatients* (1958) beschreibt in ähnlicher Ausrichtung an der Tradition des psychologischen Romans das Leben junger Algerierinnen vor allem im Ringen um privates Glück. Für diese ist es wichtig, ohne Schleier in den öffentlichen Raum vorzudringen. Vor dem Hintergrund des Algerienkriegs ist eine amouröse Vierecksgeschichte zwischen Dalila, Salim, Lella und ihrem Ehemann angesiedelt. Dalila liebt Salim, den Lella als Rivalin begehrt. Dalila geht nach Paris, wo Salim sie findet. Nach der Rückkehr wird Salim mit Lella von deren eifersüchtigem Ehemann ermordet. Das Neue und für die maghrebinische Literatur Wegbereitende war auch in diesem Roman die Entdeckung des weiblichen Körpers durch das weibliche und nicht mehr männliche Subjekt, die sinnliche Inbesitznahme und Entblößung dieses weiblichen Körpers, der gemäß der islamischen Tradition verhüllt zu sein hatte.

Djebar ging 1958 nach ihrer Heirat mit Ahmed Ould-Rouïs, der von der französischen Militärpolizei verfolgt wurde und unter dem Decknamen Walid Garn agierte, nach Tunis, wo sie ihr Geschichtsstudium abschloss. Parallel schrieb sie für das FLN-Organ *El Moudjahid*. Neben einer Tätigkeit als Geschichtsdozentin an der Universität Rabat in Marokko war sie bis zur Unabhängigkeit Algeriens mit Theatertexten und Lyrik literarisch produktiv. 1962 erschien ihr dritter Roman *Les enfants du nouveau monde* und sie wurde als eine der ersten Dozentinnen an die Universität Algier berufen.

---

[165] *Europe* 474, Octobre 1968, zit.n. *Cahier d'études maghrébines* 12, 1999, S. 113.

2.4.2.2 Annäherung an das autobiographische Schreiben und die Geschichtsdarstellung

Während die ersten beiden Romane ihre eigene Lebensgeschichte verbergen und von dieser ablenken,[166] näherte sich Djebar mit ihrem dritten Roman *Les enfants du nouveau monde* (1962) wie auch dem folgenden *Les alouettes naïves* (1967) zunehmend dem autobiographischen Schreiben. Gleichzeitig wandte sie sich der romanesken Darstellung der algerischen Geschichte der fünfziger Jahre zu, indem sie die Auswirkungen des Krieges auf das Leben unterschiedlicher Paare zeigte, wobei emanzipierte Frauengestalten als Mitkämpferinnen im Befreiungskrieg auftraten.

Les enfants du nouveau monde rückt völlig von der Zentrierung um eine herausgehobene Heldenperspektive ab. Dem Roman sind als Motto vier Verse aus Éluards *Poèmes pour tous* vorangestellt:

> Et pourtant de douleurs en courage en confiance/S'amassent des enfants nouveaux/Qui n'ont plus peur de rien pas même de nos maîtres/Tant l'avenir leur paraît beau

Es folgt eine Liste der „Personnages", die eher der theatralischen Konvention entspricht und der Informationsvergabe für den Leser dient.

Die neun Kapitel sind mit Namen einzelner Protagonistinnen oder Protagonisten überschrieben. Es handelt sich um fünf Frauen und vier Männer. Allerdings sind es keine um diese Figuren zentrierte geschlossenen Episoden oder Erzählungen, sondern die Kapitel entfalten verschlungene Handlungsstränge, in denen die titelgebende Figur teilweise nur am Rande vorkommt (z.B. Ali), sich aber die Schicksale der Figuren während des Befreiungskriegs in einer nicht namentlich bezeichneten algerischen Stadt kreuzen, berühren und besiegeln. Die Figuren sind wiederkehrend und gemahnen an das Erzählverfahren, mit dem Balzac seine *Comédie Humaine* allerdings über die Grenzen der verschiedenen Romane hinweg miteinander verflocht. Auch die Diskrepanz zwischen Szenen aus der Provinz und der Hauptstadt greift Djebar variiert auf. Ihr algerisches Universum ist in Schichten stratifiziert, wobei die Räume sich nach oben trichterförmig ausweiten: ganz innen ist das Bett, dann folgen das Zimmer, das Haus, die Stadt, die algerische Hauptstadt, die „patrie" Algerien, Frankreich, die Welt. Das große Cleavage verläuft zwischen dem Maquis und der übrigen Kolonialgesellschaft. Es geht um die Erfahrung der Überschreitung von Schwellen, der Eroberung des Raums, des Hinaustretens aus dem Gefangensein in größere Freiheit. Dabei gibt es Vorschriften und Regeln, die festsetzen, wer welche Grenze überschreiten darf, wie oft und wann, und ob es ein Zurück bei dieser Überschreitung gibt.

Bachir verlässt die Universität und geht in den Maquis, von wo es kein Zurück gibt; Lila und Ali werden durch die Revolution getrennt; Amna, die Frau eines Polizisten, belügt erstmals ihren Mann, um Untergrundkämpfer zu schützen;

---

[166] „J'écris pour cacher ce qui semble le plus important", so nennt sie es in *Europe* 1968; zit n. *Cahier d'études maghrébins* 12, 1999, S. 113. Zu Djebar siehe auch *Cahier d'études maghrébines* 14, „Spécial Assia Djebar", 2000 und Hornung/Ruhe 1998: 89-193.

Tawfik bringt seine Schwester Touma um, weil sie mit einem französischen Soldaten liiert ist und Spitzeldienste versieht; die Lehrerin Salima wird verhaftet; die
junge Krankenschwester Hassiba bricht in die Berge auf, um Verwundete zu ver-
sorgen. Es sind keine Figuren des einfachen Volks, sondern Vertreter des Bürger-
tums und Intellektuelle, die ihre Trennung vom Volk reflektieren und auch
schmerzlich empfinden. „Nous n'avons jamais eu faim", sagt etwa Lila.

In der Er-Form erzählt, variiert der Text personales und auktoriales Erzählen,
bringt viele Dialoge, die gegenseitige Wertungen der Figuren entfalten und die
interpersonalen Beziehungen beleuchten. Neben realistischen Elementen, zu denen auch das intertextuelle Verweisnetz auf Mohamed Dibs erste Algerientrilogie
(eingangs die Beschreibung des Hauses, gegen Textende die mehrfache Wiederholung von „incendie") gehört, arbeitet der Text bereits mit filmischen Montage-
verfahren wie Parallelschnitten oder Zooms.

Der „nouveau monde" erscheint ambivalent: dem verstorbenen Kind Lilas
entspricht jedoch das Kind am Textende. Die Vergangenheit determiniert die Gegenwart, in der Tod, Trennung und Flucht dominieren. Doch erfolgt der Sprung
in die Zukunft durch existentielle Entscheidungen der Einzelnen.

Les alouettes naïves (1967) ist der vierte Roman Djebars, von dem sie in ihrer
Préface vom 1. Oktober 1967 sagt, sie habe zwei Jahre für das Schreiben gebraucht und den Text dann noch ein Jahr vor seiner Publikation liegen lassen.

> Pour y introduire, je n'ai pas d'intentions à exposer: ni claires ni simples. Ce livre
> existe, c'est tout, et je souhaite qu'il tienne sur ses jambes. (*Les alouettes naïves*, S. 7)

Der Titel greift die Verballhornung des Namens der Tänzerinnen der *Ouled-Naïl*
durch die französischen Soldaten auf, die diese als „alouettes naïves" bezeichneten. In Djebars Roman gibt es jedoch keine solche Tänzerin, auch spielt der Text
nicht in Bou-Saada, sondern vor allem in Tunis und Algier, dennoch spricht sie,
wie sie betont, vor allem die weiblichen Lebensbedingungen an. Die Tänzerin-
nen-Prostituierten existierten in ihrer „magie de pacotille" nur für Touristen und
Soldaten. Doch den historischen Kontext gilt es zu rekonstruieren:

> Pourquoi? Parce que les guerriers de la tribu avaient auparavant léché la poussière;
> alors, dans la débâcle, ne demeurait que cette danse, dérisoire certes, mais fidèle en-
> core (oh! si confusément, si faiblement) à un rhythme ancien, et à l'ombre de notre
> vrai style. Ombre qui a permis à l'équivoque de déboucher sur ce surnom joliment
> précieux: les ‹Alouettes naïves›. L'exotisme de ce tableau de Bou-Saada corres-
> pondait à une réalité sinistre (la prostitution des danseuses), tout en exhalant un vague
> souvenir de noblesse (les Ouled-Naïl ont été autrefois une splendide tribu guerrière)
> que ne pouvait percevoir l'œil étranger, mais qu'il nous faut, nous restituer. (S. 8)

Sie will einen spezifischen Rhythmus spürbar machen, den sie als Schwanken
(„tangage incessant") zwischen der erstarrten Vergangenheit und der die Zukunft
hervorbringenden Gegenwart beschreibt.

> Soyons francs: tantôt notre présent nous paraît sublime (héroïsme de la guerre de libé-
> ration) et le passé devient celui de la déchéance (nuit coloniale), tantôt le présent à
> son tour nous apparaît misérable (nos insuffisances, nos incertitudes) et notre passé

solide (chaîne des ancêtres, cordon ombilical de la mémoire). (*Les alouettes naïves*, S. 8f.)

Der zeitlich während des Algerienkriegs angesiedelte Roman zeigt an der Protagonistin Nafissa die Adaptierungsschwierigkeiten der jungen Generation, die sich nach dem Engagement im Befreiungskampf und Hafterfahrungen wieder mit den Alltäglichkeiten des Lebens und den neuen Rahmenbedingungen für Paare einlassen muss. Der Roman besitzt neben dem Namen der Heldin eine thematische Nähe zu Dibs *La danse du roi* (1968) und thematisiert die Schwierigkeit, Partnerschaft zwischen Mann und Frau zu leben.

Djebar wechselt zwischen Passagen, die in der Ich-Perspektive des männlichen Protagonisten Omar verfasst sind und personal erzählten Abschnitten, die eine weibliche Erzählerstimme kreieren. Zusätzlich lassen kursiv gedruckte Textteile „voix de femmes" (Achour 1990a: 239) erklingen.

Der Text gliedert sich in die drei Teile „Autrefois", „Au-delà" und „Aujourd'hui". Er öffnet mit einem realistischen Tableau der algerischen Flüchtlinge an der algerisch-tunesischen Grenze, wie Djebar sie um 1960 selbst sah. Doch sehr bald schon bewegt sich der vor allem auf der Zeit- und Raumebene fließende Text in einem Bereich, in dem die allgegenwärtige Isotopie des Krieges vor allem durch das Bewusstsein der Protagonisten gefiltert erscheint und keine eindeutige Dechiffrierung zulässt. „Autrefois" kombiniert in Montagetechnik die Geschichte Nafissas, die aus dem Gefängnis entlassen, nach Hause zurückkehrt, sich dort an ihre Kindheit und Jugend erinnert und schließlich nach Tunis ins Exil flieht, mit der Geschichte der beiden Freunde Omar und Rachid, die sich zufällig an der tunesischen Grenze wiedergetroffen haben. „Au-delà" beschreibt die ersten glücklichen Monate der Ehe von Nafissa und Rachid, die sich in Tunis kennenlernten. „Aujourd'hui" evoziert den Alltag der im Exil lebenden Omar, Rachid und Nafissa, ihre Träume, Wünsche und Hoffnungen, den Umgang mit dem Krieg und entfaltet vielfache Liebes- und Paargeschichten (z.B. Omar-Nessima, Omar-Nfissa, Nfissa-Karim, Nfissa-Rachid), die eine Phänomenologie der Liebe in Zeiten tiefer gesellschaftlicher Umbrüche darstellen. Oftmals wird der Übergang von der älteren Frauengeneration zur jungen thematisiert. Djebars Frauen, die mit ihren Initialien ‚N' auch auf Nedjma verweisen, sind nicht metaphorisch-symbolisch zu deuten wie bei Kateb:

> [C]ontrairement à Nedjma, ses héroïnes sont des femmes de chair et de sang, de douleur et de larmes, incluses dans une histoire où la migration continue qui les a ballottées, les a abstraites du mythe pour en faire l'incarnation même d'une mémoire douloureuse mais féconde, transmettrice de vie farouchement défendue contre l'envahisseur renouvelé, mais aussi contre l'oubli.[167]

Die Geschichte ist multipel und wird von jedem einzelnen in seinem individuellen Bewusstsein reflektiert und erlebt, auch wenn die Individuen nie isoliert als Monaden leben. Sie sind zwar Repräsentanten bestimmter sozialer Klassen, doch steht ihre Individualität im Vordergrund. Die Grenzen zwischen der Heimat, „du

---

[167] Jeanne-Marie Clerc: *Assia Djebar. Écrire, transgresser, résister.* Paris 1997, S. 9.

côté de la patrie" und dem exterritorialen Exil im Nachbarland, „du côté de T."
fungieren nicht nur referentiell, sondern vor allem als konstitutiv für die Erzählstruktur des Romans.[168] Am Ende, wo angesichts der bevorstehenden Unabhängigkeit Angst dominiert, steht die Überzeugung, dass die Zeit unwiederbringlich
verloren, nicht wiederzufinden ist wie in Prousts großem Romanwerk, und auch
die beiden Seiten (bei Proust der *côté de chez Swann* und der *côté de Guerman-
tes*) sich nicht berühren. Sie bleiben Grenzen, die die Weltwahrnehmung determi-
nieren und dem Individuum auch seine eigene Wandlung durch die erlebte Geschichte zeigen.

> Le mouvement de l'histoire est, tout particulièrement dans ce roman, surdéterminé par
> le mouvement de l'écriture, qui contribue à actualiser l'événement ou les événements
> de l'Algérie en leur donnant surtout la dimension du souvenir ou de l'obsession, de la
> sensation et du désir, donc à personnaliser très fortement la relation que l'individu
> entretient avec la grande problématique nationale. (Chikhi 2002: 34)

2.4.2.3   Dialog der Diskurse

Assia Djebar verbrachte die Jahre 1969 bis 1974 in Paris, wo sie als Regieassis-
tentin an Theaterproduktionen mitwirkte. Nach ihrer Rückkehr lehrte sie Film-
und Theaterwissenschaften. 1975 wurde sie geschieden. Ab 1977 war sie Profes-
sorin am Zentrum für französische und frankophone Studien der Louisiana State
University. Sie drehte im weiteren Verlauf der siebziger Jahre Filme in arabischer Sprache, um das algerische Publikum zu erreichen, *La nouba des femmes
du mont Chenoua* (1979) und *La zerda ou les chants de l'oubli* (1982), die beide
auf großen internationalen Festivals mit Preisen geehrt wurden.
Die Arbeit an diesen Filmen war für Djebar eine dreifache Begegnung: mit den
Frauen ihres Stammes, mit ihrer Sprache und ihrer Geschichte.
     Nach einer längeren Schreibpause veröffentlichte sie den Erzählband *Femmes
d'Alger dans leur appartement* (1980). Die einzelnen Novellen suchen den Dialog zwischen Vergangenheit und Gegenwart und verleihen dabei algerischen
Frauen ihre Stimme. Das titelgebende Bild des Malers Eugène Delacroix aus
dem Jahr 1832 bildet mit der bildnerische Paraphrase von Pablo Picasso aus der
Zeit des Algerienkriegs, welche kontrapunktisch die befreiende Sichtweise und
Öffnung darstellt, den kompositorischen Halt der Texte. Djebar wendet erstmals
das Prinzip des Dialogs der Diskurse an. Der ‚exotistische' und voyeuristische
Blick auf Algerien, den der Orientalismus und Kolonialismus aus der Außenper-
spektive auf das Land warfen, wird wie schon in *Les alouettes naïves* angeklagt.

2.4.2.3.1 Kreuzung von fiktionalisierter Autobiographie und historischem Roman

1980 heiratete Djebar den Schriftsteller Malek Alloula. Nach dem Dokumentar-
film *La zerda et les chants de l'oubli* (1982) wendete sie sich wieder dem Schrei-

---

[168]   Beïda Chikhi: *Les romans d'Assia Djebar entre histoire et fantaisie.* Alger 2002, S. 30.

ben zu. Ihr Roman *L'amour, la fantasia* (1985) bildet den ersten Band einer Algerientetralogie.

Djebar geht jetzt mit über vierzig Jahren den Weg zu ihrer eigenen Autobiographie, die sie in dem Text fiktionalisiert. Sie verschränkt sie mit dem historischen Roman, wodurch sich in *L'amour, la fantasia* zwei grundlegende Gattungen der algerischen Literatur der achtziger Jahre kreuzen (Spiller 1997: 12). Indem Djebar historische Dokumente seit der Eroberung Algeriens 1830 mit einer distanziert subjektiven Sichtweise kombiniert, erneuert sie den historischen Roman. Sie bezieht im dritten Teil des Textes Stimmen anonymer Frauen als historische Dokumente ein, was eine historische Polyphonie erzeugt, in deren Tiefenwirkung auch von der offiziellen Geschichtsschreibung ausgeblendete Ereignisse vernehmlich werden.

Die Reflexion über die Sprachen des Maghreb wird im Rahmen der fiktionalisierten Autobiographie entfaltet. Das Berberische (*lybico-berbère*) ist die Muttersprache, die Sprache der Liebe, die dominiert, wenn Vertrauen und Emotionalität die Gesprächssituationen bestimmen. Sie gehört in den Raum der Frauen, die von Schrift und Bildung ausgegrenzt sind. Doch dem weiblichen Raum verwandelt Djebar auch die arabische Sprache an, vor allem über die Sinnlichkeit ihrer Kalligraphie (S. 204).

Der Gegensatz besteht zur Vater-Sprache, dem Französischen. Es ist die Sprache der Distanz, der Ratio, „langue de l'adversaire d'hier", das Liebesgeschenk des Vaters, denn es ist zugleich das Tor zur Freiheit. „Me mettre à nue dans cette langue me fait entretenir un danger permanent de déflagration" (S. 241). Djebar benutzt die Allegorie des Nessus-Gewands für die „langue de l'autre". Der in die Frau von Herkules verliebte Kentaur Nessus hatte dieser bei seinem Tod die vergiftete Tunika übergeben und ihr versichert, sie könne mit dem Gewand ihren Gemahl wiedergewinnen. Doch diese Liebesgabe kostet Herkules, der die Tunika nicht mehr abstreifen kann, das Leben. Nur das Schreiben in dieser Sprache kann den Konflikt überwinden, indem es als Strategie des Überlebens funktioniert. Der Eintritt in die französische Schule markierte für Djebar ihre Geburt als Schriftstellerin.

2.4.2.3.2 Weibliche Geschichte und Wiederaneignung der Geschichte

Ombre sultane (1987) ist der zweite Band ihres „Quatuor algérien", also der Algerientetralogie. Sie folgt mit der Komposition einem architektonischen Schema. Während der erste Roman den Eingangsbereich eines arabischen Hauses markiert, so zeigt der zweite die privaten Innenräume.

Es geht erneut um weibliche Lebensentwürfe, diesmal gedoppelt in die beiden Frauen eines Mannes:

> On est passé de toutes les femmes, toutes les sœurs, à La sœur en polygamie, autre soi-même, accomplissant le parcours inverse mais postulant l'expression du ‹je›. (Clerc 1997: 19)

Isma und Hajila, die auf Scheherazade und ihre Schwester verweisen, sind die
gegensätzlichen Frauen des namenlosen Mannes. Sie verkörpern eine Opposition.
Die schroffe schweigsame zweite Frau, die die sinnliche und gebildete Isma unter
ihren Jugendfreundinnen selbst für ihren Mann wählt, als sie ihn verlässt, be-
gnügt sich nicht mit dem der Frau zugewiesenen Raum, sondern bricht heimlich
zu ‚kleinen Fluchten' auf, bei denen sie sich entschleiert. Sie erobert sich damit
den Außenraum, ihren eigenen Körper und ihren freien Blick:[169]

> Dehors, tu ne te lasses pas de marcher. [...] Te voici étrangère et mobile avec les yeux
> ouverts.

Als ihr eifersüchtiger Mann, der inzwischen zu trinken begonnen hat, sie eines
Abends, wütend darüber, angreift und droht, ihr die Augen zu zerstechen „pour
qu'on ne te voie pas", stürzt sie sich die Treppe hinab, um das Kind, das sie von
ihm erwartet, zu töten. Sie selbst überlebt.

2.4.2.3.3 Im Dazwischen von Fiktion und Wirklichkeit

Loin de Médine. Filles d'Ismaël (1991), ein Roman außerhalb der Tetralogie,
widmet sich der Frühzeit der Verbreitung des Islam nach dem Tod des Propheten
(632) und betont die Freiheit der Frau innerhalb der Gesetze des Islam. Djebar
lässt die historischen Frauen aus dem Umfeld des Propheten, die in der traditionellen islamischen Historiographie der ersten Jahrhunderte des Hegirs (etwa
bei Ibn Hischam, Ibn Saad und Tabari, die sie im Vorwort nennt) völlig am Rand
stehen, in den Mittelpunkt treten und zu Wort kommen. Es finden sich in den
Quellen nur Andeutungen über sie als Ehefrau, Konkubine, Mutter oder Tochter.
Aus den spärlichen Informationen über die herausragende Figuren wie die Pro-
phetentochter Fatima und seine Frau Aicha rekonstruiert Djebar ihre Schicksale
mit den Mitteln der Imagination. Das Erzählen ist einerseits stark theatralisiert
und auf das Erleben der Individuen orientiert, andererseits mit der Form der an-
nalistische Chronik, an der Geschichtsschreibung Tabaris, der wiederholt als Gewährsmann zitiert wird, ausgerichtet. Die Fokussierung auf 17 an der Entstehung
des Islam beteiligte Frauenfiguren stiftet die Kohärenz des Textes mit starkem
Episodencharakter, der „récits", „scènes" und „visions", in einer zentripetalen
Spiralform aus der unmittelbaren Nähe des Propheten bis über Mekka ausgrei-
fend, vereint (S. 5). Djebar entfaltet „spéculations interprétatives" in einem „récit
de la merveille" (Calle-Gruber 2001: 156), der das Geheimnisvolle des Sakralen
auslotet. Ihre Fiktion füllt die Leerstellen im kollektiven Gedächtnis (S. 5) und
lässt die historischen Ursachen der Ausgrenzung und der Unterdrückung der Frau
(z.B. am Erbrecht) seit dem Khalifat Omars als „perte originelle" zutage treten,
die die Töchter Agars ins Exil getrieben hat, aus dem der Text sie in ihre „demeure qui abrite l'exclue" (Chikhi 2002: 148) zurückholt. Die Wichtigkeit des

---

[169] Arnold Rothe: „Espaces féminins dans la littérature maghrébine d'expression française", in:
Henning Krauß (Hg.): *Offene Gefüge. Literatursystem und Lebenswirklichkeit. Festschrift für
Fritz Nies zm 60. Geburtstag.* Tübingen 1994, S. 165-196.

überlieferten Worts besitzen nicht nur die schriftlichen Quellen, sondern auch die Stimmen der Frauen.

Vaste est la prison (1995) ist der dritte Band der Tetralogie. Anlass zum Schreiben war die Ermordung ihres Schwagers Abdelkader Alloula, frankophoner Theaterautor und -regisseur, der den am 10. März 1994 in Oran auf ihn abgefeuerten Schüssen von Islamisten wenige Tage später erlag. „Faire ma propre anamnèse", so benennt sie ihr Projekt. Die Auseinandersetzung mit den Sprachen in Algerien und dem Schreiben wird fortgeführt. Auch die gesellschaftliche Rolle der Frau ist wie schon in den vorausgehenden Romanen zentral. Ebenfalls wird die Exploration der Geschichte unter neuem Blickwinkel fortgesetzt.

Diese drei Aspekte dominieren in den drei Teilen des Romans. Im ersten Teil „L'effacement dans le cœur" schildert die Icherzählerin den Hintergrund der Anamnese.

> L'écriture autobiographique est forcément une écriture rétrospective où votre ‹je› n'est pas toujours le ‹je›, ou c'est un ‹je-nous› ou c'est un ‹je› démultiplié. (Gauvin 1997: 33)

Im ersten Abschnitt „Le silence de l'écriture" dominiert die autobiographische Perspektive. Sie erklärt die Konsequenzen, die das im Hammam aufgeschnappte Wort „l'e'dou", das ‚Feind' bedeutet, womit die algerischen Frauen ihren Ehemann bezeichnen, für ihre Auseinandersetzung mit dem Schreiben und den Sprachen[170] hatte. Die folgende Passage reflektiert ihr Erleben von Liebe und Sprache, wobei der Geliebte allegorisch für die französische Sprache steht.

Es geht ihr im Teil „L'effacement sur la pierre" um die Rekonstruktion (*reconstitution historique*, *interrogation historique*) der Wiederentdeckung der alten Berberschrift, des Tifinagh im 17. und 19. Jahrhundert. Das soll eine „entreprise de reconquête" sein. Jugurtha rückt wie schon bei Amrouche ins Zentrum und wird in seiner legendären Größe gegen das Bild, das die römische Geschichtsschreibung durch Polybios von ihm überlieferte, gestellt. Auch das Leben der Prinzessin Tin Hinan wird aus seiner rein mündlichen Überlieferung heraus rekonstruiert.

> En somme, du point de vue de Djebar, il s'agit de retrouver sa place dans les civilisations de l'écriture pour retrouver sa place dans sa propre histoire, car si l'écriture facilite le vol des histoires, elle permet aussi leur récupération.[171]

Den dritten Textteil „Un silencieux désir" bezeichnet Djebar als „remontée", eine Rückverfolgung der „mémoire de femme à femme" in ihrer eigenen familiären Abstammungskette, und zwar der matrilinearen Linie. Dabei gliedert sich das Ich als „je-nous" ins weibliche Kollektiv mit seiner Überlieferung ein. Gemäß der architektonischen Metapher des Hauses ist dieser Roman den Terrassen gewidmet.

---

[170] „les autres langues maternelles que je porte en moi, sans les écrire", *Ces voix qui m'assiègent* (1999), S. 39.

[171] Beïda Chikhi: *Littérature algérienne. Désir d'histoire et esthétique.* Paris 1997, S. 232.

Les nuits de Strasbourg (1997) ist als erster Roman nicht im Maghreb, sondern in Straßburg und damit, wie die Autorin sagt, im Herzen Europas angesiedelt. Das Elsass erscheint parallelisiert zu Algerien und ebenso wie dieses durch die Erinnerung an historische Brüche gekennzeichnet. Im Zentrum des Romans steht die leidenschaftliche erotische Liebesgeschichte der dreißigjährigen Thelja mit François im Jahr 1989, die neun Nächte umspannt und den Text strukturiert, jedoch die Politik nicht verdrängen kann. Wie in *L'amour, la fantasia* ist die kollektive mit der individuellen Geschichte verquickt und die französisch-deutschen Ereignisse 1870-71 und 1939-40 verbinden sich mit der Vergangenheit und gegenwärtigen Lage in Algerien, in der die Protagonistin keine Zukunft sieht.

La femme sans sépulture (2002) rekonstruiert die Geschichte von Zoulikha Oudai, die 1957 als Widerstandskämpferin in den Maquis ging, zwei Jahre später von französischen Soldaten festgenommen und ermordet wurde. Es geht Djebar darum, die Lebensgeschichte dieser ‚Heldin' wachzurufen. Erstmals hatte sie 1975 bei den Arbeiten zu ihrem Film in der Gegend von Caesarea die Töchter und Freundinnen Zoulikhas, in deren Erinnerung sie noch lebte, angehört und dabei festgestellt, dass sie in ihrer Kindheit Wand an Wand wohnten. Eine erste Version des Textes schrieb Djebar 1981 in Paris, doch erst zwanzig Jahre später die endgültige Version in New York, wo Djebar seit 1991 an der *New York State University* Frankophone Literatur lehrt.

Der Text ist als Oratorium in dreizehn Sätzen angelegt. Die abenteuerliche Geschichte Zoulikhas mischt sich mit der Kindheit ihrer Töchter und ist in die kollektive Geschichte ihres Landes eingebettet. Berichtete Überlieferungen, in denen Djebar den Frauen Ausdruck verschafft und diese durch lange Kapitel des Gesangs auf die angestrebte Freiheit ergänzt, sind mit eigenen Eindrücken des aktuellen Geschehens kontrastiert und verbunden. Die Leerstellen der Geschichte Zoulikhas sind durch imaginierte Szenen ausgefüllt.

Djebar schreibt seit 1999 am vierten Band der Tetralogie über den Heiligen Augustinus. Ihr Ziel ist es, die vier Bände miteinander gekreuzt lesbar zu machen und die architektonische Konfiguration des arabischen Hauses mit der Öffnung zum Himmel abzuschließen.

2.4.2.4   Reflexion über Schriftstellertum und Sprache

Für Djebar hat die spezifische Situation des maghrebinischen Schriftstellers angesichts des Gebrauchs der französischen Sprache eminente Wichtigkeit.

Ihr gilt der Roman *La disparition de la langue française* (2003), dem sie ein Motto aus Dibs *Neiges de marbre* voranstellt. Die Handlung entfaltet sich um die ins Jahr 1991 datierte Rückkehr eines Mannes nach zwanzig Jahren Exil in die Heimat („‹Homeland›, le mot, étrangement, en anglais, chantais, ou dansait en moi, je ne sais plus [...]", S. 13). Die Rückkehr bedeutet für Berkane auch wieder zu schreiben. Berkane erinnert sich im ersten Abschnitt in der Ich-Form an die Kindheit in der Casbah, die Abstammung seiner Eltern und den kollektiven Bezug der Jungen auf die *Imazighen*, ihre berberischen Ahnen (S. 14). In der dritten

Person wird von seinem Entschluss zur Rückkehr aus dem Pariser Raum berichtet, zunächst mit der Absicht mit Marise den Sommer in der oberen Etage des Hauses am Meer, das er von seinen Geschwistern als Erbteil erbittet, zu verbringen. Marise trennt sich jedoch von ihm, und er lässt seine Existenz in Frankreich hinter sich und geht in Frühpension. Nachts erklingt in seinem Inneren der *Chant de la Cigogne*, wie seine verstorbene Mutter ihn in ihrem arabischen Dialekt sang.

Obwohl es hier um einen männlichen Autor geht, ist die Tatsache, dass der Weg zum Schreiben und Veröffentlichen von Literatur für arabische Schriftstellerinnen besonders schwierig zu beschreiten ist, weil sie an keine nennenswerte Tradition von Vorgängerinnen anknüpfen können, ein wichtiges Motiv der Werke Djebars.

Auch in *Ces voix qui m'assiègent* (1997) reflektiert Djebar über Schriftstellertum und Sprache. Diese Essaysammlung wurde von der Zeitschrift *Études françaises* 1999 mit einem Preis ausgezeichnet, der sich in die Reihe der Auszeichnungen einreiht, die Djebars Werk ehren (u.a. Neustadt-Literaturpreis 1996, Friedenspreis des Deutschen Buchhandels 2000).

2.5   Frauenliteratur

Écriture féminine, so der von Hélène Cixous eingeführte Begriff,[172] im Deutschen nicht ganz so treffend mit Frauenliteratur bezeichnet, soll hier keineswegs als Ghetto-Rubrik verwendet werden, sondern eine „littérature émergeante" innerhalb der maghrebinischen Literatur kennzeichnen und dadurch ihre Relevanz und Kohärenz betonen. Sie hat sich ab 1980 parallel zu der *Beur*-Literatur mehr und mehr etabliert und wird auch in der Forschung unter dem Begriffstitel Frauenliteratur wahrgenommen und diskutiert.[173]

Wenn Dibs *La grande maison* (1952), Feraouns *Le fils du pauvre* (1950) und Mammeris *La colline oubliée* (1952) – die kanonischen Gründungstexte des algerischen Romans, die in keiner Anthologie fehlen – als Auftakt der algerischen Literatur französischer Sprache gelten, so liegt dieser Wahrnehmung auch die Perspektive zugrunde, die Texte männlicher Autoren stärker betont als die ihrer Schriftstellerkolleginnen. Dies wurde von feministisch orientierter Literaturwissenschaft auch für andere Länder und ihre literarische Kanonbildung nachgewiesen. Denn bei Licht besehen sind Taos Amrouche, die Schwester des Dichters Jean Amrouche, und Djamila Debèche die Pionierinnen des algerischen Romans

---

[172] Zur theoretischen Fundierung siehe Hiltrud Gnüg/Renate Möhrmann (Hg.): *Frauen-Literatur-Geschichte*. Stuttgart/Weimar 1999. Renate Kroll/Margarete Zimmermann (Hg.): *Feministische Literaturwissenschaft in der Romanistik: theoretische Grundlagen – Forschungsstand – Neuinterpretationen*. Stuttgart/Weimar 1995. Hadumod Bußmann/Renate Hof (Hg.): *Genus. Zur Geschlechterdifferenz in den Kulturwissenschaften*. Stuttgart 1995.

[173] Siehe Chaulet-Achour 1998, Déjeux 1989 und 1990b.

gewesen. Ihre ersten Romane, Amrouches *Jacinthe noire* (1945) und Debèches *Leïla, jeune fille d'Algérie* (1947) erschienen gewissermaßen zu früh, bevor eine breitere Produktion einsetzte.

Als mit dem Algerienkrieg 1954 die Abnabelung vom Mutterland in ihre blutige Phase trat, beteiligten sich viele algerische Frauen als *mudjahidates* am Guerilla-Kampf, indem sie für Lebensmittel sorgten, Verwundete pflegten, Waffen transportierten oder gar selbst, wie die Autorin Myriam Ben, Kampfflugzeuge flogen. Andere wirkten publizistisch. Dieser Emanzipationsschub stärkte die Rolle der algerischen Frauen in der Gesellschaft nachhaltig[174] und spiegelte sich auch noch im Algerien nach der Unabhängigkeit wider. In den Verfassungen vom 10.9.1963 und 22.11.1976 war verankert, dass keine Diskriminierung aufgrund des Geschlechts erfolgen durfte. Die politischen, wirtschaftlichen und kulturellen Rechte der algerischen Frau waren garantiert (Walter 1990: 58). Das änderte sich grundlegend durch den *Code algérien de la famille*, der 1984 trotz massiver Proteste der unabhängigen Frauenorganisationen verabschiedet wurde, und die algerischen Frauen *de jure* auf den Status eines abhängigen Mündels relegierte und damit entscheidend die fundamentalistische Position stärkte.

Der Lebensweg Djebars, die bis 1976 die einzige erfolgreiche algerische Autorin war, belegt exemplarisch neben dem Zugang zum kolonialen Schulsystem die Wichtigkeit des Emanzipationsschubs durch den Unabhängigkeitskrieg. Bis heute gibt es in Algerien im Vergleich zu den beiden anderen Maghreb-Staaten die meisten Autorinnen. Zwischen 1947 und 1990 entstanden insgesamt etwa 120 Werke in in verschiedenen Gattungen (Chaulet-Achour 1998: 28).

Djamila Debèches Roman *Leïla, jeune fille d'Algérie* erzählt die Geschichte einer jungen Frau, die vor ihrer Zwangsverheiratung zu einer französischen Familie flieht. Ein weiterer Roman aus Debèches Feder ist *Aziza* (1955).

Taos Amrouche, die für die Publikation ihrer Texte auf ihre unterschiedlichen kabylischen und christlichen Vornamen zurückgriff, nannte ihre autobiographische Romantrilogie *Moisson de l'exil*. Im ersten Band *Jacinthe noire* (1947) erleidet ein streng traditionell erzogenes tunesisches Mädchen in einem französischen Mädcheninternat den Konflikt zwischen den französischen Wertvorstellungen und Normen und denen seiner Eigenkultur. 1968 erschien postum die Autobiographie ihrer Mutter Fadhma Aït Mansour Amrouche *Histoire de ma vie*, ein Zeugnis vom Leben und den traditionellen Sozialstrukturen in der Großen Kabylei, die sich unter dem Einfluss der Kolonisierung rapide wandelten. Fadhma Amrouche, als uneheliches Kind in die Dorfgemeinschaft hineingeboren, entfremdet sich dieser durch ihre Erziehung. Sie wird Christin, heiratet ebenfalls einen christianisierten Kabylen, so dass die Familie ins Exil nach Tunesien getrieben wird, wo 1913 Taos geboren wurde.

Marginalisiert und sich nirgends zu Hause fühlend erscheinen die Heldinnen der beiden folgenden Romane von Taos *Rue des tambourins* (1972) und *L'amant*

---

[174] Mounia Lazreg: *The Eloquence of Silence. Algerian Women in Question*. New York/London 1994, S. 36ff.

imaginaire (1975). Dieses Schicksal war in Algerien auch ihrer Literatur beschieden ähnlich wie der Autobiographie ihrer Mutter, jedoch wuchs seit den 90er Jahren die Akzeptanz für die so produktive, zwischen den Nationalitäten, Ethnien und Religionen stehende Familie. Amrouches vierter Roman, *Solitude ma mère*, der ebenfalls das Exil in den Mittelpunkt stellt, wurde in diesem Kontext 1995 erst postum veröffentlicht.[175]

Die besonders von Djebar vertretene Auffassung vom Schreiben als Akt der Entblößung, der Entschleierung, welcher sich nicht ohne innere Hürden vollzieht, findet sich bei vielen algerischen Schriftstellerinnen wie Aïcha Lemsine (geb. 1942), Malika Mokeddem (geb. 1949) oder Nina Bouraoui (geb. 1967) der jüngeren Generation.[176] Oft wählen sie wie Assia Djebar, Anna Greki, Myriam Ben oder Aïcha Lemsine ein Pseudonym oder ändern ihren Namen zu einem *nom de plume*.[177]

Den männlichen Autoren des Maghreb steht der Zugang zum literarischen und somit öffentlichen Sprechen aufgrund ihres Geschlechts *per se* offen, weshalb sie in der Regel mit ihren echten Namen zeichnen und häufig mit einem autobiographischen Roman debütieren. Auch sie schildern oft Frauenschicksale, meist die der Mütter oder Tanten ihrer autobiographischen Helden, die an den autoritären Familienstrukturen leiden. Der Marokkaner Driss Chraïbi stellte 1954 als erster in seinem Roman *Le passé simple* den verzweifelten Weg der Frau eines autoritären Patriarchen in den Selbstmord dar. Rachid Boudjedra zeigte in *La répudiation* (1969) noch kruder die traumatisierende Dimension der traditionellen Familie und ließ seine Protagonistin in *La pluie* (1987) Zuflucht im schreibenden Selbstausdruck finden, indem sie nachts Tagebuch führt (Spiller 1999: 408). Chraïbi zeigte dann in *La civilisation, ma mère!...* (1972) die modellhafte gelungene Emanzipation der Mutterfigur, die allerdings immer noch Objekt der Darstellung blieb. Die sich emanzipierende Frau erscheint erst in den Texten der Autorinnen, die in der Ich-Form verfasst sind, als nicht nur handlungsfähiges sondern zugleich sprachfähiges Subjekt.

Aïcha Lemsine (geb. 1940) mit ihrem Roman *La chrysalide. Chroniques algériennes* (1976) war die erste neue Autorin, die in den siebziger Jahren hervortrat. Ihr Thema ist Polygamie aus der Perspektive der Frau. Die Handlung ihres Romans erstreckt sich von der Kolonialzeit bis in die siebziger Jahre. Allerdings stehen Lemsines Figuren ziemlich stereotyp im Dienst der feministischen Botschaft und der Kritik an den die Frauen benachteiligenden Traditionen und Gesetzen.

Die 16jährige Khadidja heiratet Mokrane. Gegen die Tradition hat ihr Vater und nicht die Mutter die Ehe angebahnt. Auch der fehlende Brautschatz ist ein ungünstiges Omen. Man gibt sie in die Hände des Quacksalbers Si Taleb, doch erst als eine französischen Ärztin sie behandelt, bekommt sie den Sohn Mouloud,

---

[175] Siehe Denise Brahimi: *Taos Amrouche, romancière*. Paris 1996.
[176] Spiller 1997 „Exkurs: Die Literatur der Frauen", S. 13.
[177] Danièle Amrane ersetzte ihren französischen Vornamen durch Djamila. Leïla Sebbar und Hawa Djabali, sowie Aïcha Bouabaci wählten ihre Mädchennamen (Achour 1990a: 234).

kann aber keine weiteren Kinder gebären. Ihr Mann heiratet, um mehr männliche Nachkommen zu haben, auf Geheiß seiner Mutter eine weitere Frau, zunächst Ouarda, die stirbt, dann Akila. Mit ihr versteht sich Khadidja gut. Die Familie durchlebt den Befreiungskrieg, bei dem Mouloud sich dem Maquis anschließt. Khadidja unterstützt die junge Generation, indem sie Akilas Tochter Faïza den Weg ebnet, in Algier Medizin zu studieren. Fayçal, in den diese sich verliebt, verunglückt vor der Heirat tödlich mit dem Auto. Faïza ist schwanger und kehrt als Ärztin in ihr Dorf zurück.

Hawa Djabali wurde 1949 in Créteil geboren, lebte nach 1963 in Algerien, seit 1989 leitet sie das Centre Culturel Arabe in Brüssel. Ihr Roman *Agave* (1983) greift die Tradition des oralen Erzählens und Märchens auf (mit der Erzählerin Aïcha) und zeichnet ihre Hauptfigur, die Ärztin Farida als Synthese unterschiedlicher Frauenschicksale. Mit komplexen Erzählstrukturen und häufigen Perspektivwechseln stellt sie die Paarprobleme moderner und westlich ausgerichteter Algerier dar, dabei die Frau vor allem mit ihrer Schwierigkeit, sich in der ersten Person zu artikulieren. Teilweise erzählt auch ein männliches Ich (z.B. S. 33-40). Die Autorin wendete sich dem Theater zu und veröffentlichte 2001 den Roman *Glaise rouge. Boléro pour un pays meutri*[178], in dem vier Frauen, vor allem die junge Zohra und ihre Großmutter Hannana für die Durchbrechung der Enge ihres Frauenschicksals in Räume der Selbstverwirklichung eintreten.

Myriam Ben (geb. 1928) (Marilise Ben-Haïm) nahm als eine der wenigen jüdischen Frauen aktiv am Befreiungskrieg teil.[179] Schon als Kind hatte sie 1941 unter dem rassistisch motivierten Ausschluss aus der französischen Schule zu leiden (Achour 1989: 15f.). Bis sie 1943 wieder aufs Gymnasium gehen durfte, widmete sie sich mit Passion dem Klavierspiel. Sie war ab 1952 Lehrerin in der Dorfschule von Aboutville, ab 1954 in Oued Fodda. Schon sehr früh engagierte sie sich politisch in der *Union de la Jeunesse Démocratique*, ab 1956 im Maquis und für *Alger Républicain* schreibend. 1958 wurde sie in Abwesenheit zu 20 Jahren Zwangsarbeit verurteilt (Achour 1989: 36). Bei der Unabhängigkeit war ihre Akte bei der *Éducation Nationale* verschwunden und sie hatte Mühe, in ihren Beruf zurückzukehren. Von 1964 bis 1974 lebte sie überwiegend in Frankreich, wo sie an der Sorbonne Russisch studierte und 1972 promovierte. Ab 1974 war sie bis zur Pensionierung 1985 am INH von Bourmerdes als *Chef de Département des Langues et Sciences Humaines* tätig. Künstlerisch trat sie seit 1967 als Schriftstellerin, vor allem Novellistin und Lyrikerin, und Malerin hervor. Ein erster Roman *S.N.P. M'Hiri ou la mémoire en exil* zirkulierte 1967 als Kopie, wurde aber nie veröffentlicht. Sie berichtet, wie sie bei schlechter Gesundheit an einem 1. November fern ihrer Heimat das Projekt formte:

> En rentrant chez moi, j'ai commencé à écrire... Un retour sur toute une vie. L'histoire de l'enfance algérienne, de l'émigration et, à tout cela, j'ai intégré les souvenirs de la guerre. Pendant des années je ne pouvais pas parler de ce qui était arrivé pendant la

---

[178] *Trois romans algériens*, Marsa 2001.
[179] Christiane Achour: *Myriam Ben*. Paris 1989.

guerre. Cela m'était intolérable. Peut-être est-ce pour cela que j'ai écrit. Ce ‹roman› a été écrit d'une seule traite, un peu comme les poèmes. J'espérais le publier mais certaines pages étaient impubliables. C'est plus tard que j'en ai tiré quelques nouvelles. (Achour 1989: 82)

Erst in den achtziger Jahren wendete sie sich erneut dem Roman zu. Der pessimistische Roman *Sabrina, ils t'ont volé ta vie* (1986) zeigt, wie die Titelheldin mit ihrem individuellen Glücksstreben an den gesellschaftlichen Rahmenbedingungen des nachkolonialen Algeriens scheitert. Die neue Realität wird sehr kritisch beurteilt. Familie und Tradition erweisen sich als mit Liebe und echter Partnerschaft inkompatibel. Die Protagonistin repräsentiert in diesem Text mit deutlich feministischer Message die jüngere Generation von algerischen Frauen, die sich gegen die patriarchalische Tradition auflehnt.

Sabrinas Vater warnt sie vor ihrem unausweichlichen Schicksal als Frau („Jure-moi, jure-moi que tu ne te marieras jamais. Les hommes sont des chiens qui salissent tout [...]" S. 9). In der nächsten Szene verlässt sie nach einem Traum, in dem sich Hunde in Menschen verwandelten, ihren Ehemann Saber. Auf der Straße bewundert sie die Frauen, die zur Arbeit gehen: „Gagner sa vie. Ne pas être tributaire d'un homme" (S. 20). In Rückblicken werden die Phasen ihrer Verbindung belebt. Ihre Mutter billigte zwar in Abwesenheit des Vaters, der allein im alten Haus der Familie in Tlemcen zurückgezogen lebte, die Eheschließung mit Saber, den sie entgegen der Tradition aus Liebe heiratete und selbst erwählte. Schon als sie sich bei der Verlobung küssten, traf sie der böse Blick der Schwiegermutter. Die Heirat wurde traditionsgemäß vollzogen. Sie brachte einen Brautschatz mit und musste gynäkologisch und durch das blutbefleckte Laken ihre Jungfräulichkeit beweisen. Doch die Schwiegermutter bewirtete bei der siebentägigen Feier die Angehörigen der Braut nicht angemessen und wollte das Monopol der Liebe ihres Sohnes behalten. Sie enthielt ihr Nahrung vor, ließ sie niedere Arbeiten im Haushalt verrichten, was Sabrina anfangs aus Liebe zu Saber erduldete. Dieser erwies sich als zeugungsunfähig, worauf ihr Schwager Moussa und ihr Schwiegervater versuchten sie zu vergewaltigen. All das konnte ihre Liebe nicht erschüttern. Sie träumte am Ende davon, mit Saber wegzugehen und sich eine Arbeit zu suchen. Doch dieser vernachlässigte sie und kaufte ihr nicht mehr ihre lebensnotwendigen Medikamente, nachdem sein Vater, der lange im Maquis war, ihn öffentlich zum ersten Mal anerkannte und dadurch in den Schoß der Familie zurückholte. Aus dem knappen Epilog in der dritten Person geht hervor, dass Sabrina tot zusammenbricht. Sabrina, so sagte Ben, ist der Aufhänger, um die rückständigen Aspekte der algerischen Gesellschaft zu zeigen, auf die der Leser drei Reaktionsmöglichkeiten hat, die Umstände passiv hinzunehmen, die Flucht nach vorn anzutreten und aktiv für positive Veränderung zu handeln (Achour 1989: 85).

Khelifa Benamaras Roman *La mue* (1985) zeigt ebenfalls eine Familie angesichts der Modernisierung und rascher sozialer Veränderungen. Die Geschichte geht schlecht aus, sie entspricht dem ideologischen Konzept auch anderer von der ENAL publizierter Texte wie denen von Zehira Houfani-Berfas.

Auch Hafsa Zinaï-Koudils *La fin d'un rêve* (1984) widmet sich dem Thema des Befreiungskriegs und fokussiert durch die neugierigen Augen eines Kindes im Aurès die Welt der Familie und die Welt draußen, geprägt von Gewalt und Hass. Der naive Blick spiegelt das desolate soziale Umfeld und zeigt die Befreiung am Ende des Krieges. Zinaï-Koudils Roman *Le pari perdu* (1986) ähnelt in der Anlage der Handlung dem Roman Bens. Assia wird von Mourad schwanger, der bei einem Autounfall stirbt, wodurch sie juristisch und materiell mittellos zurückbleibt. Am Ende wird sie auf die Straße geworfen, vergewaltigt, geschlagen, blutüberströmt liegt sie auf dem Bürgersteig, bevor sie ins Krankenhaus gebracht wird, wo sie stirbt.

Malika Mokeddem veröffentliche 1990 ihren ersten Roman *Les hommes qui marchent*. Die 1949 in der westlichen Sahara in Kénadsa als Älteste von zehn Geschwistern geborene Autorin ist Ärztin und lebt seit vielen Jahren in Montpellier. Der Roman ist, wenngleich in der 3. Person erzählt, deutlich autobiographisch inspiriert und zeigt mit starken Anleihen an die Oralität und vervielfachten Erzählerstimmen die Kindheit und Jugend Leïlas unter sesshaft gewordenen Nomaden mit Blick auf die politische Entwicklung des Landes zwischen 1945 und 1975. Zentral ist die förderliche Rolle der Großmutter Zohra,[180] die in ihren Legenden die Vergangenheit der Nomaden, der blauen Menschen, besingt und ihre Enkelin ansport, den Weg zu Schule und Universität zu beschreiten. Für Mokeddem selbst war dies der erste Schritt in die Freiheit und zugleich ins Exil. *Le siècle des sauterelles* (1992) siedelt die Geschichte in den zwanziger Jahren an. Mahmoud, ein schriftgelehrter Nomade, der sich der Poesie und Liebe zu seiner Frau Nedjma widmen möchte, wird von der Brutalität des Lebens eingeholt: Während er unterwegs ist, vergewaltigen und ermorden Räuber seine Frau vor den Augen der Tochter Yasmine, die dadurch die Sprache verliert. Der Vater initiiert sie in die Literatur, indem er ihr die Geschichten und die faszinierende Lebensgeschichte Isabelle Eberhardts (1877-1904) erzählt. Als sie den Mörder Hassan zufällig auf einem Markt erblickt, wird das Trauma reaktualisiert und sie kann wieder sprechen. Der Kampf gegen die Heuschrecken versinnbildlicht die Auflehnung der Individuen gegen die Fatalität ihres Schicksals. Grundlegend ist die Opposition von Schweigen und Sprache.

Mit dem Roman *L'interdite* (1993), den Mokeddem dem ermordeten Djaout und den Feministinnen des *Groupe Aïcha* widmet, wechselt die Autorin zur Ich-Form. Ganz im autobiographischen Duktus öffnet der Text mit „Je suis née dans la seule impasse du ksar." *Ksar*, einer der vielen fremdsprachigen Begriffe, die die Texte Mokeddems durchziehen, wird in diesem Fall in der Fußnote als „village traditionnel en terre" erläutert (S.11). Sultana Medjahed, heißt die Icherzählerin, die aus Montpellier nach Aïn Nekhla, den Ort ihrer Kindheit, zurückkehrt, um an der Beisetzung ihres früheren Geliebten Yacine teilzunehmen. Dieser ist plötzlich, allerdings ohne Gewalteinwirkung, gestorben. Sie übernimmt seine

---

[180] Siehe Brahimi 1995:35 zu der ungebrochenen Beziehung zur Großmutter, die in vielen Texten frei ist von der Ambivalenz, die die Mutterfigur betrifft.

Stelle als Arzt. Vincent Chauvet ist der zweite männliche Icherzähler, dessen Kapitel mit denen Sultanas alternieren. Ihm wurde eine Niere von einer jungen Algerierin gespendet und nun bereist er das Land und trifft das Mädchen Dalila, das sich gegen die Verbote seiner Familie auflehnt, und schließlich Sultana. Islamisten bedrohen sie, doch die Frauen des Dorfs sind solidarisch. Sie legen einen Brand. Es geht mit deutlich feministischer Botschaft um die Rechte von Männern und Frauen, die Begegnung der Kulturen, das Exil und die Erinnerung, die auch Traumata beherbergt. „Je ne veux plus endurer l'invivable, la nostalgie sans issue", (S. 157) sagt Sultana.

Des rêves et des assassins (1995) und *La nuit de la lézarde* (1998), das die in der Wüste angesiedelte Geschichte Nours erzählt, vertiefen die Wahrnehmung des Exils als positiven Freiraum, in dem die Frau ihre Stimme erheben kann, was ihr in der Heimat verwehrt ist. Für Mokeddem ist die Literatur ihre wahre Heimat, denn als Nomadin hat sie die territoriale Verbindung zu den Wurzeln nicht. Schreiben ist für sie ein Akt des Erinnerns, der mit der Geschichte, der eigenen Vergangenheit und den Wurzeln aussöhnen kann.

> Écrire, noircir le blanc cadavéreux du papier, c'est gagner une page de vie [...] L'écriture est le nomadisme de mon esprit sur le désert de ses manques, sur les pistes sans autre issue de la nostalgie, sur les traces d'une enfance que je n'ai jamais eu.[181]

Des rêves et des assassins beruht nach Mokeddems Aussage auf der Geschichte einer verstorbenen Patientin[182] und schreibt sich wie *L'interdite* in die *littérature d'urgence* ein, freilich ohne sich auf die Gewaltdarstellung zu verengen (Chaulet-Achour 1998: 185). Schon zu Beginn vertieft sich der „roman pamphlétaire sur l'Algérie" (*La transe des insoumis*, S. 39) in den Familienroman aus der Perspektive der Tochter Kenza. Der Vater ist eine sexbesessene Karikatur („une caricature", S. 12), die Mutter eine Leerstelle („Ma mère, elle, je ne l'ai jamais connue." S. 12). Die Tochter wächst beim Vater, einem sadistischen Metzger, der mit der *Bonne*, die er als Frau nimmt, noch acht weitere Kinder hat, in Oran auf und verbringt die Ferien bei ihrem Onkel und den Seinen in der Wüste.

> Dés que j'ai pu me débrouiller seule, c'est moi qui ai fui mon père, sa bestialité, les criailleries de sa marmaille, sa femme-servante, l'ambiance de cette immeuble devenu un étouffoir. (S. 20f.)

Das erzählende Ich beschreitet den Weg in die Bildung. Sie erhält ein Stipendium für das Internat und verbringt die Ferien lesend anstatt zu ihrer Familie zurückzukehren. Die Vaterfigur ist in Mokeddems Romanen mit Ausnahme des positiven Idealentwurfs Mahmoud negativ gezeichnet, was für die patriarchalisch-misogyne Ausrichtung der algerischen Gesellschaft steht.

Der stärker onirisch-poetische Roman *N'zid* (2001), dessen arabischer Titel ‚ich mache weiter' und ‚ich werde geboren' bedeutet (S. 30, S. 160f.), widmet sich dem Vergessen und der Erinnerung. Die Reise Noras, die durch einen hefti-

---

[181] „De la lecture à l'écriture, résistance ou survie?", in: *Alger Républicain* 11.04.1994.
[182] Najib Redouane/Yvette Benayoun-Szmidt/Robert Elbaz: *Malika Mokeddem*. Paris 2003, S. 24.

gen Schlag auf den Kopf ihr Gedächtnis verloren hat und sich als weiblicher O-
dysseus (S. 77) allein zwischen den griechischen Inseln und Sizilien auf einem
Segelboot befindet, in ihre hybride Identität (irländisch, algerisch und französisch, S. 115) einer *errante* führt über Syrakus, Vulcano, Ustica, Korsica bis zu
den Nomaden der Hochplateaus. Doch die algerische Dimension ihrer Mutter, die
auch in dieser Geschichte eine Leerstelle ist, lässt sich nicht integrieren. Die beiden Männerfiguren, die sie vertreten, Jamil und Jean, werden umgebracht. Die
Wüste findet in diesem Roman ihre symbolische Entsprechung im Meer.

La transe des insoumis (2003) ist dem Vater der Autorin gewidmet und thematisiert in akzentuiert autobiographischer Perspektive (Bezüge auf ihre Romane, reale Namen der Personen) das weibliche Thema der Trennung vom Geliebten. Der Text vollzieht am Motiv der Schlaflosigkeit ausgerichtet eine Bewegung
zwischen den mit „Ici" überschriebenen Kapiteln des Jetzt des Jahres 1994 in
Montpellier und den mit „La-bàs" benannten des Damals in der Wüste, Oran und
Algier. Auch diesmal ist die Großmutter und Ahnin tiefer Halt und Quelle des
mündlichen Erzählens. Der Eintritt in die *écriture* der Autobiographin wird als
der Beginn der Entfremdung von ihrem Lebensgefährten und zugleich Überle-
bensform gewertet.

> Les livres sont mes lits debout entre moi et le monde, des mondes où les mots se cou-
> chent au bord de l'infini. (S. 66)

Die Autorin, deren Familie sie bei ihrem Weggang nach Frankreich 1977 aus-
stieß, worauf sie dreizehn Jahre nicht mehr nach Algerien und über zwanzig Jahre nicht mehr in die Wüste zurückkehrte, bezieht sich in diesem Roman neben algerischen Autoren wie Djaout und Mimouni erneut auf ihre ‚literarische Großmutter' („grand-mère version écrite") Isabelle Eberhardt, die als Si Mahmoud
verkleidet und auf der Suche nach ihrer Identität den Maghreb bereiste und kurz
vor ihrem Ertrinken in einem Wadi mehrere Monate in Mokeddems Dorf verbrachte (S. 125f.). Am Ende des Textes beschreibt Mokeddem ihre Fahrt im Mai
2001 nach Algier und Constantine, den Kontakt mit den algerischen Lesern, das
Wiedersehen mit der Familie, vor allem dem Vater.

Zu den jüngeren Autorinnen zählt die 1960 auf Djerba geborene Leïla Marouane, mit bürgerlichem Namen Mechentel. Sie ist die älteste Tochter eines exilierten Führers der algerischen Befreiungsarmee und einer ebenfalls im Maquis
engagierten Frau. Sie studierte in Algier Medizin und Literaturwissenschaft, arbeitete als Journalistin für *Horizons* und *El Watan*, bis sie 1990 wegen der politischen Lage in Algerien nach Paris ging. Diese war ihr auch Anstoß, vom journalistischen zum literarischen Schreiben zu wechseln. Ihre bisher erschienenen Romane *La fille de la Casbah* (1996), *Ravisseur* (1999) und *Le châtiment des hypocrites* (2001) – ein vierter steht kurz vor dem Abschluss und thematisiert Gewalt gegen Kinder – stellen die Lebenswelt algerischer Frauen und ihre traumatischen Erfahrungen mit den Mitteln der Satire dar; aus der Perspektive von ‚ver-
rückten' Frauen, die über ihre Erfahrungen den Verstand verloren haben, wird
mit beißendem Humor die Doppelmoral der Gesellschaft entlarvt. Ihre Modelle

findet sie weniger unter den maghrebinischen Autoren, als in Kafka, Gorki und dem lateinamerikanischen magischen Realismus etwa eines García Márquez.

La fille de la Casbah (1996) zeigt die 33jährige Arabischlehrerin Hadda Bouchnaffa, die mit der Tradition der Casbah und ihrer Familie bricht und ihrem Leben eine andere Wendung in die Freiheit und Modernität geben will. Doch das Leben mit dem Liebhaber Nassib erweist sich als entfremdende Enttäuschung und sie bringt ihn um.

Ravisseur ist die Geschichte eines Familienvaters, der seine Frau verstößt, sie mit dem Nachbarn verheiratet, damit er sie selbst, wie vereinbart, nach erneuter Verstoßung wieder heiraten kann; doch alles kommt anders: das neue Paar brennt durch und lässt ihn mit seinen Konflikten, denen er sich durch Alkohol zu entziehen sucht, zurück.

Sowohl die vielen Pseudonyme als auch die Erzählsituation, in der häufig eine Figur die Erlebnisse von anderen schildert, zeigen eine gewisse Distanznahme seitens der Autorinnen. Dominant sind Situationen der Einsamkeit und Isolation. Die meisten Texte umkreisen die Entdeckung des Gefährten und Geliebten, wobei in Bezug zum Mann wie auch in Bezug zu den Kindern in vielen Texten eine unüberwindbare Schranke besteht. Das Alltagsleben und der weibliche Körper werden wichtig. Gerade in den ambitionierteren Romanen geht es um die Auswirkungen der im Maghreb spezifischen Spannung zwischen Tradition und Moderne auf die weibliche Selbstfindung, das Vordringen der Frauen in neue Räume und vor allem ihre literarische Wortergreifung.

2.6 Kriminalroman

Der algerische Kriminalroman entstand in den siebziger Jahren. Zwischen 1970 und 1972 erschienen zunächst sechs Krimis eines gewissen Youcef Khader, ein Pseudonym, hinter dem sich – Déjeux zufolge[183] – ein bekannter inzwischen verstorbener französischer Schriftsteller verbarg. Die Texte wurden von der SNED verlegt und entsprachen der damals herrschenden Staatsideologie. Mourad Saber, SM 15, operiert als algerischer Geheimagent erfolgreich im Auftrag der arabischen Liga gegen die Israelis und zwar stets außerhalb des algerischen Territoriums (u.a. in Israel, Italien, Nicaragua, USA), das seinerseits völlig frei von Verbrechen erscheint. Vor allem die puritanische Haltung des Agenten gegenüber dem weiblichen Geschlecht machte ihn zum einem regelrechten Anti-James Bond.

Zwischen 1973 und 1990 erschienen weitere 13 Krimis in Algerien.[184] Abgesehen von den wenig gelungenen *God et la trinité* von Assia Dridi (1973), *D. contre-attaque* (1973) und *Piège à Tel Aviv* (1980) in der Tradition Youcef Khaders von Abdelaziz Lamrani, thematisierte Larbi Abahri Wirtschaftskriminalität, verfasste die Autorin Zehira Houfani-Berfas *Le portrait du disparu* (1986) und

---

[183] *La littérature maghrébine d'expression française*. Paris 1992, S. 88.
[184] Siehe Hadj Miliani: „Le roman policier algérien", in: Bonn/Boualit 1999: 104-117.

Les pirates du désert (1986). Die Auffassung des Genres wurde bei Djamal Dib auch humorvoll. In seinen wie in den *romans noirs* von Salim Aïssa ist die Handlung in der algerischen Realität verankert und damit der Übergang zu einem spezifisch algerischen Kriminalroman vollzogen.

Rabah Zeghouda und Mohamed Benayat greifen in ihren Kriminalfällen historisch wieder weiter zurück, etwa indem die Handlung nach Paris, allerdings als bloße Kulisse, zu Beginn der sechziger Jahre verlegt wird, und bedienen sich des Zufalls als konstitutiven Elements der Handlungskette.

Mit den ersten Kriminalromanen um Kommissar Llob, einen schreibenden Polizisten, verbuchten algerische Krimis erstmals großen Erfolg bei den Lesern: *Le dingue au bistouri* (1990), *La foire des enfoirés* (1993) erschienen aus der Feder Moulessehouls anonym in Algier. Unter dem Pseudonym Yasmina Khadra erschienen in Paris *Morituri* (1997), *Double blanc* (1997) und *L'automne des chimères* (1998). Es sind in Algier und seiner Agglomeration ambientierte Großstadtromane, die sich auf die Gegenwart und ihre Probleme beziehen.

In *Morituri* geht es um von Fundamentalisten verübte Gewalttaten. Dabei wird verdeutlicht, dass in einer krakenähnlichen Struktur die staatlichen Machthaber mit wirtschaftlichen Interessen verquickt sind, wobei die Institutionen und das Gewaltmonopol des Staates als verlängerte Fangarme zur Manipulation der Menschen ohne Einfluss missbraucht werden.

Ghoul Malek, ein gefürchteter *big brother* zur Zeit der Einheitspartei, beauftragt Llob, seine verschwundene Tochter Sabrine zu finden. Als dieser in dem *Cabaret Limbes Rouges* und einem Edelbordell fahndet, droht ihm Malek. Mourad Atti, in dessen Begleitung sie zuletzt gesehen wurde, behauptet, bevor er ermordet wird, für Hadj Garne zu arbeiten, der beim Polizeichef Beschwerde führt. Die *Limbes Rouges* erweisen sich im Verlauf der *enquête* als „fabrique de terros" (S. 107) mit dem Drahtzieher Abou Kalybse. Nachdem ein Handlanger der Organisation dessen Aufenthaltsort verraten hat, hält dieser in Anlehnung an Francis Coppolas Vietnam-Film *Apocalypse now* eine verrückte Rede über die Algerianität, die er gegen Verwestlichung verteidigen will. Beim finalen *show down* zwischen Llob und Sid Lankabout wird dieser durchs einen Schuss von draußen niederstreckt. Nach seinem ‚Fahndungserfolg' wird Llob mit seiner Familie bedroht. Eine Geiselnahme, Attentate und Morde an Schriftstellern runden das Panorama des Terrors ab.

Der Manicheismus von bösen Islamisten und guten Polizisten und Militärs ist jedoch aufgegeben. Llobs Lieutenant Lino, der Anhänger des Wahlboykotts war, lebt von kleinen ‚Geschäften' und muss, von Islamisten bedroht, im Büro schlafen. Er schreit seine Angst und Revolte heraus, nachdem sein Kollege Serdj umgebracht wurde (S. 109). Kommissar Dine quittierte den Dienst und trinkt, liefert jedoch mit Hinweis auf den ermordeten Schriftsteller Tahar Djaout weitere wichtige Anhaltspunkte. Hadj Garne, Teil der „mafia politico-financière" ist der Drahtzieher (S. 145). Es gelingt Dine und Llob, ihre Gegenspieler, schwarzmaskierte *Ninjas*, in eine Falle zu locken. Llob sucht Ghoul Malek auf, konfrontiert ihn mit hunderten Photos seiner Opfer, doch Malek kommentiert nur zynisch: „la société obéit à une dynamique à trois écrans. Ceux qui gouvernent. Ceux qui écrasent. Et ceux qui supervisent" (S. 163). Darauf erschießt ihn Llob.

Der Kommissar durchschaut die mafiösen Strukturen und seine Gegner. Die Würde des Polizisten, des Staatsdieners, der seinen Auftrag ernst nimmt, beginnt über die Mafiastrukturen zu siegen. Llob ist in diesem Text noch unsterblich, wie es sich für einen Serienhelden geziemt. Er stellt sich auch im Folgeband *Double blanc*[185] um die Morde an einem Diplomaten und einem Professor den negativen Seiten der Mafiastrukturen.

Mit seinen Krimis, die in den Beschreibungstechniken dem Stil Echenoz' gleichen, führte Khadra die mit dem Genre spielende Form dieser Gattung ins Feld der algerischen Literatur ein.[186] Der Autor spielte dabei auch mit seinem *Nom de plume*.[187] Schon im Vorwort zu *Morituri* fragte Marie-Ange Poyet, ob die unverstellt misogyne Sprache tatsächlich die einer Schriftstellerin sein könne und dachte an ein doppeltes Täuschungsmanöver, mit dem der männliche Autor unter weiblichem Pseudonym neben seiner beißenden Gesellschaftskritik auch misogynen Zynismus verbreitete. Dies ist jedoch als Zeichen dafür zu deuten, dass der literarische Diskurs algerischer Autorinnen keinesfalls aus ihrer Gesellschaft wegzudenken ist, im Gegenteil ein weiblicher Autorenname das Interesse an den Texten noch erhöht. Moulessehoul begründet seine Entscheidung für das Pseudonym als Rückgriff auf die Vornamen seiner Frau und Hommage an die algerischen Frauen.

Boualem Sansal ist Ökonom und als Staatsbeamter in der algerischen Industrie tätig. Sein erster Roman *Le serment des barbares* (1999) erhielt 1999 den *Prix du Premier Roman* und den *Prix Tropiques*. Die Intrige seines Krimis ist ebenfalls im Kontext der „sale guerre" angesiedelt und am Schluss mit „Boumerdès 1998" datiert.

Ce jour-là, comme les jours précédents, on enterre de nouvelles victimes du terrorisme. Il sévit à grande échelle. Cette animosité n'a pas de nom, à vrai dire. C'est une geurre si on veut; une fureur lointaine et proche à la fois; une hérésie absurde et vicieuse qui s'invente au fur et à mesure ses convictions et ses plans [...] (S. 9).

Die Handlung setzt mit zwei Beisetzungen auf dem Friedhof in Rouiba ein. Der Ort im Osten Algiers ist durch die postkoloniale Industrialisierung entstellt. Die Wandlung der Örtlichkeit und ihrer Bewohner verbildlicht metonymisch die Metamorphose des ganzen Landes (S. 9-25), innerhalb welcher der Terrorismus eine neue Etappe markiert:

---

[185] Adel Gastel: „*Double blanc*. La récidive de Yasmina Khadra", in: *Algérie Littérature/Action* 12-13, 1998, S. 177-179, S. 178.

[186] Siehe zu Entstehung und Entwicklung des Kriminalromans in Algerien die Studie von Beate Burtscher-Bechter *Algerien – ein Land sucht seine Mörder. Die Entwicklung des frankophonen algerischen Kriminalromans (1970-1998)*. Frankfurt a.M. 1999.

[187] Siehe Heiler, Susanne: „Algerisches Quiproquo. Titel und Titelkontext der Kriminalgeschichten Yasmina Khadras", in: Mecke/Heiler 2000: 139-157.

> Or voilà que le terrorisme a ajouté les couleurs du feu de l'enfer, le vacarme des explosions, l'odeur du sang et de la poudre, et semé dans les têtes de nouvelle maladies. (S. 25f.)

Die beiden unterschiedlichen Männer, die der Zeitpunkt ihrer Beisetzung vereint, sind der steinreiche korrupte Händler Si Mohamed Lekbir, der Opfer der Islamisten oder anderen zufolge der SM, einer dubiosen Organisation, sein soll, während der arme Abdallah Bakour am selben Tag von unbekannter Hand getötet wurde und nur von seinem Bruder Gacem zu Grabe geleitet wird. Der Ermittler Si Larbi kennt die Hintergründe und fühlt Sympathie für Abdallah, dem er sich verwandt fühlt, da auch er, seit zwei Jahren verwitwet, nicht mehr viel vom Leben erwartet. Im Kommissariat von Roubia ist der „vieux flic" zu wenig nutze, da das Land in einer unbeschreiblichen Krise steckt (S. 32) und er nur zu Fuß zu Ermittlungen aufbrechen kann. Leitmotivisch werden menschliche Tode miteinander kontrastiert: die des Präsidenten Boudiaf mit der „fin étrangement opportune du Dictateur" (S. 37). Der Leser folgt dem Inspektor bei den Ermittlungen: Er sucht zunächst Gacem Bakour in seiner Baufirma auf, um Näheres über dessen Bruder zu erfahren, der früher Landarbeiter war und danach lange in Frankreich lebt, dann forscht er im kerkerähnlichen Krankenhaus von Rouiba, dessen unvorteilhafte Metamorphose im Text mit beißender Ironie beschrieben wird. Wie Boudjedra spricht Sansal von „le Clan", um den FLN zu bezeichnen (S. 67). „Qu'est-ce qui n'a pas empiré? La démocratie naissante, au lieu d'arrondir les angles, a aiguisé les couteaux" (S. 74). Weitere Boudjedra-Reminszensen sind die Ratten, die das Hospital bevölkern. Die Intrige gibt wiederholt Anlass zu Exkursen zur algerischen Geschichte, das „mystère" (S. 157) wird in der Manier moderner Krimis nur ansatzweise aufgelöst – es geht um den christlichen Friedhof von Rouiba, auf dem Abdallah die Gruft seiner früheren Arbeitgeber, der reichen Colons Viallatta betreut und vielleicht zufällig Zeuge der Machenschaften wurde, an denen Si Moh und mit ihm andere ehemalige Widerstandskämpfer beteiligt sind, vor allem der dubiose Aoudia (S. 411f.) –, und endet mit der Ermordung des Ermittlers, als dieser sich mit einem Historiker, der ihm Informationen übermitteln will, trifft.

2.7   Neueste Tendenzen nach 2000

Das Pseudonym Yasmina Khadra dient, nachdem es gelüftet wurde, auch weiterhin als „nom de plume" von Moulessehoul. Unter diesem Namen erschienen weitere Romane bei Julliard: *L'écrivain* (2001), *L'imposture des mots* (2002), deren Titel eine verstärkte autoreflexive und metaliterarische Dimension anzeigen, zuletzt 2002 *Les hirondelles de Kaboul*. In diesem Roman erzählt Khadra ähnlich wie Djebar in ihren frühen Texten die Auswirkungen des Krieges in Afghanistan und der Talibanherrschaft auf mehrere Paare (etwa Mohsen und Zunaira, Mussarat und Atiq). Intimistisch begleitet der Erzähler die Figuren auf dem Weg zu einem wachsenden Verständnis zwischen Mann und Frau, wobei der Krieg und seine Folgen im Grunde nur die Kulisse bereitstellt. Bezüge auf Djebar (wie das Nessus-Gewand) sind gehäuft, obwohl der Autor auf Befragen innerhalb der maghrebinischen Literatur keine Vorbilder für sich reklamiert, sondern sich in der Tradition Steinbecks, Camus' des *L'étranger* und vor allem Gogols sieht.

Boualem Sansals zweiter Roman *L'enfant fou de l'arbre creux* (2000) steht deutlich in der Tradition Mimounis. Im Zuchthaus von Lambèse führen zwei zum Tode Verurteilte einen Dialog: der 1957 in Vialar, dem heutigen Tissemsilt, geborene Pierre kehrte auf der Suche nach seiner Mutter, die ihn nach der Geburt weggegeben hatte, nach Algerien zurück, wo er gefährliche Entdeckungen über den Unabhängigkeitskrieg machte. Farid war an den islamistischen Gräueltaten beteiligt.

Boudjedra entwirft mit *Fascination* (2000) eine positive Vaterfigur: Ila, ein passionierter Pferdezüchter, kompensiert seine Impotenz oder Zeugungsunfähigkeit durch die Adoption von Kindern und den Wunsch, durch die Kreuzung edler Pferderassen das trefflichste Fohlen zu züchten. Sein Stiefsohn Lam und die Stieftochter Lol stehen im Mittelpunkt der Ereignisse, die die Etappen der algerisch-französischen Geschichte kritisch beleben und durch Informationen in Kursiv-Satz zur Geschichte einzelner Städte oder Figuren kontextualisieren. Krieg, *errance* und Exil, schließlich die existentialistische und freie Entscheidung für ein Leben im multikulturellen Raum zwischen Paris und Algier werden mit Freude an der literarischen Filiation auf Joyce und William Faulkner sowie orientalische und autochthone Traditionen wie *Tausendundeine Nacht*, Ibn Chaldun und Jugurtha verbunden. Gekoppelt an das Bild der aus Mongolenpferden, Arabern und anderen Vollblutrassen entstehenden Mischung stimmt der Text eine Hymne auf den *Métissage* an.

> C'est à ce moment que Lam comprit combien Paris est un vrai métissage, non seulement de races et de langues mais d'architectures. (S. 236)

Habib Tengour stellt in *Le poisson de Moïse* (2001) in Anlehnung an das Filmgenre des *road-movies* die Erlebnisse dreier junger Algerier auf dem Weg von Paris nach Peshawar dar. Neben vielen Action-Elementen, die gegenüber der Poesie seiner früheren Romane in den Vordergrund rücken, stellt er Betrachtungen über den Islam an. Die Lesbarkeit und Zugänglichkeit hat deutlich zugenommen. Der Text entstand zunächst mit dem Titel *L'Afghan* als Filmdrehbuch für den in Paris lebenden Okacha Touita,[188] wurde aber nicht realisiert, sondern von Tengour zu einem Hörspiel *Retour d'Afghanistan* für den Hessischen Rundfunk umgestaltet, der es jedoch ablehnte. Danach erst gestaltete Tengour den mit dem Untertitel *Fiction 1994/2001* versehenen Roman. Zwei große Teile *La route de Qandahar* und *La halte à Paris* zeigen drei Jugendfreunde aus Oran, Hasni, Mourad und Kadirou, die sich als freiwillige Kämpfer nach der Eroberung Kabuls, als die russische Armee abgezogen ist, in einem Lager in Peshawar zufällig treffen. Sie wissen nicht so recht, wie ihr Leben weitergehen soll, der eine will

---

[188] Regina Keil, „«La vibration de la trace...» Évolution et continuité dans *Le Poisson de Moïse*" in: Yelles 2003: 158.

nach Australien, der andere nach Kanada, der dritte schließlich in Algerien einen islamistischen Staat errichten. Sie wollen nach einem Blutspakt, der intertextuell auf *Le vieux de la montagne* verweist, einen Waffen- und Sprengstofftransport überfallen, erbeuten eine Million Dollar, doch Kadirou kommt um, Mourad bleibt schwer verletzt zurück, nur Hasni geht mit der Beute nach Paris. Dort findet Mourad ihn wieder, beide basteln mit anderen Jugendlichen an Bomben, wobei auch Hasni umkommt und Mourad, nachdem er ihn gerächt hat, ebenfalls tödlich getroffen wird. Auch in diesem leichter zugänglichen Text bestehen Referenzen auf die arabische Dichtung, die maghrebinische Hagiographie und den Surrealismus etwa Aragons *Le paysan de Paris* (Keil 2003: 173). Der alte Algerier Sellami erzählt im Sinne der *oral history* aus seinem Leben. Die Referenz auf den Koran, vor allem die Sure ‚Die Höhle', etabliert eine Parallele zwischen Mourad und Moses. Angesichts der Religion zeigt der Text unterschiedliche Vorstellungen des *Djihad* gefiltert durch den Blick der Figur des angewiderten und erschöpften Mourad.

Abdelkader Djemaïs *Gare du Nord* (2003) ist wie auch sein folgender Text brillant erzählt und dabei sehr knapp und konzise formuliert. Der Alltag von drei alten Maghrebinern in *Barbès* um die *Gare du Nord* fügt Begegnungen mit der Vergangenheit wie einzelnen Menschen zusammen, unter ihnen der im *entre-deux* der Kulturen angesiedelte Schriftsteller Med mit seinen Romanprojekten und seiner Bewunderung für Mohammed Dib (S. 73). In *Le nez sur la vitre* (2004) gelingt es dem Autor wichtige Lebensstationen eines algerischen Arbeitsemigranten, der aus Südfrankreich mit dem Reisebus nach Paris fährt, um seinen Sohn zu besuchen, im Rückblick aufzurollen. Der junge Mann, so die novellenhafte Wendung am Schluss, hat sich kurz zuvor im Gefängnis das Leben genommen.

3 Der marokkanische Roman

3.1 Vor der Unabhängigkeit

Das Königreich Marokko wurde erst 1912, verglichen mit Algerien und Tunesien also relativ spät, zum französischen Protektorat erklärt. Zuvor hatten Frankreich, England und Spanien wachsenden wirtschaftlichen Einfluss in Marokko ausgeübt, wovon schmale herrschende Schichten als „comprador trading bourgeoisie" merklich profitierten.[189] Der ab 1822 herrschende Sultan Mulay Abderrahman unterstützte die Ansiedlung von europäischen Händlern vor allem in den Küstenstädten Tanger, Mogador, Tetuan, Rabat, Mazagan, Safi und Casablanca. Deren Zahl bewegte sich 1832 um 250 und wuchs bis 1894 auf 9.000 an. Die meisten waren Spanier, gefolgt von Engländern (Akutse Mojuetan 1995: 83), 1823 wurden Handelsverträge mit Portugal, 1824 mit England, 1825 mit Frankreich und Sardinien geschlossen. Marokko war vor allem von Importen abhängig, so wurden etwa 1826 immense Mengen an Getreide eingeführt. Um die ungünstige Handelsbilanz und die dadurch im Staatsschatz entstehenden Lücken auszugleichen, liebäugelte der Sultan damit, die Seeräuberei zu reaktivieren. Schritte in diese Richtung wurden jedoch schnell von den internationalen Mächten unterbunden (Pennell 2000: 24). Nach 1833 und in den Jahren 1854-56 des Krimkriegs stiegen die Exporte Marokkos allerdings an (Getreide, Wolle, Leder).[190] Die marokkanische Unterstützung der algerischen Aufständischen unter Emir Abdelkader provozierte 1844 kriegerische Konflikte zwischen Marokko und Frankreich. Frankreich schloss 1855 mit England eine *entente*, gefolgt vom wichtigen anglo-marokkanischen Vertrag von 1856, der Marokko dem europäischen Einfluss öffnete (Akutse Mojuetan 1995: 92). In dieser Linie folgte 1861 ein weiterer Vertrag im Anschluss an den marokkanisch-spanischen Krieg. Der ab 1859 herrschende Sidi Mohammed IV. reformierte in Ansätzen die Armee, die 1859 dem spanischen Angriff nicht trotzen konnte, der auf eine Attacke der Anjera Berber auf Ceuta hin erfolgte. Die Spanier vergrößerten ihr Territorium im Norden (Tetuan) und errangen Ifni im Süden. Marokko war bankrott und musste Spanien 1861 wie auch Frankreich Handelsprivilegien einräumen (Pennell 2000: 24). England hatte, um seine wirtschaftlichen Interessen zu sichern, zwischen den Kriegsparteien zu vermitteln versucht.

Der Wizir Ba Hamad verfolgte bis zu seinem Tod im Jahr 1900 noch die Leitlinie der Politik Moulay Hassans (gest.1893), die darauf zielte, die ausländi-

---

[189] C. Richard Pennell: *Morocco since 1830. A History*. London 2000, S. 41; Akutse Mojuetan, Benson: *History and Underdevelopment in Morocco*. Münster 1995, S. 77f.

[190] Jean-Louis Miège: *Le Maroc et l'Europe (1830-1894)*. Paris, 4 Bde. 1961-63. Band 2, S. 45 und S. 67.

schen Einflüsse auszubalancieren. Die Verschuldung gegenüber einem Konsortium französischer, englischer und spanischer Banken stieg bis 1906 auf 206 Millionen Francs (Akutse Mojuetan 1995: 99). Doch der neue Sultan Moulay Abdelaziz, für den er die Regentschaft führte, wollte das Land reformieren, wozu er auf britischen Beistand zählte (Pennell 2000: 122). Der französische Außenminister Delcassé lancierte die Strategie der „pénétration pacifique" durch Ausbau wirtschaftlicher Abhängigkeit. In Marokko regte sich zunehmend Widerstand gegen den Sultan, so kritisierten die *ulama* von Marrakesch aus religiöser Warte die Abhängigkeit von den Europäern. Es kam zu Rebellionen unter der Führung Bu Himaras in der Gegend von Taza und im Rif unter Raizuni, während bürgerliche Intellektuelle eine Reformbewegung nach dem Vorbild der Jungtürken initiierten (Akutse Mojuetan 1995: 82). Sultan Abdelaziz wurde am 16. August 1907 durch seinen Bruder Moulay Abdelhafid abgelöst.

Neben England, dessen Einfluss der alte Sultan gefördert hatte, hegte auch Deutschland hegemoniale Absichten, die es 1911 mit dem sogenannten Panthersprung zeigte. Zuvor hatte auf deutsches Betreiben die internationale Konferenz von Algeciras vor allem wirtschaftliche Interessen geregelt (Pennell 2000: 132). Die Möglichkeit, dass Marokko ein anglo-deutsches Kondominium werden könne, ließ Frankreich eine offensive Politik verfolgen. Nach der *entente cordiale* 1904, der Einigung zwischen Frankreich und England über die Kolonialfragen, hieß es in Marokko, die Engländer hätten das Land an Frankreich verschachert.

Im Protektoratsvertrag von Fès blieb die religiöse Autorität des Sultans unangetastet, auch seine weltliche Herrschaft, die jedoch de facto auf die Protektoratsregierung überging. Der Vertrag gab Frankreich zwar Autorität, aber wenig Macht. Das Land musste erst erobert werden, was euphemistisch als „pacification" bezeichnet wurde und 1934 abgeschlossen war. Der Résident-Général Lyautey sorgte für die Absetzung des unzuverlässigen Moulay Abdelhafid zugunsten des neuen Sultans Moulay Youssef (1912-1927). Dieser war zunächst politisch unerfahren, lernte jedoch schnell, auch zeigte er eine gewisse Eigenständigkeit, indem er es etwa konstant unterließ, jemals einen *Dahir*, d.h. königlichen Erlass, zur Einführung der Guillotine in Marokko zu unterzeichnen (Pennell 2000: 160f.).

Frankreich hatte aus den Erfahrungen in Algerien gelernt und wendete unter Lyautey erfolgreich durch General Henry die Politik der Spaltung zwischen Berbern und Arabern an. Ein *Dahir* vom 11. September 1914 unterstellte die Berber einer eigenen gewohnheitsrechtlichen Justiz unter der Aufsicht der französischen Behörden. Zu definieren, wer als Berber gelten konnte und welche ihre Gewohnheitsrechte waren, blieb ebenfalls den französischen Behörden vorbehalten (Pennel 2000: 166). Auch die großen Qaids wurden erfolgreich in das System integriert. Ein weiterer *Dahir* vom 16. Mai 1930 zementierte diese Politik.

Der heftigste antikolonialistische Widerstand wurde im Rif zwischen 1921 und 1926 unter Abd el-Krim geleistet, der eine unabhängige Republik proklamiert hatte, aber schließlich niedergerungen wurde. Zunächst besiegte er in Anoual die spanische Armee, denn die Nordzone Marokkos unterstand den Spaniern. Ab 1924 startete er eine Offensive gegen die französische Protektorats-macht, rückte auf Taza und gegen Fès vor, das man erwog zu evakuieren. Das Zögern des Marschals Lyautey ließ Pétain an seine Stelle treten und mit einer 160.000 Mann starken Truppe zusammen mit Primo de Riveras spanischem Heer gegen die Rifkabylen, wie man sie nannte, vorrücken. Abd el-Krim musste sich im Mai 1926 ergeben und wurde bis 1947 auf der Insel Réunion inhaftiert.

Viele Siedler kamen nach Marokko, vor allem in den Jahren 1926-31. Ihnen wurde Land zugewiesen, das zuvor zumeist in marokkanischem Kollektivbesitz war.[191] Viele Marokkaner aus ländlichen Gebieten wanderten auch noch zwi-schen 1936 und 1952 in städtische Zonen ab, allein drei Fünftel nach Casablanca, wo sie sich überwiegend in dem *Bidonville* Ben Msik niederließen (Akutse Mo-juetan 1995: 125). Der Anteil von Ausländern stieg von 1,9% der Gesamtbevöl-kerung 1921 auf 4,5% 1952. Davon waren circa 75% Franzosen (Akutse Mojue-tan 1995: 108).

Die spanischen Einflusszonen wurden 1880 durch den Vertrag von Madrid mit der Hauptstadt Tetouan als eine Art Sub-Protektorat festgeschrieben, dessen Regierung einem *Khalifa* (zunächst dem ältesten Cousin Moulay Youssefs) ü-bertragen wurde (Pennell 2000: 167).

Nach dem *Comité d'Action Marocaine* (1934) wurde 1937 der *Parti National* gegründet, dann 1943 die *Istiqlal*-Partei. Schon 1937 kam es zu Unruhen in ein-zelnen Städten. Im Juni 1944 veröffentlichte die *Istiqlal* ein Manifest. Der König Sidi Mohammed V. (1912-1962) verhandelte 1950 in Paris mit dem französi-schen Präsidenten Vincent Auriol über die Zukunft seines Landes. Er regierte die längste Zeit in der jüngeren Geschichte Marokkos. Als er zur Leitfigur des natio-nalistischen Widerstands geriet, verbannten die französischen Behörden ihn am 20. August 1953 nach Madagaskar.

Als an einem Samstag im Frühling 1955 der französische Minister der Han-delsmarine Grandval in Marrakesch öffentlich von einem arabischen Würdenträ-ger bei einer Parade geohrfeigt wurde, war diese symbolische Geste fast eine um-gekehrte Replik auf die Ohrfeige, die seinerzeit die Intervention Frankreichs in Algerien rechtfertigte.

3.2   Die Anfänge

Anders als in Algerien gab es in Marokko keine nennenswerte eigene französi-sche Literatur, sieht man von den islamfreundlichen Werken von François Bon-jean (1884-1963) ab.[192] 1932 erschien von Abdelmajid Benazouz *Mosaïques ternies* (1932) ein erster, literarisch bedeutungsloser, der Kolonialliteratur verhaf-teter Roman eines einheimischen Autors.[193] Anhand der Mischehe mit einer

---

[191] Nicolas Michel: *Une économie de subsistances. Le Maroc précolonial*. Le Caire 1997.
[192] Siehe Abdeljlil Lahjomri: *L'image du Maroc dans la littérature française (de Loti à Monther-lant)*. Alger 1973, S. 265-288.
[193] Er begegnet bei Déjeux 1993a: 53 als Benazouz Chatt.

Engländerin, die sich zum Islam bekehrt, werden Sitten und Folklore des traditionellen Marokko geschildert.

Der eigentliche Auftakt des marokkanischen Romans französischer Sprache erfolgte zwei Jahre vor der Unabhängigkeit des Landes. 1954 erschienen die sehr unterschiedliche Romane *La boîte à merveilles* von Ahmed Sefrioui (geb. 1915)[194] und *Le passé simple* von Driss Chraïbi (geb. 1926). Beide einheimischen Autoren wurden von dem genannten Bonjean gefördert.[195] Dieser selbst vertrat eine assimilationistische Position, während die marokkanischen Schriftsteller in ganz anderer Weise ihre Eigenkultur affirmierten. Von Sefrioui erschien 1949 eine Novellensammlung *Le chapelet d'ambre* und 1973 nur noch ein wenig beachteter zweiter Roman *La maison de servitude*, während Chraïbi mit seinem Romanerstling ein bis heute fortgeschriebenes Werk einleitete. Sefriouis *La boîte à merveilles* beschreibt in der autobiographischen Erzählsituation Kindheitserlebnisse im traditionellen Handwerkermilieu von Fès, der Geburtsstadt des Autors. Die autobiographische Sinnstiftung gelingt. Der Roman ist ein Initiationsroman. Mohammed, der Icherzähler, beschreibt sein Leben als spirituellen Weg (*tariqa*) im Sinne der sufistischen Mystik. Der Text geht nur sehr punktuell auf die politischen und sozialen Konflikte ein. Er wurde der unkritischen Assimilationsliteratur zugeordnet, weil er den Kolonialismus und die innere Zerrissenheit der marokkanischen Gesellschaft weitgehend ausblendete. Dies lässt sich allerdings auch als bewusste Entscheidung des Autors lesen.[196] Sefrioui verstand seinen Roman als Richtigstellung und Ergänzung der Darstellung der marokkanischen Gesellschaft in der Kolonialliteratur.[197] Er widmete sich magischen Wirklichkeitsvorstellungen und Ritualen, die er als wichtiges Element der marokkanischen Kultur herausstellte. Schon zu Beginn des Romans verweist die Einsamkeit des jungen Mohammed als Leitmotiv auf ein problematisches Verhältnis von Ich und sozialer Umwelt. Um die Kluft zwischen sich und den anderen zu vergessen, zieht er sich in die Traumwelt seines Schatzkästleins zurück, eine Dose mit gesammelten kleinen Dingen, die in seinen Augen einen unermesslicher Schatz darstellen. Den Höhepunkt der folgenden Milieuschilderungen[198] bildet die Begegnung des Jungen mit einem Blinden, der ihm die Augen für die Reichtümer der Sufi-Mystik öffnet.[199]

Driss Chraïbi formulierte in *Le passé simple* scharfe Kritik am Islam und an den autoritären Familienstrukturen der marokkanischen Gesellschaft. Er provo-

---

[194] Sefrioui veröffentlichte 1949 die Novellensammlung *Le chapelet d'ambre* und 1973 einen zweiten Roman *La maison de servitude*.

[195] Vgl. Memmi 1985: 57-62.

[196] Marc Gontard: „La littérature marocaine de langue française", in: *Europe* 602-603, 1979, S. 104.

[197] „Le roman marocain", in: *Présence francophone* 3, 1971, S. 54.

[198] Siehe Ahmed Sefrioui: „Les milieux traditionnels qui m'ont servi de champ d'observation", in: Antoine Naaman (Hg.): *Le roman contemporain d'expression française*, Sherbrooke 1971, S. 255-265.

[199] Siehe meine ausführlichere Deutung in *Der marokkanische Roman. Zu den Autoren um die Zeitschrift ‚Souffles' (1966-1972)*, Berlin 1990, S. 92-94, S. 161f., S. 169-171.

zierte damit einen Skandal und der Text war in Marokko noch bis 1977 verboten.[200] In *flash-backs* und inneren Monologen drückt der Sohn seine Sicht des Konflikts mit dem Vater aus.[201] Man kann in der Verquickung von Vater-Sohn-Konflikt mit der Darstellung einer schwachen und nicht lebensfähigen Mutter die Umsetzung des kulturellen Problems einer ganzen Generation von Kolonisierten sehen. Der Roman wurde deshalb zum Modell für viele folgende Texte der maghrebinischen Literatur. Der Vater, „le Seigneur" genannt, hält seine Familie in feudalistischer Abhängigkeit und verkörpert das Patrairachat und den Islam. Er gehört zur Oberschicht und ist ein nach außen hin strenggläubiger Muslim, dessen Verlogenheit der Sohn entlarvt. Geld und Machtgewinn sind seine obersten Werte. Selbst des Schreibens und Lesens unkundig, ist er sich der Wichtigkeit von Bildung als Tor, durch das künftig Einfluss und Reichtum gesichert werden kann, bewusst und deshalb ist für ihn die Schulausbildung seiner Kinder wichtiges Erziehungsziel. Der älteste Sohn Driss besucht die französische Schule und bereitet sich auf sein Abitur vor, um in Frankreich zu studieren. Als Repräsentant einer neuen Generation ist er der Einzige in der kinderreichen Familie, der den Aufstand gegen den Patriarchen wagt. Die namenlose Mutter unterwirft sich und sucht ihre Zuflucht bei Heiligen, dann im Selbstmord. Der Autor entwickelt den Konflikt in Analogie zu einem chemischen Experiment in fünf Phasen bzw. Kapiteln, die zugleich der Schürzung des Konflikts in einem Drama entsprechen. Dem Aufbau und der Auflösung der Spannung der Intrige sind auch die psychologische Vertiefung der Charaktere und die Milieuschilderungen angepasst.

Die Sprache ist eruptiv und setzt sprachlich sehr gekonnt in abgehackten Sätzen die angsteinflößende Atmosphäre und den wachsenden Druck, den der „Seigneur" in seiner Selbstherrlichkeit auf Driss, die anderen Kinder und seine Frau ausübt, um. Das Französische ist mit vielen Begriffen, die marokkanische Realia bezeichnen, und mit aus dem Arabischen übersetzten Redewendungen, Ausrufen und Schimpfwörtern gespickt. Es finden sich auch Sprichwörter und der oralen Erzähltradition entstammende Geschichten, die die marokkanische Eigenkultur in das Französische hineintragen und so den Kulturkonflikt, in dem sich Driss Ferdi befindet, auch in der Diskursstruktur umsetzen.

Durch die Erinnerung an die Aussöhnung („Synthèse") mit dem Vater richtet sich die Orientierung am Textende auf die Akzeptanz der marokkanischen Wurzeln. Der sezierende Blick auf die kritikwürdigen Aspekte der eigenen Kultur bedeutet allerdings nicht, dass diese insgesamt abgelehnt wird. Die Öffnung nach Europa durch den Abflug des Erzählers am Ende des Romans nach Frankreich verdeutlicht, dass dieses mit dem selben kritischen Blick vermessen werden wird.

Mit seinem zweiten Roman wendete sich Chraïbi dementsprechend mit ähnlich scharfer Sozialkritik Frankreich zu. *Les boucs* (1955) („consacré à la décristallisation humaine des immigrés en France", *Le Monde à côté*, S. 61) zeigt in

---

[200] Interview mit Jamal Al Achgar: „Driss Chraïbi: Je suis d'une génération perdue", in: *Lamalif* 2, 15.4.1966, S. 41-43.

[201] Houaria Kadra-Hadjadji: *Contestation et révolte dans l'œuvre de Driss Chraïbi*. Paris 1986, S. 42.

düsteren, grotesk übersteigerten Bildern und sehr poetischer Sprache[202] die Folgen des Kolonialismus am Schicksal des jungen Waldik, der als Arbeitsemigrant in Frankreich Ausbeutung, Rassismus und Verelendung erfährt. Mit diesem Roman, der sich als erster Roman des Maghreb mit der Situation von maghrebinischen Immigranten in Frankreich befasste, begründete Chraïbi das Untergenre des Emigrations- oder Exilromans für die maghrebinische Literatur.

3.3   Der postkoloniale Roman

Marokkos Entlassung in die Unabhängigkeit 1956 war eine Restauration der politischen Formen der vorkolonialen Zeit, indem der König Sidi Mohammed V. aus der Verbannung auf den Scherifen-Thron zurückkehrte und die Kontinuität der Alawiten-Monarchie gewahrt blieb. Allerdings traten in den Folgejahren innere Schwierigkeiten zutage. Hassan II., der ab 1962 seinem Vater auf den Thron folgte, hatte noch mit den Folgen der Kolonisierung zu kämpfen.

Nordmarokko und Wüstengebiete im Süden blieben bis 1975, dem Rückzug der Spanier aus der West-Sahara, unter spanischem Einfluss. Zwei spanische Enklaven auf nordmarokkanischem Gebiet (die Städte Ceuta und Melilla) bestehen heute noch.

Als am 23. Mai 1973 der *Frente Polisario* unter Führung des jungen El Ouali Mustapha Sayed, der 1976 umkam, eine erste Militäraktion gegen die Spanier, die die *Seguiet el Hamra* kontrollierten, startete, ging es um weit mehr als einen, laut spanischen Zahlen von 1974 von 70 bis 80.000 Menschen bewohnten, Wüstenabschnitt. 250 Quadratkilometer (75 km lang und zwischen 1 und 15 km breit) bergen schätzungsweise 10 Milliarden Tonnen an Phosphatvorkommen, daneben Eisen, Kupfer, Uran und Erdgas. Die Küste bietet Zugang zu einem der fischreichsten Fanggründe der Welt.

Während die Spanier eine Volksabstimmung durchführen wollten und Algerien eine unabhängige Westsahara unterstützte, schloss Hassan II. ein Geheimabkommen mit dem mauretanischen Präsidenten Moktar Ould Dadah im Hinblick auf eine Teilung. Eine UN-Kommission empfahl die Unabhängigkeit, auch der Internationale Gerichtshof in Den Haag. Daraufhin organisierte Hassan II. den sogenannten Grünen Marsch, unterstützt sogar von weiten Kreisen der Opposition. 350.000 Menschen setzten sich in Bewegung. Propagandistisch konnte auf die Herrschaft der Saadi-Dynastie vor allem unter Ahmad-al-Mansur (1578-1603) über die Sahara angeschlossen werden. Beeindruckt willigte Spanien im Vertrag von Madrid am 14. November 1975 in eine Teilung zwischen Rabat und Nouackschott ein. Der *Frente Polisario* kämpfte als militärischer Arm der RASD (*République Arabe Sahraouie Démocratique*) gegen Mauretanien und Marokko, vor allem von algerischem Gebiet aus operierend. Marokko stationierte 12.000 Soldaten und errichtete eine von israelischen Spezialisten konzipierte Mauer, die

---

[202] Siehe dazu die Analyse von Issak Yétiv: *Le thème de l'aliénation dans le roman maghrébin d'expression française*. Sherbrooke 1982, S. 205.

dem Todesstreifen an der ehemaligen deutsch-deutschen Grenze noch weit überlegen ist (Stora 1994: 45f.).

3.3.1 Die sechziger und siebziger Jahre

3.3.1.1 Die Autoren um die Zeitschrift *Souffles*

Mitte der sechziger Jahre markierte die Gründung der Literatur- und Kulturzeit-
schrift *Souffles* durch ihren Chefredakteur Abdellatif Laâbi, Mohammed Khaïr-
Eddine, Mostafa Nissaboury und Bernard Jakobiak als Ausdrucksorgan der jungen Generation von Autoren, Künstlern und Intellektuellen eine entscheidende
neue Phase. Die Zeitschrift, von der zwischen 1966 bis zu ihrem Verbot 1972 in
Rabat 22 Nummern erschienen, enthielt einen arabischsprachigen Teil, der ab
1971 in 8 Nummern als die eigene Zeitschrift *Anfas* erschien. Damit sollte die zu
jener Zeit tiefe Kluft zwischen arabophonen und frankophonen Schriftstellern,
Intellektuellen und Künstlern überbrückt werden.

Diejenigen, die sich um die Zeitschrift gruppierten, waren sich einig, dass die
kulturelle Stagnation der nachkolonialen Phase überwunden werden sollte. Auf
die Einladung zur Mitarbeit erfolgte ein breites Echo seitens fortschrittlicher Kul-
turschaffender. Darunter waren marokkanische Künstler, Filmemacher, die
Schriftsteller Abdelkébir Khatibi und Tahar Ben Jelloun, der Algerier Malek
Alloula und der Tunesier Mohammed Aziza.

Souffles formulierte eine viele Bereiche in den Blick nehmende Theoriede-
batte über die Notwendigkeit und Stoßrichtung nachkolonialer Entkolonisierung.[203] Kulturelle Entkolonisierung sollte über die kritische Bestandsaufnahme
der Eigenkultur eine vitale Volkskultur befördern. Geschichtsschreibung sollte
sich durch den Rekurs auf Eigenbegrifflichkeit von der kolonialen Geschichtsfäl-
schung befreien. Die Zeitschrift entwarf die Ästhetik einer entkolonisierten Literatur, die dezidiert ,junge' Literatur sein wollte und mit der Tradition brach. Diese Literatur bezog Position gegen jede Form von Exotismus und Folklore. Entscheidend war Authentizität und die Aufwertung der eigenen Kultur. Das Französische sollte, um dem angemessen Ausdruck zu verleihen, einem ,Transkulturati-
onsprozess' unterworfen werden.[204] Die Subversion vollzieht sich auf literarisch-
kreativer Ebene durch die „violence du mot". Dabei wird mittels eines die Gram-
matik, Begrifflichkeit und Syntax erfassenden Transkulturationsprozesses die
französische Sprache zum angemessenen Ausdruck der eigenen Kultur und ästhetischen Wirkabsicht genutzt. Mohammed Khaïr-Eddine prägte für diese literarische Subversion den Ausdruck *guerilla linguistique* (Heiler 1990: 47ff.).

Die an *Souffles* beteiligten Autoren setzten die von ihnen proklamierte neue
Ästhetik in ihren literarischen Texten um, wodurch neue Schreibstile und Formen

---

[203] Susanne Heiler: „Réflexions théoriques et options esthétiques dans la revue *Souffles* (1966-
1972)", in: *Cahier d'études maghrébines* 5, 1993, 80-91. Ausführlich zur Umsetzung der Positionen in *Souffles* in den autobiographischen Romanen siehe Heiler 1990.

[204] Heiler 1990: 47ff.

entstanden. Aufgrund ihrer bilderstürmerischen Infragestellung der im Maghreb üblichen kulturellen Praktiken nannte man sie *génération-séisme*. Sie brachen abgesehen von Kateb und Chraïbi mit allen vorausgehenden Autoren der maghrebinischen Literatur, in deren Werken sie „une immense lettre ouverte à l'Occident" (Laâbi) sahen, die sich an die Leser in der Metropole richteten. Ihr Programm forderte eine revolutionäre kulturelle Erneuerung. Da französische fortschrittliche Impulse durchaus einbezogen werden sollten, wurden die neuen Ansätze der Semiotik und Semiologie, auch stimuliert von der Gastdozentur Roland Barthes 1969 an der Universität Rabat, sowie die Intertextualitätstheorien aktiv rezipiert. Die Autoren um *Souffles* waren die ersten, die sich einen unverkrampften Umgang mit der französischen Sprache erlaubten und diese ihren Ausdrucksabsichten anpassen wollten. Diese Position ist inzwischen für die maghrebinischen Autoren selbstverständlich geworden.

Das revolutionäre Potential der in *Souffles* formulierten Vorstellungen von Kultur und Gesellschaft gekoppelt an marxistische Positionen, die ab 1970 nachhaltig vertreten wurden, bedingte, dass der Chefredakteur Abdellatif Laâbi und das Redaktionsmitglied Abraham Serfaty verhaftet und zu langen Haftstrafen verurteilt wurden. Laâbi wurde 1980 nach achtjähriger Haft begnadigt, Serfaty blieb bis 1991 inhaftiert.

Ihre radikale Infragestellung und Erneuerung, die sie selbst als *violence* bezeichneten, zielte in doppelte Richtung. Einerseits sollte das Bild, das die Kolonisatoren vom Maghreb entworfen hatten, vor allem durch die Wissenschaften, aber auch durch die Literatur, in Frage gestellt werden. Andererseits wollten sie sich ihr eigenes kulturelles Erbe wieder aneignen. Das war jedoch nicht in einem rückwärtsgewandten der *Négritude*-Bewegung ähnlichen Prozess gedacht, sondern unter Miteinbeziehung innovativer Impulse.

Ein zentrales Anliegen der Autorengruppe um die Zeitschrift *Souffles* war die Sprengung und Unterwanderung von bestehenden Konventionen und Grenzziehungen. Das galt für enge nationale Grenzen, für die literarischen Gattungen wie für Sprachen und die von ihnen getragenen Kulturen. Damit propagierten sie als größere Künstler- und Intellektuellengruppe im Maghreb den *métissage culturel*.

Die Gruppe mit ihrer Programmatik und literarischen Praxis strahlte impulsgebend weit über Marokko aus. Sie artikulierte die mit der Unabhängigkeit frei werdenden Identitätszweifel und fand neue literarische Ausdrucksformen, um diese umzusetzen. Auf dem Feld des Romans experimentierten die an der Zeitschrift beteiligten Autoren mit autobiographischen Formen und kreierten neue Möglichkeiten, persönliche Erinnerungen und kollektives Gedächtnis, private Biographie und öffentliche Geschichte als dialektische Beziehung zu zeigen.[205]

In den Texten steht meist ein in seiner Konsistenz fluktuierendes und marginales Ich im Mittelpunkt. Das Milieu ist überwiegend urban. Die Texte zeigen Einsamkeit, affektive Leere, Gewalt, Leiden und Entbehrung. Sie sind nicht aus-

---

[205] Zur Umsetzung der Positionen in *Souffles* in den autobiographischen Romanen siehe Heiler 1990.

drücklich echte Autobiographien, auch keine Pseudoautobiographien, sondern weisen viele Parallelen mit dem Leben und der Lebenswelt der Verfasser auf, wenngleich sie dem Romangenre zuzurechnen sind. Der Erinnerungsraum wird in das kollektive Gedächtnis erweitert. Collage, der gleitende Übergang zwischen Poesie und Prosa, Bezüge auf die mystische Tradition des Islam und volkstümliche Mythologeme, sowie der Wechsel zwischen oralem und skripturalem Register durchspielen die Textstruktur. Die Episoden sind meist autonom, oft durch den Wechsel des Raums konstituiert. Beschreibungen von Objekten und Personen fehlen weitgehend.

Abdellatif Laâbi (geb. 1942) ist einer der herausragenden Lyriker des Maghreb. Sein „roman-itinéraire" *L'œil et la nuit* (1969) ist ebenfalls von sehr dichten komplexen Metaphern, Polysemien und anderen poetischen Sprachbildern durchwoben und ein experimentell-autobiographischer Text. Die gattungskonstituierende Unterscheidung von erzählendem und erlebendem Ich ist aufgehoben, das erzählende Ich nur durch sein Erzählen näher bestimmt. Nicht Distanz zu den Erlebnissen, sonders stärkste Affizierung wird gestaltet. Zu Beginn verdeutlichen Sinneswahrnehmungen dem Ich, dass es lebt. Erinnerung an Gewalt und Tod erweitern sich durch die Überfahrt über den Bou Regreg zu einem Durchstreifen der Welt. Traumsequenzen führen nach Granada, das als Stadt des Grauens imaginiert wird. Die Grenzen zwischen dem Ich und anderen Figuren verwischen sich. Der zweite Teil ist auf die kollektive Erinnerung gerichtet, meist in der Wir-Form begegnen Reminiszenzen an den Kolonialismus wie Aufstände der Bevölkerung. Im dritten Teil wechseln *je* und *nous* ab, als Zeichen der Integration des Ich in die Gemeinschaft und der Überwindung der Leibeinheit hin zum ideellen Leib der Solidargemeinschaft. Lange Passagen variieren die Themen ‚Auge' und ‚Nacht', die auf einen Liedtext der arabischen Sängerin Umm Kalthums bezogen werden. Der Roman ist überaus vielschichtig und verwebt mit prononciert poetischer Sprache mannigfaltige Bedeutungsebenen. Laâbi bezeichnet die Ästhetik der Transgression, der sein Schreiben mit seiner anti-doxologischen Orientierung verhaftet ist, als *itinéraire* (Reise).[206] Damit bezieht er sich auf die traditionsreiche arabische Literaturgattung der *rihla* zurück, die als eine Form autobiographischer Lebensdarstellung, wie sie etwa von dem großen Gelehrten Ibn Chaldun vorliegt, zu betrachten ist, in der anders als in der europäischen Autobiographie-Tradition der Akzent auf der Bewegung durch den Raum liegt und in der objektive gesellschaftliche Sachverhalte miteinbezogen sind. Die radikalisierte Unbestimmtheit der Erzählsituation berührt im Unterschied zu den der *rihla* verpflichteten Texten das im Mittelpunkt stehende Subjekt und ist Teil der im *Souffles*-Programm entworfenen subversiven Erzählstrategie. Der *récit* erst konstruiert aus der *vision délirante* der Erzählstimme einen spezifischen Bezugspunkt.[207] Am

---

[206] Abderrahmane Tenkoul: „La littérature marocaine d'écriture française: arguments pour une nouvelles approche", in: *Actes du colloque Questions de Littérature marocaine*, 12-14 Avril 1984, S. 53-62, hier S. 60.

[207] Abdallah Mdarhri-Alaoui: *Narratologie: Théorie et analyses énonciatives du récit. Application aux textes marocains*. Rabat 1989, S. 266.

Ende des Textes wird als Replik auf Sefriouis Aussagen aus dem Jahr 1950 über den marokkanischen Roman französischer Sprache und die Diskrepanz zwischen literarischem Fremdbild und Selbstwahrnehmung („Sommes-nous cela?") die Unumgänglichkeit der postkolonialen Entkolonisierung auf den Punkt gebracht: „Et maintenant nous sommes éxténués du passé [...]. Mais QUI SOMMES-NOUS?"[208]

Mohammed Khaïr-Eddine (1941-1995) war nicht nur Mitgründer der Zeitschrift *Souffles*, sondern hatte mit seinem und Mostafa Nissaburys Manifest *Poésie toute* (1964) zuvor schon entsprechende Ziele formuliert. Er emigrierte nach den Studentenunruhen 1965 nach Frankreich und kehrte erst 1980 nach Marokko zurück. Seine Schreibweise war bis in die achtziger Jahre hypermodern und revolutionär in dem in *Souffles* entfalteten Sinn. Ideologisch richteten sich die Texte vor allem gegen die marokkanische Monarchie und ihr autoritäres Regime. Das kommunitäre berberische Gesellschaftssystem war dabei für den im Süden in Tafraout geborenen Autor, der tiefe Verbundenheit zu seinen berberischen Wurzeln empfand, eher republikanisch und damit der Gegenpol zu Monarchie und Royalismus. Seine Gedichtbände *Corps négatif* (1968), *Soleil arachnide* (1969) und *Ce Maroc!* (1975), *Nausée noire* (1964) führen im Sinne der *guerilla linguistique* Elemente aus der berbersprachen Dichtung in die französische Sprache ein. Wie bei Baudelaire stilisiert sich auch sein lyrisches Ich zum *poète maudit*. Die Gattungsgrenzen zwischen Poesie und Prosa werden in Khaïr-Eddines Texten ebenso subversiv unterwandert wie die französische Sprache. Khaïr-Eddine äußerte sich in *Moi l'aigre* (1970) über die Entdeckung des automatischen Schreibens (S. 23f.). Hier wirkt der auch im übrigen Werk spürbare Einfluss von Lautréamonts *Chants de Maldoror*.[209] Das Bestiarium seiner Texte weist deutliche Nähe zu Aimé Césaire auf, dem der Autor auch in Gedichten wie *Scandale* huldigte. Beide Autoren verwenden die Symbolik der Sonne und des Auges (Arnaud 2003: 23).

Der Roman *Agadir* (1967), der erste *livre-séisme* Khaïr-Eddines, zeigt in seiner fulminanten poetischen Sprache Nähe zu Rimbaud. Die hybride Form des Textes umfasst neben der poetischen Prosa auch dramatische Sequenzen. Ein junger Beamter wird in eine durch ein Erdbeben völlig zerstörte Stadt entsandt, um die prekäre Lage zu managen. Nur durch den Titel verweist der Autor auf die marokkanische Stadt Agadir, die am 26. Februar 1960 völlig verwüstet wurde. Als Parabel steht die zerstörte Stadt für die Probleme im nachkolonialen Marokko. Der namenlose Icherzähler findet in einer kafkaesken Atmosphäre Stapel von Anträgen betroffener Anwohner auf Entschädigung vor. Seine Träume und Erinnerungen verfließen mit den Berichten von Überlebenden, die in den Trümmern nach Resten ihrer Existenzen suchen. Leitmotivisch ist die Suche nach Identität. Inneres Erleben und äußere Welt werden als Referenzsysteme in einer gleitenden

---

[208]   Siehe Heiler 1990: 102-07; 143f.; 176-79.
[209]   Hédi Abdel-Jaouad: *Fugues de barbarie. Les écrivains maghrébins et le surréalisme*. New York/Tunis 1998 , S. 182f.

Hin- und Herbewegung miteinander zu schizomorphen Welten mit ihren je eigenen Bewohnern verwoben. Zu diesen zählen Tiere, z.B. der *naja* und der *perro-
quet* und die Toten auch aus der entfernten Geschichte wie die Kahena, die in einer Art Schattenspiel auftreten. Zentrale Themen sind die Problematisierung der
Erinnerung auf der Ebene der Lebens- wie Landesgeschichte und die Revolte.
Diese brach sich, wie der Text zeigt, Bahn in den Volkserhebungen 1965 und
richtet sich gegen jede Form patriarchalischer Machtausübung. Radikal werden
als deren Vertreter der eigene Vater und der „monarque trépidant", womit König
Hassan II. gemeint ist, auch wenn dessen Name nicht genannt wird (S. 73), abgelehnt und kritisiert. „Le roi se nourrit du sang du peuple" (S. 82), heißt es. Die
Zerstörung der Stadt könnte eine Chance sein, bedeutet sie doch den radikalen
Zusammenbruch des Bestehenden. Doch die Konstruktion einer neuen Art von
Stadt („une ville étoile", S. 123) bleibt unerreichbar. Es lässt sich auf der „ville
morte" nicht einfach neu aufbauen. „Il faudra quitter ce lieu. Tout refaire" (S.
137). Das Ich wie die übrigen Figuren suchen nach einem Sinn in der kollektiven
wie in ihrer eigenen Geschichte. Sich an seiner berberischen Abstammung, die
der Großvater vertritt, orientierend, entwickelt das Ich die Utopie einer Berber-
gemeinschaft in Harmonie von Menschen und belebter wie unbelebter Natur,
auch wenn es selbst sich nicht mehr bruchlos in diese integrieren kann. Am Textende erweist sich, dass auch die Ablehnung der Vaterfigur nicht tragfähig ist,
denn der Erzähler-Protagonist erlangt die Einsicht „c'est donc moi mon rival"
und macht sich mit einem Gedicht unter dem Arm auf den Weg des Exils.

Une odeur de mantèque (1976) hat wie *Agadir* keine durchgehende Geschichte zum Inhalt. Im Zentrum steht ein alter Mann in Tanger, der Angst vor
dem Tod hat, der zugleich als eine Art Initiationsreise aus der *errance* und der
mit ihr einhergehenden flottierenden Identität aufgefasst ist. Auch hier kann man
von „débordement de la vie intérieure" sprechen, wodurch die Figur ihre Dichte
wie zugleich Ungreifbarkeit gewinnt.[210] Der Blick zurück gilt erneut der „existence d'adolescent, combien de fois saccagée" (S. 84) und ihren Traumata. Phan-
tasmagorisch werden Traumsequenzen entworfen, die politische und sexuelle
Verbote umkreisen und das Höllenhafte der menschlichen Existenz betonen. In
den Texten Khaïr-Eddines haben Halluzination und Traum einen wichtigen Stellenwert. Marrakesch und Tanger, Geschichten aus *Tausendundeine Nacht* und
Erinnerungsfetzen beinhalten Figuren, die sich in permanenter Metamorphose
wandeln, dabei aber das überall verbreitete Übel enthüllen, sowie das Leiden und
die Wut des Exilierten. Khaïr-Eddine versteht sich als „porte-parole du peuple
maghrébin", wie er in einem Interview betonte:

> A travers ce vieil homme, j'ai essayé d'introduire et de mettre en action l'inconscient
> collectif qui ne tardera pas à effleurer. Je pense que mon livre aidera les masses po-
> pulaires à prendre conscience des problèmes qui nous agitent actuellement.[211]

---

[210] Khalid Idouss: *Le rêve dans le roman marocain de langue française.* Paris 2003, S. 54.
[211] Zit. n. Jean Déjeux, „Rzn. *Une odeur de mantèque",* in: *Comptes rendus trimestriels des séances de ASOM* 37, 1977, S. 862.

Le déterreur (1973) entfaltet inspiriert von den Surrealisten in entkolonisierter Sprache die Metapher eines Volkes, das bei den Toten unter der Erde graben muss, um neues Leben und seine Identität zu finden. Es ist ein Text über den Tod des Einzelnen, des Volkes und der Kultur. Der im Zentrum stehende junge Mann, der Leichen exhumiert und verzehrt hat, wartet, von Ratten umgeben, in einem Gefängnis im Süden Marokkos auf seine Hinrichtung. Er erinnert sich an sein Leben in Frankreich, die Verstoßung seiner Mutter, ist von Träumen und Phantasmen überflutet. Zentral ist die Frage der Schuld, die in den schuldauslösenden Bildern gegen den Verursacher, die Vaterfigur, gewendet wird (Arnaud 2003: 24). Die Unabhängigkeit hat die junge Generation unwiderruflich von den Vätern getrennt.

3.3.1.2 Postmoderne interkulturelle Literatur und Problematik des Ich

Abdelkébir Khatibi (geb.1938 in El Jadida) umkreist in seinem vielfältigen Werk die unterschiedlichen Aspekte der Interkulturalität. Er verfasste nicht nur Romane, sondern auch Lyrik, Theatertexte und Essays. Als Soziologe an der Universität Rabat tätig, widmet er sich den vielfältigen Erscheinungsformen seiner Kultur. Diese reflektiert er im Spannungsfeld der Kulturen, innermarokkanisch durch Betrachtung der Volkskultur (etwa Tätowierungen), innerhalb der arabischen Tradition (z.B. Kalligraphie) oder in Bezug auf die westlichen Kulturen. Er promovierte an der Sorbonne über den maghrebinischen Roman in französischer Sprache. *Le roman maghrébin* (1969) war die erste wissenschaftliche Studie von einem Maghrebiner über maghrebinische Literatur, auf die inzwischen eine Reihe von Thèses anderer maghrebinischer Schriftsteller folgten (z.B. von Farès und Djebar). Daran lässt sich die stark ausgeprägte Selbstreflexion der Autoren ablesen (Toumi 2002: 29-33).

Khatibis erster Roman *La mémoire tatouée. Autobiographie d'un décolonisé* (1971) war eine deutliche Umsetzung der Positionen in *Souffles*, wie schon der Untertitel signalisiert. Die Reflexion umkreist zunächst die Namensgebung, den *nom propre* als Zeichen onomastischer Identität, indem der eigene Name auf das Opferfest des *Aïd El Kébir* zurückbezogen wird. Daraus leitet sich eine Zirkularität zwischen der Geburt und dem Schreiben ab, die den Koran als Heilige Schrift mit dem literarischen Schreiben verbindet:

> Mon nom me retient à la naissance entre le parfum de Dieu et le signe étoilé. Je suis serviteur et j'ai le vertige; moi-même raturé en image. (S. 17)

Das Ich erscheint als verletztes Opfer, das unter dem Zeichen des Anderen geboren wurde, woraus seine Spaltung (*déchirure*) erwächst, die auch im Bruch zwischen Muttersprache und französischer Sprache wirkt. Letztere ist im ersten Textteil *Série hasardeuse I* nach erinnerten Lebensstationen wie ersten sexuellen Erfahrungen, Beschneidung, Koranunterricht vor allem an die französiche Schule und den Aufenthalt in Paris gekoppelt, und tangiert die grundlegende Spannung zwischen Orient und Okzident. Die *blessure* des Ich ist seine Zirkularität im Dazwischen. Philosophisch lehnt sich Khatibi an Nietzsches Konzept der Ewigen Wiederkehr an. Im zweiten Textteil *Série hasardeuse II* lesen wir in der Abteilung *Variation sur la différence*, einer inkantatorischen Rede an den Okzident in Gestalt einer Frau:

> Certes, Occident, je me scinde, mais mon identité est une infinités de jeux, de roses de sables, euphorbe est ma mère, désert est ma mère, oasis est ma mère, je suis protégé, Occident! (S. 171)

Der dritte Textteil ist ein Dialog (*Double contre double*), in dem A gegenüber B sein Anliegen vertritt, mittels der Erinnerung sein gegenwärtiges Sosein als Entkolonisierter zu verstehen. Er benutzt das Bild des „nœud entre deux vides" (S. 176), um die Existenz außerhalb der Gegensätze[212] als Sein der einen kulturellen Verankerung durch die andere zu charakterisieren, womit die „différence sauvage", die Illusion der absoluten Alterität, die der Kolonialismus instauriert hatte, überwunden ist. Der Text vertritt offene Kategorien in der Wahrnehmung des Fremden.[213] Das gilt auch für die autobiographische Identitätskonstruktion, die nicht nur durch die dialogisch-offene Form des Textes, ihre aleatorischen Momente oder Anleihen an musikalische Kompositionsformen immer wieder unterlaufen wird, sondern sich gerade im diskursiven Bemühen der Innewerdung des Seins jenseits und durch die Gegensätze zeigt. Eine weitere Ebene ist der parodistische Bezug auf Sartres autobiographischen Text *Les mots*.

Le livre du sang kombiniert Mystik und Mythos. Der Roman mit autobiographischen Elementen (S.64) orientiert sich an der Zeremonie eines *Dhikr*, einer sufistischen Trancesitzung, und besingt in äußerst lyrischer Sprache das Streben nach der Fusion von Subjekt und Objekt, wie die mystische Gottesliebe es in der „Transe du Même" anstrebt.[214] Der zweisprachige Erzähler erlebt die beiden Sprachen als Sprache der *différence*, in der die eine die andere in Frage stellt.

Da es Khatibi in seinem Schreiben um die Verbindung des gedanklich Fassbaren (*intelligible*) und des Fühlbaren (*sensible*) geht,[215] wird der Körper des Schreibenden als Orpheus in diesem Text als der Träger des im Titel genannten Bluts und zugleich die Quelle des dichterischen Gesangs, übereinander projiziert in Szene gesetzt. Das Schreiben ist in den Tod mündendes Blutvergießen, ein Opfergesang:

> Tout récit de sang – et le mien échappe de mes veines – est une rage entière, un spasme furieux. (S. 59)

Der Text ist von unzähligen semantischen Oppositionen durchzogen: Gut und Böse, Himmel und Erde, Ordnung und Chaos, Sichtbares und Unsichtbares, Tod und Leben, fremde Sprache und Muttersprache (Wahbi 1995: 79). Den Mythos des Androgynen benutzt Khatibi als Ausdruck des Begehrens nach Totalität, die

---

[212] Memmes, Abdallah: *Abdelkébir Khatibi, l'écriture de la dualité*. Paris 1994. Er spricht von „mise en scène de la dualité" (S. 13).

[213] Siehe meine Analyse des Romans in Heiler 1990: 108-12; 144-47; 180ff.

[214] Siehe dazu Memmes 1994: 45-97.

[215] Hassan Wahbi: *Les mots du monde. Khatibi et le récit*. Rabat 1995, S. 15.

in der Koinzidenz die Gegensätze aufhebt, aber in diesem Sinn eine *blessure* ist. Khatibi doppelt die Pole in die abstrakt bleibenden Figuren des Échanson und seiner Schwester Muthna und verwendet den Begriff der Rotation:

> La rotation du Féminin et du Masculin éclaire la figure de l'Androgyne. (S. 21)

Khatibi widmete sich auch in nicht literarischen Schriften eingehend den Erscheinungsformen der Zweisprachigkeit, wofür er den Begriff der *Bi-langue* prägte.[216] Diese entsteht als Metapher der realen Verbindungen der Sprachen im *entre-deux* der Sprachen als Raum des Vergessens (*perte de mémoire, amnésie*). In seinem Roman *Amour bilingue* (1983) behandelt er die Zweisprachigkeit als die Geschichte des männlichen Subjekts:

> Je suis, se disait-il, un milieu entre deux langues: plus je vais au milieu, plus je m'en éloigne. [...] La bi-langue? Ma chance, mon gouffre individuel, et ma belle énergie d'amnésie. (S. 10f.)

Die Begegnung zwischen ihm und ihr ist zugleich die zwischen dem Arabischen und dem Französischen, das wie auch in anderen maghrebinischen Texten als Verführerin auftritt, ein „ange en dentelle" aber auch „une belle pensée en dentelle", dem er sich voll Lust hingibt:

> Peut-être aimait-il en elle deux femmes, celle qui vivait dans leur langue commune, et l'autre, cette autre qu'il habitait dans la bi-langue? (S. 26)

Der Text, der auf die Biographie des Autors verweist, kreist um die Zweisprachigkeit als für diese selbst zentrale Gegebenheit. Die Liebesbeziehung zwischen den Sprachen führt über den gewöhnlich stattfindenden Sprach- und Kulturkontakt hinaus in den Raum der *bi-langue*. Diese Sprachreflexion ist assoziiert mit der ganzheitlichen Seinserfahrung des wechselnd in der 3. Person und in der Ich-Form benannten Mannes beim Schwimmen im Atlantik, die den Sog der Leere wie die volle Emotion beinhaltet. Dabei gilt: „L'Océan, personnage essentiel de ce ‚récit'" (*Par-dessus l'épaule*, S. 63). Das eigentliche Thema des Romans ist erneut die Auslotung der Grenzen der Sagbarkeit.

> La langue française aura été, pour moi, cette passion de l'intraduisible. (S. 73)

Ist die weibliche Figur ein „personnage de roman" (S. 71) und er ein Simulakrum? Khatibis Texte sind selbst doppelt, indem sie das Denken erzählen und das Leben konzeptualisieren, wie Wahbi (1995: 114) so treffend schreibt. Die philosophische Relevanz der Überlegungen Khatibis ließ Jacques Derrida mit *Le monolinguisme de l'autre* (1996) in Dialog mit seinen Gedanken treten.

---

[216] „De la bi-langue", in: *Écritures*. Paris 1982.

3.3.1.3   Rückkehr zum Erzählen

Für die Rückkehr zum *Récit*, die viele Romane der achtziger Jahre kennzeichnet, war Chraïbi Wegbereiter. Schon seine Romane nach *Les boucs* (1955) waren wesentlich linearer erzählt. Dies gilt für die noch zu Chraïbis erster Schaffensphase zählenden Romane *L'âne* (1956), für den er selbst den Einfluss Faulkners reklamierte[217], *La foule* (1961), *Succession ouverte* (1962), ein an *Le passé simple* anknüpfender autobiographischer Text, in dem Driss Ferdi nach dem Tod des Vaters nach Marokko zurückkehrt, sowie *Un ami viendra vous voir* (1967).

Der letztgenannte Roman verzichtet auf jeden Verweis auf Marokko oder den Maghreb. Chraïbi entfaltet beißende Kritik am Fernsehen als Konsumbedürfnisse und trügerische Leitbilder verbreitendem Massenmedium. Im Mittelpunkt steht eine weibliche Figur und der Text reflektiert unter Rekurs auf psychoanalytische und psychiatrische Therapieformen die Möglichkeiten einer erfüllten Beziehung von Mann und Frau. Ruth Anderet, eine vierunddreißigjährige, attraktive, intelligente, glücklich verheiratete und materiell gut versorgte Frau und berufstätige Mutter, nimmt an der Talkshow *Un ami viendra vous voir* des stereotyp gezeichneten Showmasters Christophe Bell teil. In einer dem Problem der modernen Frau in der modernen Gesellschaft gewidmeten Sendung entblößt sie, von Werbespots umrahmt und durch den Showmaster geschickt manipuliert und provoziert, ihre tiefsten Frustrationen. Anschließend versucht Bell als völlig von sich eingenommener *Macho* noch vergeblich sie zu verführen. Nachdem ihr Mann, der im Ausland weilt, ihr am Telefon Vorwürfe wegen des Exhibitionismus in der Sendung macht und sich ein Bruch zwischen ihnen abzeichnet, erschlägt sie im Wahn ihren zweijährigen Sohn und versucht sich selbst zu verbrennen. Der behandelnde Psychiater der gerichtlich verfügten stationären Behandlung verliebt sich in sie. Die Probleme seiner eigenen, in der gegenseitigen Projektion und Gewohnheit erstarrten Ehe spiegeln sich in ihrem Fall. Chraïbis Freund Daniel Bardigoni mag für die Figur des Psychiaters Pate gestanden haben. Der Roman hebt auf die unverstellte sexuelle Körpererfahrung für die Selbstverwirklichung der Frau ab und ist im ersten medienkritischen Teil, der die Sendung mit genauer Beschreibung von Kameraführung und Ton darstellt, humorvoll und karikatural, in gewisser Hinsicht auch visionär, was das heutige Reality TV und die Verankerung der Fernsehgesellschaften in der Wirtschaft anbetrifft.

La civilisation, ma mére!... (1972) ist ein sehr humorvoller Text, mit dem Chraïbi sich wieder seinem Heimatland zuwandte, nachdem er seine schottische Frau kennengelernt hatte.[218] Die Mutterfigur nimmt hier ihr Schicksal selbst in die Hand. Doch lässt ihr Mann die Frau wohlwollend gewähren, wenn sie in der Öffentlichkeit das Wort ergreift und politisch aktiv wird. Ihre beiden Söhne spielen die Rolle von Tutoren, mit denen sie am Ende nach Paris geht. Sie sind es auch, die die an Erich Fromm gemahnenden Textteile „Être" und „Avoir" erzäh-

---

[217] *Le Monde à côté*, S. 76.
[218] *Le Monde à côté*, S. 140.

len. Chraïbi schuf mit seinem Roman einen Gegenentwurf zur tragischen Mutter-figur, die in vorausgehenden maghrebinischen Romanen oftmals im Wahnsinn oder Selbstmord endete. Dafür wurde er zum islamischen Feministen stilisiert.

Mort au Canada (1975) befasst sich mit Paarproblemen der jüngeren Genera-tion anhand von französischen Helden. Im Zentrum steht Patrick, der vierzigjäh-rige Erzähler, der seine Beziehungserfahrungen Revue passieren lässt. Gelebtes Substrat für diesen Roman war Chraïbis Lehrtätigkeit an der Universität Laval in Montréal. Dieser Roman erschien signifikanterweise 2003 in Marokko, als erster überhaupt von Chraïbis Romanen in arabischer Übersetzung.[219] Er entzündete nach seinem ersten Erscheinen in Marokko eine lebhafte Polemik. Man warf Chraïbi vor, sich seiner eigenen Kultur zu entfremden. Dabei hatte er bewusst versucht, die regionalistische Themenbegrenzung auf den eigenen Kulturkreis zu durchbrechen. Auch darin war er ein Pionier für die jüngeren maghrebinischen Autoren wie Khatibi mit seinem *Un été à Stockholm* (1990), Khaïr-Eddine mit *Mémorial* (1992) oder Ben Jelloun mit seinen Texten über Italien.

3.3.2   Die achtziger Jahre

In den achtziger Jahren waren nur 57% der marokkanischen Kinder im Grund-schulalter und 20% der Kinder der Sekundarstufe skolarisiert. Der Analphabetis-mus stellte vor allem im ländlichen Bereich noch ein immenses Problem dar.[220] Auf der anderen Seite waren 26,6% der mehr als zehn Jahre alten Bevölkerung frankophon, und für 1990 sahen die Prognosen 38,9% Frankophone vor. Das Unterrichtswesen konnte nicht vereinheitlicht werden: Neben den staatlichen Schulen gab es zweisprachige Privatschulen, Schulen der *Mission Culturelle Française*, in denen das Arabische als „langue vivante privilégiée" unterrichtet wurde, und im Norden spanische Schulen (Bennani-Chraïbi 1994: 29). Die Kin-der der kultivierten Oberschichten besuchten Schulen in Paris oder die amerika-nischen Schulen in Casablanca und Rabat.

1988 besaßen in den Städten 89% aller Haushalte einen Fernseher. Sogar in den Elendsquartieren rangierte der Erwerb eines solchen Öffnungstores zur Welt noch vor dem eines Kühlschranks (Bennani-Chraïbi 1994: 35). Schon 1962 war die *Radiodiffusion Télévision Marocaine* dem Ministerium der Information und des Inneren unterstellt worden. Seit Hassan II. 1986 auf seinem Palast in Rabat eine 3,8 m große Parabolantenne und einen Sender installieren ließ und ähnliche Maßnahmen in Marrakesch, Agadir, Fès und Casablanca ergriff, können dort *Eurosport*, *Superchannel* und vor allem *TV 5*, der 1983 gegründete frankophone Sender, empfangen werden. Andernorts behilft man sich mit privaten Satelliten-schüsseln. Seit 1989 strahlt der Privatsender *M 2 International* ein zweisprachi-ges Programm aus (75% französisch und 25% arabisch, vor allem importierte ägyptische Feuilleton-Produktionen). 1992 kam noch der arabische Sender MBC hinzu (Bennani-Chraïbi 1994: 37). Interessant ist, dass sich die marokkanischen

---

[219] *Le passé simple* und *La Civilisation, ma mère!...* sind in Tunesien auf Arabisch erschienen.
[220] Mounia Bennani-Chraïbi: *Soumis et rebelles. Les jeunes au Maroc*. Paris 1994, S. 17.

Zuschauer von den einheimischen Sendern nicht angesprochen fühlen, vor allem die ‚Fremdartigkeit' der stereotypen ägyptischen Sendungen bemängeln – bis hin zum Nicht-Verstehen des ägyptischen Arabisch – und den Sender *2 M* als nicht einheimisch bis imperialistisch empfinden. Es stört der Gebrauch des Hocharabischen, Sendungen wie die Kochsendung *Walima* gehen an der Realität vorbei, wenn sie Rezepte für vier Personen beschreiben oder Zutaten, die sich ein Durchschnittsmarokkaner nicht leisten kann (Bennani-Chraïbi 1994: 39). Die jungen Marokkaner ziehen die ausländischen Sendungen vor und begeistern sich vor allem für *TV 5*.

Am 20. Juni 1981 rief die *Confédération Démocratique du Travail* in Casablanca und Mohammedia zum Generalstreik auf. Bei den blutigen Auseinandersetzungen wurden an die 8.000 Personen verhaftet und je nach Quelle zwischen 200 und 1.000 getötet.

Im Januar 1984 streikten die Schüler wegen erhöhter Einschreibgebühren, die Bewohner der Armenviertel schlossen sich an, zunächst in Marrakesch, dann in fünfzig Städten, nicht aber in Casablanca, wo gerade eine internationale Konferenz unter großem Polizeiaufgebot stattfand. Im Norden war die Lage besonders gespannt: In Nador, Al-Hoceima und Tetouan gab es zwischen 29 und 200 Tote und 14.000 Verhaftungen, von denen 1.800 Menschen länger festgehalten wurden (Bennani-Chraïbi 1994: 213).

Chraïbis Roman *Une enquête au pays* (1981) markiert mit der erneuten Hinwendung zur Beschäftigung mit Marokko und dessen Geschichte den Beginn seiner zweiten Schaffensphase. Seit seinem ersten Parisaufenthalt im Jahr 1945 führte Chraïbi ein bewegtes Leben, wobei er ähnlich wie Kateb weite Teile Europas kennenlernte. 1971 etablierte er sich in Paris. Erst 1985, nach fast drei Jahrzehnten im Ausland, kehrte er nach Marokko zurück.

Chraïbi wählt in *Une enquête au pays* erstmals das Schema des Kriminalromans.[221] Er entfaltet darin das Thema der Berberkultur, das er unter Hinwendung zur historischen Vergangenheit der Islamisierung und des islamischen Andalusien in *La mère du printemps (L'Oum-er-Bia)* (1982) und *Naissance à l'aube* (1986), weiter vertieft. In dieser Berber-Trilogie wird anhand der Begegnung der Kulturen die Frage nach dem Wesen von Zivilisation gestellt, wobei die kritische Weltsicht erneut mit einem humorvollen Stil kombiniert ist.[222]

Raho, die Figur aus *Une enquête au pays*, begegnet dem Leser wieder und nimmt ihn mit zur Mündung des Flusses Oum-er-Bia ins Jahr 681, als der arabische General Okba mit seinen Reitern dort den Atlantik erreicht. Es geht um die Frühzeit der arabischen Einwanderung in Marokko und die Islamisierung, wobei der Text den islamisierten Berbern gewidmet ist und darüber hinaus „à toutes les minorités qui constituent finalement la plus grande majorité du monde".[223]

---

[221] Siehe Kapitel 3.7.

[222] Ulrich Döring: *Spurensuche. Kultur und kulturelle Identität in Driss Chraïbis Berber-Trilogie.* Frankfurt a.M. et al. 2003.

[223] Zu den Paratexten siehe Jeanne Fouet: *Driss Chraïbi en marge.* Paris 1999.

Naissance à l'aube startet mit einer Rahmenhandlung im Jahr 1985. Bezogen auf die historischen Ereignisse wird sie als ‚Epilog' bezeichnet. Raho, der dem Leser schon gut bekannte Berber, verteilt kostenlos Wasser am Bahnhof Sidi Kacem Bou Asriya. Nun wird er von einer Coca Cola-Bude verdrängt und noch dazu vom Gelände verjagt. Er schwört seinem islamischen Glauben ab und zieht sich in die Berge zurück, um seine Vorfahren zu suchen. Die danach einsetzende historische Handlung zeigt den General Tarik ibn Sijad, der im Jahr 712 unserer Zeitrechnung mit seinen arabo-berberischen Reitern die Meerenge von Gibraltar passiert, um Andalusien zu erobern. Mit Elementen des Epos entfaltet Chraïbi einen tief empfundenen Paganismus jenseits der engen religiösen Begrenztheit auf eine Religion, in deren Namen freilich die Eroberung stattfand. Es ist eine *ré-écriture de l'histoire*, die positive, menschenverbindende Elemente in die Eroberungsgeschichte projiziert und so die daraus erfolgte andalusische Hybridkultur, die zu einer der kulturell fruchtbarsten des Abendlands gehörte, ermöglichte.

Chraïbi, der nicht an der Strömung des *métissage du texte* partizipiert und weiter linear entwickelte Geschichten erzählt, orientierte sich mit *Une place au soleil* und *L'Inspecteur Ali* (1991) mit seiner Ermittlerfigur aus *Une enquête au pays* weiter am Kriminalroman.

Nach den literarischen Experimenten der siebziger Jahre vollzog Mohammed Khaïr-Eddine die für seine Generation charakteristische Rückkehr zum Erzählen und zu einer geradlinig realistischen Schreibweise mit seinen nach der Rückkehr nach Marokko (1979-1989) entstandenen Romanen *Légende et vie d'A-goun'chich* (1984) und *Il était une fois un vieux couple heureux* (2002 postum veröffentlicht). Die schon in seinem ersten Roman *Agadir* sichtbare Orientierung zum einfachen Volk ist noch verstärkt.[224] Es geht um eine Hymne auf den Süden mit seiner Sprache, dem *Tachelhit*, doch zugleich um den Verlust der kulturellen Integrität, zu der auch der *métissage culturel* durch lebendige schwarz-afrikanische Einflüsse gehörte, durch Abwanderung („déracinement") und die dadurch verursachte *errance*. Agoun'chich ist ein *bandit d'honneur* im Süden während der Kolonialzeit vor dem Zweiten Weltkrieg. Mit ihm wird eine ganze Lebenshaltung, die der Text mit Legenden illustriert, unwiederbringlich verschwinden:

> Il pressentait que les hommes de sa trempe, aussi libres que les aigles royaux, devaient disparaître. On bifferait leur liberté légendaire d'un trait de plume sur toutes les pages du grand livre de l'histoire. Il ne resterait d'eux qu'un mythe vague et fugitif [...]. (S. 135)

Vor allem der Tod seiner Mauleselin, die von einem Auto überfahren wird und von Agoun'chich zusammen mit seinem Gewehr vergraben, ist Zeichen des massiven Werteverfalls („désintégration") unter der gewaltsam anbrandenden Modernisierung. Agoun'chich fühlt in sich Affinitäten zu Prometheus. Zwar besteigt er am Ende den Bus von Tiznit nach Casablanca, macht sich also auf den Weg in

---

[224] Mohammed Khaïr-Eddine: *Le Temps des refus. Entretiens 1966-1995. Réunis et présentés par Abdellatif Abboubi.* Paris 1998.

die Metropole, doch ist er völlig resigniert. „Quand tout n'est plus rien, rien n'est plus redoutable" (S. 158).[225] Der Text weist Parallelen zu Bounemeurs *Les bandits de l'Atlas* auf.

Laâbi verarbeitet in seinem autobiographischen Text *Le chemin des ordalies* (1982) seine achtjährige Haft als politischer Gefangener, die Erfahrung der Folter und den Schock bei der Wiedereingliederung in den Alltag in Freiheit. Dichterisches Zeugnis seiner Gefangenschaft ist *Le règne de barbarie* (1976). *Le chemin des ordalies* ist eine Autobiographie in der 2. Person. Das Du hat spezifische narratologische Implikationen[226] und diese in der zeitgenössischen französischsprachigen Literatur sehr seltene Erzählsituation wählte auch Mahi Binebine (geb. 1959) in seinem Roman *Le sommeil de l'esclave* (1993), der das innerhalb der maghrebinischen Literatur seltene Thema des Schicksals der schwarzen Sklavin Dada aufgreift.

Khatibis Text *Par-dessus l'épaule* (1988) stellt das maghrebinische Ich und seine Kultur in Auseinandersetzung mit der westlichen Reflexion über das Sein. In fragmentierter Schreibweise, wie sie als symptomatisch für die Postmoderne gilt, bedient sich Khatibi der Kleinform der Maxime der Moralisten und Collageverfahren. Dabei zentriert er seinen fraktalisierten Text um das Konzept der *aimance*, das er 1986 in *Dédicace à l'année qui vient* einführte. Der Begriff stammt von dem Psychoanalytiker und Grammatiker Édouard Pichon. Er meint im primären Sinn „attachement sans désir sexuel". Françoise Dolto kommentierte ihn in *Au jeu du désir* (1981). Es ist eine erotische Besetzung, die keusch und sprachlich ist. Sie ist kreativ, insofern die „relation du désir" durch eine „relation de langage" ersetzt wird. Also wird durch die Sprache das Begehren sublimiert.

Salim Jays *La semaine ou Mme Simone eut cent ans* (1979) ist ein burlesker Roman, in dem sich die Satire mit spürbarem Mitgefühl mischt. Der Text zeigt nach Pirandellos Konzeption des *Umorismo*, wie in scheinbar vordergründig komischen Figuren eine innere Tragik durch das im Gegenüber wachgerufene *sentimento del contrario* Empathie hervorruft. In jener durch den Titel bezeichneten Woche, sterben Kinder in Obervolta an Hunger, während zwei Kinder in Frankreich daran sterben, dass sie die Tapete ihres Kinderzimmers gegessen haben.

Portrait du géniteur en poète officiel (1985) erzählt das Leben des Vaters, wobei sämtliche Allgemeinplätze und die Paradigmen des Vater-Sohn-Konflikts der maghrebinischen Literatur dekonstruiert werden. Der Vater war ein arabischsprachiger Dichter, der in einem islamischen Land im Dienste der Machthaber stand. Doch hatte er eine starke Neigung zum Alkohol. Sein Slogan war „Plus soûlard que moi, tu meurs."

Abdelhak Serhane (geb. 1950 in Sefrou) lehrte Psychologie an der Universität Kenitra und verfasste auch Essays wie *L'amour circoncis* (1995). Seine Romane

---

[225] Siehe die ausführliche Deutung bei Ulrike Jamin Mehl 2003: 380-396.
[226] Marinella Termite: *L'écriture à la deuxième personne. La voix ataraxique de Jean-Marie Laclavetine*. Bern et al. 2002.

prangern soziale Ungerechtigkeiten und Miseren im Marokko unter Hassan II. an. *Messaouda* (1983), *Les enfants des rues étroites* (1986), *Le soleil des obscures* (1992), *Chant d'ortie* (1992), *La nuit du secret* (1992), *Le deuil des chiens* (1998) behandeln thematisch Armut, Korruption, Homosexualität, die Unterdrückung der Frau und den Mangel an Perspektiven für die junge Generation. In klaren Bildern und zusätzlich überdeutlicher Sprache wird mit dem marokkanischen Regime abgerechnet. In *Le deuil des chiens* artikulieren vier Töchter bei der Totenwache am Leichnam ihres verstorbenen Vaters, der zehn Jahre zuvor ihre Mutter straflos ermordete und sie aus dem Haus warf, ihren Hass und ihre entwürdigenden Lebenserfahrungen.

> C'est ça, le miracle marocain! On peut faire voter les morts et les bébés. On peut dire une chose le matin et faire son contraire l'après-midi. On peut faire et défaire un parti politique. [...] Avec l'âge et l'expérience je compris pourquoi rien ne changeait dans ce pays. Depuis toujours, la terre et les richesses de la terre, les hommes et leurs volontés appartenaient au même tas de fils de putes qui avaient réussi á tirer parti de toutes les situations, sans scrupule et sans état d'âme... (S. 107)

Die Romane Serhanes sind recht eng an den Modellen der Romane Tahar Ben Jellouns und Rachid Boudjedras ausgerichtet. In der Forschung (Chikhi) wurden sie als „romans à option psychopathologique" charakterisiert, denn Phantasmen und Albträume spielen in den Texten eine große Rolle. In *Messaouda* (1983), dessen Titelheldin auf Ben Jelloun und Boudjedra verweist, geht es um die Komplexe, die dem Ich durch die „enfance incestueuse" unter dem Zeichen von autoritärem Gesetz und Strafe eingebrannt wurden. Lamentabel ist dabei das Bild der Mutter als „une vache résignée et soumise". Auch in *Les enfants des rues étroites* werden die Kinder in Azrou und anderen Städten von den Erwachsenen unterdrückt und missbraucht wie die jungen zwangsverheirateten Soltane und Mina in *Le soleil des obscurs*. Einzig die Freundschaft des Icherzählers mit einem Kameraden im Elend verleiht dem düsteren Porträt des Landes einen Hoffnungsschimmer:

> Ici, c'est la terre du besoin, celle de la misère et de la mort. Elle a besoin de tous les cadavres de ses enfants. (S. 186).

Serhanes soziales Engagement, für das der Autor mit einem Landesverweis geahndet wurde, ist unbestreitbar. Die Texte kranken jedoch an ihrer kruden Eindringlichkeit, die der Phantasie des Lesers in ihrem stellenweise fast indoktrinierenden Diskurs kaum mehr Freiräume lässt. Dialektale Einsprengsel und andere Elemente der Oralliteratur lassen die Texte allerdings zwischen Mündlichkeit und Schriftlichkeit oszillieren, legen den Akzent auf das von multiplen Stimmen mehr gezeigte, denn berichtete Geschehen.

3.3.3 Die neunziger Jahre

Die markantesten Ereignisse dieser Phase waren der Golfkrieg 1991 und die Thronbesteigung Mohammeds VI. am 23. Juli 1999. Nach dem Beginn des Golf-krieges am 19. Januar 1991 verurteilte Hassan II. wie schon im Sommer zuvor die irakische Invasion in Kuwait, während die Opposition in Marokko sich auf Seiten des Iraks stellte und den Abzug aller marokkanischen Truppen forderte. Für den 28. Januar wurde der Generalstreik ausgerufen und zum Fasten gemahnt. Viele Jugendliche nahmen daran wie auch an Protesten im Februar 1991 teil.

Annähernd 70 % der marokkanischen Bevölkerung waren jünger als 30 Jahre. Auch viele mit Diplomen ausgestattete junge Menschen fanden keine Arbeit. Bennani-Chraïbi qualifiziert sie in ihrer Studie als soziale *mutants*, d.h. als Perso-nen, deren Praktiken und Repräsentationssysteme in einem Prozess der Dekom-position und Restrukturierung begriffen sind (Bennani-Chraïbi 1994: 23).

Im Juli 1991 verbarrikadierten sich 300 diplomierte Arbeitslose, darunter mehr als die Hälfte Frauen, in einem Handwerkskomplex, um ihre Einstellung zu erzwingen. Sie organisierten Friedensmärsche und Hungerstreiks (Bennani-Chraïbi 1994: 255). Der Staat hatte durch die Schaffung des *Conseil National pour la Jeunesse et l'Avenir* (CNJA) mit *Dahir* vom 20. Februar 1991 versucht, 100.000 diplomierte Arbeitslose bis Sommer in den Arbeitsmarkt einzugliedern, erreichte jedoch nicht einmal die Hälfte des gesteckten Ziels, was im Land eine Welle des Protests auslöste und schließlich zu der genannten spontanen Aktion in Salé führte.

In den neunziger Jahren entwickelte sich der arabischsprachige Roman in Marokko, nachdem er infolge des Golfkriegs bis 1995 leicht stagnierte, in bisher nicht dagewesener deutlicher Parallele zu seinem frankophonen Pendant. Beide zeichneten stärker personalisierte Erfahrungen, erweiterten ihre referentiellen Bezugsfelder und benutzten die Geschichte als Kontextualisierung für die Be-trachtung der Gegenwart. Der arabophone Roman beschritt den Weg des forma-len Experimentierens, den der frankophone Roman schon vor ihm gegangen war.

Ein markanter frankophoner Autor, der mit seinen witzsprühenden Romanen in den neunziger Jahren hervortrat und in Marokko sehr viel gelesen wird, ist der 1958 in Oujda geborene Fouad Laroui. Er ist Ingenieur und Wirtschaftswissen-schaftler, lebt derzeit nach Stationen in Paris, London und New York in den Nie-derlanden und schreibt regelmäßig für *Jeune Afrique*. Sein erster Roman *Les dents du topographe* (1996) bildet für Laroui den Auftakt zu einer Trilogie und hebt auf das Thema der Identität ab: Der junge Kader träumt nach seiner franzö-sischen Ausbildung davon, nach Europa aufzubrechen. Am Ende realisiert er die-sen Traum, da er sich in seiner Heimat nicht zugehörig fühlt. Die Fiktion ist für den Text weniger wichtig als die Dimension der *Réécriture*, für die Laroui Bre-ton und Aragon als Modelle reklamiert.[227] *De quel amour blessé* (1998) behan-delt das Thema der Toleranz und liefert eine moderne Version des Romeo und

---

[227] „De l'inconvénient d'être marocain", in: *Jeune Afrique* 1893, 16.-22. April 1997, S. 37.

Julia-Stoffs im *Beur*-Milieu. Die Jüdin Judith Touati und der Frankomarokkaner Jamal Abal-Khaïl dürfen in Paris nicht zueinander kommen. Doch sie flieht von zu Hause und versteckt sich, geduldet von der Mutter, vor seinem Vater im Schrank in Jamals Zimmer, eine Anspielung auf Kierkegaard und seine Verlobte Regine (S. 37). Spielerisch reflektiert der Erzähler sein eigenes Tun, indem der Verleger Gluard in den Fortgang und Ausgang der Geschichte eingreift, die Figuren den Erzähler zur Rede stellen (S. 65), Jamal seine Autobiographie unter Anleitung des Erzählers verfasst und Leserzuschriften zitiert werden. Stilistisch kennzeichnend sind Passagen, die die gesprochene Sprache nachgestalten, eingeschobene Geschichten, filmische Verfahren (*Flash-backs*) und Zitate aus arabischer und französischer Literatur. *Méfiez-vous des parachutistes* (1999) bezieht sich auf den Respekt der Individualität und ist die Geschichte des nach brillantem Ingenieurstudium in Frankreich in die Heimat Marokko zurückkehrenden Machin. Schon an der Grenze erregt sein Tagebuch, in dem er Lektüreeindrücke notiert, Argwohn. Die Gepflogenheiten seines Landes, denen er ebenso entfremdet ist wie seiner Sprache, holen ihn ein in Gestalt seiner Arbeitskollegen, verschiedener Frauen und vor allem in Gestalt des Fallschirmspringers Bouazza, der sich in seiner Wohnung dauerhaft einnistet. Der Text spielt mit Lektürereminiszenzen, Filmzitaten und Anekdoten und baut humorvoll die Spannung zwischen Tradition und Moderne auf. Gegen die an einen Klan gebundene ethnische Zugehörigkeit postuliert der Icherzähler seine Individualität:

> Je ne veux pas être fassi, ni bouseux, ni berbère, ni rien d'autre. Je veux être moi-même. (S. 45)

Wiederholt wird die Sprachproblematik des frankophonen Marokkaners, der auf der französischen Grundschule und anschließend im Internat des *Lycée Lyautey* in Casablanca ausgebildet wurde, problematisiert, der beklagt:

> Je n'ai pas de langue maternelle (S. 87)[...] Le seul problème, toutefois, est que le marocain n'existe pas. Ce que ma mère et quelques millons d'âmes parlaient dans ma jeunesse était une ratatouille de mots arabes, berbères, français, plus quelques mots espagnol et des ad hoc pour faire nombre. (S. 89)

Tu n'as rien compris à Hassan II ist der Titel von Larouis 2004 erschienener Novellensammlung. Der Autor, dessen Vater am 17. April 1969, als er zehn Jahre alt war, auf Nimmerwiedersehen in den Gefängnissen Hassan II. verschwand, widmet sich dem Thema der Unterdrückung, aber auch der menschlichen Ignoranz anhand der Diskussion junger marokkanischer Intellektueller über die historische Bewertung Hassan II. Über seine Motivation zu schreiben, sagt er:

> J'écris pour dénoncer les situations qui me choquent. Pour dénicher la bêtise sous toutes ses formes. La méchanceté, la cruauté, le fanatisme, la sottise me révulsent. (*Magazine littéraire*, avril 1999).

Interkulturalität steht im Mittelpunkt von Khatibis *Un été à Stockholm* (1990). Gérard Namir, der Erzähler, ist Simultanübersetzer und bezeichnet sich selbst als professionellen Reisenden. Er fliegt von New York ab. Schon zu Beginn wird das

„changement de climat, de pays, de langue" mit einem „croisement de regards et de paroles" gleichgesetzt. (S. 9f.) In der Kabine befindet sich eine internationale Gemeinschaft von Reisenden, z.B. der Italiener Alberto Albertini, der einen Film über Descartes und die Königin Christine drehen will. Sie landen in Arlanda. Namir verabredet sich mit der hübschen Stewardesse Lena und sie durchstreifen Stockholm. Seine Frau Denise ruft ihn an, von der er ein Jahr Beziehungs-Pause haben möchte. Es finden sich Reflexionen über Internationalität, Neutralität, die schwedische Eigenart, europäische Dimensionen, denen auch Albertos Film nachspürt. Lena lässt ihn in ihr Leben eintauchen, sie lieben sich, doch später verschwindet sie. Er korrespondiert mit seiner Frau über den „désordre du désir" und fliegt am Ende des Sommers nach Paris weiter. Der Roman entfaltet das Thema des „palimpseste des langues" wesentlich flacher als *Amour bilingue*.

Von Abdelfattah Kilito, der ansonsten sehr beachtete, auch literaturwissenschaftliche Essays verfasste,[228] stammt *La querelle des images* (1995). Der achronologische Roman besitzt auch novellistische Züge und privilegiert die Erinnerungen. Die ethnographische Dimension wird mit einer symbolisch-allegorischen Tendenz verbunden.

Abdellatif Laâbi taucht in seinem autobiographischen Roman *Le fond de la jarre* (2002) in seine Kindheit in der Medina von Fès ein. Der Text ist eine Hommage an die Eltern Ghita und Driss, denen er auch gewidmet ist. Während im Fernsehen der Fall der Berliner Mauer gezeigt wird, ist die Familie im väterlichen Haus versammelt. Nur der älteste Bruder Si Mohammed fehlt im Reigen der Geschwister, die Betrachtung seines Porträts an der Wand führt das erzählende Ich vierzig Jahre zurück in die Vergangenheit (S. 13), als es sieben oder acht Jahre alt war. Humorvoll werden Szenen wiederbelebt, die die Perspektive der Familie auf die politischen Ereignisse gegen Ende des französischen Portektorats zeigen. Zunächst muss der älteste Sohn, da er mit den Kolonialbehörden aneinandergeraten ist, mittels Bestechung aus Tiznit nach Hause zurück geholt werden, dann bereitet die Familie seine Hochzeit vor. Währenddessen ist der Sultan Mohammed Ben Youssef abgesetzt und ins Exil geschickt und Ben Arafa zum Sultan ausgerufen worden (S. 32). In der Hochzeitsnacht kann der Bruder seine Braut nicht, wie die Tradition es verlangt, entjungfern (S. 40). Die Erwartungen der Leser werden enttäuscht und das auch kommentiert:

> On n'apprendra rien ici sur le déroulement de la cérémonie et son protocole. Il y a des films pour ça, comme dirait l'autre, ou les déscriptions hautes en couleur que les auteurs coloniaux de la première heure ont laissées, sans parler des nationaux qui leur ont emboîté le pas, avec moins de préjugés mais peut-être moins de talent. (S. 39)

Nach einem augenzwinkernden Spiel mit den Erklärungen der arabischen Realia in Fußnoten[229] soll das eigene Erleben („ce que j'ai vu et entendu") geschildert werden. Die Rückwendung in die Kindheit wird, so betont das Ich, ebenfalls die gängigen Themen aussparen:

---

[228] *L'auteur et ses doubles* (1985), *L'œil et l'aiguille* (1992), *La langue d'Adam* (1995).

[229] „Note pour les éditions autres qu'arabes", S. 38.

On l'aura compris, [...] c'est la prime enfance qui sera revisitée. Et là encore, l'impasse sera faite sur les thèmes éventés que voici: – l'école coranique, que j'ai d'ailleurs peu fréquentée; – la circoncision, qui ne m'a pas traumatisé outre mesure;- la fête du mouton, où l'hémoglobine gicle et coule à flots; – le hammam, où le petit mâle s'initie au grand mystère féminin; – la tyrannie du pater familias, le mien de pater, Driss, ayant été un doux agneau, sans exagération aucune.

Der Text fährt ab Kapitel 5 in der 3. Person fort als „notre héros" (S. 177), der kleine Namouss („Moustique"), wie sein Spitzname lautet, da er ständig in Bewegung ist, wird in die „école franco-musulmane" eingeschult. Dann folgen Reminiszenzen an die Sommerferien in Sidi Harazem. Der Text arbeitet mit viel wörtlicher Rede, fügt auch gebetsartige Litaneien der Mutter ein, Lieder, Kinderreime und in Schrägschrift dialektarabische Ausdrücke. Oft wird auf das Kino verwiesen und die Szenen sind wie filmische *flash-backs* aneinandergereiht. Kapitel 18 kehrt zur Icherzählweise zurück. Die gewaltsamen Auseinandersetzungen nehmen zu, ein Mann wird auf der Straße erschossen und der Generalstreik ausgerufen. Der Text schließt mit der Rückkehr des Sultans Ben Youssefs, von dem der Junge sich ein Vexierbild kaufte, nach Marokko. Im Epilog spricht Lâabi von mehreren Leben, die wie russische Puppen ineinandergeschachtelt sind: „Qui est Namouss? [...] Namouss, c'est mon ancêtre et mon enfant" (S. 249). Der „fond de la jarre" bezieht sich auf eine Geschichte von *Djoha*[230] mit der Lehre, nicht zu tief in die Dinge zu dringen, wenn man nicht an das Schlechte stoßen und sich Feinde machen möchte, aber auch auf die Bedeutung, die die Wendung in Fès angenommen hat: „vaste répertoire de vocables du terroir et d'expression idiomatiques dont on se délecte en compagnie d'une société choisie" (S. 251). Die Familie nimmt ihre Erinnerungen wieder auf. Die signifikante Leerstelle ist die verstorbene Mutter. Dabei gemahnt Lâabis Text an Ginzburgs *Lessico famigliare*, das an der Grenze von Autobiographie und autobiographischem Roman um die gemeinsame Sprache der Familie angelegt ist.

Der 2002 postum erschienene Roman Mohammed Khaïr-Eddines aus den neunziger Jahren *Il était une fois un vieux couple heureux* besitzt eine deutlich nostalgische Perspektive und öffnet dementsprechend auf Ruinen zerfallener Lehmhäuser, die die Bewohner verlassen haben, um in moderne Häuser zu ziehen. In einem dieser traditionellen Bauten lebte das alte glückliche Paar Bouchaïb und seine Frau. Sie liebten ihre Tiere, waren umweltbewusst und mit ihrem Auskommen sehr zufrieden, wissend, dass das Exil in der Stadt oder gar in Frankreich nur wenigen Berbern zu Wohlstand, geschweige denn Glück verhilft. Der Text webt Erinnerungen auch an die koloniale Vergangenheit in den Alltag des Paares ein, der von Mahlzeiten und wöchentlichen Marktgängen strukturiert ist, doch daneben zeigt, wie Bouchaïb berberische Dichtungen schreibt, die sogar vertont und im Radio gesendet werden.

---

[230] Jean Déjeux: *Djoh'a, héros de la tradition orale arabo-berbère hier et aujourd'hui*. Sherbrooke 1978.

3.4 Judeomarokkanische Literatur

Die Juden hatten aufgrund ihrer Religion in Marokko einen besonderen Status. Als sogenannte *dhimmi* unterstanden sie direkt dem Schutz des Herrschers. Sie zahlten eine spezielle Abgabe, die *jizya*, allerdings war ihnen das Reiten und Waffentragen verboten. Sie konnten ihre Religion ausüben und hatten ihre eigene rabbinische Gesetzsprechung und Verwaltung. In Rabat, Marrakesch und anderen Städten lebten sie im Judenviertel, dem *Mellah*, das an den Königs- oder Gouverneurspalast anschloss.

Nach der Vertreibung der Juden aus Spanien siedelten viele Familien in Essaouira, dem neuen Hafen, an und genossen großes Ansehen als Bankiers und Händler, teilweise als Agenten des Sultans.

Bei innerstädtischen Unruhen wurden die *Mellahs* wiederholt geplündert (im 18. Jahrhundert in Meknes allein vier Mal). Man verdächtigte die Juden, die vielfach für ausländische Konsuln tätig waren, Agenten der fremden Mächte zu sein (Pennell 2000: 36).

Die Juden Marokkos hielten stärker als die algerischen und tunesischen an ihrer Sprache und ihren Sitten fest. Deshalb gibt es dort vergleichsweise wenig judeo-marokkanische Literatur in französischer Sprache, obwohl die ersten Schulen der *Alliance Isaraélite Internationale*, die wesentlich zur Verbreitung des Französischen unter den maghrebinischen Juden beitrugen, in Marokko eingerichtet wurden (Dugas 1990: 31).

Nach der Staatsgründung Israels gingen sehr viele marokkanische Juden dorthin, so dass der jüdische Bevölkerungsanteil Marokkos von 240.000 in der Nachkriegszeit (81.300 waren es 1921) auf nur noch 10.000 in den achtziger Jahren sank. Zu dieser Zeit lebten 11,1% der marokkanischen Juden in Frankreich. Wie Judith Klein feststellt, bedeutete die Anpassung an das französische Kulturmodell weniger einen Bruch mit der eigenen Tradition, als eine Verdoppelung der kulturellen Bezüge (Klein 1998: 19).

Diese Position lebte Marcel Bénabou. 1939 in Meknes geboren, lehrte er seit 1956 in Paris Alte Geschichte. Er war Mitglied der Literatengruppe Oulipo. Seine Texte sind *Pourquoi je n'ai écrit aucun de mes livres* (1986), das mit dem *Prix de l'Humour Noir* ausgezeichnet wurde, *Jette ce livre avant qu'il soit trop tard* (1992) und *Jacob, Ménahem et Mimoun. Une épopée familiale* (1995). Im letzten Text, einer fiktiven Autobiographie, scheitert auf metaliterarischer Ebene ein ambitioniertes Schreibprojekt, nämlich die große Familiensaga als Huldigung an das marokkanische Judentum, und wird in das bescheidenere, dem Leser vorliegende Werk transformiert. Nicht zu einem einheitlichen epischen Großtext formiert, sondern, so offenbart es ihm die Kabbala, in „Bruchstücken, Splittern, Resten" liegt die geeignete Form für den „Versuch, in einer ständig wieder aufzunehmenden Erzählung [...] die verstreuten Überreste einer Arbeit einzusammeln, die unvollendet bleiben muß" (Klein 1998: 95). Die Untrennbarkeit zwischen kollektiver und individueller Geschichte wird spürbar, indem die Materie des Erinnerns als literarische Herausforderung an den Autor Distanz zur Vergangenheit und deren Entwirklichung bewirkt.

Ganz anders bewertet der 1917 in Safi geborene Edmond Amran El Maleh,[231] der neben Albert Memmi der bedeutendste Vertreter der judeo-maghrebinischen Literatur ist, die Akkulturation der marokkanischen Juden durch die französische Kolonisierung als *véritable aliénation*. Er lebt seit 1965 in Frankreich und ist freier Mitarbeiter von *Le Monde*. Seine Romane *Parcours immobile* (1980), *Aïlen ou la nuit du récit* (1983), *Mille ans, un jour* (1986) und *Le retour d'Abou El Halki* (1990) stellen den doppelten Zwiespalt zwischen Marokko, dem Westen und dem Judentum dar. Im Vergleich zu den übrigen maghrebinischen Autoren seiner Generation fällt auf, dass er seine autobiographischen Romane erst mit über 60 Jahren verfasste.

Parcours immobile setzt mit einer Meditation über das letzte jüdische Grab in Asilah ein und verwebt zwei Geschichten, an denen das gedoppelte Ich Aïssa-Josue beteiligt ist: die der jüdischen Gemeinde Marokkos und der kommunistischen Partei Marokkos während der Kolonialzeit. Im Wechsel zwischen Ich- und Er-Erzählung werden nur Bruchstücke greifbar. Das fragmentierte und multiple Ich wird in der ebenso erscheinenden autobiographischen Schreibweise, die schon der widersprüchliche Titel anspricht, adäquat in Sprache gefasst.

> Mais qu'est-ce qu'être Juif, Juif marocain, Marocain juif indissociablement? La question n'est pas vaine ou oiseuse, généralité vague, abstraite; elle touche à l'essentiel: l'écriture, lieu privilégié où se manifeste son existence [...] La singularité se précise alors pleinement: l'identité pousse à l'absolu de l'exprimable, conduit à sa négation.[232]

Das Französische ist hybridisiert, indem dialektale Wendungen, Hebräisch, Flüche, Ausrufe und Argot den Text durchziehen.

In *Mille ans, un jour,* den der Autor als „roman d'une mémoire" bezeichnete, wendet sich die Hauptfigur Nessim zugleich ihrer individuellen Geschichte zu wie der Vergangenheit der jüdischen Gemeinschaft, der sie angehört.[233] Ähnlich fungiert Abou El Halki als „l'amant, le voleur d'histoire, prêt à prendre ce siècle à la gorge, insensé, témoin en dérive, en fuite pour échapper à la mort" (*Le retour d'Abou El Halki*, S. 78).

Aïlen ou la nuit du récit (1993) analysiert durch die Perspektive des Tagebuchs die soziale Lage in Marokko. Die Ereignisse umkreisen den blutig niedergeschlagenen Aufstand im Juni 1981 in den Elendsvierteln von Casablanca. Auch eine Galerie von Porträts aus der den Staat tragenden Schicht begegnet dem Leser: junge Technokraten, wie der in Frankreich ausgebildete Ingenieur Nourredine, der allerdings Kontakt zu politischen Häftlingen hat; reine Arrivisten wie

---

[231] Bou'Azzar Ben 'Achir: *Edmond Amran El Maleh. Cheminements d'une écriture*. Paris 1997.

[232] „La figure singulière du Juif marocain qui écrit en langue française", in: *Cahier d'études maghrébines* 3, 1991, S. 56-59, hier S. 57.

[233] Siehe zu dem komplexen Bezug zwischen *Mémoire* und Realität Bou'Azza Ben'Achir 1997: 122-125.

der Dozent der Universität Rabat, der „s'habillait chez Sollers, Kristeva, Barthes" und seiner Karriere wegen sich alle Türen zum Orient und der arabischen Welt ebenfalls offenhält und solche, die für Unterdrückung optiert haben wie Azzedine, der Ex-Kommunist, der das Volk hasst. Es wird jedoch keine explizite sozialkritische Botschaft vertreten, sondern vielmehr dargestellt, wie das politische Engagement der Einzelnen in Desillusion mündet. Der Erzähler verlässt am Ende des Romans Marokko, wobei die Emigration, die ihm sein Judentum ohne weiteres ermöglicht, seine Identität brüchig erscheinen lässt.

Ami Bouganim (geb. 1951) lebte von 1967 bis 1970 in Paris, dann in Israel, wo er bis 1996 blieb, danach als Leiter der Schulen der *Alliance Israélite Universelle* in Paris. Seine Texte sind *Récits du mellah* (1981), kurze, am mündlichen Erzählen orientierte Geschichten über verrückte Gestalten aus dem *Mellah* von Mogador, dem heutigen Essaouira, womit ‚in der Phantasie ein lachendes Ghetto ersteht' (Dugas), das der Autor, dessen weitere Werke *Le cri de l'arbre* (1983) und *Le rire de Dieu* (1996) sind, gegen die Vollstaatsbürgerschaft der Juden in Israel, die er kritisch bewertet, absetzt (Klein 1998: 85-90).

Armand Lévy verbindet in *Il était une fois les Juifs marocains* (1995) die kulturwissenschaftliche Recherche mit literarischen Elementen, indem er an den Text kleine Porträts anschließt, wie das des blinden Losverkäufers Rahamin, der von den Straßen Casablancas verschwindet, wie die marokkanischen Juden nach der Unabhängigkeit in Massen das Land verlassen haben (Klein 1998: 57).

Die 1941 in Casablanca geborene Nelcya Delanoë, seit 1960 in Frankreich lebend, wo sie amerikanische Geschichte und Landeskunde lehrt, rekonstruiert in *La femme de Mazagan* (1989) die Lebensgeschichte ihrer Großmutter Eugénie Rubinstein. Die Enkelin beschreibt sich in der dritten Person mit dem Namen Mélody. Ihre Befragungen enthüllen das in der Familie verschwiegene Leben einer polnischen Jüdin, die zwischen 1904 und 1909 Medizin studiert, danach als aschkenasische Jüdin in Marokko eine Art Mischehe mit einem Sepharden eingeht und als Ärztin tätig ist, bis sie 1943 mit Berufsverbot belegt in die USA emigriert. Die Enkelin zitiert auch aus ihrem im Exil verfassten Buch *Trente année d'activité médicale au Maroc* (1945), das allerdings den Abgrund der rassistischen Bedrohung ebenfalls würdevoll und hartnäckig verschweigt (Klein 1998: 68).

Von Paule Darmon, einer 1945 in Casablanca geborenen Jüdin, die seit 1962 in Frankreich als Sportlehrerin, Malerin und Schriftstellerin arbeitet, stammt der Text *Baisse les yeux, Sarah* (1980). Thema ist das Freiheitsstreben der Icherzählerin Sarah Lévy, die in Casablanca geboren, seit ihrem achtzehnten Lebensjahr in der Nähe von Lyon lebt. Sie leidet unter der Vorzugsbehandlung, die ihrem Bruder qua Geschlecht in der Familie zuteil wird. Die Geschlechtertrennung im Gottesdienst empfindet sie als Apartheid. Nach vorehelichen Kontakten wird sie in ihrer Ehe, die sie eingeht, von ihrem aschkenasischen Mann und dessen Familie, die sich durch ihre Leiderfahrungen überlegen fühlen, abgewertet. In den Rahmen der tödlichen Krankheit des Vaters eingebettet, erscheint die Revolte der

Tochter als der Reue würdig, wenn auch als einzig gangbarer Weg (Klein 1998: 72).

Hélène Gans Perez (geb. 1944) lebt seit 1956 in Frankreich und leitet dort einen Informatikbetrieb. In *Marrakech la rouge. Les juifs de la médina* (1996) collagiert sie sozusagen als Versprechen zukünftiger, wiederholbarer Gaumenfreuden traditionelle Kochrezepte in Szenen aus der glücklichen und einfachen Kindheit der autobiographischen Icherzählerin. Der Diskurs ist nostalgisch, denn das Universum, in dem sich in multiethnischer Kohabitation die unwiederbringlich verlorene Kindheit zwischen 1944 und 1956 vollzog, gibt es nicht mehr. Es ist das durch den kolonialen Konflikt und den Zionismus bedrohte Universum der marokkanischen Juden in Marrakesch. Bei bevorstehenden Unruhen gegen die französische Protektoratsmacht fragt die Erzählerin:

> C'est avec les Arabes que nous vivons. Les Français sont ailleurs, dans la ville du Guéliz. D'ailleurs, savent-ils faire la différence entre nous, comme nous en sommes capables? [...] Ils se moquent quand ils ne méprisent, mais on sent que dans leur ignorance, ils ont pour l'Arabe plus de condescendance, moins d'estime et plus de crainte. Entre ces deux sociétés adverses, nous pouvons redouter le pire, mais nous nous sentons protégés. (S. 79f.)

Tatsächlich entkommen sie nur über die Terrasse zu ihren italienischen Nachbarn, als eine aufgebrachte Menge Häuser von Europäern in Brand steckt und sich auch bei ihnen Einlass verschaffen will.

Thematisiert werden einzelne Berufszweige wie die Wäscherin, der Kohlen-Verkäufer, der Matratzennäher, jüdische Feste wie das Laubhüttenfest und *Purim* und auch die Grenzen, die das Leben im Exil den traditionellen Gaumenfreuden setzt. Anlässlich der Hochzeit ihres Sohnes besinnt sie sich mit ihrem Mann auf die traditionellen Rezepte und sie kochen selbst das Festmahl. Doch äußerlich sind sie assimiliert, erst in der letzten Sequenz am Schluss des Textes über eine Begegnung in den achtziger Jahren in den USA mit der Frau eines reichen Bankiers kommt momenthaft auch deren jüdische Herkunft aus Rabat zutage. Bezüge auf Elias Canettis literarisch auf wesentlich höherem Niveau stehende *Die Stimmen von Marrakesch* sind erkennbar (Klein 1998: 97-99).

3.5   Beispielhafter Autorenweg: Tahar Ben Jelloun

Tahar Ben Jelloun wurde 1944 in Fès geboren und wuchs in Tanger auf. Er ist nicht nur einer der bekanntesten Romanciers des Maghreb, sondern auch ein bedeutender Lyriker. Seine erste Veröffentlichung war das Gedicht *L'aube des dalles* 1968 in Heft 12 der Zeitschrift *Souffles*. Er verfasste es in einem Disziplinierungslager der Armee, wo er ab Juli 1966 zusammen mit anderen Studenten, die für die Studentenunruhen im März 1965 verantwortlich gemacht wurden, 18 Monate verbrachte.

Der *Souffles* angegliederte Verlag Éditions Atlantes veröffentlichte Ben Jellouns ersten Lyrikband *Hommes sous linceul de silence* (1971), auf den ebenso
hochkarätig der Band *Cicatrices du soleil* (1972) folgte, in dem er seine Poetik
und charakteristischen Themenschwerpunkte weiter entfaltete.

Ben Jellouns frühe Gedichte sind stark politisch engagiert, wenden sich dem
kulturellen Erbe des marokkanischen Volkes zu, als dessen „écrivain public" der
Autor sich sieht. Gemäß der Programmatik von *Souffles* sah er für sich als zentrale Aufgabe, zur Entwicklung der neuen postkolonialen nationalen Identität beizutragen. In den Vor- und Nachworten seiner Lyrikbände bringt Ben Jelloun seine Poetik programmatisch zur Sprache. Schon das Nachwort zu *Cicatrices du
soleil* war ein poetisches Manifest, in dem Ben Jelloun sich auf eine Poetik der
Differenz (Spiller 2000: 148-150) verpflichtete: zwischen der Schrift und der gesprochenen Sprache, zwischen Literatur und Wirklichkeit und zwischen Autor
und einheimischen Lesern, die damals zu etwa 70% Analphabeten waren, klaffen
Gräben, die Ben Jelloun durch sein Schreiben überwinden will.[234]

Die Bildsprache von Ben Jellouns Poesie[235] speist sich überwiegend aus der
belebten und unbelebten Natur und den Elementen (Erde, Wasser, Wind, Sand,
Tag, Nacht usw.). Seine Romane sind demgegenüber schwerpunktmäßig in
Städten angesiedelt und um verschiedene Städte konstruiert, die den Texten ihren
betont räumlichen Charakter verleihen und semantisch bedeutsame Oppositionen
bilden. Heilige und profane Stadt, vergangene wie neue Stadt, heimische wie
fremde Stadt, Gedächtnisstadt und die zerrissene, mutilierte Stadt konstituieren in
ihrem Wechselspiel einen Raum, in dem sich die Doppelung von Körper und
Sprache, von Erleben und Text, von Erinnerung und Schreiben offenbart.[236] Seit
dem Erscheinen seines Gedichtbands *Les amandiers sont morts de leurs blessures* (1976) orientierte sich Ben Jelloun stärker zur Prosa. Nach 1976 veröffentlichte er lediglich die Lyrikbände *A l'insu du souvenir* (1980) und *La remontée
des cendres* (1991) gegenüber mehr als zwanzig Prosatexten.

Das Französische steht für Ben Jelloun als Sprache des literarischen Ausdrucks nicht in Frage, er fühlt sich darin wohl, auch wenn der Kolonialismus es
ihm an die Hand gegeben hat. Das Arabische schätzt Ben Jelloun sehr hoch, doch
beherrscht er es nicht so gut, um darin schreiben zu können. Schon sein beruflicher Werdegang zeigt dies: Er war seit 1970 als Philosophielehrer in Casablanca
tätig; ein Beschluss des Innenministers, ab dem Schuljahr 1971 den Philosophieunterricht an den Gymnasien zu arabisieren, ließ ihn seine Beurlaubung beantragen; er traf am 11. September 1971 in Paris ein, wo er im Juni 1975 in Sozialpsychologie promovierte über *Problèmes affectifs et sexuels de travailleurs nordafricains en France*. Diese Dissertation diente als Grundlage für *La plus hautes
des solitudes*.

---

[234] Spiller 2000:4. Nach offiziellen marokkanischen Angaben 65%, nach UNESCO 1979 78,6%.
[235] Dazu ausführlich Spiller 2000.
[236] Nadia Kamal-Trense: *Tahar Ben Jelloun, l'écrivain des villes*. Paris 1998.

Ben Jellouns Texte weben diverse Sprachmuster der Mündlichkeit des marokkanischen Dialektarabischen in das Französische ein. Es handelt sich um
wörtliche Übersetzungen von umgangssprachlichen oder religiösen Redewendungen oder Sprichwörtern, arabische Wörter oder ganze Zitate in Umschrift oder in
arabischer Schrift. Daneben betrifft dies den Sprachrhythmus und die Metaphorik
(Spiller 2000: 51f.). Damit folgt Ben Jelloun der in *Souffles* entwickelten *guer-
rilla linguistique* und kann so die für viele andere maghrebinische Autoren, wie
schon ausgeführte, schmerzliche Abspaltung von den eigenen kulturellen Wurzeln überwinden. Seine sprachliche Situation thematisiert das abschließende Pro-
sagedicht in *A l'insu du souvenir* (1980) mit dem Titel *Hôte imprévisible de toutes les langues*:

> Je suis né dans une petite ruelle de la médina de Fès – aujourd'hui détruite. Ruelle
> sombre, dallée, indécente. Chaque pierre était une phrase. Phrase arabe. Phrase orale.
> Dite par l'aube. Ma fontaine est là.

Die Mündlichkeit der arabischen Muttersprache ist für Ben Jelloun an die Mutter
und ihren Analphabetismus gekoppelt. Deshalb bildet sie zusammen mit der Geburtsstadt Fès die Quelle des Schreibens. Aus dieser fließt dem Autor die Kreativität zu, auch wenn er in einer anderen Sprache zu Gast ist oder sich in sie hi-
neingeschlichen hat wie ein Dieb. Die beiden Sprachen sind für Ben Jelloun wie
zwei Ehefrauen, was er etwa in der Fernsehsendung *Parenthèses* ausführte und in
seiner Erzählung *Le polygamiste* des Bands *Le premier amour est toujours le
dernier* (1995) gestaltete:

> Ma première femme, c'est ma mère qui me l'a donnée. J'étais encore enfant quand
> j'ai épousé la fille de ma mère. Je trouvais sa beauté naturelle, évidente mais difficile
> à cerner. [...] Ma seconde femme, je l'ai trouvé tout seul, ou presque. Elle m'était of-
> ferte mais il fallait la séduire, jouer et intriguer avec elle pour la mériter et la gar-
> der.[237]

Roland Spiller zeigte, dass Ben Jellouns zentrale Metapher des Baums ein Sinnbild des Verhältnisses zwischen Modernität und Tradition, Zukunftsorientierung
und Erinnerung darstellt, wobei die Wurzeln für den marokkanischen Ursprung
stehen und die sich zur Weite hin öffnenden Zweige die französische Sprache
symbolisieren.[238]

Intertextuelle Bezüge bei Ben Jelloun lehnen sich an die klassische arabische
Literatur an, an den Koran und sufistische Texte. Ausgiebig greifen sie auf das
mündlich tradierte Erzählerbe des Maghreb zurück.

Im Bereich der französischen Literatur lehnt Ben Jelloun den Nouveau roman
völlig ab, bezieht sich positiv auf Jean Genet, mit dem er seit dessen Jahren in
Marokko befreundet war. Aus dem Bereich der zeitgenössischen arabischen Literatur, die Ben Jelloun für *Le Monde* rezensiert, beruft er sich auf keine ausdrück-
lichen Vorbilder. Philosophisch speist Nietzsche seine irrational und traumbe-

---

[237] Jacques Chancel: *Le livre franc.* Paris 1983, S. 135f.
[238] Roland Spiller: „Tahar Ben Jelloun", in: KLfG 11/1998, S. 2.

stimmte Literatur der Nacht; der assoziative Stil von James Joyce ist Ben Jelloun ebenfalls Modell; Jorge Luis Borges, der argentinische Autor, habe ihn, so Ben Jelloun, die Freiheit der Literatur gelehrt:

> Je ne connais Borges que pour l'avoir lu, mais il m'a apporté une grande liberté. Son utilisation du mensonge m'a appris ce que peut être la liberté dans l'écriture. [239]

Nach eigenen Angaben ist Ben Jelloun jedoch noch stärker durch Filme geprägt und bevorzugt Federico Fellini, der in seinen Filmen eine ähnlich assoziativ-bildhafte Welt kreiert wie Ben Jelloun in seinen Texten.

> Les cinéastes m'ont énormément appris: comment poser une histoire, comment la raconter, comment être cohérent. [...] C'est sans doute pour cela, [...] que je suis devenu un producteur d'images.[240]

Die Dominanz des Visuellen und des Blicks, der in der islamischen und besonders mystischen Tradition eine wichtige Bedeutung hat, charakterisiert seine Texte und erfüllt komplexe, von Roland Spiller präzise nachgewiesene Funktionen (Spiller 2000: 61):

> Die Inszenierung von Blicken dient der erzählerischen und kulturellen Perspektivierung, der Konstruktion und Dekonstruktion von Identitäten und Differenzen sowie der Darstellung von zwischenmenschlichen und interkulturellen Begegnungen und den dabei auftretenden Projektionen. (Spiller 2000: 54)

3.5.1.1 „Lecture du corps" und „Parallele Gedächtnisse"

Ben Jellouns autobiographischer Romanerstling *Harrouda* (1973) ist sehr eng den in *Souffles* postulierten Zielsetzungen der Entkolonisierung der Literatur verhaftet. Der Text beginnt ähnlich wie bei Boudjedra mit einem Tabubruch: die Vagina der titelgebenden Prostituierten stimuliert die Phantasie und das sprachliche Delirium der Knaben von Fès, die ‚Wörter ejakulieren' (S. 13). Die damit angestoßene Erotisierung des Schreibens zielt darauf, die gesellschaftlichen und religiösen Verbote zu unterwandern und dadurch das Verdrängte, nämlich die Erinnerungen, die den Körper mit Narben gezeichnet haben, frei zu setzen. Die Einbildungskraft des Schreibenden gerät in Bewegung, so dass die Erinnerungsbilder Visionen erzeugen (Heiler 1990: 113).

> La mémoire totale (haute dans les profondeurs) est hors du langage. Seule est possible une lecture déviée. Elle est visionnaire et se situe par-delà le réel. Cependant le parallèle textuel n'est pas imaginaire; il s'inscrit (s'écrit) dans le même corps. (S. 47)

Der Roman verzichtet darauf, die Entwicklung des Icherzählers in einer chronologisch strukturierten Handlung zu entfalten. Weder ist das erzählende Ich genauer charakterisiert, noch der zeitliche Abstand zu den erinnerten Ereignissen angegeben. Das erzählende Ich ist durch sein Sprechen bestimmt, außerdem indirekt durch vielfältige metatextuelle Kommentare über sein Schreiben und die

---

[239] Denise Brahimi: „Conversation avec Tahar Ben Jelloun", in: *Notre librairie* 103, 1990, S. 43.
[240] Catherine Argand: „Entretien avec Tahar Ben Jelloun", in: *Lire*, mars 1999, S. 28-34, hier S. 32.

Erinnerung. Am Anfang steht die von Harrouda verkörperte Kindheit als verlorenes Paradies des kollektiven Wir der Knaben von Fès. Koranschule, maurisches Bad, Beschneidung sind die Stationen, an denen sich Traumata als *blessures* in den Körper einschrieben. Sie können durch die imaginierend-visionäre Schreibweise als zeichenhafte Spuren und Tätowierungen freigelegt werden (S. 47). Die technokratisch ausgerichtete Modernität zerstört die traditionelle Lebenswelt etwa der Handwerker von Fès und unterzieht die Nation rapiden kulturellen und sozialen Veränderungen. Ein Aufstand von Kindern und Vögeln symbolisiert die Revolution, die jedoch von den Machthabern blutig niedergeschlagen wird. Zugleich verweist sie auf Casablanca und den Raum der Geschichte, den zuvor bereits weiter zurückliegende Ereignisse aus der Landesgeschichte illustriert hatten. Die Bilder der Revolte sind denen in Laâbis *L'œil et la nuit* und Khaïr-Eddines frühen Romanen verwandt, wo schwarze Adler und Riesenkraken das Karnevaleske (Bachtin) des von den Kindern versuchten Umsturzes niederhalten.

Nach einem erneuten Ortswechsel begegnet die nun aus dem Kollektiv herausgeschälte stärker individualisierte Ich-Figur in Tanger der Welt der Delinquenz, die von Korruption, Verrat und Drogenkonsum bestimmt ist. Die Gegenwart wird jetzt jedoch in die Vergangenheit erweitert. Durch das Auftreten historisch-mythischer Figuren wie Abd el-Krim und Moulay Idriss werden beide Zeitebenen miteinander verschmolzen. Das betrifft auch die Figur Harroudas, die die Landesgeschichte verkörpert. Ihr weich klingender Name ist der einzige neben den Namen realer Personen, Orte und mythischer Figuren, der im Text vorkommt, und wird am Ende wie am Anfang des Textes mehrfach wie ein Zauberwort genannt.

Ben Jelloun verleiht wie in den folgenden Romanen den Marginalisierten und Unterdrückten eine Stimme, den Frauen, Handwerkern, Kindern, Prostituierten und Strichjungen. Im Mittelteil des Textes *Entretien avec ma mère* ergreift die Mutter das Wort, was Ben Jelloun in der am Textende angefügten *Note* als gewollten emanzipatorischen Akt bezeichnet. Während sie sich zwar der patriarchalischen Ordnung unterordnet, verkörpert die titelgebende Prostituierte Harrouda die Subversion. Die Duplizität der beiden Städte und Frauenfiguren verbildlicht die Nicht-Identität in der Identität. Dies tangiert auch den Bezug zwischen Mensch, belebter und unbelebter Natur.

Die Bezeichnung des Inhaltsverzeichnisses von *Harrouda* als *itinéraire* betont die zuerst von Laâbi gestiftete Rückbindung an die Reise (*rihla*) als autobiographisches Schema der arabischen Literatur. Zugleich fungiert sie als Metapher für das Schreiben, die sich mit dem Bild der *errance* verquickt, die auch die Sprache mit Ambivalenz und Mehrdeutigkeit anreichert (Spiller 1998: 6).[241] Allerdings ist Ben Jelloun bei der Einbeziehung von Begriffen der Eigenkultur in den französischen Text der einzige der Autoren um *Souffles*, der die Begriffe mit Blick auf ein französisches Lesepublikum übersetzt oder erläutert (Heiler 1990: 137).

---

[241] Jacques Madelain: *L'errance et l'itinéraire. Lecture du roman maghrébin de langue française.* Paris 1983.

Nach seiner Ankunft in Frankreich 1971 widmete sich Ben Jelloun drei Jahre lang der sozialpsychologischen Betreuung maghrebinischer Immigranten. Seine Romane *La réclusion solitaire* (1976), *Les yeux baissés* (1991) und *Les raisins de la galère* (1996) sind als fiktionale Texte aus dieser Lebenserfahrung gespeist.

Ben Jellouns zweiter Roman *La réclusion solitaire* (1976) entleiht seinen Titel einem Text von Jean Genet, mit dessen Texten Ben Jelloun auch in anderen Werken dialogisiert (Spiller 2000: 234). Die Einsamkeitserfahrung und das Innenleben des maghrebinischen Arbeitsemigranten Momo in Paris ist Thema des Romans. Der Text, der als „itinéraire d'un expatrié" (S. 136) bezeichnet wird, gehört zur Exilliteratur, in der der Blick des Fremden dominiert. Dabei steuert die Erinnerung an Heimat, Vorfahren und Familie die Wahrnehmung der französischen Gesellschaft. Der Text ist vor allem räumlich strukturiert. Das einsame Ich leidet an seiner Entwurzelung, was mit der Baummetaphorik ausgedrückt wird („j'ai la vie d'un arbre arraché à ses racines", S. 11). Sein Leben als Fabrikarbeiter in Paris ist streng reglementiert. In seinem Zimmer, der „malle", ist er eingesperrt und trotz der Anwesenheit dreier Mitbewohner isoliert, was an die Einzelhaft im Gefängnis erinnert.[242] Momos Leben ist monoton, nur selten geht er ins Café oder Bordell. Um der Isolation zu entkommen, schreibt er, dessen Leben sich mehr und mehr in die Traumwelt verlagert, einer Prostituierten Briefe und dialogisiert mit dem Bild einer Frau. Nachdem er einen Brief seiner Tochter erhält, wendet er sich wieder dem Leben draußen zu, wo ihn die Begegnung mit Gazelle, einer politisch engagierten Palästinenserin, vollends zurück in die Wirklichkeit und zu den Mitmenschen holt. Ben Jellouns Figuren, die in dieser Hinsicht denen Genets nahe stehen, werden durch die soziale Isolation im Außen in ihre Innenwelt als Raum eines prekären Glücks gedrängt. Alle Räume sind stark emotional semantisiert und zeugen von Eingesperrtsein und Repression. Sie bilden eine Opposition zu den, wie bei Genet, oft nur imaginierten oder erträumten offenen Räumen (Benarab 1994: 75) der nächtlichen Phantasie- und Traumwelt im Gegensatz zu den realen Räumen des Tages. Die Fokussierung des Textes auf Träume, Gedanken und Phantasievorstellungen ist nicht nur inhaltlich gestützt, sondern bestimmt auch Sprachebene, Metaphorik, Struktur und Aussageintention. Der Roman liefert das Psychogramm einer Entwurzelung. Dabei besitzt er große Poetizität und hybridisiert die Gattung Roman außerdem mit Elementen der Reportage. Der Text illustriert die testimoniale Tendenz in Ben Jellouns Werk, die soziale Missstände in einer höchst poetischen Sprache anprangert (Spiller 1998: 7). Vom Beginn zum Schluss des Textes wird eine Klammer geöffnet, die zwei Pole des Handelns bestimmt, das Schreiben (*les mots*) und das konkrete Tun: „Il reste, bien sûr, l'autre solution: celle-là, on ne l'écrit pas, on ne disserte pas dessus, on la fait" (S. 136). Die Skepsis gegenüber der Macht der Sprache und der Literatur drückte Ben Jelloun in „L'écriture la trahison" (*Les temps modernes*, Octobre 1977, 392-397) aus:

---

[242] Abdelkader Benarab: *Les voix de l'exil*. Paris 1994, S. 75.

Qui est tu, toi, Marocain, écrivant en français? Peu de chose. Un élément vraiment négligeable. Que pèsent mes mots en syllabes latines (et même si elles étaient arabes) sur la terre fêlée d'un bidonville, sur le tissu de cette réalité qui m'obsède, cette réalité qui va au-delà des mots: L'injustice, la violence, la lutte pour la survie? N'est-ce pas l'insolence que d'écrire? (S. 396)

Wie um dem Missbehagen am Schreiben angesichts der bedrängenden Wirklichkeit zu entgehen, veröffentlichte er eine ganze Reihe von Büchern, die der Realität nicht nur Ausdruck geben, sondern direkt aufklärerisch auf sie einwirken. Den Auftakt machte die aus seiner Dissertation hervorgegangene Studie *La plus haute des solitudes* (1977), deren Lektüre sich ergänzend zu *La réclusion solitaire* empfiehlt. Es folgten Texte wie *L'hospitalité française* (1984) und *Le racisme expliqué à ma fille* (1998), mit dem er die interkulturelle Konfliktpotentiale anprangert.

3.5.1.2 Poetische Sozialkritik und Mystik

Ben Jellouns zweiter Roman *Moha le fou, Moha le sage* (1978) ist wieder im Maghreb situiert und, wie der Autor sagte „un constat sociologique et politique de la société maghrébine d'après l'indépendance" (*Sans frontière*, 4.12.1979, S. 14). Der Protagonist Moha ist ein weiser Narr, der sich an die Figur des *Djoha*[243] aus der mündlich vermittelten maghrebinischen Volksliteratur anlehnt. Er hat Symbolfunktion und verkörpert den Widerstand gegen politische Gewalt, Folter und Unterdrückung. Seine Stimme splittert sich allerdings in eine Stimmenvielfalt auf. Er oszilliert zwischen verschiedenen Erzählebenen, wird ungreifbar, allerdings lebt er in einem Baum, was neben der Symbolik der permanenten Regeneration und Mütterlichkeit[244] auf die Verwurzelung des Textes in der marokkanischen Realität und die dieser geltenden Sozialkritik (etwa an der Päderastie) verweist. Örtliche wie zeitliche Bezugspunkte geraten in Mohas Delirium ins Schwanken, womit die subversive Durchbrechung der herrschenden Normen ausgedrückt wird. Der fragmentierte Text ist in seiner Poetik der Diskontinuität *Harrouda* verwandt und von Mythen und Legenden sowie aus dem Arabischen übersetzten Sprichwörtern, Floskeln und religiösen Wendungen durchzogen. Autochthone Oralliteratur und orientalische Erzählweisen sind mit postmoderner Metafiktionalität kombiniert.

Der Roman *La prière de l'absent* (1981) folgt mit seiner Grundstruktur der arabischen Gattung der *rihla*. Das durch den Andalusier Ibn Dschubair (1145-1217) und den marokkanischen China-Reisenden Ibn Battuta (1304-1377) begründete, von einer Reihe von Marokkanern und auch Ibn Chaldun praktizierte Genre der Reiseliteratur ist religiösen Ursprungs. Es entstand aus Beschreibungen von Pilgerfahrten nach Mekka, verlagerte seinen Akzent dann zu einem Führer für mystische Offenbarungen, der auch soziale und politische Verhältnisse be-

---

[243] Auguste Mouliéras: *Les fourberies de Si Djeh'a. Contes kabyles.* Paris 1987.
[244] Rachida Saigh Bousta: *Lecture des récits de Tahar Ben Jelloun.* Casablanca 1992, S. 49f.

trachtet.[245] Schon das von Ben Jelloun als „itinéraire" bezeichnete Inhaltsver-
zeichnis von *Harrouda* stellte die Verbindung zwischen Reise und Autobiographie her. Allerdings ist der autobiographische Aspekt in *La prière de l'absent* in
den ersten Textabschnitt *La passion de l'oubli* mit Reflexionen über Leben,
Schicksal, den Tod und die folgenden zwei Textabschnitte über die Geburt gedrängt und schon in die distanzgebende Reflexion in der dritten Person verlagert.
Dieser ‚er' namens Mohammed Mokhtar setzt unterstützt von seiner Großmutter
Lalla Malika, die die orale Tradition vertritt, seine Imagination frei:

> Grâce à cette libération il pouvait enfin jongler avec ses souvenirs et tabous, les dé-
> former, les échanger et même les réinventer. (S. 18)

Orientiert an der Gattung der *rihla* unternehmen die Romanfiguren eine Pilger-
fahrt in den Süden Marokkos zum Grab des Scheichs Ma al-Ainin. Zu den Vaga-
bunden Sindibad und Bobby, die eines nachts auf dem Friedhof *Bab Ftouh* in
Fès, an einer Quelle unter einem Olivenbaum ein Kind finden, gesellt sich Yamna, eine ältere Prostituierte, die sie mit der Mission der Reise in den Süden, wo
die Wurzeln und eine Geschichte zu finden seien (S. 75), betraut. Über die Funktion des Kindes heißt es: „[...] cet enfant. Il est l'histoire que nous vivons déjà"
(S. 57). Unterwegs instruiert Yamna, nachdem ihre eigene Lebensgeschichte berichtet wurde, das Kind über den Scheich und Sufi. Von Sindibad erfährt der
Leser, dass er mit wahrem Namen Ahmed Suleiman hieß, Schriftsteller und e-
benfalls Sufi ist, der sein Gedächtnis verlor. In seinem früheren Leben als Ge-
lehrter provozierte er, indem er Dichter und Sufis wie Abu Nuwas, Al-Halladj,
Hassan Basri, Ghazali, Ibn Arabi und Ma al-Ainin zitierte. Die Reisenden besuchen das Grabmal von Moulay Idriss Zarhoun, des Gründers von Fès, reisen per
Bus weiter über Meknes, Rabat nach Casablanca, von dort, im Sammeltaxi Geschichten erzählend, nach Marrakesch. Auf dem Platz *Jemaa el-Fna* verrät Bobby ihren geheimen Auftrag und verliert völlig den Verstand. Argane, eine entlau-
fene Dienstmagd, die nach den nur in Südmarokko heimischen Arganbäumen
benannt ist, begleitet die Gruppe auf dem Weg nach Agadir. Yamna und Sindibad erreichen allerdings nicht ihr Ziel, sondern nur militärisches Sperrgebiet auf
dem Weg nach Tizni, wo Argane wieder aufgegriffen wird. Die Tragödie des
Erdbebens von El Asnam am 10. Oktober 1980 zeigt, dass die vollständige Wanderung auf dem „chemin des origines" (S. 219) ein „beau sujet de roman ou de
conte, mais une illusion dans le réel" (S. 224) ist. Yamna entschwindet auf rätsel-
hafte Weise, verblasst in gewisser Weise als Figur, während Sindibad vermeint
zu sehen, wie eine von zwei Männern begleitete Frau auf einem Pferd das Kind
mitnimmt. Der letzte Textteil löst den Titel ein: Die Eitelkeit der Machthaber und
die mangelnde Würde derjenigen, die sich mit den täglichen Demütigungen ar-
rangieren, wird von einem Scheich in der Moschee Moulay Idriss in Fès angeklagt, der zur „prière de l'absent" aufruft.

---

[245] Jamel Eddine Bencheikh (Hg.): *Dictionnaire de littératures de langue arabe et maghrébine
francophone*. Paris 2000, S. 318-322.

Die Reise der Protagonisten durch Marokko zeigt die marokkanische Gesellschaft in ihrer sozialen Schichtung aus der Sicht von Außenseiter. Der Roman
besitzt Nähe zum *récit tangérois*, den Romanen und Erzählungen der in Tanger
lebenden Autoren wie Mohamed Choukri (*Le pain nu*, 1980), Driss Ben Hamed
Charhadi (*Une vie pleine de trous*, 1965) oder Mohammed Mrabet.[246] Die autobiographische Lebensretrospektive dieser Texte mit stilistisch-formalen Gemeinsamkeiten und dem Schauplatz Tanger verknüpft Erzählweisen der Oralliteratur
mit Themen, Motiven und Strukturelementen des spanischen Pikaroromans.[247]
Das findet sich ähnlich bei Brick Oussaïd in *Les coquelicots de l'Oriental* (1984).
Abdellatif Attafis *Le rocher perdu* (1996) zeigt ebenfalls am Schicksal eines jungen Mannen den Verlust der räumlichen wie spirituellen Verwurzelung in Tanger
mit der Metapher des verlorenen Felsens. Besonderes Spezifikum des *récit tangérois* ist aber der gegen die herrschende Auffassung von Literatur verstoßende
Umstand, dass Analphabeten diese hybriden narrativen Texte zunächst mündlich
hervorbringen (Nachit 1997: 36-39). Nur Mohammed Choukri (geb. 1935) lernte
mit 20 Jahren schreiben und verfasste eigenhändig seinen Roman *Le pain nu*, den
Ben Jelloun ins Französische übertrug.

Auch Ben Jellouns Hauptfiguren erleben Metamorphosen und wechseln ihre
Identität und ihre Namen wie in den *récits tangérois*. Kulturelle und geistige
Identität suchen sie in *La prière de l'absent* bei der historischen Führerfigur Ma
al-Ainin (1830-1910), der dem antikolonialen Widerstand und einem Sufi-Orden
vorstand und auch den Roman *Désert* (1980) Jean-Marie Gustave Le Clézios inspirierte. Mit der Ausrichtung auf die exemplarische Biographie des Sufi greift
der Roman die *rihla* in ihrer Dimension der mystischen Initiationsliteratur auf,
verbindet sie zugleich mit den traditionell islamischen Gattungen *sira* (Prophe-
tenbiographie) und *manaqib* (spirituelle Autobiographie) (Spiller 1997: 25).

Der magische Schluss verweist auf die Unabgeschlossenheit der irdischen E-
xistenz des Menschen und lässt die Figuren nicht an ihrem Ziel, sondern wieder
auf einem Friedhof ankommen. Ma al-Ainin, der Werte wie Mut, Intelligenz,
Stolz und Bescheidenheit verkörpert, steht für die Quelle und den Ursprung (S.
76), aber auch das immer noch geltende patriarchalische System (S. 224), welches für Frauen außerhalb der Familie nur Prostitution oder ein Dasein als
Dienstmädchen kennt. Es gelingt den Frauenfiguren nur vorübergehend, aus der
Gefangenschaft in den traditionellen, sozial regulierten Räumen in die Freiheit
vorzudringen. Generell verunmöglicht die marokkanische Gesellschaft auch den
männlichen Protagonisten, eine entfaltete Identität zu leben. Die Reise führt deshalb auf den Weg der Mystik, die politisches und kritisches Engagement ein-

---

[246] *Le café de la plage suivi de La voix*. Paris 1989. *Le grand miroir*. Paris 1989. *L'amour pour
quelques cheveux*. Paris 1972. *M'Haschisch*. Paris 1978. Mohammed Mrabet/Paul Bowles: *Le
citron*. Paris 1989. Mohammed Mrabet/Ahmed Yacoubi/Larbi Layachi/Abdeslam Bou-
laich/Mohammed Choukri: *Cinq regards*. Paris 1989.

[247] Siehe Susanne Heiler: „Lazarillo, Guzmán, Ahmed und Driss. Neopikareske Erzähltexte am
Rand der marokkanischen Literatur", in: Ruhe, Ernstpeter (Hg.): *Europas islamische Nachbarn*. Würzburg, Bd. 2, 1995, S. 225-244.

schließt und nicht als Flucht aus der diesseitigen Welt gemeint ist, was der im Text zitierte Al-Halladj anzeigt. Die Reise ist im Ganzen als Traum deutbar (Spiller 2000: 271) und spiegelt – ein bei Ben Jelloun breit ausgeführtes Leitmotiv – die Reflexion und das Erleben Mohammed Mokhtars.

3.5.1.3 Meta-Narration und anti-mimetisches Erzählen

Den Roman *L'écrivain public* (1983) bezeichnete Ben Jelloun wie auch *La soudure fraternelle* (1994) als autobiographisch. Der Text basiert tatsächlich auf bedeutsamen Ereignissen aus dem Leben seines Verfassers, doch hebt er durch ein subtiles Rätselspiel um die Frage der Möglichkeit autobiographischen Schreibens auf die Fiktionalität der literarischen Vermittlung der eigenen Lebensgeschichte ab. Unabhängig vom biographischen Wahrheitsgehalt resümiert Ben Jelloun sein schriftstellerisches Selbstverständnis. Spiller nennt den Text in Anschluss an Ottmar Ette einen „friktionalen" Text (Spiller 2000: 275). In dem Prolog *Confession du scribe* führt Ben Jelloun eine Spiegelfigur, den öffentlichen Schreiber in der Medina von Marrakesch, ein, dem die Lebensgeschichte übermittelt wurde und der sie nach eigenem Gutdünken verfasste. Der Text gruppiert 16 Kapitel um die zentralen Themen: die Beziehungen zu den Eltern, zum weiblichen Geschlecht, Kulturkonflikt, Liebe, Tod, Blick, Nacht, Metamorphose, Abwesenheit, Literatur und Leben (Spiller 2000: 275). Die Selbstbeschreibung des sensiblen, genau beobachtenden Kindes als Augenmensch ist Metapher der Figur des Schriftstellers (Spiller 2000: 277), die ebenfalls Genets Monolog *Le funambule* mit dem Bild des Künstlers als Seiltänzer aufgreift.[248] Am Ende des Textes wird die von Spiller definierte Poetik der Nacht, die nicht nur Ben Jelloun, sondern auch das Schreiben anderer postkolonialer Autoren der Antillen und Afrikas charakterisiert, deutlich:

> Je suis dans la nuit et je ne sais plus mon chemin. Je sais qu'il faudra descendre. Un escalier ou une pente. Je ne vois rien. [...] Je suis seul, isolé, entouré de ténèbres et je ne suis pas triste. Je me retrouve comme aux premières années où la maladie m'avait installé dans le couffin. Je peux rêver à présent et convoquer à n'importe quelle heure les images folles et belles pour me soustraire un temps à la douleur et à l'approche de la mort. (S. 197)

Der Roman *L'enfant de sable* (1985) bildet mit dem thematisch, formal und strukturell daran anschließenden Roman *La nuit sacrée* (1987) ein Diptychon. Zahra, die achte Tochter ihrer Eltern, wird wie ein Sohn aufgezogen. Sie bricht nach dem Tod des Vaters aus der Familie aus und begibt sich auf die Suche nach ihrer wirklichen weiblichen Identität. Ihre Erlebnisse werden dem Leser als polyperspektivisches Erzählexperiment (Spiller) präsentiert, das wie *Tausendundeine Nacht* vom Alternieren der Tage und der Nächte strukturiert wird und einem Labyrinth gleicht.

---

[248] Sabine Tamm: *Secret du secret dans le silence du rêve dans le rêve. Traumerzählungen in den Romanen* L'enfant de sable *und* La nuit sacrée *von Tahar Ben Jelloun*. Frankfurt a.M. et al. 1998, S. 257.

Ben Jelloun variiert in der Art eines Geschichtenerzählers in 19 Kapiteln den möglichen Verlauf des Befreiungsprozesses, wobei die Variation selbst Leitmotiv ist und nicht durch Rekurs auf eine höhere Wahrheit aufgelöst wird. Die als Ahmed erzogene Frau mit ihrer geschlechtlichen Doppelexistenz gehört auf einer eher mythischen Ebene in den Motivbereich der Androgynität. Auf einer gesellschaftsbezogeneren Ebene thematisiert sie und ihr Schicksal die Geschlechterdifferenzen und die Emanzipation. Die Verschachtelung mehrerer Erzählerfiguren zeigt, dass es in dem Roman zentral um das Erzählen selbst geht. Die Frau entwickelt sich generell in den Romanen Ben Jellouns vom erzählten Objekt zum erzählenden Subjekt. Dieser Prozess findet in *L'enfant de sable* jedoch nur auf der Ebene des Erzählens mit dem Tagebuch Zahras und der mündlichen Erzählung Fatoumas statt, die vorgibt Zahra zu sein. Die Identität der Frauenfigur, aus deren Tagebuch der erste Erzähler informiert zu sein vorgibt und ausführlich zitiert, ist unfassbar und zerfließt wie die erzählte Geschichte im letzten Kapitel mit dem Titel *La porte des sables* im Sand. Aufgrund der engen Verbindung, die mittels der Kapitelüberschriften und der Homonymie im Arabischen zwischen den Toren der Stadt und den Kapiteln eines Buchs gestiftet wird, lässt sich dies auf die Situation des maghrebinischen Schriftstellers beziehen, der seine Identität in der Sprache des Kolonisators nicht in ihrer unberührbaren Intimität enthüllen kann. Die Kunst des Erzählers liegt in der Einbeziehung des Publikums, der Zuhörer des im Text geschaffenen Kreises der Erzählrunde *Halqa*, wie auch der Leser, die gerade durch die aufrechterhaltene Ambiguität zur eigenen Deutung und zum Fortschreiben der Geschichte angeregt werden.

Wenn Ben Jelloun den argentinischen Autor Jorge Luis Borges als einen der Erzählerfiguren auftreten lässt, so steht dieser für ihn für die bereits zitierte Freiheit der Literatur. Darüber hinaus ist er der Gewährsmann einer anti-mimetischen Literaturauffassung. Vor allem Borges' Geschichten *Las ruinas circulares* und *El Zahir*, die Ben Jelloun zitiert und sich anverwandelt, veranschaulichen als textinterne Spiegelung Ben Jellouns spezifische Traumliteratur, die dem im Inneren Verdeckten nachspürt (Tamm 1998: 244-248).

Darüber hinaus bezieht sich Ben Jelloun positiv auf die Dimension der kulturellen Heterogenität, die Borges in seinen Texten (etwa auch über arabische Literatur) nachhaltig vertrat. Seine Fabulierlust unterscheidet ihn allerdings deutlich von der denkerischen Logik und dem asketisch-abgeklärten Stil eines Borges:

> Eine auf die eigene Kultur zugeschnittene Literatur im Zeichen der Universalität und der kreative Umgang mit den kulturellen Konflikten, wofür Borges in Argentinien steht, ist kein unattraktives Programm für einen maghrebinischen Schriftsteller, der sich selbst als Repräsentant der kulturellen Heterogenität versteht. (Spiller 1998: 10f.)

La nuit sacrée (1987) gestaltet die in *L'enfant de sable* abgebrochene Geschichte weniger vielschichtig aus der erzählend-rückblickenden Perspektive der Frau und versieht sie mit einem als Traum lesbaren Happyend. Auch schon in *L'enfant de sable* finden sich wunscherfüllende Träume Ahmed/Zahras, der subversiven Romanfigur (Tamm 1998: 96-140). Der Roman wurde mit dem *Prix Goncourt* ausgezeichnet. Ben Jelloun greift darin seine bevorzugten Themen erneut auf: die Zwänge der Geschlechterrollen, Androgynität, die Identitätsproblematik, die Blessuren der Kindheit und ihre Verarbeitung, die Emanzipation der Frau, die Entdeckung der Sexualität, die gesellschaftliche Gewalt, die Kraft der Träume und der Imagination, die Problematik des Erzählens, der Schrift und der Sprache.

Die Erzählerin nimmt den Platz des im vorausgehenden Romans verschwundenen Erzählers ein, sucht zunächst ein geeignetes Publikum, dem sie unter dem Signum der Wahrheit die Geschichte ihres Lebens berichten will. Ihr Vater gab sie wie eine Sklavin frei, bevor er in der 27. Nacht des Ramadan, der Nacht des Schicksals, in der dem Propheten das Heilige Buch offenbart wurde, starb. Befreit, beginnt für Ahmed/Zahra ein neues Leben als Frau. Auf märchenhafte Weise entführt sie ein Reiter zur Quelle des „Jardin parfumé". Dann begegnet sie Assise, die in einem Hammam arbeitet. Auf der Suche nach sich selbst geht sie eine Liebesbeziehung mit deren Bruder, dem seit seiner Kindheit blinden und kultivierten *Consul* ein. Die Frau, die zuvor ihren Körper und ihr wahres Wesen verbergen musste, entdeckt nun ihre Sinnlichkeit und Sexualität. Als ihr Onkel sie auffindet, erschießt sie ihn. Nach langen Jahren im Gefängnis, wo sie ihre Schwestern aus Rache unter Mithilfe der Wächterin verstümmeln, indem sie ihre Klitoris beschneiden und ihre Vagina zunähen und wo sie nach ihrer Genesung als *écrivain public* tätig ist, findet sie Assise und den Blinden wieder, der im Süden als Heiliger verehrt wird.

Der Text entwickelt Elemente der mystischen Initiation und Schau, des Traums und damit des Eintauchens in vorbewusste oder unbewusste Dimensionen. Er lässt sich auch als historische Parabel der Geschichte Marokkos lesen, in der auf die Unterdrückung durch den Kolonialismus ein langwieriger Befreiungsprozess folgt, wobei die Wege, die Zahra hin zu ihrer weiblichen Natur beschreitet, die Etappen der Entkolonisierung nachzeichnen.

Auch in diesem Roman ist die erzählerische Mehrdeutigkeit und Selbstreflexion des Erzählens markant. Die Aufhebung der realistischen Erzählweise erfolgt allerdings weniger stark als in *L'enfant de sable* durch die Aufsplitterung der Erzähler. Wie in der europäischen Novellistik und den orientalischen Märchen, an die Ben Jelloun anknüpft, inszeniert er eine textinterne mündliche Kommunikationssituation. Es ist ein markantes Strukturmerkmal seiner Romane, mündliches Erzählen als im Text inszenierte Sprechakte performativ zu simulieren. Dabei verwurzelt er sich in der marokkanischen Kulturtradition des mündlichen Erzählens, wenn er seine Erzähler im Kreis der Zuhörer auf dem Platz *Jemaa el-Fna* in Marrakesch auftreten lässt. Inbegriff der lebendigen Oralliteratur, ist dieser ‚Platz der Gehenkten' schon längst ein literarischer Topos und auch zu Beginn des 21. Jahrhunderts noch Schauplatz der mit gestischen Einlagen theatralisierten Erzähldarbietungen, die für Ben Jelloun aus der unerschöpflichen Quelle des gesprochenen Wortes sprudeln.

Für Ben Jelloun führt der für die Textkonstitution nötige Übergang zum schriftlichen Zeichensystem, den in seinen Texten oft Figuren des Schreibers verdeutlichen, zu Verlusten gegenüber der lebendigen Sprechsituation. Wenn Ben

Jelloun eine mehrstimmige polyphone Erzählweise bevorzugt, so können die vervielfältigten Erzähler vielleicht das Ungenügen des einen monologischen Schreibers kompensieren helfen.

3.5.1.4 Sprachkritik, Exilromane und Interkulturalität

Nachdem sich Ben Jelloun in seinen früheren Texten mit der Mutter als Quelle des Schreibens wesentlich befasste, wendete er sich schon in seinem Romandiptychon der Vaterfigur zu. Vor allem die Lebensbeichte des Vaters vor seinem Tod in *La nuit sacrée* bereitet thematisch den Kurzroman *Jour de silence à Tanger* (1990) vor. Der Text ist Ben Jellouns eigenem Vater gewidmet und rückt die Vaterfigur ganz ins Zentrum. Der alte todkranke Mann, dessen innere Monologe und Erinnerungen wiedergegeben werden, lebt isoliert, nur mit einem Dienstmädchen, in einem zerfallenden Haus in Tanger. Während draußen Wind und Regen tosen, reflektiert er über das Leben und das Sterben. Seine Freunde sind tot, sein Sehvermögen lässt nach, er blickt als Misanthrop auf seine Mitwelt. Das drückende Schweigen (*le silence*) ist das Ergebnis gescheiterter und abgebrochener Kommunikation, was ein häufig wiederkehrendes Motiv der maghrebinischen Literatur ist (Spiller 1998: 12). Das Denken und Umkreisen der eigenen Obsessionen kommt am Ende in einem Traumbild, das stark an Fellini erinnert, zum Ausklang.

In *Les yeux baissés* (1991) gestaltet Ben Jelloun den Kulturkonflikt, der mit der Emigration und Entwurzelung verbunden ist und das Leben im *entre-deux* der Kulturen mitunter schwierig macht. Als Protagonistin wählt der arabophone Ben Jelloun eine junge Berberin, die einen französischen Schriftsteller heiratet. Mit der Widmung „Pour la petite bergère de M'Zouda" stiftet er einen Bezug zu seiner Biographie und eigenen Ehefrau, mit der er vier Kinder hat (Spiller 2000: 245). Der Roman verquickt Züge des Exilromans mit dem Entwicklungsroman. Er bezieht als authentifizierende Elemente des Selbstausdrucks Brief und Tagebuch mit ein. Realität und Traum, Modernität und Archaik stehen in einem konfliktreichen Spannungsverhältnis.

Die Icherzählerin ist die Hüterin eines vom Ahnvater verborgenen Schatzes. Sie wächst im abgeschiedenen Bergdorf Imiltanout im Hohen Atlas auf. Sie vermisst ihren Vater, der, wie die anderen Männer, in Frankreich arbeitet. Sie leidet daran, nicht lesen und schreiben zu können und flüchtet sich aus dem trostlosen Alltag, in dem ihr Bruder vergiftet von der Tante mit dem ‚bösen Blick' stirbt, in die Welt ihrer Träume und Phantasien. Als der Vater, an dem sie sehr hängt, sie und die Mutter nach Paris mitnimmt, erlebt sie dort einen Kulturschock, erfährt zwar Bildung in der Schule, die Liebe, aber auch Rassismus und Fremdenfeindlichkeit. Doch wird schon bei einem Besuch in der Heimat, mit fünfzehn, für sie klar, dass sie mit ihrer Schulbildung in den archaischen Sozialstrukturen nicht mehr leben kann, so dass sie ihren Weg der Emanzipation in Frankreich geht.

Die Handlung ist in verschiedene Erzählebenen aufgefächert. Das Leben der Protagonistin verläuft in einem Schwebezustand zwischen Traum und Wirklichkeit. Mit ihrer Einbildungskraft entwirft sie wie schon andere Protagonisten der Romane Ben Jellouns fiktive Figuren. Victor, eine dieser Figuren, die auf Unamunos Roman *Niebla* verweist, verselbständigt sich und mischt sich in ihr Leben ein, bis sie ihn, als sie zwanzig ist, gegen dessen Widerstand zurückzuweisen versucht. Ein berühmter Romancier, von dem sie schon zwei Romane gelesen hat, soll ihr helfen. Dieser erklärt ihr das Wesen der fiktiven Figuren und rät ihr zu schreiben. Nachts führt sie eine Art Tagebuch. Erneut kehrt sie nach zwanzig Jahren im Exil ins Heimatdorf zurück, um den Schatz zu suchen. Der Epilog enthüllt, dass sie mit dem Schriftsteller verheiratet ist, der auf Distanz gegangen und nach Marokko abgereist ist.

Der Text aus 27 Kapiteln gliedert sich in zwei Hälften, wobei die erste Rückkehr ins Dorf in der Mitte den markanten Einschnitt in der Handlung bildet. Der erste Teil erzählt noch recht linear Kindheit und Pubertät Fathmas. Im vierzehnten Kapitel setzt ein „fiktionaler Strudel" (Stolz)[249] ein, der die Chronologie auflöst, Erzählperspektiven und Handlungsstränge vervielfältigt und ein Echo-Spiel mit Doppelungen initiiert. Die Distanz zwischen erlebendem und erzählendem Ich bleibt unbestimmt. Das Rätsel der Erzählsituation wird im Epilog gelüftet, wo sie sein Manuskript vorfindet und der Autor aus dem Dorf seiner Frau schreibt und sagt „Ta vie, telle que tu me l'as racontée, m'a ému" (S. 295). Offenbar ist er die übergeordnete Erzählinstanz, so dass der Perspektive der Erzählerin auf ihr Leben, die ja auch zu Teilen selbst schreibt, die umklammernde Perspektive des Schriftstellers beigegeben ist:

> Tes combats de fille d'immigrés m'ont plus. Je pensais que tu étais entre deux cultures, entre deux mondes, en fait tu es dans un troisième lieu qui n'est ni ta terre natale ni ton pays d'adoption. (S. 295f.)

Der Text entwickelt, ausgehend von seinem Titel, der auf die angesichts des Vaters niedergeschlagenen Augen verweist, eine besonders ausgeprägte Blickmotivik und -semantik (Spiller 2000), die auch die Konstruktion von Identität und Alterität im kulturellen wie intergeschlechtlichen Kontakt reguliert. Der Text benutzt ein breites Spektrum an Schreibweisen von realistischen Passagen, über Traumsequenzen, Elementen orientalischer Erzählungen bis hin zur Metaliteratur, die den eigenen Fiktionalitätsgrad hinterfragt und mit sich selbst und anderen Texten, wie den Mauritius-Texten Le Clézios, spielt. Das Ende ist offen und dort heißt es: „Cette histoire s'achève sur une autre qui commence" (S. 297).

Abgesehen von *L'ange aveugle* (1992), einer Sammlung von kurzen fiktionalen Texten mit journalistischer Tendenz über die Mafia und Korruption in Italien[250], widmen sich die Texte Ben Jellouns dem Maghreb. Weitgehend realis-

---

[249] Peter Stolz: „Phänomenologie des bikulturellen Lebens. Ein Roman des ‚entre-deux-cultures' von Tahar Ben Jelloun", in: *Neue Romania* 14, 1993, S. 377-394 und „Baulelemente des französischen Romans der achtziger Jahre am Beispiel ausgewählter Romane von Philippe Sollers und Tahar Ben Jelloun", in: Wolfgang Asholt, *Intertextualität und Subversivität. Studien zur Romanliteratur der achtziger Jahre in Frankreich*. Heidelberg 1994, S. 111-136.

[250] Siehe Susanne Heiler: „La mafia mise en texte par Sciascia et Ben Jelloun", in: Bonn/Rothe 1995: 125-34.

tisch ist die Schreibweise des Romans *L'homme rompu* (1994)[251], der sich ebenfalls der Korruption widmet. Inspiriert wurde Ben Jelloun nach seinen Angaben
im Vorspann durch den Roman *Corruption* (1954) des Indonesiers Pramoedya
Ananta Toer. Ben Jelloun konnte den Autor, der unter Hausarrest steht und Publi-
kationsverbot hat, in Djakarta nicht aufsuchen und schrieb als Hommage und
Ausdruck seiner Solidarität seinen Roman. Schon in dem Sammelband *Pour
Rushdie* (1993) betonte Ben Jelloun, dass die literarische Fiktion mehr beängstige
als die Realität, denn wenn über Prostitution, Gewalt und Elend geschrieben werde, so würden diese Phänomene im Alltag zwar hingenommen, als Thema von
Literatur hingegen mit Morddrohungen gegen den Autor beantwortet. Anfangs ist
der präsentisch erzählende Protagonist Mourad, ein skrupulöser, integrer, doch
unglücklich verheirateter Ingenieur und Ökonom in ministeriellen Diensten, der
Baugenehmigungen erteilt. Er ist stolz darauf, unbestechlich zu sein, doch nimmt
er nach heftigen Gewissenskämpfen einen ersten Umschlag, dann einen zweiten
an. Durch diese Beteiligung an der allgemein verbreiteten Korruption verrät er
seinen Freund und ihre bisher gemeinsamen Prinzipien. Er ändert sein Leben,
seinen Gang, seine Kleidung, fährt mit seiner Tochter nach Tanger, wendet sich
seiner Cousine zu, in die er verliebt ist und die ihn auch nach seiner Scheidung
heiraten würde, und beginnt ein Verhältnis mit einer Zufallsbekanntschaft, seinem „double féminin". Die stereotype Rollenverteilung wird umgekehrt, indem
der Mann das Opfer seiner erotisch und vor allem finanziell gierigen Ehefrau ist,
die an ihm herumnörgelt und ihn aus dem Haus treibt. Liebe und Kommunikation
zwischen den Geschlechtern scheitert und bleibt wie eigene Lebensentwürfe un-
erfüllt. Der Roman ist in überwiegend kurzen Sätzen chronologisch angelegt,
kommt mit einer Erzählerfigur aus, deren widerstreitende innere Stimmen er allerdings zum Sprechen bringt. Besonders aufschlussreich ist die metatextuelle
Dimension des Textes[252], die im Zusammentreffen eines alten Wörterbuchs *Larousse* und der ebenso alten Olivetti-Schreibmaschine (S. 184), die Mourad im
Büro entwendete, sich magisch selbständig serielles Schreiben vollziehen lässt.
Nachts produzieren die beiden Gegenstände Wörter, manchmal Titel, die er zu
Gedichten anordnet (S. 197) oder bereits fertige Gedichte (S. 201). In ähnlicher
Manier schreibt auch der Icherzähler, der sich in diesem knappen zweiten Text-
teil als Schriftsteller, also Subjekt wie Objekt seiner Geschichte, enthüllt (S.
209).

Dem Traum gibt Ben Jelloun erneut wie z.B. in den Strafvisionen des Erzählers einen speziellen Stellenwert. Er liest das Leben in ungeordneter Reihung,
wobei er sich auf Schopenhauer bezieht:

> Rêver c'est assembler les choses et les êtres incongrus et, à partir de là, tisser une
> histoire banale ou extraordinaire. Je ne fais que suivre l'idée de Schopenhauer pour
> qui «la vie et les rêves sont les pages d'un même livre; lire ces pages dans l'ordre,

---

[251] Abdesselam El Ouazzani in *Pouvoir de la fiction*, Paris 2002, nennt den Roman einen „roman
bavard", S. 24-34.

[252] Robert Elbaz: *Tahar Ben Jelloun ou l'inassouvissement du désir narratif*. Paris 1996.

c'est vivre; les lire dans le désordre, c'est rêver». Longtemps j'ai voulu suivre l'ordre des choses. A présent grâce à l'histoire Olivetti-Larousse, je fais davantage confiance au désordre et au rêve. (S. 198)

Les raisins de la galère (1996) richtet sich an ein jugendliches Lesepublikum[253] und greift die aktuelle Problematik der *Beurs*, der in Frankreich geborenen und sozialisierten Kinder der ersten Immigranten-Generation auf. Die Icherzählerin Nadia, deren Eltern aus der Kabylei stammen, erzählt ihr Leben: als Zehnjährige hat sie den Traum Mechanikerin zu werden und ihr bedrückendstes Erlebnis bei der Hochzeit und blutigen Entjungferung ihrer ältesten Schwester. Der Vater ist als positive Figur aufgebaut, im Gegensatz dazu steht der Schwager mit seinem Männlichkeitswahn. Die Mutter ist traditionalistisch und abergläubisch. Die Heimat der Eltern, die sie in den Ferien besucht „sentait la fin". „Des jeunes comme Saadia et moi n'avions rien à faire dans ce mouroir" (S. 15), merkt sie an. In Frankreich nimmt die kommunistische Stadtverwaltung Anstoß an dem un-konventionellen Haus der Familie, das der Vater nach dem Modell der Häuser seines Geburtsorts gestaltet hat. Das Mädchen weigert sich, eine gut integrierte *Beurette* zu sein, lernt die Liebe kennen, wird Kindergärtnerin und setzt sich für Kinderrechte ein. Später studiert sie Wirtschaftswissenschaft, engagiert sich hu-manitär für zwangsweise in ihr algerisches Heimatdorf gebrachte Mädchen. Na-ïma, eine junge Marokkanerin, will sie aus Neapel zurückholen und entdeckt da-bei, dass sie nicht wie befürchtet Prostituierte, sondern gut bezahlter Werbestar ist. Hier werden wie schon in den Mafia-Texten Klischees über Italien reprodu-ziert. Nadia engagiert sich politisch und kandidiert allerdings vergeblich bei Wahlen. Ihr Klagegesang (S. 116-128) über das Leben als *beur* wird kontrastiert von der Ermahnung ihres verstorbenen Vaters, die eigenen Wurzeln zu achten. Damit wechselt am Textende die Innensicht in die Außensicht eines Er-Erzählers (S. 135f.).

La nuit de l'erreur (1997) ist ein ambitionierter Roman, der die Stadt Tan-ger[254] auf vielschichtige Weise darstellt. Er schließt an *L'enfant de sable* und *La nuit sacrée* an und vervollständigt sie in gewisser Weise zu einer Trilogie. Schon der Titel unterhält intertextuelle Bezüge zu *La nuit sacrée*. Zina, die in der „Nuit de l'Erreur, la nuit sans amour" gezeugt und in Fès, während der Vater ihrer Mutter starb, geboren wurde, ist deshalb fluchbeladen. Auch sie versucht wie Ahmed/Zahra ihr Trauma zu bewältigen. In Tanger, wohin sie mit ihrer Familie kurz vor der Unabhängigkeit Marokkos gelangt, wird sie von der Gesellschaft ausgeschlossen und zieht sich in die Welt ihrer Phantasie und Imagination zu-rück. Sie erlebt ihre sexuelle Initiation mit wechselnden Männern. Ihre Liebe zu dem spanischen Vize-Konsul José Luis de Léon erfüllt sich nicht, weil dieser ho-mosexuell ist. Nach einer Orgie (Kapitel „Musica" und „La cabane du pendu"),

---

[253] *Le racisme expliqué à ma fille* (1998) und *L'islam expliqué aux enfants* (2002) inspiriert von dem Anschlag auf die New Yorker Twin Towers am 11.09.2001 sind ebenfalls Texte für ein junges Publikum.

[254] Siehe zu den Städten bei Ben Jelloun Nadia Kamal-Trense 1998.

an der sie mit einer Australierin und mehreren maskierten **Männern teilnimmt,** rächt sie sich an den fünf beteiligten Männern. Sie wirkt als **Marabut und falsche** Wunderheilerin in Chaouen. Nur Salim, ein Theaterautor und **Intellektueller** entkommt ihrer Rache und schreibt einen Brief an Salman Rushdie, gegen **Verfol-** gung und Zensur und für die Freiheit der Kunst. Dieser taucht selbst (S. 302) am Ende des Textes als ein weiterer Schriftsteller im Werk Ben Jellouns auf der Ü- berfahrt nach Marokko auf.

In diesem die Erzählebenen durchbrechenden Roman experimentiert **Ben Jel-** loun wieder mit der literarischen Mimesis und erzählt das Erzählen. **Er stellt der** Icherzählerin das Paar Dahman und Jamila als Geschichtenerzähler zur **Seite, die** aus verschiedenfarbigen Heften Zinas das Material ihres Erzählens **entnehmen.** Die schreibende Hand, die einem von Zina erfundenen Erzähler, **Tarzan, als Stra-** fe für das Schreiben abgehackt wird (S.89), symbolisiert die **Quelle der Inspirati-** on (Spiller 2000: 342). Tanger ist als Stadt entsprechend den gängigen **Versatz-** stücken des Mythos ambivalent angelegt. Schon eingangs heißt es:

> Une ville qui produit encore des légendes ne doit pas être entièrement **mauvaise.** Elle le sait. Elle raconte. Elle se raconte. (S. 11)

Wie in den *récits tangérois* ist der Bezug auf die spanische **Kultur akzentuiert,** etwa durch spanische Zitate im Text. Die Hauptfigur ist vielschichtig **deutbar. Sie** repräsentiert die Stadt Tanger, den Weg der marokkanischen Frauen zur **Emanzi-** pation und fungiert als Chiffre des Schriftstellers, von dem auf die **Figur des Sa-** lim und den spanischen Homosexuellen ebenfalls Anteile projiziert sind **(Spiller** 2000: 37f.).

L'auberge des pauvres (1999) spielt in Neapel, das als dritter **Raum zwischen** Marokko und Frankreich fungiert. Larby Bennya, Literaturprofessor in **Marra-** kesch, fühlt sich berufen, den marokkanischen *Ulysses* zu schreiben und **ver-** bringt mit einem Schriftstellerstipendium und darüber hinaus einen **langen Auf-** enthalt im *Albergo dei poveri* in Neapel. Dort kreuzen sich wie in **Calvinos** *Il castello dei destini incrociati* die Geschicke und die Geschichten. **Die alte Anna** Maria, eine zum Islam konvertierte Jüdin, verkörpert die orale **Erzählinstanz.** Aber auch sie unterliegt der ordnenden Hand Larbys, der nach seiner **Heimkehr** seine Briefe an seine Frau und eigene wie fremde Tagebuchaufzeichnungen **zu** dem Text gruppiert. Die Geschichten und das Leben bespiegeln sich **und Ben Jel-** loun benutzt dafür das Bild des Buchmenschen:

> Depuis que j'ai lu *Le manuscrit trouvé à Saragosse*, je rêve d'être à l'origine d'un ou- vrage que tout le monde recherchait et qui n'existerait que dans **mon imagination.** Je serais ce livre, et, pour le lire, pour palper ses pages et les tourner dans **une espèce de** fièvre, il faudrait venir vers moi, savoir lire dans mes yeux, sur ma peau. (S. 262f.)

Die *mise en abyme* des Erzählens ist in diesem Roman nicht ganz so **ausgefeilt** wie in den vorausgehenden. Die Figuren sind teilweise wie der **Mafioso Piero de** la Caza, der außerdem Antisemit und Neofaschist ist, symbolisch **überfrachtet** (Spiller 2000: 353) und geraten zu Klischees, die jedoch das **Spielerische der** Imagination offenbaren und zeigen, dass nicht Wirklichkeitsdarstellung, **sondern** das Verweben von Lebensgeschichten zu Geschichten und deren rhizomartiges Wuchern eigentliches Thema sind.

3.5.1.5 Abstiege in die Dunkelheit

Cette aveuglante absence de lumière (2001) ist ein meisterlicher Roman, der um die Metapher der das Auge blendenden Dunkelheit das Martyrium des Leutnants Salim, von 1973 bis 1991 in Tazmamart, dem berüchtigten Lager-Zuchthaus im Hohen Atlas, zum Gegenstand hat. Für die in den misslungenen Putsch von Skhirat beim 42. Geburtstag des Königs am 10. Juli 1971 involvierten Militärs setzte das Regime Einzelhaft und Lichtentzug als Foltermethode ein. Am 5. April 1980 konnte Abdellatif Belkebir über einen bestochenen Wächter einen Brief senden, in dem er genau über die unmenschlichen Haftbedingungen berichtete. Viele Einzelheiten greift Ben Jelloun in seinem Text auf und betont dies auch eingangs: „Ce roman est tiré de faits réels inspirés par le témoignage d'un ancien détenu du bagne de Tazmamart". Doch durchzieht Ben Jelloun den *Récit* mit Traumszenen und akzentuiert auf Bilder, die der Gefangene aus seinem Gedächtnis zu tilgen trachtet, so dass hier fast der Gegenpol zur Erinnerungsarbeit der ersten Texte aus der *Souffles*-Zeit erreicht ist. Im Gefängnis von Kenitra, in dem die gefangenen Militärs nach ihrer Verurteilung zunächst einsaßen, verbüßten auch der Chefredakteur Laâbi und Abraham Serfaty als politische Gefangene ihre Haft. Christine, die Menschenrechtlerin, der Ben Jelloun Hommage zollt (S. 170), ist die Frau von Abraham Serfaty, die erstmals über Tazmamart schrieb.[255] In metaphorisch eindringlichen Bildern zeigt Ben Jelloun die menschliche Kapazität, durch geistige und imaginative Tätigkeit der *condition humaine* zu trotzen. Der Erzähler wird abweichend von der Realität Tazmamarts für seine Kameraden Geschichtenerzähler, der zwar *Tausendundeine Nacht* nie gelesen hat, aber selbst Geschichten erfindet, französische Poesie rezitiert, Albert Camus' *L'étranger* variiert und damit „umschreibt" und Buñuels Film *El angél exterminador* (‚Der Würgeengel', 1962) „marokkanisiert". Wie schon in seinen vorausgehenden Texten stellt Ben Jelloun die Kraft der Imagination gegen die Unmenschlichkeit und Grausamkeit. Hinzu gesellt er in diesem Roman die Kraft der Spiritualität. Allerdings wurde ihm in der Presse vorgeworfen, nicht schon früher über das Thema Tazmamart geschrieben zu haben.

Le dernier ami (2004) widmet sich wie schon *La soudure fraternelle* oder *Éloge de l'amitié suivi d'ombres de la trahison* (2003) dem Thema der Freundschaft, des Verrats und des Todes. Anhand einer exemplarischen Männer-Freundschaft wird das in der arabischen Literatur vielfach wiederkehrende Thema des Verrats aufgegriffen und im Sinne von Genet auf Tanger bezogen. Als erster erzählt Ali seine Version. Der junge Fassi lernt Mamed in Tanger kennen und sie durchleben die Jugend mit ihren ersten sexuellen Erfahrungen und politischer Repression. Als Männer trotzt ihre Freundschaft der Eifersucht der Ehefrauen und der räumlichen Distanz durch Mameds Aufenthalt in Schweden, der

---

[255] Gilles Perrault: *Notre ami le roi*. Paris 1990, „Les morts vivant de Tazmamart", S. 267-278.

Anlass zu positiven Kommentaren über das Land und seine Bewohner gibt (S.120). Ali jedoch macht ihm eines nachts heftige Vorwürfe und bezichtigt ihn des Verrats. Erst als Mamed seine Version erzählt und in einem postumen Brief an den Freund seine Beweggründe offen legt, wird klar, dass er seine schwere Krebs-Erkrankung, an der er in Tanger sterben wird, vor dem Freund verschleiern wollte.

Ben Jellouns *Écriture* ist seit Jahrzehnten in Bewegung, widmet sich sozial relevanten Themen. Immer wieder gelingt es ihm unter Rekurs auf die realitätstranszendierende Dimension des Traums und der Imagination neue Schwerpunkte zu setzen und in beeindruckende Texte zu gießen.

3.6   Frauenliteratur

Die marokkanische Verfassung vom November 1962 gab der Frau unter anderem folgende weitreichenden Rechte in der Gesellschaft: Gleichheit vor dem Gesetz (§ 5), aktives und passives Wahlrecht (§ 8), das Recht öffentliche Ämter zu bekleiden (§ 12) und gleiches Recht auf Ausbildung und Arbeit (§ 13). Diese blieben in der Verfassungsnovelle vom 31.7.1970 unverändert.

Weiterhin wurde die Rolle der marokkanischen Frau bis Januar 2004 durch den seit 1957 erschaffenen *Code du Droit des Personnes et de la Famille* (*Mudawwana*) bestimmt. Dieses Personenstandsrecht zeigte zwar das Bemühen, die Rechte der Frau zu schützen, etwa durch die Notwendigkeit ihrer Einwilligung zur Ehe, die Festsetzung des Heiratsalters auf mindestens 15 Jahren, Schutzklauseln bei weiteren Ehen des Mannes, sah aber Polygamie weiterhin vor, auch dass die Frau einen Heiratsvormund (*Wali*) benötigte, eine Muslimin keinen Nicht-Muslimen heiraten durfte (§ 29, Abs. 5) und der Ehemann seine Frau verstoßen konnte (§ 44). Dieses Recht wurde mit der Novelle vom Januar 2004 aufgehoben. König Mohammed VI. hatte in einer Rede am 10. Oktober 2003 vor dem Parlament für die Rechte der Frauen Position bezogen. Nach dem neuen Recht gibt es keine Verstoßung mehr, sondern lediglich die Möglichkeit zur Ehescheidung, die auch von der Frau eingereicht werden kann. Frauen wie Männer können ab 18 Jahren aus eigenem freien Entschluss heiraten ohne die Zustimmung eines Vormunds, allerdings wurde Polygamie mit Blick auf die konservativ-islamischen Kräfte nicht vollständig abgeschafft, sondern nur äußerst eingeschränkt. Die Verantwortung für die Familie tragen beide Partner gleichberechtigt, wodurch die Gehorsamspflicht der Frau gegenüber ihrem Ehemann aufgehoben wurde sowie ihre Pflicht zum körperlichen Vollzug der Ehe im Tausch gegen seinen Unterhalt.

Die Soziologin Fatima Mernissi war eine der produktiven feministischen Vordenkerinnen Marokkos. *Geschlecht, Ideologie, Islam* (1987) fragt unter Rekurs auf die Anfänge des Islam, wie es zu der Geschlechtersegregation und der Vormacht der Männer im Islam kam. Zentral ist das Konzept der *Fitna*, der allesverschlingenden sexuellen Macht der Frau, die durch den Schleier, den *Hijab* verhüllt werden soll. Im Ergebnis erzeugt, Mernissi zufolge, die Geschlechtertrennung, die ebenfalls dem Zweck der Kontrolle von *Fitna* dient, die Sexualisierung der zwischenmenschlichen Kontakte. Mernissis Sammlung von Interviews mit marokkanischen Frauen unterschiedlicher Milieus *Der Harem ist nicht die Welt* (1988) und *Le Harem politique, le prophète et les femmes* (1987), in denen sie einen demokratischen, egalitären frühen Islam und weibliche Selbstbestimmung im Umkreis des Propheten nachzuweisen sucht und die Autorität bestimmter misogyner Hadithe in Bokharis *Sahih* in Zweifel zieht, waren wichtige Meilensteine in der feministischen Debatte. *Die Sultanin* (1991) widmet sich Lebensgeschichten bedeutender muslimischer Frauen vom 8. Jahrhunderts bis zu Benazir Bhutto, um die Tradition zu korrigieren, der zufolge Herrschaftsgeschichte Männergeschichte ist. Mernissis Doktorarbeit an der Brandeis University wurde unter dem Titel *Beyond the Veil: Male-Female Dynamics in Modern Muslim Society* (1985) bekannt. Wichtig ist auch ihre Analyse von *Islam and Democracy* (1993). Spezieller auf Marokko zentriert sind *Le Maroc raconté par ses femmes* (1983) und *Les Sindbads marocains* (2004), das den Untertitel „Voyage dans le Maroc civique" trägt und ein Beitrag zur Entwicklung in der Post-Hassan II.-Periode ist. Mernissi steht der Forschergruppe *Femmes Maghreb 2002* vor und ist bei den *Éditions Le Fennec* an der Verlagsreihe *Marocaines, citoyennes de demain* beteiligt.

In den achtziger Jahren lief der erste Spielfilm einer marokkanischen Regisseurin in den Kinos, *Une porte sur le ciel* (1988). Dieser Titel denotiert die Tendenz der marokkanischen Frauentexte: der ausgedrückte Wunsch nach einem entfalteten Leben und nach einem echten Gegenüber.

Der erste Roman einer Marokkanerin war Halima Benhaddous *Aïcha, la rebelle* (1982), eine sentimentale Liebesgeschichte im Rif. Im Jahr 1985 erschienen gleich zwei Romane von Autorinnen.[256] Badia Hadj Naceur, die Psychotherapeutin ist, entwickelte in ihrem bemerkenswerten Roman *Le voile mis à nu* (1985) eine deutliche Sprache für die Körperlichkeit und die Sexualität. Dabei ist der kritische Blick auf die marokkanische Gesellschaft gerichtet, in der die Heldin Yasmina ihre Liaison mit einem Franzosen frei von Komplexen auslebt, womit die Moral und geltenden Werte subversiv unterwandert und karnevalesk verkehrt werden.[257]

Noufissa Sbaïs Roman *L'enfant endormi* (1987) spielt mit seinem Titel auf den Mythos des *Raked*, des im Mutterleib eingeschlafenen Fötus an, mit dem sich marokkanische Frauen bei der Fragwürdigkeit der ehelichen Empfängnis eines Kindes zu schützen wussten, und greift das auch in der Handlung auf (S. 25). Als Motto ist ein Zitat der Koransure IV, ‚Die Frauen' vorangestellt. Mit der Technik des Lebensberichts werden zwei konträre weibliche Lebensentwürfe kontrastiert:

---

[256] Zu Farida El Hany Mourads Kitschroman *La fille aux pieds nus* (1985) siehe Déjeux, Jean: „La littérature féminine de langue française au Maghreb" in: *Itinéraire et contacts de cultures* 10, 1989, S. 145-153.

[257] Siehe zu dem Roman Najib Redouane: „Errance sexuelle et contestation dans *Le voile mis à nu* de Badia Hadj Nasser", in: *International Journal of Francophone Studies*, Vol. 2, Issue 3, 2005.

Während Yezza sich zurückerinnert, wie sie unter der männlichen Unterdrückung litt und von dem Mann, mit dem ihre Eltern sie gegen ihren Willen verheirateten, verstoßen wurde, leht sich Hayat (ar. ‚Leben') gegen die Unterdrückung auf und vertritt ihre Selbstbestimmung. Yezza begegnete Hayat, die sie bei sich aufnahm, mit zwanzig Jahren im November 1963 in Tanger. An sie richten sich ihre Erinnerungen richtet. Streckenweise berichtet auch Hayat, die zwei Töchter Moun und Rita hat und Lehrerin im Armenviertel von Tanger ist, in der ersten Person aus ihrer Vergangenheit. Der Roman ist deutlich feministisch ausgerichtet und zeigt die Unausgewogenheit der Beziehungen von Mann und Frau im privaten und beruflichen Kontext des kolonialen und nachkolonialen Marokko. Die Lebenserinnerungen sind in eine Rahmenhandlung gebettet, die sich von Juli bis September 1985 erstreckt: Yezzas Tochter Boutaïna, die in der Schweiz Journalismus studierte, will einen Nicht-Marokkaner, den arabophilen Schweizer André, heiraten. Ihre Mutter ist überaus irritiert und zögert Monate, bevor sie den Vater Rachid, der Leiter eines Gymnasiums ist und ihre Tochter adoptierte, endlich um sein Einverständnis zu bitten wagt. Der Epilog des Textes zeigt, dass André zum Islam konvertiert, sich nun Mustapha nennt, und das junge Paar am jährlichen großen Moussem der Aït Hadidou im Mittleren Atlas teilnehmen. Die Emanzipation, so die Botschaft des Textes, ist mit der traditionellen Volkskultur durchaus vereinbar. Der Text enthält aus dem Mund der Schüler, die Boutaïnas Bruder in Rabat unterrichtet, eine bittere Anklage gegen die Folgen des Kolonialismus (S. 30) und die Stagnation der marokkanischen Gesellschaft und überschreitet damit den engen Rahmen eines Plädoyers für mehr Frauenrechte.

Nadia Chafik, die an der Universität von Kenitra lehrt, veröffentlichte die Romane *Filles du vent* (1995) als Monolog der fünfzigjährigen Faïza, die ihr Leben Revue passieren lässt, *Le secret des djinns* (1998) und *A l'ombre de Jugurtha* (2000), der den Kolonialroman dekonstruiert und seine Handlung 1925 während der Kolonisierung des Mittleren Atlas ansiedelt. Catherine Chalumeau verliebt sich in den jungen Berber Yann, was mit positiver Betonung der kulturellen Hybridisierung dargestellt wird.

Bahaa Trabelsi, im Brotberuf Wirtschaftswissenschaftlerin, verfasste die Romane *Une femme tout simplement* (1995) und *Une vie à trois* (2000), in denen sie wenig konforme Schicksale und zwischenmenschliche Verwicklungen zeigt. Der Roman der Anwältin und Frauenrechtlerin Fadela Sebti *Moi, Mireille, lorsque j'étais Yamina* (1995) ist in Marokko ein Bestseller. Die französische Jurastudentin folgt dem Marokkaner Nadir als Frau in seine Heimat. Die Anpassung an die marokkanischen Sitten gelingt ihr nicht. An der Unvereinbarkeit der zwei Seiten in sich, die unterwürfige Yamina und die revoltierende Mireille, scheitert sie. Nabila Benaissa lebt in Belgien. *Au nom de ma sœur* (1997) widmet sich dem tatsächlich in Belgien ermordeten Mädchen Loubna und hatte die höchsten Verkaufszahlen marokkanischer Romane neben denen Fouad Larouis.

Damia Oumassine[258] siedelt ihre Geschichte dreier Frauenschicksale, die sich beim Moussem in Tizinoualt kreuzen, in der Berberkultur an, die sie im Kontakt zur arabischen und französischen Kultur problematisiert. Ihr Roman *L'arganier des femmes égarées* (1998) zeigt, stilistisch nicht immer sehr gelungen, Möglichkeiten wie Grenzen der Entfaltung der marokkanischen Frau.[259]

Siham Benchekroun in *Oser vivre* (1999) spürt dem Thema der äußeren Rollenanpassung nach, die vor allem von Nadia aber auch ihrem Mann Ali geleistet wird, um gesellschaftlich konform zu leben. Erst Mehdi, in den sie sich verliebt, sprengt ihre Bemühungen um angepasstes Verhalten. Der Text wechselt kontinuierlich von der Ich- zur Er-Erzählperspektive, was die Innen- mit der Außenwahrnehmung in Kontrast stellt.

> Nadia aurait aimé pouvoir expliquer à son mari qu'elle ne cherchait aucunement à dénigrer quoique ce soit, que le plus important à ses yeux était de pouvoir choisir ses propres vérités, que celles-ci appartiennent à l'orient, à l'occident où à n'importe quelle civilisation. (S. 89)

Souad Bahechars (geb. 1953) *Ni fleurs ni couronnes* (2000) liefert die Geschichte des Mädchens Chouhayra, das von der Dorfgemeinschaft verstoßen, zunächst als *enfant sauvage* aufwächst und dann mit der archaischen Tradition bricht, indem es sich neue Namen und Identitäten zulegt und seinen Weg in die Freiheit beschreitet. Wichtiges Thema ist, wie in Oumassines Roman, das Zusammenleben von Mann und Frau, das an verschiedenen Paaren vorgeführt und problematisiert wird. Der zweite Roman *Le concert des cloches* (2005) zentriert sich um drei gestrandete Gestalten, die begabte Pianistin Rawda, deren Instrument verstimmt und ungespielt ist, Boughaba, ein arbeitsloser Astronom, der sich dem Alkohol ergibt, sowie Bahi, der sich als Bediensteter stumpf und müde schuftet.

Touria Oulehri greift in *La répudiée* (2001) die Verstoßung als Weg der Heldin und Icherzählerin Niran in eine größere Freiheit und aus der traditionellen Stadt Fès in die moderne Metropole Casablanca auf.

Farida Diouri (1954-2004) gestaltet etwas klischeehaft überfrachtete Frauenschicksale positiver Heldinnen wie Kenza in *Dans tes yeux, la flamme infernale* (2000), die sämtliche Heimsuchungen eines Frauenlebens ertragen.

Bouthaïna Azami-Tawil (geb. 1964) ist sicher eine der spektakulärsten neuen Autorinnen am marokkanischen Literaturhimmel. Sie veröffentlichte bisher drei Romane, die eine sehr dichte *Écriture* aufweisen und mit der poetischen Kraft ihrer Sprache an die Texte Mohammed Khaïr-Eddines anschließen. Ihr erster Roman *La mémoire des temps* (1998) entspinnt die traumatisierenden wie auch glücklichen Momente der bruchstückhaften Lebenserinnerung eines zur Frau heranwachsenden Mädchens, der namenlosen Icherzählerin. Der Roman ist polyphon und durchwebt den Bewusstseinsstrom mit eingeschobenen Geschichten,

---

[258] Es handelt sich um ein Pseudonym.

[259] Vgl. dazu die Untersuchung zu den Widersprüchen der Frauenrolle von Vanessa Maher, „Mutterschaft und Mortalität. Zum Widerspruch der Frauenrollen in Marokko", in: Hans Medick/David Sabean (Hg.): *Emotionen und materielle Interessen*. Göttingen 1984, S. 143-178.

vor allem der alten Mère Légende, die zwei Generationen zuvor einen ähnlichen Lebensweg hatte. Mit dieser Stimme, in der sie schließlich die abrupt beendete Verbindung zur eigenen Mutter wiederfindet, die sie als Dienstmädchen zu wohlsituierten Leuten weggab, verschmilzt die Erzählerin. Die sprachliche Bewältigung ihres Lebens bedient sich dabei der Elemente aus den für weibliches Erzählen im Maghreb charakteristischen Binnengeschichten, wobei diese streckenweise als im Kontakt mit der Realität entzauberte Gegenfolie erscheinen.

Auch der Roman *Étreintes* (2001) lässt durch drucktechnische Unterscheidung in Kursiv- und Recte-Satz polyphon verschiedene Erzählerstimmen erklingen und miteinander stellenweise verschmelzen. Zu Beginn wird die von der Mutter Hanna erzählte Legende vom *Ermite fou* mit Äußerungen der Tochter als Icherzählerin und zugleich Initiatorin des Diskurses („Parle, raconte", S. 11) verbunden. Es handelt sich um einen Mythos über die Entstehung der Welt mit ihrer Zeitgebundenheit und Trennung von Gut und Böse. *Flash-backs* zeigen Szenen der Kindheit, in der die Tochter Yasmine – hier also eine klare Distanznahme seitens der Autorin gegenüber einer autobiographischen Deutung – glaubte, die blinden Bettler seien Menschen, die den Blick auf den *Ermite fou* richteten und dadurch ihr Augenlicht verloren. Andere Szenen zeigen die leidende kranke Mutter. Eine zweite Legende handelt von der Heirat eines *Djinn* mit einer Bettlerin und ihren Nachkommen. Näher an der Erzählerin sind einzelne Figuren wie Jimi und Nadia. Schließlich ersinnt sie die Begegnung mit dem *Ermite fou*. Der Roman liefert in poetischer Dichte eindrucksvolle Bilder wie das des Baumes mit den schwarzen Früchten und reflektiert die Möglichkeit von Glück und die Kontingenz des Seins. Die weibliche Stimme und der Körper sind dabei zentral.

Le cénacle des solitudes (2004) lässt ebenfalls in dialogisch-polyphoner Struktur die Tochter Yousra mit der Stimme der Mutter verschmelzen, beziehungsweise diese wiederbeleben. Traumatische Szenen drängen ins Gedächtnis (S. 10) und legen schließlich den Tod der Mutter frei, die ein Kind verlor und unter dem Nomadenzelt verblutete. Der Vater, der nicht der leibliche Vater der beiden Geschwister ist, findet bei einem Bauern Arbeit, doch dieser missbraucht die Kinder. Geschichtenerzählen stiftet genealogisch-familiäre und kulturelle Kohärenz, baut Gegenwelten als Fluchtwelten mit Schlaraffenland-Funktion auf (S. 53) und eröffnet die Dimension des Traums. Zugleich lotet das Erzählen dabei aber auch das „irracontable" (S. 130) aus und tastet sich mit der Wiederbelebung von Erinnerungsszenen an das traumatisierende Erleben heran, um es in der Poesie der dichten Bildwelt zu heilen. Mythische Gestalten aus den Geschichten interferieren mit dem wahren Leben wie z.B. die Menschenfresserin:

> On l'appelait Harrouda ou Aïcha Kandicha. Elle habitait, sexe ouvert et poitrine déployée, tous ces contes que nos mères, à la faveur des nuits, nous livraient comme on livre une mémoire interdite. (S. 35)

Rajae Benchemsis *Marrakech, lumière d'exil* (2003) und Yasmine Chami-Kettanis *Cérémonie* (2002) sind Romane, in denen marokkanische Autorinnen die Zerrissenheit der Frauen zwischen den Erfordernissen von arabo-islamischen

Traditionen und Moderne thematisieren. Benchemsi, die lange in Frankreich lebte und eine Dissertation über Maurice Blanchot verfasste, zeigte ihr Talent schon mit dem Novellenband *Fracture du désir* (1998) und ihrer Lyrik. In lyrisch-eindrücklicher Sprache gestaltet sie in ihrem Roman die Bemühungen einer Frau, ein autistisches Mädchen aus der Psychiatrie zu holen. In beiden Romanen, die dem Kontext der durch Mohammed VI. eingeleiteten Reformen der *Mudawwana* verhaftet sind, erscheint die marokkanische Frau als tief widersprüchlich: die Tanten Aïcha und Bradia, die als Mythologeme der Familien- und Frauenidentität fungieren, sind in ihrer Weiblichkeit, Körperlichkeit und individuellen Selbstaffirmation zwar voll entfaltet, doch zerbrechen sie an den Traditionen. Die Erzählerstimme spaltet sich in vielfältige Frauenstimmen auf, die den identitären Raum prozesshaft ausloten.

3.7 Kriminalroman

Chraïbi schrieb mit *Une enquête au pays* (1981) nicht nur seinen, sondern den ersten frankophonen marokkanischen Kriminalroman überhaupt, womit ihm noch einmal eine Innovation gelang. Es folgten die Krimis *L'Inspecteur Ali* (1991), *Une place au soleil* (1993), *L'Inspecteur Ali à Trinity College* (1996), *L'Inspecteur Ali et la C.I.A.* (1997) und *L'homme qui venait du passé* (2004) aus Chraïbis Feder.

Von Abderrahim Wafdi stammt der Krimi *Dérive à Casablanca* (2001), in dem ein arbeitsloser Professor mit Integristen zusammentrifft und die Ermittlungen in Casablancas Milieu von Edelprostitution geführt werden. Ähnlich ambientiert sind die Krimis von Rida Lamrini, *Les puissants de Casablanca* (1999) und *Les rapaces de Casablanca* (2000).

Bei Chraïbis Krimis besteht ein auffallendes „Spannungsverhältnis zwischen gewollt trivialer Simplizität des Textgenres und Komplexität der Inhalte".[260] Insofern die Texte kulturelle Fragen tangieren, hat man sie wie etwa die Texte Yasmina Khadras als „polars ethniques" bezeichnet:

> La variante ethnique du policier implique une dimension culturelle, qu'il s'agisse de la situation du récit, de l'identité du héros ou encore de la superposition à l'enquête policière d'une investigation sur des questions d'ordre ethnico-culturel.[261]

In seinen metissierten Texten führt Chraïbi den Koran als Subtext ein und greift Mythen und Erinnerungen an historische Figuren auf, wobei er, wie es die Forderung der Autoren um *Souffles* war, die Strukturen der Oralität der Muttersprache in die französische Schriftsprache einwebt und dabei spielerisch die Sprachen mischt. Er selbst sagt über *Une enquête au pays*:

---

[260] Linda Mayer: „Inspektor Ali ermittelt. Driss Chraïbi und der francomarokkanische Krimi", in: Hubert Pöppel (Hg.): *Kriminalromania*. Tübingen 1998, S. 181-198, hier S. 181.
[261] Bernadette Dejean de la Bâtie: *Les romans policiers de Driss Chraïbi*. Paris 2002, S. 95.

J'ai écrit en français et restitué dans ma langue maternelle, le marocain populaire, mélange d'arabe dialectal et de berbère, sorte d'argot très juteux, très humoristique, ce livre est ainsi oral, dialoguant.[262]

Am 11. Juli 1980 erreichen der Polizeichef Mohammed und Inspektor Ali in geheimer Mission ein Dorf im Atlasgebirge. Sie sollen ein subversives Subjekt aufspüren und verhaften. Überaus humorvoll und subtil entfaltet Chraïbi den Kulturkonflikt zwischen Arabern (verkörpert durch den Polizeichef) und Berbern, zu denen Ali gehört, der seine kulturellen Wurzeln jedoch erst im Zusammenleben mit den Dorfbewohnern wiederentdeckt. Sie geben vor, sich auf der Jagd verlaufen zu haben und erhalten so für drei Tage die traditionelle Gastfreundschaft des Stammes der Aït Yafelman. Nun erfolgt die krimitypische *enquête*. Der Autor selbst wird im Roman thematisiert, denn er scheint die Zielscheibe der Untersuchung zu sein: „un dangereux insectuel", ein „malade de la tête", so Ali. Wir haben allerdings kein greifbares Verbrechen, das aufgeklärt würde, wir haben auch keinen präzise definierten Ermittlungsauftrag. Ausführlich diskutieren die beiden Staatsbediensteten den Charakter ihrer Mission. Ist sie nun eine „mission officielle", oder „incognito" durchzuführen als „mission secrète" (S. 155ff.)? Ali arbeitet bei seiner „mission dont je ne connais pas le premier mot" wie andere Ermittlerfiguren unkonventionell und individualistisch. Als die Gastfreundschaft vorüber ist, tötet der alte Raho den Polizeichef. Ali soll ihn begraben. Die ganze Nacht redet er, um seine Loyalität zu beweisen: sie lassen ihn schließlich mit dem Leichnam abziehen, nachdem Ali eine Scheinwahrheit konstruiert hat. Im September kehrt Ali als der neue Polizeichef mit Inspektor Smaïl, der seine frühere Stelle eingenommen hat, zurück. Sie wollen das Dorf mit Waffengewalt bezwingen. Doch seine Bewohner haben es verlassen. Chraïbi legt Ali Kritik an den manipulierten Wahlen in Marokko in den Mund. Die Burleske erlaubt ihm prononcierte Kritik am nachkolonialen Marokko.

Zwei Welten werden gegeneinandergestellt. Die archaische Welt der Dorfbewohner mit ihren Sitten und Gebräuchen, die als Unruhepol gestaltet ist, prallt mit der staatlichen Autorität und Hierarchie zusammen: Der *Mahzen* – die Zentralgewalt – steht wie schon so oft in der marokkanischen Geschichte gegen das aufrührerische Gebiet, den *Bled siba*. Diese Pole sind als Stadt-Land-Isotopie entfaltet. Ali ist der territoriale Grenzgänger im Dazwischen. Die „enquête" gerät für ihn zur Suche nach den eigenen kulturellen Wurzeln. Es ist auch die Lesweise denkbar, dass Chraïbi damit auf die Beziehungen zwischen Kolonisator und Kolonisierten in Marokko abzielt. Im postkolonialen Kontext und gerade im Kontext der übrigen Romane Chraïbis aus den 80er Jahren liegen jedoch die marokkanischen Kontinuitäten – freilich mit allen Brüchen, die sie implizieren – im Vordergrund. Das zeigt sich deutlich an der offensiven Einschreibung des maghrebinischen Vokabulars in den französischen Text (Dialektarabisch und Berbe-

---

[262] Ahsène Zahraoui: „S'adresser à deux mondes à la fois", in: *Le Matin*, 30.10.1981, zit.n. Mayer 1998: 183.

risch). Das zeigt sich auch an der humorvollen Kritik der fortschreitenden ‚Macdonaldisierung' der marokkanischen Gesellschaft (Mayer 1998: 191).

Auch in *L'Inspecteur Ali* tritt ein bekannter Schriftsteller auf. Brahim Ourourk ist der geistige Vater Inspektor Alis auf, den er in schon in einer Reihe von Krimis agieren ließ. Er will sich vom Krimi wieder abwenden und einen sozialkritischen Roman mit dem Titel *Le second passé simple* schreiben, doch seine Figur drängt sich immer wieder in seine Einbildungskraft, dialogisiert mit ihm und verhindert dies. Pschoanalytisch gedeutet unterhält die Figur zum Schriftsteller eine Beziehung des Verdrängten, Unausgelebten, kann als Schatten in Jungscher Terminologie bezeichnet werden (Dejean de la Bâtie 2002: 61). Erneut thematisiert Chraïbi humorvoll Situationen des Kulturtransfers, indem die schottischen Schwiegereltern des Autors in dessen (oder Alis) marokkanischem Heimatdorf zu Besuch empfangen werden sollen.[263]

In *Une place au soleil* (1993) versucht Ali die Unschuld des Direktors der Marokkanischen Nationalbank zu beweisen, der einen Kuwaitischen Emir getötet haben soll. Auf dem Klappentext bemerkt Chraïbi:

> Voici la première enquête de l'inspecteur Ali, aussi abracadabrante que lui. Il y'en aura d'autres, si du moins ce ouistiti ménage quelque peu ma santé. Je l'ai créé un beau jour de printemps, pour ma plus grande joie. Et puis, au fil des semaines, il a acquis sa propre vie [...], il m'a dérouté, moi aussi, même au niveau du langage. J'avoue que j'ai poussé un soupir de soulagement lorsque je l'ai vu partir à la fin de ce livre.

In einem weiteren Paratext, der *préface-avertissement*, wird Ali als der Verfasser der Geschichte eingeführt, erhält damit also noch eine zweite Dimension als Erzählerfigur.

In *L'Inspecteur Ali au Trinity College* ermittelt der Serienheld die Umstände des Todes der marokkanischen Prinzessin Yasmina, die am *Trinity College* in England Philosophie studierte. „Ça risque de devenir une affaire internationale, diplomatico-policière", warnt ihn schon eingangs der Polizeipräfekt, der ihm die Aufklärung überträgt. Es findet sich auch ein Tatverdächtiger, der Leibwächter der Prinzessin, Moussa Moussaoui. Ali ermittelt abwechselnd in britischem oder traditionell marokkanischem *Outfit*. Seine Methode ist „illogique", Maximen entlehnt er dem maghrebinischen Gelehrten Ibn Chaldun, allerdings in skurriler Weise verkehrt. Poesie liefert schließlich die Lösung des Falls, „la solution qu'il cherchait était là, écrite noire sur blanc, par un poète" (S. 57). Der Roman spielt im intertextuellen Dialog mit Derrida, Flaubert, Sherlock Holmes usw. und stößt wieder in den kulturell hybridisierten Raum der Moderne vor, in dem auch der universitäre Diskurs über maghrebinische Literatur kritisch entlarvt wird (Mayer 1998: 192ff.).

---

[263] Burtscher-Bechter sieht in diesem wie in *Une enquête au pays* deshalb keine Kriminalromane. (1999a: 280) Auch Dejean de la Bâtie betrachtet *Une enquête au pays* und *L'Inspecteur Ali* nicht als *polars*. (2002: 14 und 56). *Une enquête au pays* bildet zusammen mit *La mére du printemps* und *Naissance à l'aube* ein Triptychon.

L'Inspecteur Ali et la C.I.A. zeigt die Jagd nach einem professionellen Killer, der in verschiedenen Ländern einflussreiche Persönlichkeiten eliminierte und sich in Marokko versteckt hält.

Chraïbis *L'homme qui venait du passé* (2004) lässt Inspektor Ali im Rahmen der internationalen Finanzmafia und des Terrornetzes ermitteln. Der Autor kritisiert die US-amerikanischen Hegemonieansprüche, indem er den Bericht Inspektor Alis referiert, wodurch sich eine Metaebene der Reportage ergibt. Ein im Brunnen eines Innenhofs in Marrakesch aufgefundener Leichnam löst die Ermittlungen aus und stellt sich als der Ben Ladens heraus. In der Tradition der Sottie und der mennipeischen Satire entfaltet der Autor ein moralistisches Werk mit beißendem Humor, das den ‚Kampf der Kulturen' ad absurdum führt.

Chraïbi versteht es gekonnt, wie andere zeitgenössische Autoren – man denke nur an Borges oder Sciascia – die Gattung des Kriminalromans seinen Aussagestrategien anzupassen. Damit hat er der marokkanischen Literatur noch einmal ein neues Paradigma geschenkt, das er selbst als „le polar déconnant" bezeichnete (Dejean de la Bâtie 2002: 7).

Chraïbis Polars lassen den Ermittler nebenbei auch auf die Lösung allgemeinerer Fragen wie die der kulturellen Identität und Geschlechterverhältnisse zielen. Bernadette Dejean de la Bâtie vertritt in ihrer Studie die These:

> Dans le cadre du polar, l'écrivain mène une enquête dont l'énigme n'est autre que l'identité sexuelle. (S. 3)

Vielleicht passt der Krimi mit seiner Struktur zu Chraïbis Position, die ihm einen informierten und zugleich distanzierten Blick auf die marokkanische Gesellschaft ermöglicht, die er von innen kennt und von außen, von Frankreich, wo er lebt, betrachtet (Dejean de la Bâtie 2002: 11).

Sein Serienheld, dessen Marokkanität auch karikaturale Züge hat, wenn er etwa in England mit *Djellaba* gewandet ermittelt, unterläuft die im Genre des Krimis dominierende Amerikanisierung und Okzidentalisierung. In gewisser Weise werden die Muster der Gattung von Chraïbi akkulturiert und maghrebinisch-marokkanisch neu verankert. Die spezifische Spannung seiner Texte resultiert aus der kulturellen Hybridisierung. Der Krimi als Subgenre des Romans ist für Chraïbis Ausdrucksabsicht bestens geeignet. Die machistische oder gar misogyne Ausrichtung, die dem Genre ebenfalls eignet, treibt Chraïbi so sehr auf die Spitze, dass sie ad absurdum geführt wird, etwa im Fall der von Ali verhafteten Mörderin der Prinzessin, die nicht nur als Frau im englischen Polizeidienst eine männliche Rolle usurpiert, sondern noch dazu Feministin und lesbisch ist. Sie tötete, weil die Prinzessin nicht auf ihre Avancen einging. Ali ist kein *alter ego* des Autors, sondern agiert verkrustete Verhaltensmuster und Vorurteilsstrukturen aus. Sein karikatural überzeichnetes Verhalten kollidiert dabei mit seinem Erfolg als Ermittler.

3.8 Neueste Tendenzen nach 2000

Ein tiefer gesellschaftlicher Einschnitt, an den sich viele Hoffnungen knüpfen, war die Thronnachfolge Mohammed VI., der ostentativ mit der repressiven Politik seines am 23. Juli 1999 verstorbenen Vaters brach, indem er schon sieben Tage nach dessen Tod in seiner ersten Thronrede den Rechtsstaat und Menschenrechte thematisierte. Die Reformen, die der junge Monarch durchführte, wie die des Personenrechts, versuchten, den islamistischen Kräften das Wasser abzugraben und zielten darauf, die einflussreiche liberale Oberschicht an den *Maghzen* zu binden.

Doch der Islamismus gewann ebenfalls an Terrain, wie das Bombenattentat vom 16. Mai 2003 in Casablanca zeigte, das über 40 Menschenleben forderte. Die einflussreichsten islamistischen Organisationen sind die im Parlament vertretene PJD (*Parti de la Justice et du Développement*) und die Vereinigung unter Abdessalam Yassine *Justice et Spiritualité*.

Nicht nur auf gesellschaftlich-politischer und sozialer Ebene findet nach der mehr als dreißigjährigen Herrschaft Hassan II. eine Revision und Neuevaluierung der Vergangenheit statt. Auch die marokkanischen Autoren wenden sich ihr zu. Ähnlich wie Laâbi kehrte auch Chraïbi zur autobiographischen Perspektive zurück. Sehr aufschlussreich äußerte sich der vierundsiebzigjährige Chraïbi in seinem autobiographischen Text *Le monde à côté* (2001) auch über die Entstehung aus Geldnot[264] und die kritische Aufnahme von *Le passé simple* (S. 42ff.), das in Marokko immer noch sehr viel gelesen wird.[265] Einsetzend mit dem großen Einschnitt des Todes Hassan II. und der Thronnachfolge von Mohammed VI., dem Chraïbi das Buch „en toute liberté" widmet, zeichnet Chraïbi seine menschliche Entwicklung, seine Lieben und seine Laufbahn als Autor nach. In Sequenzen, die zentrale Menschen und Ereignisse reaktivieren, schreitet er die „lieux de ma mémoire, au Maroc, en France et ailleurs, partout où j'ai vécu et rêvé" ab (S. 211). Dabei kommen seine tiefe Menschlichkeit und sein großartiger Humor voll zum Tragen.

Er skizziert sich als in einer kulturellen Ambivalenz begriffen, die räumlich die Pole des *pays natal* und des *exil* umfasst (S. 25):

> Ma pensée est flottante, entre ici et la-bàs, entre la langue de Voltaire et des médias. (S. 25)

Auf die Frage eines Fernseh-Journalisten, die ihm erstmals 1954 gestellt und oft wiederholt wurde ("Driss Chraïbi, vous pensez en arabe et vous écrivez en fran-

---

[264] „Je ne me destinait nullement à la carrière littéraire. Mais je me retrouvais du jour au lendemain sans un sou, et c'est ce qui me décida à écrire. Ce fut aussi simple que cela. Pour une fois, il [sein Vater] n'avait pas accédé à mes désirs, autant dire à mes caprices d'enfant gâté. Il avait dit non. Ce faisant, il venait de me rendre le plus grand service: m'obliger à exister par moi-même." (S. 30f.) .

[265] Siehe die Befragung von Schülern, Studenten und Lehrern in Agadir 1990 durch Lahcen Benchama *L'œuvre de Driss Chraïbi. Réception critique des littératures maghrébines au Maroc.* Paris 1994.

çais. N'y a-t-il pas là une sorte de dichotomie?"), entgegnete er mit der Gegenfrage, was Dichtotomie bedeute und berichtet weiter über den Austausch:

> Il m'a expliqué ce que l'on entendait par ‹dichotomie›, les deux pôles d'un aimant qui se repoussent en quelque sorte. Je me suis exclamé: – Ah bon! Mais, monsieur, le plus grand bonheur d'un homme est d'avoir deux langues dans la bouche, surtout si la deuxième est celle d'une femme. Vous ne trouvez pas? (S. 43)

Auch Abdelkébir Khatibi mit seinem Roman *Pèlerinage d'un artiste amoureux* (2003) wendet sich der Vergangenheit zu und zentriert den Text um die Figur seines Großvaters Raïssi. Zwischen Fès 1897 und Mazagan 1960 unterliegt die islamische Mystik den aus der Innenschau entwickelten Erinnerungen an gelebte Geschichte.

Abdelhak Serhane wendet sich in *Les temps noirs* (2002) ebenfalls der Kolonialzeit zu. In einem Dorf im Rif werden zwei Jugendliche, der Icherzähler und sein Cousin und Double Moha Ou Hida, in den Widerstand gegen die Protektoratsmacht hineingezogen. In der Schule liebt der Icherzähler noch „Civilisation", von der einer der geistigen Köpfe gesprochen hatte, in Gestalt der französischen Lehrerin, er ist zunächst vierzehn Jahre, was der Text als pseudo-naive kindliche Perspektive nutzt. Der Colon Monsieur Martin wird zu Mohas Feind, weil dieser seine Tochter Nadine liebt und auch von dieser geliebt wird. Nach ihren – im Text ausgesparten – Kriegserlebnissen im 2. WK kehren die beiden heim. Auf der Überfahrt wurde die Tapferkeit der Kämpfer um Abd el-Krim beschworen. „Si les Rifains ont réussi à vaincre les Espagnols, nous seront capables à vaincre les Français", (S. 167) so lautet die Lektion der Geschichte. Bei der Absetzung des Sultans Mohammed V. spitzt sich der Konflikt zu: der Marokkaner entscheidet sich für das Lager seiner Landsleute, nachdem Nadines Vater auf ihn geschossen hat und bringt diesen um. Das Ganze liest sich wie ein Remake der einschlägigen Texte des Kolonialromans. Der testimonoiale Text *Kabazal, les emmurés de Tazmamart. Mémoires de Salah et Aïda Hachad* (2004) widmet sich den dunklen Jahren der Gefangenen in Tazmamart und steht damit deutlich im Gefolge Ben Jellouns. Der Text passt auch in den Zeitkontext, da im Land die sogenannten *années de plomb* unter Hassan II. aufgearbeitet werden.[266] Mohamed Nedalis *Morceaux de choix* (2003) ist der Romanerstling um die Entwicklung des jungen Thami aus guter Familie. Mit dem Roman *La fin tragique de Philomène Tralala* (2003) setzte Fouad Laroui sein Romanwerk fort. Mahi Binebines (geb.1959) Roman *Terre d'ombre brulée* (2004) ist ein eindrücklicher Text über das Exil, in dem ein einsamer Mann sich auf einer Parkbank im Schnee erfrieren lässt. Der emigrierte Maler leidet an seiner Isolation und erinnert seine Kindheit in Marokko, die erste Zeit nach der Ankunft in Frankreich, die Begegnungen seines Lebens. Der zweite Roman Mohamed Nedalis *Grâce à Jean de La Fontaine* (2004) hingegen ist ein „récit du terroir", der nach dem Romanerstling

---

[266] Die *Instance Équité et Reconciliation* (IER) sammelt offiziell die Angaben von Betroffenen. Weitere testimoniale Texte sind erschienen, etwa Rabea Bennounas *Tazmamart côté femme* (2003).

mit ironischen Akzenten die Geschichte eines Schuljahres 1985-86 im Collège von Tinghir schildert, in der sich drei Gruppen von Schülern bekämpfen und der junge Icherzähler von dem Wunsch motiviert ist, seine Familie aus der Armut zu befreien ähnlich wie Brick Oussaïd.

4   Der tunesische Roman

Tunesien, 164.000 km² groß, wurde 1881 französisches Protektorat, als die vom Kabinet Jules Ferry entsandten Truppen im Mai an den Toren von Tunis standen und dem herrschenden *Bey* die Anerkennung der französischen Verwaltung im Protektoratsvertrag von Bardo abnötigten. Das seit der türkischen Eroberung 1574 bestehende Herrschaftssystem durch einen der Hohen Pforte unterstellten Pascha, der Tunesien als osmanische Provinz regierte, war 1705 mit der Machtübernahme durch Hussein Ben Ali als *Bey* in ein erbdynastisches vom türkischen Sultan unabhängiges System verwandelt worden. Dieses Herrschaftssystem stellte allerdings einen der weitgehend von der Zivilgesellschaft losgelösten Staat dar, weshalb man ihn als *État patrimonial* (Elbaki Hermassi) bezeichnete. Im 19. Jahrhundert gab es unter Ahmed Beys Regierung von 1837-55 zwar Ansätze zu Reformen, doch geriet der Staat vor allem wegen seiner schamlosen Steuerpolitik zu einem „organisme de pillage aux services des étrangers" (A. Laroui), so dass es 1864 im ganzen Land zu Aufständen kam. Die Auslandsverschuldung wuchs so sehr, dass Tunesien 1869 einer internationalen Finanzaufsicht durch Frankreich, England und Italien unterstellt wurde. Die Ära des Ministerpräsidenten Khereddine (1873-1877) verhalf einer neuen Generation von Reformwilligen an die Macht, die mittels der Errichtung eines modernen Staatswesens der europäischen Dominanz zu entgehen hofften.[267] Diese tunesische Reformbewegung, vom türkischen Modell inspiriert, schuf auch neue Bildungsinstitutionen wie das 1876 gegründete *Collège Sadiki*. Beim Berliner Kongress 1878 sicherten England und Deutschland Frankreich freie Hand bei der Konsolidierung seiner Positionen in Tunesien zu.

Frankreich wurde nach anfänglichen Versuchen, besonders der Stämme im Sahel militärisch zu trotzen, in der Konvention von La Marsa (Juni 1883) die Möglichkeit zu allen gewünschten Verwaltungs-, Justiz- und Finanzreformen eingeräumt. Die beylikale Herrschaft blieb in Form der „co-souveraineté" nur noch als Fassade gewahrt. Frankreich förderte vor allem die Landwirtschaft und damit eine forcierte Siedlungspolitik. 4.000 europäische Kolonistenfamilien bewirtschaftete 1956 850.000 ha, ein Fünftel der landwirtschaftlichen Nutzfläche, darunter die fruchtbarsten Gebiete des Tett. Demgegenüber teilten sich 480.000 tunesische Familien 3 Millionen ha. Angebaut wurden vor allem Getreide, Olivenöl und Wein für den Export (Camau 1989: 44).

Für die Bildung und das Erwachen eines tunesischen Nationalgefühls spielte das schon vor dem Protektorat gegründete, zweisprachige *Collège Sadiki* eine wichtige Rolle. Fast die gesamte Führungselite des unabhängigen Tunesien wur-

---

[267] Michel Camau: *La Tunisie*. Paris 1989, S.41.

de dort ausgebildet.[268] Schon zu Beginn des 20. Jahrhunderts stellte die Bewegung der *Jeunes Tunisiens* die Forderung, an die Reformen Khereddines anzuknüpfen. Ihre ca. 1.000 Anhänger umfassende Vereinigung wurde aber nach Volksaufständen 1911 und 1912 zerschlagen. 1920 gründeten sie dann den *Parti Libéral Constitutionnel* oder *Destour* (ar. ,Verfassung'), von dem sich 1934 der *Néo-Destour* abspaltete. Die Pioniere der Gewerkschaftsbewegung CGTT (*Confédération Générales des Travailleurs Tunisiens*) fanden dort ihre politische Heimat und die Mobilisierung der Massen zielte auf die politische Unabhängigkeit. Nachdem der Generalsekretär Salah Ben Youssef die Massenbasis der Partei durch berufsspezifische Satellitenorganisationen und den Anschluss der UGTT-Gewerkschaft (*Union Générale des Travailleurs Tunisiens*) vergrößert hatte, kamen in den vierziger Jahren auch die Beys Moncef (1942 bis zu seiner erzwungenen Abdankung 1943) und sein Nachfolger Lamine Bey, die sich gegen das Kolonialsystem auflehnten, den Aspirationen der Politiker entgegen, indem sie zusammen mit dem *Néo-Destour* eine konstitutionelle Monarchie forderten. Frankreich leitete ab 1950 mit Vor- und Rückschritten die etappenweise Überführung Tunesiens in ein unabhängiges Land ein. 1954 erklärte der neue Ratspräsident Pierre Mendès France in Karthago die interne Autonomie Tunesiens und sprach sich für die Bildung einer Regierung unter der Leitung des *Néo-Destour* aus. Am 1. Juni 1955 kehrte Habib Bourguiba im Triumphzug aus Frankreich, wo er unter Hausarrest stand, heim. Am 31. August traten die Autonomie-Konventionen in Kraft, allerdings blieb der Vertrag von Bardo noch gültig. Am 20. März 1956 anerkannte Frankreich die Unabhängigkeit Tunesiens, das am 25. Juli 1957 zur Republik proklamiert wurde und dessen Verfassung ab 1. Juni 1959 wirksam war.

Auch wenn der *Néo-Destour* das politische Monopol im neuen Staat innehatte, garantierte die Verfassung politische Versammlungsfreiheit (*liberté d'association*), die jedoch mit Gesetz vom 7. November 1959 der Billigung des Innenministers unterstellt wurde. In Anlehnung an Rousseaus Gedanken wurde nun das Großprojekt der Überführung des *Homme naturel* zum Staatsbürger in Angriff genommen. Dazu wurde die Säkularisierung des sozialen und politischen Lebens möglichst weit vorangetrieben und die Kontrolle über den Einzelnen wie die sozialen Gruppen erweitert (Camau 1989: 62). Der *Code du statut personnel* von August 1956 wurde als Beginn der Emanzipation der tunesischen Frau präsentiert.

Der Bruch mit dem vorkolonialen Bildungssystem war weniger krass als in Algerien, so dass viele Tunesier über eine weitreichende arabophone Bildung verfügten, wenn auch der Zugang zu französischen Verwaltungsposten für Tunesier obligatorisch über das französische oder bilinguale Bildungssystem lief.

---

[268] Zwischen 1911 und 1956 hatte es 863 Absolventen. Noureddine Sraïeb: „Le Collège Sadiki: Histoire d'une institution", in: Jacques Alexandropoulos/Patrick Cabanel (Hg.): *La Tunisie mosaïque*. Toulouse 2000, S. 287-317.

4.1 Vor der Unabhängigkeit

Aufgrund der bildungspolitischen Kontinuität während des Protektorats und der tunesischen Geschichte, die das Land zum arabischsten Land des Maghreb (Camau 1989: 15) machte, sind die meisten tunesischen Romane in arabischer Sprache verfasst und überwiegen deutlich die Romanproduktion in französischer Sprache. Tunesien besitzt gegenwärtig ca. 7 Millionen Einwohner, ist also wesentlich kleiner als die Nachbarländer, so dass auch seine Romanliteratur die geringste des Maghreb ist.

4.1.1 Indigenistische Strömungen

Während der erste arabischsprachige Roman schon 1906 aus der Feder Salah Swisis als Fortsetzungsroman in der Zeitschrift *Khereddine* veröffentlicht wurde[269], setzte die französischsprachige Literaturproduktion erst später ein. Arthur Pellegrin verfasste *Les aventures de Ragabouche* (1932), das Äquivalent zum algerischen *Cagayous*, und einen impulsgebenden, auf einer Umfrage beruhenden Essay über die maghrebinische Literatur *La littérature nord-africaine* (1920). Darin bezeichnet er diese als: „Une littérature qui ne demande à la Métropole que la langue française pour exprimer l'Afrique du Nord" (A. Pellegrin).[270] Es kam zur Gründung der *Société des Écrivains de l'Afrique du Nord* und ihrer Zeitschrift *Nord-Africains*, die 1929 in *La Kahena* abgewandelt wurde. Der gleichnamige Verlag veröffentlichte Kurzprosa und die Veranstaltungen des Zirkels propagierten die frankophone Literaturproduktion.

Kaddour Ben Nitram gilt als ein Vertreter des ganz frühen tunesischen Romans französischer Sprache in der Zeit zwischen 1900 und 1930, doch handelt es sich um das Pseudonym des Franzosen Edmond Martin (Déjeux 1984a: 383). Mahmoud Aslan, ein türkischstämmiger Tunesier, der in der *Société des Écrivains de l'Afrique du Nord* aktiv war, veröffentlichte in dem der Gesellschaft angegliederten Verlag *La Kahena* neben seinen autobiographischen Jugenderinnerungen *Scènes de la vie du bled* (1932) und *Pages africaines* (1934) den Roman *Les yeux noirs de Leïla* (1940). An einer Mischehe des Tunesiers Nagib mit einer Französin wird das kulturelle *entre-deux* dargestellt und explizit gemacht: Der Held sagt von sich, dass er „entre deux mondes" lebe. „Je trouve mon bonheur comme mon malheur entre deux civilisations."[271]

Tahar Essafi, ein in Marokko als Arabischlehrer tätiger Anwalt aus Tunis, verfasste *La sorcière d'émeraude* (1931) und *La marocaine* (1935), eine soziologische Schilderung der Lage der marokkanischen Frau, in dem ebenfalls das Thema der Mischehe problematisiert wird (Pantuček 1974: 69f.).

---

[269] Svetozár Pantuček: *Tunesische Literaturgeschichte*. Wiesbaden 1974, S. 38.
[270] Jean Déjeux: *Littérature maghrébine de langue française*. Sherbrooke 1973, S. 54.
[271] Zit. n. Déjeux 1973: 54.

4.1.2   Frühe judeotunesische Literatur: *École de Tunis*

In Tunesien waren die Juden Untertanen des *Beys*, konnten aber *Protégés* einer europäischen Macht werden (*dhimis*), was sie der inländischen Rechtsprechung entzog. Frankreich hatte ihnen die Staatsbürgerschaft mit Errichtung des Protektorats durch den Vertrag von Bardo in Aussicht gestellt, wodurch sich die Juden eine Verbesserung ihrer Lage erhofften. Vor allem jüdische Intellektuelle setzten sich zu Beginn des 20. Jahrhunderts verstärkt für die Ausdehnung der französischen Staatsbürgerschaft und Rechtsprechung auf die tunesischen Juden ein. Mit gesetzlichen Maßnahmen wurde 1910 und 1923 stufenweise der individuelle Erwerb der französischen Staatsbürgerschaft erleichtert, so dass 20.000 tunesische Juden diese bei der Unabhängigkeit Tunesiens 1956 besaßen (Klein 1998: 22).

Die italienischen Juden in Tunesien, die sogenannten *Grana* (sig. *Gorni*), waren meist sehr kultiviert und wohlhabend, bereits im 18. Jahrhundert durch massive Zuwanderung aus Livorno, wovon sich der Name ableitet, dann während des *Risorgimento* im 19. Jahrhundert als verfolgte Garibaldisten ins Land gekommen. Ab 1938 belasteten sie die italienischen Rassengesetze, wenngleich sie nicht unmittelbar angetastet werden konnten. Direkt tangiert wurden die Juden in Tunesien dann durch die *Statuts des Juifs*, die das Vichy-Régime ab November 1940 zusammen mit anderen diskriminierenden Gesetzen auf die im Ghetto von Tunis lebenden einheimisch-berberischen *Tounchis* oder *Touensa* (Dugas 1990: 25) ebenso wie die *Grana* anwandte. Von November 1942 bis Mai 1943 dauerte die Besetzung Tunesiens durch die Deutschen: Geiselnahmen, Razzien und Zwangsarbeit betrafen die französischen Juden, die in Tunesien lebenden italienischen Juden waren aufgrund einer Intervention Italiens davon verschont. Den Gemeindeführern selbst wurde von den Deutschen die Aufgabe übertragen, den Zwangsarbeitsdienst zu organisieren, was zu tiefen Entzweiungen und Unruhe innerhalb der Gemeinde führte. Nach Mai 1943, der Befreiung Tunesiens, waren die Rassengesetze zwar wieder aufgehoben, doch nun behandelte man die italienischen Juden als feindliche Ausländer, internierte sie und brachte sie in Arbeitslager. Die *Tounchis* blieben bis zu dessen Zerstörung 1956 überwiegend noch in großer Armut im Ghetto wohnen. Viele wanderten nach 1961, dem blutigen Konflikt um die französische Militärbasis Bizerte, nach Israel aus (zwischen 1957 und 1965 9.000 nach Israel und 18 bis 20.000 nach Frankreich). Eine weitere Auswanderungswelle erfolgte nach dem *Kippur*-Krieg 1973.[272] Nine Moati erinnert sich an Besuche mit ihrer Mutter, die im Ghetto Wohltätigkeitsmaßnahmen durchführte und beobachtet, dass sich die tunesischen Juden in Paris erneut nach sozialer Stratifizierung in unterschiedlichen *Arrondissements* wiederfinden.[273]

Ab 1919 verfassten die jüdischen Autoren der *École de Tunis* kurze Erzähltexte, die sich oft aus dem judeo-tunesischen volkstümlichen Erzählgut speisten. Die Autoren hatten überwiegend die Schulen der *Alliance Israélite* und französische laizistische Schulen besucht und waren meist Lehrer. 1921 wurden von den

---

[272]   Robert Attal/Claude Sitbon: *Regards sur les Juifs de Tunisie.* Paris 1979, S. 27f.
[273]   *Cahier d'études maghrébines* 4, 1992, S. 64.

französischen Behörden über 48.000 in Tunesien lebende Juden ermittelt. Raphaël Lévy (1898-1978), der unter dem Namen Ryvel publizierte, ist neben Jacques-Victor Lévy alias Jacques Véhel der bekannteste unter den Autoren (Klein 1998: 22).

Ein Meilenstein war der 1929 von Jacques Véhel, Vitalis Danon und Ryvel verfasste Erzählband *La hara conte*. Hier wird der mündliche Erzählduktus nachempfunden, allerdings noch ohne die echten Muttersprachen in den französischen Text einzubeziehen. Ryvels und Véhels *Le bestiaire du ghetto* (1934) und Ryvels *L'enfant de l'oukala* (1931) sind ebenfalls wichtige Bände dieser eher als ethnographisch zu qualifizierenden Strömung. Ryvels Roman schildert das Leben in einem um die Ukala, einen Hof, gebauten Haus, das mehrere Familien beherbergt (Pantuček 1974: 70f.).

1922 schrieb Théodore Valensi (1886-1959) *Yasmina, roman arabe* (1922). Dieser Roman erlebte sieben Auflagen und wurde 1926 verfilmt. Es geht um die Abenteuer einer Französin in einem Harem, was dem *imaginaire* jener Zeit entgegen kam ähnlich wie die Texte von Elissa Rhaïss, der schon erwähnten algerischen Jüdin, die sich als Muslimin ausgab. 1929 veröffentlichte die Jüdin Daisy Sebag den Roman *Loin de la terre rouge*. Auch Vitalis Danons (1891-1969) Titel, darunter der Roman *Ninette de la rue du péché* (1957), zeichnen das Ghetto mit seinen Bewohnern und ihre Armut von innen. Sein Roman *Dieu a pardonné* (1934) stellt anhand der Geschichte der Schuldverstrickung Esthers, die die Strafe Gottes auf die ganze Gemeinde zieht, doch schließlich am Totenbett ihres Sohnes Vergebung erfährt, das Milieu der Juden von Gabès dar (Pantuček 1974: 71).

Nach dem Zweiten Weltkrieg fand eine literarische Erneuerung statt. Claude Bénady gründete die Zeitschrift *Périples*, in die stärker avantgardistische Impulse Eingang fanden.

4.1.3   Die fünfziger Jahre

Mit dem Ende des Zweiten Weltkriegs setzte eine Entwicklung ein, die Tunesien fast seiner gesamten jüdischen Bevölkerung beraubte: von 120.000 Personen 1947 ging sie bis 1985 auf einige Tausend vor allem in den Gemeinden von Tunis und Djerba zurück (Camau 1989: 20).

Albert Memmis noch vor der Unabhängigkeit Tunesiens erschienener Roman *La statue de sel* (1953) markierte für Tunesien eine neue Phase des Romans. Der Text stammt ebenfalls aus der Feder eines judeotunesischen Autors, also der Gruppe, die schon zuvor in großem Umfang die französische Sprache zum Ausdruck ihrer kulturellen Identität nutzte. Da die judeotunesische Literatur im Raum der frankophonen Literatur Tunesiens auch in den folgenden Jahrzehnten dominant bleibt, werden ihre Vertreter nicht in einem eigenen durchgehenden Kapitel erfasst, sondern in den Abschnitten zu den einzelnen Jahrzehnten entsprechend positioniert.

Albert Memmi (geb. 1920 in Tunis) war lange der einzige bedeutende frankophone Autor Tunesiens. Er lebt seit 1956 in Frankreich und besitzt seit 1973 die

französische Staatsbürgerschaft. Die konfliktiven Beziehungen zwischen der jüdischen, der arabischen und der französischen Kultur sind das zentrale Thema
seiner Essays und fiktionalen Texte. Seine Romane sind autobiographisch und
autofiktional, wobei das Ich als Chronist, Historiker oder Geschichtenerzähler
erscheint. Sie können mit Ricœurs Begriff der *autographie* bezeichnet werden, da
es in ihnen um die literarische Kreation der eigenen Selbstbezüglichkeit geht.[274]
In Memmis Schreiben verlagerte sich der Akzent von der schmerzlichen Dekonstruktion des Ich hin zur identitären Rekonstruktion, bei der die maghrebinischen
und jüdischen Wurzeln als Aspekte einer multiplen Identität gewichtet werden.
Memmis soziologische Essays bilden eine erklärend-reflektierende Entsprechung
zu seinem Romanwerk und betreffen das Judentum und den Konflikt zwischen
Kolonisierten und Kolonisatoren (z.B. *Portrait du colonisé précédé du Portrait
du colonisateur*). Memmi selbst kommentierte sein Schreib- und Reflexionspro-
jekt 1997 in der Zeitschrift *Esprit:*

> L'identité culturelle est une [...] reconstruction à partir d'eléments réels et imaginaires
> et l'édifice a une finalité évidente: c'est une machine de survie qui utilise le passé et
> le futur pour conforter le présent.[275]

Memmis Roman *La statue de sel* (1953) entstand ab 1950 in Frankreich, bevor
Memmi 1951 nach Tunesien zurückkehrte. Der Text ist stark autobiographisch.
Er weist auf das Ende des Protektorats und das unabhängige Tunesien voraus.
Das Vorwort verfasste Albert Camus. Er betonte darin die „impossibilité d'être
quoi que ce soit de précis pour un juif tunisien de culture française" (S. 9). Diese
kulturelle Mehrdimensionalität, die vor dem Ende des Kolonialismus in eine
Sackgasse führt, ist auch der Gegenstand des autobiographischen Romans. Es
besteht eine Parallele zwischen dem Roman und Memmis autobiographischem
Bericht *Le juif et l'autre* (1995). *La statue de sel* wurde als Thesenroman gedeutet. Die ideologische Debatte ist die Grundlage des Textes, dessen Struktur die
Schritte der Beweisführung einer These nachgestaltet. Es geht um die radikale
Revolte des Icherzählers. Der Text beginnt mit einer Prüfungssituation: Bei der
Prüfung zur *Aggrégation* wird dem Icherzähler bewusst, dass er nicht länger um-
hin kann, die Bilanz seiner in mehrfacher Hinsicht akkulturierten Situation zu
ziehen. Anstatt eine Abhandlung über das gestellte Prüfungsthema „Étudiez les
éléments condillaciens dans la philosophie de Stuart Mill" zu schreiben, verfasst
er in sieben Stunden etwa fünfzig Seiten, die er anschließend zu dem vorliegenden autobiographischen Text ausgestaltet:

> Cet oubli par l'écriture, qui seul me procure quelque calme, me distrait du monde; je
> ne sais plus m'entretenir que de moi-même. (S. 13)

Drei große Teile stellen Ereignisse aus der Kindheit und Jugend des Icherzählers
dar, dann während des Zweiten Weltkriegs. Der Icherzähler Alexandre Mordekhaï Benillouche wendet sich kritisch gegen die unterdrückende Großfamilie, die

---

[274] Joëlle Strike: *Albert Memmi, autobiographie et autographie*. Paris 2003, S. 12f.
[275] „Fluctuations de l'identité culturelle", in: *Esprit*, janvier 1997, S. 102.

rückwärtsgewandte jüdische Gemeinschaft, die gegenüber Minderheiten intolerante tunesische Gesellschaft und schließlich gegen die militärischen Besatzer des Landes. Den Okzident idealisiert er zunächst, solange er ihn nur aus Büchern kennt. Von Frankreich, als dieses antisemitische Gesetze erlässt, fühlt er sich verraten. Selbst im Arbeitslager trennt ihn seine westliche Bildung von seiner Glaubensgemeinschaft. Im Rückblick konstatiert er seine ‚naive Unkenntnis' und relativiert das Leid der tunesischen Juden angesichts der Shoa. Die *Impasse*, in der der Junge mit seiner Kleinfamilie lebt und zunächst entsprechend dem autobiographischen Topos vom goldenen Zeitalter in Unschuld und täglichem Glück seinen kindlichen Spielen nachgeht, erscheint rückblickend durch sein bis zum Erzählzeitpunkt erwachtes kritisches Bewusstsein als räumliche Umsetzung des Eingeschlossenseins in der überbehütenden Familie: „La vie recluse dans l'Impasse ne nous avait guère préparés à comprendre le monde" (S. 37). Der Umzug der Familie zu Onkel Aroun in eine Passage kurz vor seinem Eintritt ins französische Gymnasium, wofür er ein Stipendium der *Alliance Israélite* erhält, lässt das Ich die Feindschaft innerhalb der Sippe erfahren. Der Zuwachs an Erkenntnis ist gekoppelt an den Übertritt in immer weitere Räume, die konzentrisch angeordnet sind. Dieser ist immer Grenzüberschreitung und bedeutet Infragestellung des bisherigen Wertesystems und Weltbilds. Das Ich macht dabei die existentielle Erfahrung der Entfremdung (Klein 1998: 80).

Macht im ersten Textteil die *Impasse-Bonheur* dem Raum des Unglücks und Exils (etwa in der Ferienkolonie) Platz, so vollzieht der zweite Textteil die Distanznahme vom eingangs initiierten autobiographischen Pakt durch den fiktiven Namen Alexandre Mordekhaï Benillouche, der diesem Teil auch den Titel gibt. Die dreifache kulturelle Zugehörigkeit (jüdisch-französisch und tunesisch) wird in diesem für das Ich schwer zu tragenden Namen verdichtet.

> Toujours je me retrouverai Alexandre Mordekhaï, Alexandre Benillouche, indigène dans un pays de colonisation, juif dans un univers antisémite, Africain dans un monde où triomphe l'Europe. (S. 109)

Das Ich gewinnt damit eine größere als nur rein persönlich-individuelle Dimension. Andererseits wird in diesem zweiten Textteil auch die Hinwendung zum Schreiben thematisiert, während die fragmentierte Identität im Bild des gebrochenen Spiegels erscheint. Befreiung von inneren Schranken und äußere Veränderung sind in einem dialektischen Prozess verdeutlicht, der jedoch nicht geradlinig und kontrollierbar ist. Nachdem das Ich für den Okzident optiert, erblickt es im Spiegel das Bild eines Fremden (S. 247, S. 346). Um aus der Vertiefung in die Innerlichkeit herauszutreten, wendet er sich nach außen, den Anderen zu (S.251). Dort trifft er Freunde wie Feinde und erfährt den Rassismus.

Am Schluss des Textes blickt der Erzähler, der sich zur Abreise entschlossen hat, von einem Schiff auf die Weite des Meeres, denn – so kommentierte Memmi selbst in *L'homme dominé* – er will nicht mehr zurück schauen, um der Versteinerung des Innenlebens zu entgehen, in der die Frage „Qui suis-je?" unbeantwortbar gerinnt. Das Schreiben in seiner Prozesshaftigkeit löst die titelgebende

Salzsäule in der Bewegung von inneren und äußeren Räumen auf, auf die sich auch das Motto aus dem 1. Buch Moses 19,26 „Lots Weib aber sah hinter sich und ward zur Salzsäule" bezieht.

Die autobiographische Ausrichtung eignet auch den folgenden Romanen Memmis. Motive wie das Porträt, der Spiegel und der Blick illustrieren die Neigung der Protagonisten zur Selbstanalyse und sind mit der Identitätsproblematik verbunden. Das Sehen inklusive der Blindheit kehrt besonders rekurrent wieder. Etwa die in mehreren Romanen erscheinende Figur des nahezu blinden Onkels Makhlouf, der den blinden Seher verkörpert, zeigt, dass Welt- und Selbsterkenntnis einem nach innen gerichteten Blick entspringen.

In seinem zweiten autobiographischen Roman *Agar* (1955) schließt Memmi an den ersten an, der eine Art Matrix des Werks darstellt. Er untersucht den Kulturkontakt an einer scheiternden Mischehe. Der Titel verweist auf die ägyptische Dienerin der Sarah, Abrahams Frau, die in der Bibel mit ihrem Sohn Ismael verstoßen wird und im Koran als Gründerin des neuen Volkes der Araber gilt. Das Motto ist wie schon in *La statue de sel* der Genesis entnommen (1. Buch Moses 16,1). Memmi zeigt die hemmenden Faktoren, die die Kommunikation in der Mischehe des namenlosen Icherzählers, Arzt aus der jüdischen Gemeinde von Tunis, mit der katholischen Französin Marie regeln, die ihm nach dem Studium in Paris nach Tunis folgt. Der Roman ist bis auf das die Vorgeschichte vermittelnde zweite Kapitel einsträngig chronologisch erzählt und in Tunis vor der Unabhängigkeit angesiedelt. Zwar wird im Paar das zuvor einsame Ich aus seiner Isolation erlöst, doch scheitert die Liebe an der Nichtkompatibilität der Gewohnheiten und den Lebensbedingungen des Paares. Sie leidet unter der Inanspruchnahme durch den Familienclan, er am Konflikt der doppelten Loyalität. Die orthodox jüdische Einstellung seiner Familie überrollt das Paar anlässlich der Beschneidung des Erstgeborenen. Ihre Beziehung zerbricht, als sie das zweite Kind erwartet und er sich von ihr trennen und es nicht haben will. Aus der Stadt zog sich das Paar in eine isolierte Villa am Stadtrand zurück. Die Frau ist das inkommensurable Double, in das sich das Ich projiziert:

> Comment ne l'ai-je pas étranglée? Je ne le sais plus aujourd'hui [...] Et je l'aurais peut'être fait si, en la tuant, j'avais anéanti cette image de moi-même qu'elle me présentait et où je me reconnaissais, ce masque qui m'enserrait la figure comme une pieuvre. Mais aurait-elle disparu, je saurais toujours moi, ce que j'étais devenu, un infirme. (S. 189)

Im Vorwort zur Neuauflage 1984 betonte Memmi, der selbst eine gelungene Mischehe lebte und mit *Agar* die negative Kehrseite als Möglichkeit gleichsam literarisch von sich weg nach außen verlagerte, die gesellschaftliche Relevanz des Themas der Partnerschaft in multikulturellen Gesellschaften:

> Cette nouvelle édition française survient alors que la France compte quatre millions d'étrangers légaux. Si l'on y ajoute les naturalisés récents, les enfants d'immigrés, leurs alliés et leurs conjoints précisément, on découvre que la société française doit faire face à des problèmes pour elle inédits: comment cohabiter avec tous ces gens

venus d'ailleurs? Comment intégrer si rapidement tant d'habitudes, rituelles et mentales, de manières d'être, différentes quelquefois jusqu'à l'étrangeté?

Im selben Jahr 1955 erschien der Roman *Les remparts du bestiaire* von Claude Bénady. Die Handlung spielt 1945, kurz vor der deutschen Besatzung. Der Vater ist abwesend und es geht um die Enthüllung des unehrenhaften Verhaltens der eigenen Mutter.

Hachemi Baccouche (geb. 1917) verwendet ebenfalls in seinem autobiographischen Roman *Ma foi demeure* (1958) nach der Darstellung von Kindheit und Studentenzeit die Ehe mit einer Französin und deren Scheitern an der Sterilität der Frau als Metapher für den Kulturkonflikt.

Der Essay *Portrait du colonisé précédé du Portrait du colonisateur* (1954) war Memmis erster Text zur Entkolonisierungsproblematik. Memmis vorläufig letzter war *Portait du décolonisé arabo-musulman et de quelques autres* (2004). In dem Essay von 1954 mit Vorwort von Jean-Paul Sartre[276] widmete sich Memmi zentral dem durch den Kolonialismus bedingten Bilinguismus von Französisch und Arabisch, den er als „drame linguistique" bezeichnete. Dabei blendete er die arabische Diglossie aus. Die Situation des kolonisierten Schriftstellers war für Memmi durch einen doppelten Mangel gekennzeichnet: auf der Produktionsseite fehlt ein etabliertes Literatursystem in den einheimischen Sprachen, auf der Rezeptionsseite fehlt ein Lesepublikum. Angesichts dieser Sachlage plädierte Memmi dafür, die Sprache der Kolonisatoren solange als Literatursprache zu verwenden, bis die Maghrebiner ihre eigene Sprache zurückgewonnen hätten. Konsequenterweise geht Memmi davon aus, dass die maghrebinische Literatur französischer Sprache in der nachkolonialen Zeit verschwinden und es nur noch Literatur in Arabisch geben würde. Memmis Position vernachlässigte auch das Berberische, was in der Forschung mehrfach kritisiert wurde, etwa von Toumi (2002: 14-19). Doch ist dabei der kulturelle Kontext Tunesiens zu veranschlagen, wo das Berberische tatsächlich im Gegensatz zu Algerien und Marokko eine Minderheitensprache ist.

Die antikolonialistischen Essays von Memmi hatten vergleichbare Wirkung wie die von Frantz Fanon (1925-1962). *Peau noire, masques blancs* (1952) war der erste wichtige Essay des in Martinique geborenen, in Algerien tätigen Psychiaters. Als klinische Studie angelegt postulierte Fanon darin die Unmöglichkeit von Assimilation und zeigte die kollektive Entlastungs- und Identitätsstabilisierungsfunktion von Rassismus. Dabei argumentierte er gegen Octave Mannonis rassistische Studie *Psychologie de la colonisation*. 1956 wurde Fanon wegen seines Engagements für den Befreiungskrieg aus Algerien ausgewiesen und ging nach Tunis, wo er weiter für die Unabhängigkeit Algeriens engagiert war und *L'an V de la révolution algérienne* (1959) schrieb. *Les damnés de la terre* (1961), in dem Fanon als Ausweg aus der kolonialen Unterdrückung für den politischen Weg der Revolution plädierte und vor einer Rückkehr zu einer fernen, angeblich

---

[276] Siehe auch Sartres „Le colonialisme est un système", in: ders. *Situations V*. Paris 1964, S. 25-48.

intakten afrikanischen Kultur warnte, wie sie die *Négritude*-Bewegung anstrebte, erschien mit einem Vorwort von Sartre. In dieser Schrift entwickelte er auch sein Phasenmodell von Literatur: über Assimilation und Kampfliteratur zur National-literatur. Albert Memmi kritisierte Fanon in seinem Essay *L'homme dominé* (1968) und zeigte die Schwierigkeiten bei der Befreiung eines Volkes nach dau-erhafter Unterdrückung auf. Memmi behandelt in anderen Essays auch den Anti-semitismus (*Portrait d'un juif*, 1962) und den Rassismus (*Le racisme*, 1982).

4.1.4   Die sechziger Jahre

Diese Spanne war für Tunesien die Phase der intensivsten staatlichen Reformpo-litik nach der Unabhängigkeit. Eine innovative Maßnahme bestand in der Einfüh-rung der *chantiers de lutte contre le chomage,* bei denen bis zu 250.000 Arbeits-lose in der Landwirtschaft, bei Aufforstungsprojekten und öffentlichen Bauvor-haben eingesetzt und mit teilweise ausländischen Geldmitteln bezahlt wurden. Weiterreichende Konjunkturimpulse blieben jedoch aus, so dass die Führung auf die Planungswirtschaft setzte und den gesamten Handel und die Landwirtschaft in Kooperativen organisierte.

Die Schule wurde nach französischem Vorbild, jedoch mit Anpassung der Lehrpläne an die tunesischen Gegebenheiten, unter der Perspektive der Massen-skolarisierung neu geordnet. Bis 1964 stieg die Zahl der eine Schule besuchenden Kinder auf 66,45% der Jungen und 33,55% der Mädchen. Die 1958 erfolgte Ara-bisierung der ersten beiden Schuljahre hob man 1969 wieder auf (Sraïeb 1967: 89).

Auch die Religion wurde in Ansätzen der staatlichen Kontrolle unterzogen, wobei die politischen Führer religiöse Symbole in den profanen Bereich transpo-nierten und in den Dienst ihrer modernistischen Optionen stellten, indem z.B. der Kampf gegen die Unterentwicklung als *Djihad* bezeichnet wurde (Camau 1989: 65).

Dennoch blieben, so die Analytiker, die staatlichen Strukturen dem traditio-nellen Staatsklientelismus verhaftet. Mit dem Jahr 1969 war das Goldene Zeital-ter des Reformismus zu Ende und es begann eine Phase der Instabilität, in der sich das Regime gezwungenermaßen liberalisierte (Camau 1989: 69).

Verdienstvoll für den Aufschwung des maghrebinischen Romans und der ma-ghrebinischen Literatur waren die von Memmi herausgegebenen Anthologien der 60er Jahre *Anthologie des écrivains maghrébins d'expression française* (1964) und *Anthologie des écrivains français du Maghreb* (1969), auf die er 1985, ange-sichts der durch die postkoloniale Entwicklung veränderten Situation der Autoren im Maghreb die Anthologie *Écrivains francophones du Maghreb* folgen ließ. In dieser vereinigte er wieder alle Autoren des Maghreb in einem Band, da „la fran-cophonie signifie simplement aujourd'hui que la langue française réunit miracu-leusement un certain nombre d'écrivains de par le monde" (S. 14). Auch wenn Memmi nach wie vor der Auffassung war, die er in *Portrait du colonisé* vertrat, dass die arabische Sprache eines Tages wieder den Platz einnehmen könne, der ihr zukommt, so gibt er zu, mit seiner Prognose, die frankophone Literatur im Maghreb würde nach dem Ende der Kolonisierung rasch versiegen, vorschnell geurteilt zu haben (S. 10). Gerade die jungen Autoren zeigten mit ihrem unverkrampften Umgang mit der französischen Sprache, dass eine Kontinuität bestehe, die auf der Ebene der kollektiven historischen *Durée* ansiedelt ist.

Baccouches Roman *La dame de Carthage* (1961) ist ein historischer Roman, der die These der Zulässigkeit der Verbindung von Musliminnen mit Christen entfaltet und wie Bérchir Khraiefs Roman *Barg al-lîl* (,Blitz der Nacht' (1961) ins 16. Jahrhundert zurück projiziert. Neben dem Schicksal eines spanischen Offiziers und einer Muslimin im historisch folgenreichen Jahr 1535 steht die interkulturelle Paarbeziehung von Norbert und Merriem, die sich ebenfalls am Kontrast zwischen Wunsch und sozial-kulturellen Gegebenheiten reibt.

In Vergessenheit geraten sein dürften die Romane Manuèle Peyrols. *Le temps des enchanteurs* (1961) und *La cage* (1963) sind zwei recht konventionelle Liebesgeschichten mit tragischem Ende (Pantuček 1974: 115).

Gérard Haddad veröffentlichte 1963 den Roman *L'adolescence de Jéhovah*, der die Entwicklung des jungen tunesischen Juden Jacques Pérez schildert. Der Jugendliche bereist das Heilige Land, um Klärung für seine innere Zerrissenheit, die als kultureller Konflikt ausgedeutet ist, zu finden. Bei Ghaza wird er jedoch von einem Schuss der Militäraufsicht getötet.

Memmis experimenteller Roman *Le scorpion ou la confession imaginaire* (1969) entfaltet sich im Spannungsfeld zwischen fiktionalem und dokumentarischem Pol des autobiographischen Schreibens. Marcel, von Beruf Augenarzt, woran er die Zielorientiertheit und die hochpräzisen Operationen schätzt, versucht nach dem Tod seines Bruders, der Schriftsteller ist, auf Bitte des Verlegers Ordnung in die „rêverie, l'inéfficacité et l'interrogation sans réponse" (S. 12) zu bringen. Sie hat sich in den im Schreibtisch aufgefundenen Papieren niedergeschlagen, die der Bruder vergeblich in Tagebuch- und Romanfragmente zu ordnen versucht. Es erwächst daraus die im paradoxen Titel genannte „confession imaginaire", wobei er die Ausführungen seines Bruders kommentiert und rektifiziert. Etwa betont er die ebenfalls wichtige genealogische Abstammungslinie von der Mutter (S. 32), die sein Bruder vernachlässigte. Als adäquate Umsetzung der Rekonstruktion einer Ichidentität findet kein lineares Erzählen mehr statt, sondern heterogene Textfragmente in Form von Roman, Tagebuch und anderen Aufzeichnungen erscheinen aneinander gereiht und für den Leser mit unterschiedlichen Schriftbildern dargestellt. Ihnen sind außerdem Illustrationen und Fotos beigegeben, die eine zusätzliche pikturale Dimension des Textes darstellen.[277] Die Familiengeschichte der Memmis wird mit diesen literarischen Mitteln erforscht, wobei sich die Erzählerstimme in Émile/Imilio, Marcel und Bina aufsplittert, die das Ich in seinem Entwurfcharakter als Möglichkeiten zeigen. Umkreist wird die folgenschwere Entscheidung, in Tunesien zu bleiben oder nach Frankreich zu emigrieren. Es wird mit divergierenden Versionen von erzählten

---

[277] Doris Ruhe: „Le scorpion en phénix", in: Hornung/Ruhe 1998: 53-67.

Begebenheiten gespielt. Widersprüche bleiben unaufgelöst, wodurch auf der Räumlichkeit und Synchronie des Erzählens insistiert wird, dem zugleich poetische Dichte beigelegt wird, gegenüber der Zeitlichkeit und Logik von Ereignisketten. Das Autoporträt privilegiert als literarische Umsetzung der Identitätskonstruktion das Prozesshafte und weist die Geschichte letztlich als unvorhersehbar aus. Die jüdische Komponente der Genealogie zeigt sich dabei als Quelle der Lebensweisheit. Bei der Bewertung der vorkolonialen Geschichte beruft sich Memmi auf Jugurtha, den Memmis Lehrer Jean Amrouche in seinem Essay *L'éternel Jugurtha* (1946) als erster zum maghrebinischen Idealtyp erhoben hatte, da er den Nordafrikaner in seiner optimalen Form repräsentiere. Dabei wird die persönliche Identitätskonstruktion in die kollektive Geschichte erweitert und aus dieser abgeleitet, so dass der moderne Maghrebiner das einheimische Erbe, den Islam und die Lehren des Okzidents miteinander kombiniert. Ähnlich wie für Djebar sind für Memmi persönliche Geschichte und kollektive Geschichte untrennbar. *Métissage* wird von Memmi als möglicher Weg aus dem „malheur d'être Juif" aufgezeigt.[278] Der Bezug auf die Kahena stiftet die Verwurzelung im Ursprungsmythos, ohne eine einzige kulturelle Zugehörigkeit zu verabsolutieren, denn diese Königin, „la fameuse reine judéo-berbère" (S. 25) in der Schwellenzeit der arabischen Eroberung hat selbst multiple kulturelle Wurzeln (Nolin 1998: 42f.). Doch fortan verzweigt sich der Stammbaum der Memmis. A.M. Benillouche taucht in diesem Text ebenfalls auf. Die Geschichten aus dem *Royaume-du-Dedans* behandeln das fast obsessiv wiederkehrende Motiv des Doubles. Zentral ist auch die Opposition von Sehen und Blindheit und daran gebunden die Reflexion über Farben (siehe *L'œil-rouge*). Sie ist mit dem sprachlichen Ausdruck in Verbindung gesetzt, was sich besonders klar in der Tabelle zur Unterscheidung von Chroniken, der *Haggada* und der *Halacha* (S. 165), der Abfolge von Fakten, Imagination und Reflexion (S. 175) zeigt. Am Ende stellt der Autor in einer Anmerkung fest, dass das Buch eigentlich in verschiedenen Farben hätte gedruckt werden sollen und der Leser es sich so vorstellen mag.

4.1.5   Die siebziger Jahre

Wie Ägypten und die übrigen arabischen Länder betrieb Tunesien eine Politik der Öffnung (*infitah*) zum marktwirtschaftlichen System, zur Förderung der privaten Investitionen und des Außenhandels. Öl und Phosphat erbrachten zwischen 1972 und 1981 40%, der Tourismus 17% und die Arbeitsemigranten 7% des Erlöses aus dem Export von Gütern und Dienstleistungen und gestatteten eine leichte Belebung des Binnenmarkts trotz der Importabhängigkeit. Die Parole des zwischen 1970 und 1980 amtierenden Premierministers Hédi Nouira war „croissance rapide" (Camau 1989: 82ff.).

Die *Union Générale des Travailleurs Tunisiens* (UGTT) trat im Verlauf der 70er Jahre als Repräsentant der Aspirationen der Arbeiter in den Vordergrund,

---

[278] Corinne Nolin: „Nomadisme et généalogie: Albert Memmi ou la condition impossible", in: Hornung/Ruhe 1998: 35-51.

doch kam es im Januar 1978 infolge eines Generalstreiks zu schweren Repressionen und der Auflösung der Gewerkschaftszentrale.

Andererseits erstarkte angesichts der Entwicklung im Iran die islamistische Bewegung, deren *Mouvement de la tendance islamique* aber in die Illegalität abgedrängt wurde.

Seit 1977 waren die ersten drei Jahre der Grundschule voll arabisiert. Danach wurde drei Jahre lang Französisch unterrichtet. Auf der Sekundarstufe waren Geschichte, Geographie und Philosophie seit 1976 arabisiert, aber der ausschließlich arabisierte Zug A, der 1958 eingeführt worden war, wurde wieder abgeschafft. An der Hochschule schritt die Arabisierung nur langsam voran (Grandguillaume 1983: 47f.).

Memmi erkundete in *Le désert ou la vie et les aventures de Jubaïr Ouali El-Mammi* (1977) seine Familiengenealogie erneut in Romanform, wobei er auf Elemente der *rihla*, des pikaresken Romans, des Fürstenspiegels und des *conte philosophique* zurückgriff. Die im 14. Jahrhundert vor der Eroberung durch Tamerlan spielende Handlung entfaltet sich um die Figur des Jubaïr Ouali El-Mammi, ein *alter ego* des Autors. Memmi mischt erneut in die historische Überlieferung das fiktionale und rein imaginäre Element des *Royaume-du-Dedans*, das allerdings auf der dem Text beigefügten Karte des Maghreb (S. 14f.) zwischen Tamentit und Sba Guerara im Norden des Touat lokalisierbar ist.

El-Mammi berichtet dem Eroberer im Jahr 1400 in Damaskus seine Abenteuer. Wie Ibn Chaldun zog er durch die Lande, von Tunis über Fès nach Kastilien und Kairo und sammelte dabei Wissen und Weisheit. Er wurde zum Nomaden und Exilierten, nachdem ihm, als angeblich illegitimem Spross, sein legitimer Platz an der Spitze des *Royaume-du-Dedans* streitig gemacht wurde. In der Wüste erhielt er die Ergänzung seiner Erziehung durch den Sklaven Younous und erfuhr ihre Tiefe als erkenntnisstiftenden Raum der Verinnerlichung. Dann ging er an verschiedene Höfe in Algier, Tunis, Fès, wo er zum *Vizir de la Plume* avancierte und seine Erinnerungen notierte, damit der Historiograph des Clans ihre Genealogie einst ohne Brüche würde aufzeichnen können (S. 48f.). Der Bericht an Tamerlan, der ihn wegen der Wahl seiner Hauptstadt Balkh um Rat fragte, unterstreicht ganz in Anschluss an Ibn Chaldun die Bedeutung des Nomadismus und seine Überlegenheit über die Sesshaftigkeit.

Jacques Zibi (geb. 1936), von dem auch die Romane *Requiem pour un survivant* (1968) und *Le cinquième singe* (1970) stammen, gestaltete in seinem Roman *Ma* (1972) die Agonie der Mutter des Erzählers in einem Pariser Krankenhaus, die mit Erinnerungen an ihr Leben als junge Frau in Tunesien kontrastiert ist (Attal/Sitbon 1979: 216).

Mustapha Tlili (geb. 1937) war von 1967 bis 1980 UNO-Mitarbeiter in New York und lebt seit 1982 in Frankreich, wo er an der Sorbonne Philosophie studierte. Sein erster Roman *La rage aux tripes* (1975) stellt wie die folgenden eine einseitige kulturelle Bindung, sei es an den Westen und seine Werte, sei es an den Maghreb und die arabische Welt, radikal in Frage. In passagenweise abgehackt-atemlosem Stil zieht ein nicht genau bestimmter Erzähler in der 2. Person an den als kulturellen Bastard gezeichneten Algerier Jalal Ben Cherif gerichtet, die Bilanz von dessen Leben in New York als Korrespondent der Tageszeitung *L'Humanité Socialiste* bis zu seinem Engagement im Kampf des palästinensischen Volkes. Tlilis *Le bruit dort* (1978) ähnelt von den Erzählstrukturen Memmis *Le scorpion* und lässt den amerikanischen Schriftsteller französischer Herkunft Albert Nelli als Erzähler auftreten, der über den Tunesier Adel Safi ein Buch schreibt. Dieser zieht, nachdem seine amerikanische Freundin in New York ermordet wurde, nach Kambodscha in den Kampf. Der Tod ist auch hier wieder der Fixpunkt der Schicksale im kulturellen Dazwischen. In *Gloire des sables* (1982), nach einer Wüstenblume betitelt, ist der zum Selbstmord neigende Held ein Amerikaner algerischer Herkunft, Youcif Muntasser, der als Anführer eines Terrorkommandos bei der Erstürmung der Moschee von Mekka stirbt, was auf den realen Anschlag im Jahr 1979 verweist. Der Roman macht Anleihen an Krimis und spielt wie die vorausgehenden Romane mit intertextuellen Referenzen.[279]

Kamel Ghattas veröffentlichte in den späten siebziger Jahren drei Spionageromane mit dem Titel *Souris blanche à Madrid* (1977), *Peshmerga* (1978) und *Mystification à Beyrouth* (1978), die jedoch kein eigenes Genre innerhalb des tunesischen Romans begründeten.

Abdelwahab Meddeb lebt seit 1967 in Paris. Nach Studium der Literaturwissenschaft, Kunstgeschichte und Archäologie ist er als Publizist, Schriftsteller und Universitätsdozent tätig. Er stammt aus einer Familie von Theologen und Schriftgelehrten und beherrscht das Arabische perfekt. Trotzdem entschied er sich für das Französische als seine Literatursprache.

Paris ist der Ausgangspunkt seines Romans *Talismano* (1979). Der handlungsarme Text gestaltet als *itinéraire* den Spaziergang durch die *ville-mémoire* Tunis und zugleich die Vergangenheit des sich in autobiographischen *Flashs* erinnernden Icherzählers. Der Text strapaziert mit seiner extrem elliptischen *écriture* die Bedeutungsstrukturen der Sprache, mit der Absicht das Französische zu dezentrieren und eine eigene Bewegung daraus abzuleiten. Der Sinn oszilliert im autoreferentiellen Schreiben. Die Zeit verschwimmt, indem die Zeitebenen der Vergangenheit und Gegenwart des Ich, der Familie und des Landes vermischt werden. Der Raum wird geographisch (neben Tunis werden Marrakesch, Essaouira, Fès und Italien erinnert) geöffnet, auch bis in metaphysische Bereiche hinein.

Meddeb spürt den Verbindungslinien zwischen arabischer und europäischer Kulturtradition nach und forscht nach den Schnittstellen der Kulturen.[280] *Talismano* will ein Korrektiv zum „consensus orientaliste" (S. 63) sein. Innerhalb der arabischen Literatur bezieht sich Meddeb vor allem auf sufistische Texte (Ibn Arabi und Ibn Battuta), über die er 1988 bis 1991 in Paris Seminare abhielt, und

---

[279] Marc Gontard: „Mustapha Tlili", in: Charles Bonn/Naget Khadda/Abdallah Mdarhri-Alaoui (Hg.): *Littérature maghrébine d'expression française.* Paris 1996, S. 226-231.

[280] Anne Roche: „Intertextualité et paragrammatisme dans *Talismano* d'Abdelwahab Meddeb. Traces d'un dialogue entre cultures?", in: *Peuples méditerranéens* 30, 1985, S. 23-31.

aus denen sich auch seine Lyrik inspiriert. Innerhalb des europäischen Kulturerbes ist besonders die italienische Tradition, vor allem Dante, für Meddeb wichtig.

4.1.6 Die achtziger Jahre

Der Premierminister Mohamed Mzali leitete Schritte zu einer leichten politischen Öffnung ein: die kommunistische Partei und das *Mouvement des Démocrates Socialistes* (MDS) sowie der *Parti de l'Unité Populaire* (PUP) sollten legalisiert, die Autonomie der UGTT wiederhergestellt werden, doch dies wurde im Januar 1984 durch die Aufstände in ganz Tunesien, nach einer krassen Erhöhung der staatlich subventionierten Getreidepreise, vereitelt. Die Armee stellte gewaltsam die Ruhe wieder her.

1986 belief sich die Zahl der Arbeitslosen nach offiziellen Angaben auf 14%. Der 6. Plan (1982-1986) versuchte die Importabhängigkeit durch eine Beschränkung des Konsums, aber auch durch eine auf Ankurbelung der Wirtschaft zielende Privatisierung zu verringern.

Einige Indikatoren für die starke soziale Veränderung seit der Unabhängigkeit sind hier zu nennen: Die Urbanisierungsrate betrug 1984 53% (1956 erst 33,3%). Die Lebenserwartung stieg von 47 Jahren 1956 auf 62 Jahre 1985 an. Es bestand eine starke Disparität zwischen den Städten an der Küste und dem Binnenland. Die Geburtenraten gingen durch eine breit angenommene Kampagne zur Empfängnisverhütung signifikant zurück von 6,8 Kindern 1966 auf 4,5 1986 pro Frau im gebärfähigen Alter. Dabei ist die bessere Bildung der Frauen in Betracht zu ziehen: waren 1975 nur die Hälfte der Mädchen skolarisiert, so waren es 1984 schon mehr als zwei Drittel, doch besuchten 1984, im Jahr der Brotunruhen noch doppelt so viele männliche Studierende die Universität (Camau 1989: 93-102).

Im September 1987 wurde ein anti-islamistischer Prozess gegen Mitglieder des *Mouvement de la Tendance Islamique* (MIT) wegen terroristischer Aktionen durchgeführt: zwei Angeklagte wurden zum Tod verurteilt, doch die Führer des MIT verschont, dessen Organisationsbasis zusammen mit der anderer oppositioneller Organisationen zerschlagen wurde.

Mit dem Rückzug des 84jährigen Habib Bourguiba – aus angeblichen Alters- und Gesundheitsgründen – von der Macht, dessen ausdauerndes *leadership* viele vorausgehende Krisen überdauert hatte, begann am 7. November 1987 in Tunesien eine neue Ära. Der neue, von ihm einen Monat zuvor ernannte Premierminister Zine el Abidine Ben Ali setzte sich an die Spitze des Staates. Der 51jährige von einfacher Herkunft hatte damals einen steilen Weg über das Militär, den militärischen Sicherheitsdienst (*Sécurité Militaire*) und Geheimdienst (*Sûreté Nationale*) ins Innenministerium hinter sich. Er trat bei diesem Machtwechsel, den man als „medizinischen Staatsstreich" bezeichnete, als Konstitutionalist auf. Seine Ziele waren Ausbau der bürgerlichen Freiheiten, sozialer Aufschwung und nach der extrem laizistischen Linie Bourguibas Konsolidierung des Islam als integrierende nationale Kraft. Allerdings wurde im Rahmen der politischen Liberalisierung untersagt, dass eine Partei sich auf Religion, Sprache, Rasse oder eine Region des Landes berufen darf. Den *Parti Socialiste Destourien* (PCD) taufte Ben Ali, der „homme du changement", in *Ressemblement Constitutionnel Démocratique* (RCD) um und leitete eine Trennung von Staat und Partei ein. Bei der Präsidentenwahl am 2. April 1989, die von der Opposition boykottiert wurde, deren Kandidaten Abderrahman Hani und Moncef Marzouki nicht zugelassen waren, erhielt Ben Ali 99,27% der abgegebenen Stimmen.

Die achtziger Jahre waren, wie im gesamten Maghreb, auch in Tunesien literarisch sehr ertragreich. Eine ganze Reihe neuer Autoren, die oft Erzählungen, aber auch Romane schrieben, trat hervor: Taoufik Abdelmoula gestaltet in *Un être composé* (1979) das absurde Schicksal des an Krebs im Endstadium erkrankten Tunesiers Rafik, dessen Kopf auf den Körper des Franzosen Rousseau, der einen Hirntumor hat, aufgepflanzt wird. Wenn der Muslim nun mit dem französischen Kopf gotteslästerliche Reden führt, dann ist es die Schuld Rousseaus.

Erwähnenswert ist Lahbib Chebbis (1949-1988) *La fêlure. Mémoires d'un cheikh* (1985). Die Handlung spielt 1867 und zeigt das Land von der Pest heimgesucht. Doch viel nachhaltiger wirkt die Pest des rationalistischen Okzidents, der den Cheikh nach und nach verwandelt, bis er Atheist wird.

Abdessatar Ladjemi thematisiert in seinem Roman *Avant le pain* (1980) den antikolonistischen Widerstand. Der Text steht mit diesem Thema allein da. Rachid Driss, ein *Homme d'État*, behandelt in *A l'aube... la lanterne* (1981) seine Jugend vor 1936 am *Collège Saddiki*.

Gilbert Naccache (geb. 1939) stellt in seinem Roman *Cristal* (1982) die Politik ins Zentrum. Wenn er anhand der Figur des Ahmed ben Othman seine eigene Erfahrung als politischer Aktivist und Häftling beschreibt oder die fiktive Geschichte des jungen Arztes Afif und seiner Frau Nabiha entfaltet, so wirft er dabei einen kritischen Blick auf Tunesien in der Zeit zwischen 1970 und 1980. Der Titel leitet sich daraus ab, dass er den Roman in Haft auf den Packungen von *Cristal*-Zigaretten schrieb. In Parallele zu Laâbis *Le chemin des ordalies* wird der *Itinéraire* eines politischen Kampfes (PSD, Mitarbeit an der Zeitschrift *Perspectives*, Verhaftung, Verurteilung zu 16 Jahren Haft, Begnadigung 1970, Hausarrest, Wiederverhaftung 1972, erneute Haft bis 1979) auch mit seinen Desillusionen über die marxistische Ideologie und ihre Ferne vom Volk in einzelnen unzusammenhängenden Erinnerungssequenzen dargelegt. Nur die Entscheidung für die tunesische Nation, als seine jüdische Familie nach Frankreich übersiedelt und er zurückbleibt, stellt er auch nach der zweiten Haftentlassung nicht in Frage:

> J'étais un communiste tunisien. Mon combat était donc celui des autres Tunisiens, des gens qui se reconnaissaient la Tunisie comme espace de vie.[281]

Die eingeschobene Geschichte des Paares Afif und Nabiha illustriert sehr kritisch die Lage der Intellektuellen in Tunesien, die in ihrem von tiefgreifenden Wand-

---

[281] Zit.n. Gontard 1993: 162.

lungen ergriffenen Heimatland von der Modernität überrollt werden und zugleich in ihren sozialen Privilegien gefangen sind.

Noureddine El Abassys *Sonate à Zeineb* (1987) verfolgt die Debatte über Modernität und Okzident, die als Verlockung über die Tradition triumphiert. Auch Anouar Attia mit *De A jusqu'á T ou reflets changeants sur Méditerranée* (1987) gestaltet das Thema der kulturellen Opposition als das Hin- und Hervagieren des Icherzählers zwischen den Ufern des Mittelmeers und seinen Frauen.

Michel Valensi, ein jüdischer Autor, liefert mit *L'empreinte* (1983) ein Bild der Auflösung und des Exils der jüdischen Gemeinschaft, das als unverständlich und definitiver Bruch erlebt wurde. Akte der unwiederbringlichen Zerstörung wie der Abriss des Ghettos von Tunis, der *Hara*, oder der alten Synagoge von Jerusalem werden benannt.[282] Es dominiert eine nostalgische Perspektive, in der die Fragmente nicht mehr zusammengefügt werden können und der „retour impossible" das Oszillieren des Schreibens, das im Text anhand der Praxis mehrerer Figuren verdeutlicht wird, zwischen den Polen des Vergessens und des Zeugnis Ablegens auslöst.

In seinem Roman *Le pharaon* (1988) rechtfertigt Memmi *a posteriori* seine Emigration nach Frankreich. Der Roman ist erstmals in der dritten Person und nicht in der Ich-Form formuliert. Dennoch herrscht Innenschau vor und finden sich auch innere Monologe in Ich-Form. Der Protagonist Armand Gozlan hat gemeinsame Züge mit den autobiographischen Ichs der vorausgehenden Texte, allerdings decken sich die dargestellten oder berichteten Ereignisse mit ihrer Chronologie nicht mit den entsprechenden Elementen aus Memmis Biographie. Gozlans „tanière" liegt im Hinterzimmer eines Geschenk- und Antikenladens, den er mit einem Freund betreibt. Dort arbeitet der von seinen Kollegen und Studenten „Pharao" genannte Ägyptologe und Archäologe, nachdem er sich von seiner Professur beurlaubte, an einem historischen Projekt über die Multikulturalität Nordafrikas. Dabei reflektiert er seinen eigenen Ursprungsmythos und seine soziale Identität:

> Je suis à la fois un époux, un père, un fils et un ami, un archéologue et un professeur, je suis d'ici et de Paris et, en un sens également, de Jérusalem qu je n'ai jamais vu. (S. 58)

Der Roman parallelisiert die individuelle Lebensgeschichte des zwischen zwei Frauen verschiedener Kulturen hin- und hergerissenen Mannes (der Landsmännin und Ehefrau Allegra und der jungen in Algerien geborenen und aufgewachsenen, von elsässischem Vater und italienischer Mutter abstammenden Carlotta) und die Geschichte der sich neu bildenden Nation Tunesien ab 1950 bis kurz nach der Unabhängigkeit. Darstellerisches Mittel ist wie schon in den vorausgehenden Romanen die Polygraphie von Abschnitten in Schrägschrift und in Recte. Memmi bezieht sich auf authentische historische Dokumente, Ereignisse und Figuren wie Habib Bourguiba oder Mendès France. Aber auch Benillouche, der Schriftsteller

---

[282] Ronnie Scharfman: „Fragments, traces, empreintes. L'impossible autobiographie judéo-maghrébine d'Edmond El Maleh et Michel Valensi", in: Hornung/Ruhe 1998: 73-85.

(S. 57f.) und Onkel Makhlouf aus *Le scorpion* tauchen im Text auf. Die Entkolonisierung wird im Wechsel der Perspektiven von innen und außen gezeigt. Thematisiert werden auch andere gesellschaftliche Konflikte wie der zwischen den Generationen, die Folgen der Bigamie, Arbeitssucht und Ess-Störungen.

Guy Sibton (geb. 1934), seit 1964 in Paris lebend, zeigt in seinem Roman *Gagou* (1980) heftige sephardisch-aschkenasische Gegensätze, die sich auf den Ritus in der Synagoge und vor allem die Erfahrung der *Shoa* beziehen und als unüberbrückbar erweisen.

Chochana Boukhobza (geb. 1959), der auch in Paris lebt, befasst sich in *Les herbes amères* (1989) wie schon in *Le cri* (1987), dessen Protagonist sich seinem Judentum gegen das Schweigen der Familie annähert, ebenfalls mit dem Thema der *Shoa* und der Notwendigkeit des Erinnerns, allerdings unter einer kritischen Perspektive, die die Verdrängung der eigenen Vergangenheit und Kultur ebenso falsch erscheinen lässt wie das ostentative Beharren auf dem erlebten Leiden (Klein 1998: 76).

Claude Kayat (geb. 1939) stammt ebenfalls aus einer jüdischen Familie und lebt seit 1958 in Schweden. Er besitzt seit 1993 neben der schwedischen auch die französische Staatsbürgerschaft. Sein Romanwerk umfasst *Mohammed Cohen* (1981), *Les cyprès de Tibériade* (1987), *Le rêve d'Esther* (1989), *L'armurier* (1997), *Hitler tout craché* (2000). In *Le treizième disciple* (2002) erfindet der agnostische Autor die Figur Ézéchiel de Capharnaum, einen Schmied, der sich am Ende den Römern ausliefert.

In Meddebs zweitem Roman *Phantasia* (1986) durchstreift der Erzähler Paris, in Anlehnung an die Deambulationen der Surrealisten (etwa Aragons *Le paysan de Paris*), aber mit dem Ziel, die symbolischen und kulturellen Vernetzungen der fremden Stadt zu verfolgen und sich Aya, die unerreichbare Frau, die ihm den Weg weist und als sinnliche Geliebte erscheint, anzuverwandeln: „fouille l'image qui repose avant qu'elle s'évapore" (S. 11). Der Leser wird in die Verquickung von Orient und Okzident hineingezogen. Die Ästhetik des Fragments eröffnet eine poetische Dimension, in der die kulturelle und sinnliche Fusion als Hin- und Herbewegung, eine Art musikalisches und rhythmisches Fließen spürbar wird.

2002 veröffentlichte Meddeb das Pamphlet *La maladie de l'Islam*. Der Titel knüpft explizit an Thomas Mann an, der den Nationalsozialismus als ‚deutsche Krankheit' diagnostizierte. Meddeb kontrastiert die beiden Traditionen des Islam: die humane und poetische der Mystiker und Freidenker und die militärisch-militante Tradition der Dogmatiker, zu denen die fremdenfeindlichen Wortführer des modernen Islamismus gehören. Meddeb lehnt die amerikanische Reaktion, den Islam zum Feindbild zu stilisieren, ab und beschwört mit seiner profunden Kenntnis der Überlieferung die kulturelle Synthese wie sie sich bei Ibn Arabi, Dante und Yehuda Halevi, den großen Dichtern des Hochmittelalters findet. Das Exil ist für Meddeb ein moralischer Imperativ angesichts identitärer Tyrannei.

> La condition d'orphelin et la situation d'interruption généalogique [...] n'auraient plus à être vécues comme inguérissable traumatisme, mais augureraient une posture critique inscrite dans la condition d'orphelin telle qu'elle avance dans la pensée mo-

derne.[...] La vocation d'un tel orphelin est de mettre en crise les identitées consti-tuées et les appartenances aux frontières figées ou mues par des prétentions, et une hégémonie parfois funeste. („Interruption généalogique", in: *Esprit*, janvier 1995, S. 79)

Mohammed Gasmi erzählt wie schon Slaheddine Bhiri in *L'espoir était pour demain. Les tribulations d'un jeune homme immigré en France* (1982) die Ges-chichte des Lebens von Emigranten in Frankreich in *Chronique des sans terre* (1986). Mohammed ist Kommunist, wird von der Polizei verfolgt und flüchtet nach Frankreich, wo er andere Exilierte trifft, die an den miserablen Lebensbe-dingungen sterben oder wie die Figur des Cherif verschwinden.

Der 1951 in Tunesien geborene Marco Koskas kam mit 11 Jahren nach Frank-reich. Neben Theater und Biographien verfasste er die Romane *Balance Bounel* (1979), *Destino* (1981) und *Love and Stress* (2002), die humorvolle Liebesge-schichte eines Privatdetektivs in Paris.

Adrien Salmieri (geb. 1929) in Tunesien schrieb Romane wie *Le soldat* (1972) oder *Elpenor, la nuit* (1972) und die als Darstellung der Lebenswelt der süditalienischen Gemeinschaft in Tunis bedeutsame *Chronique des morts* (1974). Der autofiktionale Text geht auf die Ankunft des Vorfahren Montefusco im sieb-zehnten Jahrhundert in Nordafrika ein und zeichnet die Verquickung zwischen persönlicher Geschichte des in den zwanziger Jahren geborenen Erzählers und den politischen Ereignissen, die folgenreich für die Italiener in Tunesien waren.

Tlilis *La montagne du lion* (1988) lässt einen Tunesier in New York erzählen, was sich auf dem Bauernhof seiner Mutter im tunesischen Grenzland ereignet. Es wird beißende Kritik am Regime geübt: Der treue Diener Saâd der Numider, der als Soldat in Monte Cassino war, revoltiert mit der Mutter gegen die Einrichtung eines Touristenzentrums, indem sie ein altes Maschinengewehr auf dem Dach des Hauses installieren, worauf das Regime Haus und Menschen vernichtet. Der junge Bruder muss wegen seiner politischen Aktivität aus dem Land flüchten.

Rafik Ben Salah (geb. 1948) lebt nach Studium in Paris in der Schweiz als Französisch- und Geschichtslehrer. Er besitzt zwei Nationalitäten. Sein Roman *Retour d'exil ou sang femme* (1987) vertritt eher antiemanzipatorische Ideen. Die Jungfrau und Tochter eines reichen Händlers, die sich der heimkehrende Arbeits-emigrant reservierte, erweist sich bei der Heirat, auf die er zehn Jahre sparte und die seine Phantasmen stimulierte, als nicht so rein wie erwartet. Es fließt kein Blut und der soziale Aufstieg bleibt ihm verwehrt. Vom selben Autor stammt *Lettres scellées au Président* (1991) und *La prophétie du chameau* (1993). Eben-falls Frauenschicksale sind Gegenstand von Hafedh Djedidis *Chassés-croisés* (1990), wobei die Frauenfiguren Tunesien und Frankreich symbolisieren und die beiden Paare *Métissage* und Interkulturalität im Scheitern vorführen.

Ridha Bourkhis, der eine Studie über Tahar Ben Jelloun schrieb, widmet sich in *Un retour au pays du bon dieu* (1989) dem Thema der Wahl der westlichen Kultur gegen den Wunsch der Eltern, die die Rückständigkeit und den Obsku-rantismus vertreten. Der Held führt in Frankreich eine Ehe mit Isabelle Montes-

quieu – augenzwinkernde Hommage an die Aufklärung – und besucht seine Eltern in Tunis.

Ali Bécheurs *De miel et d'aloès* (1989) ist ein autobiographischer Roman mit
bitterer Note, der die Kindheit, Jugend und Ehe Jelals mit einer Französin bis zur
Scheidung erzählt. Der Icherzähler kann seine Bikulturalität nicht positiv leben.

Tadj Eddine, so das Pseudonym eines ehemaligen tunesischen Funktionsträ-
gers, zeigt in *Vent d'émeute* (1987) an dem tunesischen Paar Charif und Inès, wie
schwer die Anforderungen der Modernität in der tunesischen Gesellschaft gelebt
werden können. Er stirbt bei den Brotaufständen.

Fawzi Mellah, der in Syrien geboren wurde und an der Universität Genf lehrt,
liefert mit dem Roman *Le conclave des pleureuses* (1987), der wie zwei Theaterstücke Mellahs ebenfalls in Paris erschien, einen satirisch-humorvollen Beitrag
zur Kritik an den politischen Verhältnissen und der Betrauerung der glorreichen
Vergangenheit. Ein Journalist, der lange im Ausland lebte, recherchiert über eine
Serie von Vergewaltigungen in einer Stadt, in der Tunis zu erkennen ist. Die
typischen Namen der Figuren und vor allem die Beschreibung der beiden Stand-
bilder des Präsidenten und des berühmten Historikers (S. 55) vermitteln dies. Er
ist ein begeisterter Leser Ibn Chalduns, zitiert diesen oft und sagt von ihm, „Aujourd'hui, ce grand homme serait en prison ou en exil!“. Der vermeintliche Täter
ist der „Saint de la Parole“, ein Mystiker. Mehrfach erschüttern Volksaufstände
die Stadt. Er muss seinem Chefredakteur, „Œil de Moscou“, Zwischenberichte
abliefern. Ihm kommen Zweifel an der Schuld und seinem Auftrag, denn er bemerkt, dass ein Viertel der Einwohner der Republik über die drei anderen Viertel
Nachforschungen betreibt. Er stellt den Artikel nicht fertig, will aus dem Manuskript einen Roman machen und geht zurück ins Exil. *Elissa, la reine vagabonde*
(1988) widmet sich ebenfalls dem Bezug zwischen Politik und Geschichte einerseits, Legende und Gerücht andererseits. Es geht um die phönizische Vergangenheit Tunesiens anhand des Mythos der Gründung Karthagos im 8. Jahrhundert v.
Chr. und der tragischen Geschichte Didos, wie Vergil sie nannte. Diese übermittelt ein Brief Elissas an Pygmalion, den der Herausgeber, hinter dem sich der Autor versteckt, umgeschrieben hat. „Vu l'absence complète de sources sur cette
femme, elle-même nous invite à rêver son passé,“ sagt der Autor zu den Freiheiten, die er sich mit dem Stoff nimmt.[283] Die Idee einer Diarchie, d.h. regelmäßig
wechselnder Herrschaft zwischen einer Frau und einem Mann, wie der Vater sie
für seinen Sohn Pygmalion und seine Tochter Elissa vorsah, könne, so Mellah
vielleicht die Lösung der politischen Probleme der Gegenwart, vor allem in den
arabischen Ländern bringen.

---

[283] „L'Histoire de la Tunisie dans l'imaginaire de Fawzi Mellah, propos recueillis par Barbara
Arnhold“, *Cahier d'études maghrébines* 4, 1992, S. 77-83, hier S. 77. Siehe auch Mansour
M'Henni, „Fawzi Mellah“, in: Bonn/Khadda/Mdarhri-Alaoui 1996: 239-242.

4.1.7 Die neunziger Jahre und neueste Tendenzen seit 2000

Diese Phase ist in Tunesien durch wiederholte Wiederwahlen des Präsidenten Zine El Abidine Ben Ali gekennzeichnet. Am 20. März 1994 erhielt er 99,93% der abgegebenen Stimmen als einziger zur Wahl stehender Kandidat. Bei den gleichzeitigen Parlamentswahlen erzielte seine Partei RCD, der zwei von zehn Millionen Tunesiern angehören, in den 25 Wahlkreisen 94 bis 99% der Stimmen und damit 144 Sitze. Erstmals seit der Unabhängigkeit Tunesiens waren nach Änderung des Wahlrechts 1998 auch sechs legale Parteien der Opposition im Parlament vertreten. Ihnen wurden 19 der 182 Sitze reserviert und gemäß ihrem erzielten Stimmenanteil zugeteilt. Die übrigen Sitze gingen an dem RCD nahe Organisationen. Dem früheren Präsidenten, der am 3. August 1994 seinen 91. Geburtstag im Familienkreis in seiner Residenz in Monastir feierte, gratulierte Ben Ali mit 91 übersandten Rosen.

Am 24. Oktober 1999 erhielt Ben Ali 99,44% der Stimmen und die Opposition bei der gleichzeitigen Parlamentswahl 33 der 182 Sitze.

Am 24. Oktober 2004 erzielte Ben Ali nur noch 94,48% der Stimmen, denn es waren auch Gegenkandidaten angetreten. Mohammed Bouchia und Mounir Beji erzielten gut 4 Prozent, während Ali Halouani von der früheren offiziellen Opposition und Ex-KP mit der *At-Tajdid*-Partei 0,95% der Stimmen gewann. Bei den gleichzeitigen Parlamentswahlen erhielt der RCD alle 152 in freier Wahl zu vergebenden Sitze, 37 der 189 Sitze die Opposition. Die Wahlbeteiligung betrug nach offiziellen Angaben 91,52 %.

Am 13. Februar 2002 wurde die Verfassung geändert und ein Zweikammersystem mit der neuen *Chambre des Conseillers* (die überwiegend der Präsident bestimmt) neben dem Abgeordnetenhaus installiert. Zugleich wurde die Möglichkeit geschaffen, die Regierung Ben Ali über 2004 hinaus zu verlängern, indem die Bestimmung, dass der Präsident zweimal für Amtsperioden von 5 Jahren wiedergewählt werden darf, ersetzt wurde durch die Festsetzung des Höchstalters bei Kandidatur auf 71 Jahre. So kann Ben Ali noch bis 2014 amtieren. Artikel 41 sichert ihm strafrechtliche Immunität, die auch nach Ende seiner Funktionen weiterbesteht. Während der Parlamentsferien kann der Präsident in eigener Vollmacht Gesetze erlassen, die den Kammern zur Billigung vorgelegt werden (Art. 31). Eine Änderung von Artikel 15 betont die heilige Pflicht der Bürger, das Land zu beschützen und die Unabhängigkeit, Souveränität und Integrität des nationalen Territoriums zu erhalten. Wie üblich wurde diese Änderung per Referendum mit 99,5% der zu 95,59% abgegebenen Stimmen der Bürger gebilligt.

Angesichts der Entwicklungen im Nachbarland Algerien entfaltete die Regierung und Justiz massives Engagement bei der Eindämmung des Islamismus, den sie, wie es ein Kommentator in *Le Monde* (27.3.92) ausdrückte, in politischer Quarantäne hielt, so dass die Organisation *Ennahdha*, die bei den Parlamentswahlen 1989 mit 14% der Stimmen zweitstärkste Kraft geworden war, seit ihrem Verbot im Untergrund agiert. Im März 1992 wurde ein Gesetz zur Regelung der *Associations*, von denen es inzwischen über 8.000 gibt, verabschiedet, das auch die von Moncef Marzouki früher geleitete *Ligue tunisienne des droits de l'homme* unter staatliche Kontrolle brachte. Mohamed Charfi, der Unterrichts- und Wissenschaftsminister, bekämpfte den Integrismus in den Schulen mit einer ‚Säuberung' des Lehrkörpers und entsprechender Neukonzeption der Schulbücher, denn „un élève qui a lu Voltaire, ne sera jamais islamiste..."[284] Die Geburtenrate ist in Tunesien kein Problem mehr, das Bevölkerungswachstum liegt unter 2% jährlich, 2003 bei 1,1 %. Im Juli 2004 hatte Tunesien knapp 10 Millionen Einwohner (9.974.722). Zwischen 1988 und 1998 lag das Wirtschaftswachstum bei über 4% jährlich, die durchschnittliche Inflationsrate zwischen 1990 und 2001 bei 4,3%. 2001 betrug das Prokopfeinkommen 2070 $. Die Arbeitslosenrate wurde auf 15,5% (2002) beziffert, die Alphabetisierungsquote auf 69,9%, die Skolarisierungsrate nach offiziellen tunesischen Angaben auf mehr als 99%. Mit 59% Dienstleistungssektor wird die Wichtigkeit des Tourismus für das Land klar, der durch Anschläge wie den auf die Synagoge La Ghriba auf Djerba und Bombendrohungen gegen Hotelkomplexe leidet. Er gibt 20% der aktiven Bevölkerung Arbeit, deckt damit 6% des Bruttoinlandprodukts ab und bringt viele Devisen.[285]

Tunesien schloss schon am 17. Juli 1995 ein Freihandelsabkommen mit der EU. Der Textilsektor verzeichnete zwischen 1997 und 2001 hohe Zuwachsraten, z.B. werden Sitzbezüge für die europäische Automobilindustrie in Tunesien genäht. Bichara Khader in *Le partenariat euro-méditerranéen vu du Sud* (2001) ermittelte aus Import, Export und Bruttosozialprodukt einen ‚Öffnungsgrad' der Ökonomie, der für Marokko 39, Algerien 43 und Tunesien 82 Prozent ergibt, was für die Zukunft unter den Bedingungen des globalisierten Marktes nichts Gutes erwarten lässt. Zum Jahresbeginn 2005 ist das *Arrangements multifibres*, das der Textilindustrie Exportquoten nach Europa garantierte, ausgelaufen. Ab 2008 muss Tunesien Zollschranken abbauen, damit bis 2010 die Freihandelszone zwischen der EU und ihren südlichen Nachbarn entsteht, an der auch Marokko und Algerien beteiligt sein werden. Dann werden auch billige Konkurrenzprodukte auf den Binnenmarkt drängen. Die Weltbank prognostiziert deshalb für Tunesien den Verlust von mindestens 100.000 Arbeitsplätzen.

Es gibt staatliche Medien, die dem *Code de la Presse* unterliegen. Die Internet-Nutzung ist sehr intensiv, wird staatlich kontrolliert und im Fall des Besuchs regimekritischer *Web-Sites* gerichtlich verfolgt.[286]

Tunesien beschäftigt 130.000 Beamte des Innenministeriums, damit mehr Polizei als Frankreich, das sechs mal mehr Einwohner hat. Es gibt auch noch Gendarmerie und die dem RCD unterstehenden Milizen, die eine Art Blockwartsystem unterhalten. Tunesien besitzt mit 23.000 eine der höchsten Gefangenenraten der Welt (nach USA, Russland und Südafrika). Sippenhaft ist üblich.[287] Trotzdem

---

[284] Jacques de Barrin: „La Tunisie tétanisée", in: *Le Monde* 19.3.1994, S. 3.

[285] Bruno Callies de Salies: „Les deux visages de la dictature en Tunisie", in: *Le monde diplomatique* 12. 10. 1999, S. 12f.

[286] Larbi Chouikha: „Autoritarisme étatique et débrouillardise individuelle", in: Olfa Lamloum/ Bernard Ravenel (Hg.): *La Tunisie de Ben Ali*. Paris 2002, S. 197-212.

[287] Werner Ruf: „Tunesien: Die Diktatur erhält Verfassungsrang", in: *Inamo* 31, 2002, S. 44-46.

siedelte die USA den Sitz ihrer 2003 lancierten *Middle East Partnership Initiative* in Tunis an.

Der arabophone Roman ist in Tunesien klar dominierend.[288] Der eminenteste Vertreter der realistischen Tendenz war Béchir Khraief (1917-1983). Daneben sind Rached Hamzaoui und Mohamed Salah Jabri (geb. 1940) zu nennen. Modernistische Tendenzen vertritt Ezeddine Madani. Mohamed Habib Selmi *Tièdes ombres* (2000) markierte laut Fontaine den 200. tunesischen Roman. Allein für das Jahr 2000 wurden 22 neu erschienene arabischsprachige Romane (davon 3 von Autorinnen) verzeichnet. Es gibt jedoch Distributionsprobleme und die Selbstzensur der Autoren, die im Land publizieren, begrenzt die in den Texten angesprochene Thematik (Fontaine 1990: 23-27). Soziale Themen wie Landflucht und das Leben in den Randbezirken der Stadt, die schon in den siebziger Jahren thematisiert wurden, treten häufig auf, es gibt auch phantastische Romane, sehr selten finden sich Bezüge auf die Mystik.

Der frankophone tunesische Roman ist demgegenüber wenig entwickelt. Die Autoren, die außerhalb Tunesiens leben, publizieren kaum Romane; Ausnahmen sind etwa Hédi Bouraoui (geb. 1932) und Tlili. Die Qualität der im Land publizierten Texte lässt oft, wie Jean Fontaine in *La littérature tunisienne contemporaine* festellt, zu wünschen übrig:

> Bien que le nombre de livres publiés en français par les Tunisiens dans le pays soit supérieur à ceux des exilés, leur qualité littéraire est beaucoup plus faible. (1990: 116)

Hafedh Djedidi, der an der *Faculté des Lettres de Sousse* unterrichtet und auch Lyriker ist, widmete sich der maghrebinischen Geschichte in *Le cimeterre ou le souffle du vénérable* (1990), der mit einem Preis ausgezeichnet wurde. Neben Theaterstücken veröffentlichte er *Fièvres dans Hach-Médine* (2003). Darin lässt er eine Wahrsagerin, einen Dorftrottel, Totengräber, Schriftsteller und einen Maler in der imaginären Stadt Hach-Médine die Grenze von Wirklichkeit und Fiktion ausloten.

Mohamed Habib Hamed (geb. 1945) ist Dozent für französische Literatur an der *Faculté des Lettres de la Manouba*. Seit *La mort de l'ombre* (1993), wo der Sohn Kenz nach dem Tod des Vaters nicht ohne gesellschaftskritische Akzente die Kindheit und das Leben der Minenarbeiter erinnert, veröffentlichte er die Romane *Gor et Magor* (1994), *Zooz, le pet-de-loup* (1996) und *L'œil du mulet ne me plait pas* (1999) und *Cactus* (2004).

Ali Bécheur, einer der markanten Autoren, schrieb mit *Les rendez-vous manqués* (1993) seinen zweiten Roman, dann *Jours d'adieu* (1996) und *Tunis Blues* (2002). Der Text repliziert nicht nur mit dem Titel auf Bouraouis *Bangkok Blues*. „Entre l'Occident et l'Orient nous dérivons en pleine incohérence, nous prenons le pire dans chaque camp [...]", heißt es bei Bécheur. Fünf Figuren berichten über ihr Leben und ihre Erfahrungen der Migration, die sich als Reise in die Entfremdung erweist, durch die die Protagonisten zu einer neuen Selbstbestimmung ge-

---

[288] Zwischen 1956 und 1985 78 Romane laut Fontaine 1990:30.

führt werden. Zugrunde liegen stets die gleichen Grundbedürfnisse, die wie beim titelgebenden Blues parallelisierte Wiederholungsstrukturen bilden, die das Leiden zugleich ausdrücken und beschwichtigen.

Ali Abassi (geb. 1955) ist Literaturwissenschaftler und trat mit *Tirza* (1996) und *Voix barbares* (1999) hervor. Für ihn ist das Hybride Signum der Moderne, dem er auch in seinen wissenschaftlichen Arbeiten zu Maupassant und *Stendhal hybride* nachspürte. Sein letzter Roman *Inchallah le bonheur* (2004) gestaltet das Thema des palästinensisch-israelischen Kriegs und zeigt den Autor Majdi, der über sein Schreiben reflektiert.

Eine Tendenz von Romanen, die die historische Vergangenheit Tunesiens beschwört, gruppiert sich um die Figuren der Kahena und um Massinissa und Sofonisbe. Abdelmajid El Araoui veröffentlichte eine Serie historischer Romane, darunter *La Kahena* und *Massinissa et Sophonisbe* (1996).

2004 erschien Hatem Bourials Roman *Moi aussi je me souviens*. Der Autor ist Journalist, hatte schon neben Lyrik in den 90er Jahren den extrem fragmentierten Roman *La source noire* veröffentlicht. Auch der neue Text, der an Perecs *Je me souviens* und Fottorinos *Moi aussi je me souviens* anknüpft, ist extrem fragmentiert und zieht den Leser in eine aktive Lektüre. Tunis als Stadt fungiert ähnlich wie bei Meddeb als Raum vor allem der kollektiven Erinnerung zwischen 1960 und 1975.

4.2   Frauenliteratur

Es gibt in Tunesien eine vergleichsweise ausgeprägte Frauenliteratur, vor allem von arabophonen Autorinnen. Beide literarischen Felder, französischsprachige wie arabischsprachige Frauenliteratur, sind eng mit dem Feminismus in Tunesien verbunden.[289] Ein wichtiger Wegbereiter war der Patriot und Gewerkschafter Tahar Haddad (1899-1935) mit seiner Schrift *La femme selon la loi islamique et la société* (1930). Frühe Frauenrechtlerinnen waren Bechira Ben Mrad, Chadliya Bouzguerrou oder Khadija Rabah. Der tunesische *Code du statut de la personne* wurde am 13. August 1956 in Kraft gesetzt und ist dem kemalistischen Modell der Türkei verhaftet. Er kennt keine Polygamie, keine Verstoßung, bestimmt das aktive und passive Wahlrecht für Frauen sowie die Schulpflicht für Mädchen. Ende der neunziger Jahre waren ein Viertel der Erwerbstätigen Frauen, gingen neun von zehn Mädchen im Grundschulalter zur Schule und waren 44% der Studierenden an den tunesischen Hochschulen weiblich.[290] Seit 1978 gab es neben der UNFT (*Union Nationale des Femmes Tunisiennes*) eine autonome Frauenorganisation, die von Ilhem Marzouki gegründete Frauenstudiengruppe Tahar Had-

---

[289] Ilhem Marzouki: *Le mouvement des femmes en Tunisie au XXᵉ siècle*. Paris 1993; Lilya Labidi: *Racines du mouvement des femmes en Tunisie*. Tunis 1990.

[290] Marlyn Touma: „Treffpunkt im Kulturzentrum. Die autonome Frauenbewegung in Tunesien", in: *FR* 24. Oktober 1998, S. ZB5.

dad. 1982 wurde die AFT (*Association des Femmes Tunisiennes*) gegründet und 1989 die ATFD (*Association Tunisienne des Femmes Démocratiques*). Der tunesische Dichter Tahar Bekri bewertet die tunesische Frauenliteratur so:

> Les voix des femmes contribuant à la dynamique de la création littéraire paraissent même plus effectives que dans les deux autres pays du Maghreb: l'Algérie et le Maroc.[291]

Durch die Strömung der *écriture d'urgence* in Algerien hat sich die Gewichtung zugunsten Algeriens seit dieser Feststellung aus dem Jahr 1994 verschoben. An dritter Stelle folgt Marokko, wo erst 1982 eine Autorin einen ersten Roman in französischer Sprache veröffentlichte und wie in Tunesien Parität von frankophoner und arabophoner Frauenliteratur besteht.[292]

In Tunesien brachte die ausgeprägte Frauenliteratur in arabischer Sprache seit den 60er Jahren zunächst viele Novellen, inzwischen zunehmend auch Romane hervor.[293] Im Jahr der Frau 1975 erschienen drei autobiographische Romane von Autorinnen in französischer Sprache: Souad Guellouz' *La vie simple*, Jalila Hafsias *Cendre à l'aube* und Aïcha Chaïbis *Rached*.

Anlässlich Hafsias Roman *Cendre à l'aube*, der die Lebensstationen einer jungen Frau aus dem bürgerlichen Milieu schildert, sprachen Kritiker von Plagiat, Exhibitionismus, andere aber auch von Mut. Bekri betont die „maladresses de style romanesque" (S. 51) in den Texten der drei Pionierinnen. Chaïbis Roman zeigt die Mischehe des arrivistischen Titelhelden, der das Unglück seiner Familie heraufbeschwört und in Europa umherirrt. Guellouz thematisiert ebenfalls den Übergang aus dem traditionellen Milieu in die städtische Moderne wie auch Souad Hedri in *Vie et agonie*. Guellouz' zweiter Roman *Les jardins du nord* (1982) kontrastiert diese Entwicklung in der autobiographischen Perspektive mit kursiv gesetzten Kommentaren mit der Gegenwart und ihren sozialen Praktiken. Interessant als Gegenreaktion sind die antifeministischen Romane männlicher Schriftsteller wie Habib Germazis *L'aveu d'une mourante* (1974) und Lok-Mans *L'esclavage de l'homme* (1971).

Die aktive Rolle der Autorinnen aus der jüdischen Gemeinschaft ist zu betonen. Annie Goldmann (geb. 1931), Soziologin und Ehefrau Lucien Goldmanns, lebt seit 1956 in Paris. Neben dem Roman *Les filles de Mardochée. Histoire d'une émancipation* (1979) verfasste sie mit Janine Gdalia die Studie *Le judaïsme au féminin* (1989). *Les filles de Mardochée* rekonstruiert Frauengeschichte anhand von drei Frauengenerationen, vertreten durch ihre Großmutter, ihre Tante und sie selbst. Sie fügt historische Dokumente aus der Alltagsgeschichte in den Text ein und zeigt die fördernde oder hindernde Rolle, die Väter bei der Emanzipation der Töchter spielen.

---

[291] „De la littérature des femmes en Tunisie", in: *Notre librairie* 118, „Nouvelles écritures féminines", juillet-septembre 1994, S. 48.

[292] Christiane Achour: „Weder Sultanin noch still. Schreibende Frauen aus dem Maghreb" in: *Rowohlt Literaturmagazin* 33, 1994, S. 34-55.

[293] Tahar Bekri: *De la littérature tunisienne et maghrébine et autres textes*. Paris 1999, S. 33-37.

Die Jüdin Katia Rubinstein (geb. 1944), die seit 1956 in Frankreich lebt, wo sie Philosophie unterrichtet, revoltiert in ihrem *Mémoire illettrée d'une fillette d'Afrique du Nord à l'époque coloniale* (1979) gegen die Reinheit der französischen Sprache und verfolgt ihrerseits eine *guerilla linguistique*:

> Ich habe also einen Bericht ohne jeden Respekt für die Syntax und Grammatik der französischen Sprache geschrieben. Selbstverständlich ist meine Haltung gegenüber dem Französischen vollkommen ambivalent, es hat mir ungeheuer Spaß gemacht, sie zu zerstören und zu Boden zu werfen, aber gleichzeitig wünschte ich, eine Art Feier dieser Sprache vorzubereiten, indem ich das bewahrte, was zutiefst meine Identität war, die Öffnung auf einen besonderen sprachlichen Kontext. (Klein 1998: 58)

Die fünf Teile des Textes sind den Lebenskreisen gewidmet, die für die junge Kadem, mit deren kindlicher Stimme und aus deren Perspektive erzählt wird, bedeutsam sind: die Familie im Inneren des Hauses, wo die Geschichten der Mutter das kollektive Gedächtnis noch intakt halten, dann der Hof als Terrain verbotener Spiele, die vor allem um Sexualität kreisen, die Schule, das fremde Paris, wohin sie mit den Eltern emigriert. Die Montagetechnik, in der Rubinstein ihren Text mit *Faits divers*, Reportagen, Presseslogans usw. spickt, erweitert die individuelle Erinnerung um die gesellschaftliche Dimension und beleuchtet das Leben innerhalb der Entkolonisierung- und Exilproblematik.

Wenig signifikant sind Frida Hachemis *Ahlem* (1981), in dem sie das schwere Schicksal und den vergeblichen Kampf der jungen Titelheldin, die nach und nach ihre Illusionen verliert, zeigt und Béhija Gaalouls *Fruits perdus* (1983).

Hélé Béji (geb. 1948) trat 1985 mit ihrem Roman *L'œil du jour* hervor. In dem Text wird zusammen mit persönlicher Freiheit echte Modernität und keine Pseudo-Modernität beansprucht. Damit steht Béji in Nähe zu den Thesen Khatibis über die Beziehung zwischen Orient und Okzident, die im Subjekt koexistieren, die sie auch in ihrer Studie *L'Occident intérieur* (1986) entfaltete. Béji rechnete in ihrem Essay *Désenchantement national* (1982) mit der repressiven Staatsideologie Tunesiens und ihrer Loslösung von der ursprünglichen kulturellen Identität ab. In ihrem Roman, der die besuchsweise Rückkehr aus Paris nach Tunis beschreibt, zeichnet sie die urbanen Milieus, die ihre Authentizität, welche im Text von der Großmutter und ihrer Welt vertreten wird, verlieren, indem sie die wertvolle Tradition dem rapiden Modernisierungsschub opfern.

Béjis *Itinéraire de Paris à Tunis* (1992) – eine Replik auf Chateaubriands Titel *Itinéraire de Paris à Jérusalem* – ist ebenfalls satirisch und kritisiert die aufgesetzte Modernität der städtischen Oberschicht von Tunis.

Alia Mabrouk lebt in Tunesien und ist auch Autorin von Novellen. *L'émir et les croisés, chronique d'Ifriquia* (2003) und *Blés de Dougga* (2005) sind historische Romane über den Sultan El-Mustansir der Hafsidenzeit (1249-1277), der gegen den Heiligen Ludwig und seine Kreuzfahrer, die 1270 in Carthago landeten, den *Djihad* proklamierte und über Ceacilius Metellus, der 295 die Getreidelieferung Carthagos an Rom in Dougga eintrieb.

Faouzia Zouaris *La caravane des chimères* (1989) rekonstruiert als Romanbiographie das außergewöhnliche Leben der Großnichte Lamartines, Valentine de Saint-Point, die nach Ägypten ging und zum Islam konvertierte. Emna Bel Haj Yahias *Chronique frontalière* (1991) erforscht die Möglichkeiten zweier Frauenfiguren am Grenzweg zwischen Modernität und überkommenen Konventionen und Rollenzuschreibungen und zeigt in ihrem ernsten Roman die Frauen bei der Überschreitung von Tabus und der ihnen vorgegebenen Grenzen, zu denen etwa der im Innenhof angelegte Garten gehört. Am Ende proklamiert der Roman auch die Fiktion als Freiraum. Zouari geht in ihrem Roman *Ce pays dont je meurs* (1999), ausgehend von einem tatsächlichen Ereignis im Jahr 1998, dem Schicksal der algerischen Schwestern Amira und Nacéra in Paris nach. Die jüngere der Frauen verhungerte in ihrer Wohnung, in die sie sich völlig zurückzogen. Zouari imaginiert ihre Lebensgeschichte. Die Mutterfigur kann sich an die Sitten in Frankreich nicht anpassen. Sie entstammt einer *Marabut*-Familie und es fällt ihr schwer, ohne Schleier, wie ihr Mann es fordert, aus dem Haus zu gehen. Alle zwei Jahre fahren sie mit teuren Geschenken ins Heimatdorf und malen das Leben in Frankreich in herrlichen Einzelheiten. In Wirklichkeit ist es eine „vie de chien" und die tiefe Erfahrung von „désenchantement" (S. 73), die die Autorin in einer unaufhaltsamen Abwärtsspirale imaginiert: Der Vater erleidet einen tödlichen Arbeitsunfall, die Mutter verdingt sich als Hausangestellte und stirbt schließlich. Der Terror in Algerien versperrt jede Aussicht auf Rückkehr in die Heimat. Die Töchter leben den kulturellen Graben vor allem in der Schule. Die ältere will sich nicht durch Studieren zu weit von der Kultur der Eltern entfernen, die jüngere erfindet sich eine italienische Herkunft und wird anorektisch. Der Text ist sehr sarkastisch und bitter:

> Je voyais, quant à moi, voler en éclat l'illusion que nous caressions de passer pour des gens d'ici. (S. 96)

Der Text argumentiert gegen Scheherazade, für das Sterben (S. 101), nach dem sich die Schwestern sehnen:

> Certes, ils seront [...] scandalisés que nous ayons laissé nos existences dériver doucement, jusqu'à se briser contre les levées bleues des deux rives.[...] Petite sœur, c'est de cette France que tu meurs, comme ma mère est morte de son Algérie. Moi, de l'impossibilité où je fus d'inventer un autre pays. (S. 185)

Sophie El Goulli schreibt auch arabisch und Lyrik. Ihr Roman *Les mystères de Tunis* (1993) lässt das multikulturelle Tunesien während der Kolonialzeit wieder erstehen. Die nostalgische Geschichtsinterpretation (Bekri 1994: 52) wird zur Verurteilung der intoleranten Gegenwart benutzt.

Die sehr produktive jüdische Autorin Nine Moati (geb. 1937) stellt in ihrem Roman *Les belles de Tunis* (1983) die Lebenschicksale dreier Generationen von Frauen daran. Myriam, eine armes Mädchen aus der *Hara* wird von Eugénia Enriquez, einer aus Livorno stammenden reichen Jüdin, aufgenommen, erlebt einen sozialen Aufstieg. Sie versucht das Bildungsniveau im Ghetto zu heben, indem sie mit ihrem Mann eine Schule betreibt. Moati will durch diese Schicksale die Multikulturalität Tunesiens darstellen und ihre judeotunesiche Vergangenheit bewahren, damit:

[...] mes filles puissent retrouver leur passé. Elles se sentent tunisiennes bien que nées à Paris. Ce livre a été important pour cette jeune génération qui a appris à connaître le passé des parents et des grands-parents.[294]

Schon *Mon enfant, ma mère* (1974) zentrierte auf die Mutter-Kind Beziehung. Die folgenden Romane wenden sich anderen Räumen zu. In *L'Orientale* (1985) umgibt sich im Paris des neunzehnten Jahrhunderts eine reiche Erbin mit orientalistischem Flair in ihrem Stadthaus an der *Place Vendôme*, um den orientbegeisterten englischen Maler John Lewis zu verführen. Lucie, die Protagonist von *La maison aux mirages* (2001) reist als Geschäftsfrau im Kontext der Globalisierung nach Südindien, wo sie von dem vergangenen prachtvollen Leben der Jüdinnen in Cochin bezaubert wird.

Die wenigsten Texte tunesischer Autorinnen besitzen prononciert feministische Aussageintentionen. Diese scheinen vielmehr als Errungenschaften selbstverständlich, die Autorinnen stammen meist aus den gehobenen Schichten und schreiben ohne spezielle *Sujet*-Begrenzung (Bekri 1999: 39).

---

[294] *Cahier d'études maghrébines* 4, 1992, S. 65.

5   Die *Beur*-Literatur

Der Begriff *beur* wurde von Nacer Kettane, dem Mitbegründer und Moderator von Radio-Beur, einem freien Pariser Radiosender, unter Rückgriff auf den Artikel in der Tageszeitung *Libération* „Un petit beur et des youyous" von Mustapha Harzoune und Edouard Waintrop im Januar 1982 nicht nur als Namen für den Sender, sondern generell lanciert.[295] *Beur* geht auf das umgangssprachlich unter Einfluss des *Verlan*, in dem die Worte rückwärts gebraucht werden, verballhornte französische Wort *arabe* zurück und ist seit 1986 lexikalisiert.[296] So bezeichnen sich selbst Franzosen mit maghrebinischen Vorfahren bis etwa zur Generation der Großeltern. Obwohl sie nach französischem Recht als in Frankreich Geborene die französische Staatsbürgerschaft besitzen, stellt sich gerade für die nach 1962, also nach dem Erreichen der politischen Unabhängigkeit des Maghreb, geborene maghrebinische zweite oder dritte Einwanderer-Generation in Frankreich die Integrationsproblematik in aller Schärfe.

Das dominante Thema der Romane ist, gebunden an die Form der fiktionalisierten Autobiographie, der Rückblick in die im kulturellen Konfliktfeld durchlebte Kindheit. Dabei wird oft das rassistische Verhalten der fremdenfeindlichen Umgebung angesprochen. Als zweites wird der Versuch beschrieben, sich eine Identität in eben diesem kulturellen Dazwischen zu konstruieren. Die zugleich französische wie maghrebinische Identität der jungen Generation unterscheidet sich fundamental von der noch an eine einzige Referenzkultur gebundenen Identität der Elterngeneration. Dies bedingt dann einen tiefen Konflikt zwischen Tradition auf der einen Seite und Modernisierung auf der anderen.

Der erste, der eingehend die Etikettierung ebenso wie das Phänomen des *roman beur* reflektierte und analysierte, war Michel Laronde.

Nachdem erste testimoniale Texte wie das *Journal de Mohammed* (1973) nach Tonbandaufzeichnungen veröffentlicht wurden, setzte ab 1980 eine Veröffentlichungswelle von Romanen ein. Innerhalb der gesamten *Beur*-Literatur ist parallel zu den Verhältnissen in der maghrebinischen Literatur die Produktion von Frankoalgeriern zahlenmäßig dominant. Zwischen 1977 und 1990 ermittelte Déjeux 26 Romane und Novellenbände von 16 frankoalgerischen Autoren und 4 Autorinnen. Zehn waren in Frankreich geboren, die zehn übrigen in ihrer Kindheit dorthin gekommen.

Der Anteil weiblicher Schriftsteller unter den *Beurs* ist deutlich höher als unter den maghrebinischen Autoren insgesamt. Dabei fließen zwei Tendenzen zu-

---

[295] Michel Laronde: *Autour du roman beur*. Paris 1993, S. 51.

[296] Präzise, doch etwas divergierende Erklärungen liefern Merle und Delorme, auch Leïla Sebbar in *Parle mon fils parle à ta mère*. Nach Laronde ist die von Sebbar vorgebrachte Ableitung „arabe" – „rebeu" – „beur" am plausibelsten. So auch im *Petit Larousse* 1988 (Laronde 1993: 53).

sammen, denn die *Beur*-Literatur und die Frauenliteratur nahmen parallel nach 1980 ihren Aufschwung.

1993 konstatierte Laronde einen Spitzenwert der Publikation im Jahr 1986, in dem allein 7 der gesamten 27 Romane seines Untersuchungszeitraums 1981-1991 erschienen (Laronde 1993: 5).

Laronde bezieht die Bezeichnung *beur* nicht nur ganz strikt auf die kulturelle Zugehörigkeit der Autoren, sondern auch auf den Inhalt der Romane, insofern dieser mit den entsprechenden geohistorischen Variabeln, Figuren und Situationen im Sinne eines „esprit particulier à un milieu à une certaine époque: celui de l'immigré d'origine maghrébine dans la ville française des années 80" (S. 6) arbeitet. Dies gestattet Laronde, mit dem Verweis auf den Titel seiner Studie *Autour du roman beur* Autoren einzubeziehen wie Leïla Sebbar, die keine *Beurette* ist, deren Texte aber die Perspektive des kulturellen Dazwischen im dritten Raum aufgreifen und in ihrer Problematik erweitern, oder einzelne Romane wie Michel Tourniers *La Goutte d'Or* (1985).

Laronde beobachtet bei der Titelgebung der Romane und ihrer Bezüge aufeinander zwei signifikante Tendenzen: eine zur onomastischen Bezeichnung, also zu Eigennamen, die auch Pseudonyme sein können, zu Nominalisierungen mit binären Oppositionen, die ein ‚weder' – ‚noch' beinhalten. Ferner eine Tendenz zu toponymischen Bezeichnungen, also zu Ortsangaben, die entweder strenger geographisch sind, oder auf soziale, psychische oder mythische Platzierungen verweisen (Laronde 1993: 60-74).

Akli Tadjer beschreibt in *Les A.N.I. du Tassili* (1984) auf sehr humorvolle Weise die Reise des jungen Omar, der als Kind von Arbeitsemigranten in Frankreich aufgewachsen ist und zu einem „stage d'adaptation volontaire" nach Algerien fährt. Er schafft mit dem Motiv der Reise ins Land der Eltern ein Muster für viele folgende *Beur*-Romane. Die Assimilation an die noch nie in Reinform gelebte Eigenkultur der Eltern missglückt. Auf der Rückreise an Bord des Schiffes Tassili hat er signifikante Begegnungen mit *Pieds Noirs*, „touristes gaulois" und für die Dritte Welt engagierten jungen Mädchen. In der Konversation enthüllt der Autor humorvoll und voll positiver Selbstaffirmation, was die *Beurs* sind, „les rois de la démerde" und, wie es schon im Titel geführt wird, sind sie A.N.I. „arabes non identifiés":

> J'ai été doté à la naissance d'un chromosome supplémentaire que seul un peuple sur la planète possède. Son nom: ‹500 000 A.N.I.› (S. 23) [...] Ainsi donc un peuple nouveau est apparu sur la terre en les années 1950-1980 de notre ère. Ce peuple porte le nom de son chromosome ‹500 000 A.N.I.› (500 000 correspondant au nombre de cas dépistés et récensés, A.N.I. signifiant Arabes non identifiés. (S. 27)

Sie sind etwas ganz besonderes, was ihnen ihre positive Identität vermittelt:

> Ils ont la redoutable faculté de s'adapter partout où ils se trouvent. Ils investissent tous les endroits que les chants des mosquées condamnent. Ils ont, en l'espace d'une génération, créé leur propre espace culturel, leur propre code, leur propre dialecte. Ils sont beaux. Ils sont forts. Ils savent d'un seul coup d'œil faire la différence entre un vrai et un faux A.N.I. (ibid.)

Mehdi Charefs Roman *Le thé au harem d'Archi Ahmed* (1983) war der erste wirklich bedeutende *Beur*-Roman und wurde besonders durch die sehr gute und mehrfach preisgekrönte Verfilmung bekannt. Der Text zeigte, dass die gängigen Muster der Identitätszuweisung für die jungen Leute nicht mehr zutreffend sind. Allerdings ist er nicht frei von neo-orientalistischen Anklängen (Laronde 1993: 89). *Le Harki de Mériem* (1989) war Charefs zweiter Roman.

Ahmed Kalouaz debütierte mit *L'encre d'un fait divers* (1984). Sein zweiter Roman *Point kilométrique 190* (1986) behandelt die Gewalttat an einem Algerier, der von fünf Fremdenlegionären am Streckenkilometer 190 aus dem Zug Bordeaux-Marseille gestürzt wird. Es folgte *Celui qui regarde le soleil en face* (1987) und *Leçons d'absence* (1991).

Zu nennen sind auch Mohammed Kenzis *La menthe sauvage* (1984), Nacer Kettanes *Le sourire de Brahim* (1985), Kamel Zemouris *Le jardin de l'intrus* (1986) über Kindheit und Jugend der Icherzählers Lamine Djerrar und Medhi Lallaouis *Les beurs de Seine* (1986).

Mustapha Raïth wurde nach langer Haft nach Algerien abgeschoben. Seine *Palpitations intra-muros* (1986) widmete er „A mon frère Bouhlame" und baute Auszüge aus dem Tagebuch von Mouss, der vertrauliche Rufname, mit dem er sich selbst bezeichnet, in die Vorrede ein. Die Identitätskonstruktion findet im Austausch zwischen Mouss, der „ich" schreibt, und Mustapha, den er als „er" bezeichnet, statt. Ort ist das Gefängnis, ein sehr geeigneter Platz, um die Auseinandersetzung mit dem eigenen Spiegel zu vollziehen:

> Car l'incarcération renvoie à la figure de l'orphelin: elle rejette l'Étranger en lui-même, vers le passé de l'adolescence et de l'enfance, vers la famille et vers le nœud de la mère qui est source et objet de la circularité de la déviance sexuelle, moteur de la délinquance. [...] Dans la protection de la cellule carcérale, les masques et les faux-semblants, mécanismes d'esquive de l'identité, vont tout de même tomber un à un. [...] L'identité de l'Étranger se creuse dans l'entre-deux de son Histoire personnelle qui en est l'origine et du présent paranoïaque du discours d'enfermement par l'Autre qui l'annule. (Laronde 1993: 81f.)

Der 1957 geborene Azouz Begag kann als einer der literarisch interessanten und überaus produktiven *Beurs* gelten und wurde als Kind einer nach Lyon ausgewanderten algerischen Familie geboren. Er ist Ökonom und Soziologe am *Centre National de la Recherche Scientifique*, seit kurzem französischer Minister für Chancengleichheit, und hat als Autor von mehr als 30 Büchern mehrere erfolgreiche Romane und Jugend- bzw. Kinderbücher veröffentlicht. *Le gone du Chaâba* (1986) ist stark autobiographisch, denn der Icherzähler trägt den Namen des Autors, und erzählt wie die Liebe zu den Büchern, die ihm die Lehrerin Georgette übermittelt, dem Jungen in einer Lyoner Vorstadt hilft, sich selbst zu finden. In diesem optimistischen Roman wird der soziale Aufstieg als Weg der gelungenen Integration dargestellt. Auch der Roman *Béni ou le paradis privé* (1989) hat deutlich autobiographische Züge. *L'Ilet-aux-vents* (1992), *Les chiens aussi* (1995) und *Zenzela* (1997) sind weitere Romane Begags. *Le marteau pique-cœur* (2004) setzt die Hinwendung zu den Ursprüngen auf weniger optimistische Weise fort, bildet doch der Tod des Vaters den Anlass, diesem alten Mann mit Händen wie aus Zement, der vom Bauern zum Maurer wurde, ein Denkmal zu setzten. Der Körper soll in die Heimat nahe Sétif überführt werden. Auch Erinnerungen an die gescheiterte Ehe mit einer Französin tauchen auf. In Begleitung seiner Tochter entdeckt der Icherzähler den Ort seines Ursprungs und begreift das Exil der Eltern. Als Vater versucht er, der Tochter „sa moitié de culture manquante" erfahrbar zu machen. „L'important est d'être conscient de ses origines", so bringt er es auf eine Formel.

Leïla Sebbar entstammt einer Mischehe und entspricht insofern nicht der restriktiven Definition von *Beur*-Autoren, welche etwa Alec Hargreaves zugrundelegt.[297] Sie ist allerdings die Autorin, die eine Katalysator-Funktion besaß, indem sie sehr früh ihre feministische Orientierung mit der Problematik der *Banlieues* verquickte und viele Romane über die zweite Einwanderergeneration in Frankreich schrieb.[298] Die Frauenporträts in *Fatima ou les Algériennes au square* (1981) sind aus der Perspektive der kleinen Tochter Fatimas vermittelt, die die Erfahrungsberichte ihrer Mutter und anderer algerischer Frauen mithört. Dann folgte eine Serie von Romanen um die Titelfigur von *Shérazade, 17 ans, brune, frisée, les yeux verts* (1982). Der steckbriefartige Titel kompensierte, was an der Figur noch Kontur und Identität suchte und in den folgenden Texten *Les carnets de Shérazade* (1985) und *Le fou de Shérazade* (1991) greifbarer wurde in seiner erfrischenden Sprengkraft herrschender Klischees, bis hin zur klischeehaften Wahrnehmung der Migrationsproblematik. Auch um männliche Protagonisten zentriert werden Integrationsprobleme behandelt wie in dem Roman *J.H. cherche âme sœur* (1987) anhand eines marginalisierten franko-algerischen Freundespaares. *Parle mon fils, parle à ta mère* (1984) und *Le Chinois vert d'Afrique* (1984) loteten ebenfalls die Situation im kulturellen Dazwischen aus. Sebbars Roman *Le silence des rives* (1993) ist einer der besten Texte über die Emigration, das Exil, die Mutter und den Tod.

1986 erschien Farida Belghouls einziger Roman *Georgette!* Die siebenjährige Titelheldin erlebt in einem aus der Linearität der Handlung und Zeitachse gelösten Text den sie in ihrer Identität verunsichernden, stetigen Wechsel zwischen der Schule mit der verhassten Lehrerin und ihren geliebten Eltern. Sie verliert dadurch ihre Wurzeln und ihr Vater, der sie zur Schule geschickt hat, damit sie ihren Namen schreiben lernt, ist ebenfalls völlig verwirrt. Der Text besitzt große literarische Qualität. Der Kunstgriff, die Welt aus den Augen eines scheinbar naiven Kindes zu beschreiben, wird hier nicht realistisch eingesetzt, sondern in die spezifische Sprache zum Ausdruck kindlicher Logik gegossen. In dieser Sprache erscheinen die Diskurse der anderen – wie der Lehrerin oder des Vaters – auf fast absurde Weise dekonstruiert. Es wird ein Plädoyer für Alterität erhoben.

---

[297] *La littérature beur. Un guide bio-bibliographique.* New Orleans 1992.
[298] Charles Bonn: „Romans féminins de l'immigration d'origine maghrébine en France et en Belgique", in: *Notre librairie* 118, 1994, S. 98-107.

Nina Bouraoui (geb. 1967 in Rennes) veröffentlichte mit 23 Jahren ihren ersten Roman *La voyeuse interdite* (1991).[299] Sie benutzt darin eine delirierend-ikonoklastisch-visionäre Sprache, die an Boudjedra und Bourboune anschließt. Ihre Figuren verwandeln durch Lyrismus und phantastische Elemente des Wunderbaren die unerträgliche Mediokrität des Alltags in einen imaginär-poetischen Raum. Die junge Frau, die eingeschlossen im elterlichen Haus die Bruchstücke, die sie von der Außenwelt aufnimmt, in Lebensgeschichten verwandelt und ausschmückt, entwickelt als ‚verhinderte Seherin' das Phantasma der Freiheit für die eingeschlossenen maghrebinischen und arabischen Frauen und kommentiert ihre Demarche, die an das Delirium in Texten Artauds und Batailles erinnert (Abdel-Jaouad 1998: 88):

> Architecture hystérique, projection de mes pensées sur les choses. Ce n'est pas simplement la monotonie du temps qu'il faut abréger mais aussi la monotonie de l'espace. (S. 66)

Die Erzählerin des folgenden Romans *Poing mort* (1992), der ebenfalls in die Bereiche des Makabren vorstößt, ist eine einsame Friedhofswächterin. Mit dieser Funktion der Icherzählerin ist die Anamnese und Therapie der Auseinandersetzung mit der Vergangenheit verbunden. Die ungewöhnlich provokante und zugleich lyrische Schreibweise Bouraouis findet großen Anklang bei den Lesern, was die Verkaufzahlen belegen: von *La voyeuse interdite* (1991) wurden 150.000 Exemplare verkauft, von *Poing mort* (1992) 30.000, *Le bal des murènes* (1996) 12.000, *L'âge blessé* (1998) 12.000, *Jour du séisme* (1999) 8.000, *Garçon manqué* (2000) 17.000.[300] *La vie heureuse* erschien 2002. In abgehackten kurzen Sätzen thematisiert die Icherzählerin die Schwierigkeit, mit einer französischen Mutter eine wirkliche Algerierin zu sein, diese doppelte und gebrochene Identität zu leben: „Je reste une étrangère. Je suis invalide. Ma terre se dérobe. Je reste ici, différente et française" (S. 12). In *Garçon manqué* versucht die Icherzählerin sich als Junge in die männliche Welt einzubinden, weil sie das Phantasma hat, als Mann in Algerien in der Stärke der dunklen anonymen Masse der Männer aufzugehen (S. 37).

Tassadit Imaches *Une fille sans histoire* (1989) verbindet die kollektive Geschichte mit der individuellen Erfahrung der halb-autobiographischen Titelheldin. Der Algerienkrieg hat die den sich bekriegenden Nationen angehörenden, Eltern der Tochter auseinandergebracht. Auch der als Erzählung für Kinder veröffentlichte Text *Le rouge à lèvre* (1988) bezieht sich auf die Vergangenheit und zeigt eine junge Algerierin, die dreißig Jahre nach Kriegsende die begangenen Gräueltaten am Vater der Heldin rächt.

---

[299] Siehe Farida Abu-Haidar: „Le chant morne d'une jeune fille cloîtrée: *La voyeuse interdite* de Nina Bouraoui", in: *Bulletin of Francophone Africa* 3, 1993, S. 56-60 und Rosalia Bivona, „L'interculturalité dans *La voyeuse interdite* de Nina Bouraoui" in: *L'interculturel. Réflexion pluridisciplinaire.* Paris 1995, S. 89-96.
[300] *Le Nouvel Observateur* 1874, 5.10.2000.

Ferrudja Kessas *Beur's Story* (1990) ist in der dritten Person erzählt, doch die antithetischen Freundinnen Malika und Farida spiegeln die Erlebniswelt der *Beurette*.

Djura ist die Tochter eines Arbeitsmigranten und Leadsängerin der Truppe *Djurdjura*, wovon sie ihren *nom de plume* ableitet. Ihre beiden Romane *Le voile du silence* (1990) und *La saison des narcisses* (1993) sind ebenfalls autobiographisch inspiriert. Im ersten Roman wird die Icherzählerin, die den Franzosen Hervé zum Mann genommen hat und von ihm ein Kind erwartet, von ihrem Bruder angegriffen, der auf den Mann schießt. Hier geht es vor allem um einen Aufruf zur Veränderung der Rolle der Frau. Im zweiten Roman werden die eigenen Erinnerungen, etwa an das Heimatdorf Ifigha in der Kabylei, an positive Figuren und die Narzissen als Frühlingsboten, aber auch an die Agression, durch die sie fast ihren Sohn verloren hätte, erweitert und kollektiv perspektiviert durch die Lebensgeschichten und Erinnerungen anderer maghrebinischer Frauen und die Betrachtung des Lebens der Frauen des Propheten. Das Buch der Historikerin Magaly Morsy *Les femmes du prophètes* (1989) stand Pate. Stoßrichtung ist in erster Linie die Kritik an den Verhältnissen in Algerien und weniger die Konzentration auf das Milieu der *Beurs*. Scheherazade und Kahena sind einmal mehr die Modellfiguren. Der Integrismus wird abgelehnt und der ursprüngliche positive Islam betont.

Soraya Ninis *Ils disent que je suis une beurette* (1993) zentriert sich in der Ich-Form, allerdings mit dem vom Namen der Autorin abweichenden Vornamen Samia, auf die Beschreibung des Lebens in Frankreich und der Kollision der beiden Kulturen. Ähnlich zeigt Ferrudja Kessas in *Beur's Story* das Leben von Malika in Le Havre.

Sakinna Boukhedenna *Journal: Nationalité immigré(e)* (1987) ist das Tagebuch einer jungen in Frankreich geborenen Algerierin und beleuchtet die Nähe der *Beur*-Romane zu dieser literarischen Form. Die Aussage ist ideologisch ausgerichtet, die Revolte mündet in eine Teilassimilation an die palästinensische Diaspora.

Eine frankomarokkanische Autorin ist die in Brüssel lebende Leïla Houari (geb. 1958 in Casablanca). Ihr autobiographischer Roman *Zeïda de nulle part* (1985) war der erste signifikante Roman einer *Beurette*. Am Motiv der Reise ins Land der Eltern, nach Marokko, wird die misslingende Einpassung in die Ursprungskultur aufgezeigt. In Konflikt mit den Verboten dieser Kultur tritt das autobiographische weibliche Ich zudem durch den Akt der literarischen Wortergreifung. Houari wendete sich danach der Novelle und dem Theater zu.

Meist parataktische, kurze und teilweise abgebrochene Sätzen zeigen mit dem passagenweisen Wechsel zwischen Ich- und Er-Erzählung die Zerrissenheit des Subjekts an. Zugleich weitet und transzendiert die oft der Natur entnommene Metaphorik die evozierte Welt in die Welt des Traums. Dementsprechend ungenau sind Zeit und Ort des Erzählens. Zeïda folgte als Kind ihrer nach Brüssel emigrierten Familie und versucht, von eigenen Kindheitserinnerungen und den Erzählungen ihrer Mutter angeregt, durch die Rückkehr zu ihren kulturellen

Wurzeln im Süden Marokkos ihre Zerrissenheit zwischen Ursprung und neuer Lebenswelt zu heilen. Die Reintegration des Ich vollzieht sich in zwei Schritten: zunächst taucht das individuelle Ich ins Kollektiv ein; dann resultiert aus der Begegnung mit Watani die Konfrontation mit den in Marokko der Weiblichkeit und ihrem freien Begehren gesetzten Grenzen, wonach Zeïda am Ende ihre multikulturelle Identität annimmt:

> L'exil était et serait toujours son ami, il lui avait appris à chercher ses racines. [...] Rien n'était à justifier, ni ici, ni là-bas, [...] trouver la richesse dans ces crontradictions, la réponse devait être dans le doute et pas ailleurs. (S. 83)[301]

Marokkanischer Abstammung ist auch Antoinette Ben Kerroum-Covlet. *Gardien du seuil* (1988) behandelt das zentrale Thema der Suche nach der kollektiven Erinnerung. Die im Titel bezeichnete Schwelle spiegelt sich in der zweigeteilten Struktur des Romans. Mohammed, Momo genannt, lebt als Immigrant in Nancy in heftigem Konflikt mit seinem Vater, während ein alter Geschichtenerzähler die Erinnerung an die Heimat wach hält; in Teil zwei reist der Sohn nach dem Tod des Vaters auf der Suche nach dem kollektiven Familiengedächtnis, an das er sich anschließen will, nach Marokko.

Hamadi und auch Saïd Mohamed sind ebenfalls marokkanischer Herkunft. Mohamed ist ein in Frankreich aufgewachsener Autodidakt, der mit dem autobiographischen Récit *Un enfant de cœur* (1997) debütierte, dessen Fortsetzung *La honte sur nous* (2000) den *Prix Littéraire Beur FM Méditerranée* erhielt, beschreibt realistisch und mit viel Humor die Rückkehr nach Marokko auf der Suche nach den eigenen Wurzeln und die Begegnung mit dem Vater. Anhand der Welt der Marginalisierten werden die sozialen Ungerechtigkeiten dies- und jenseits des Mittelmeers kritisiert.

Es gab bis 1991 keine Romane tunesischstämmiger *Beurs*. Habib Wardan beschreibt seine Konversion zum Christentum in seinen Mémoiren *La gloire de Peter Pan ou le récit du moine beur*. Sapho, die mehr als Sängerin und Theaterautorin bekannt ist, stellt in ihrem Roman *Ils préféraient la lune* (1987) einen jungen Tunesier aus der zweiten Generation und die identitäre Unsicherheit, in den ihn die Liebe eintauchen lässt, dar.

Für die *Beur*-Literatur generell verzeichnete Laronde wesentliche Strukturelemente: Überwachungsstrukturen oder -einrichtungen im Sinne von Foucaults *Surveiller et punir* dominieren und das Recht zum Schauen ist häufig als die Berechtigung zum überwachend-inquisitorischen Blick aufgefasst. Diese von Laronde als „panoptique" bezeichnete Struktur schlägt sich sinnfällig in der Räumlichkeit von Paris und seiner Peripherie nieder, wobei die *capitale* von ihren *banlieues* ringförmig umschlossen wird. In dieser räumlichen Struktur gibt es soziale, politische und wirtschaftliche Abgrenzungen, die sich auch in der Unterteilung in *zones* abzeichnen, die nach den Himmelsrichtungen eingeteilt wer-

---

[301] Siehe zu Houari Marc Gontard: *Le Moi étrange. Littérature marocaine de langue française.* Paris 1993, S. 179-89. Marta Segarra: *Leur pesant de poudre: romancières francophones du Maghreb.* Paris 1997, S. 179-189.

den. Auch die einzelnen *Cités* stellen mit ihrer Bebauung durch H.L.M. (*Habitations à loyer modéré*) einen geschlossenen, eine Haftsituation suggerierenden Raum dar. Die Isotopie-Opposition zwischen Beton (*béton*) und Schlamm (*boue*) stellt die H.L.M. den *bidonvilles* gegenüber. Oftmals zeigen die Texte einen Prozess der Verfestigung seitens der Immigranten, die sich vom Weichen über ihren Eintritt in das H.L.M. zunehmend dem Festen anpassen. Für die Kinder der Immigranten ist der Übergang vom *Bidonville* in die feste Betonbehausung jedoch oft mit einem Verlust an Freiheit verbunden. Der junge Mohammed in Sebbars *Le Chinois vert d'Afrique* (1984) entkommt dem wieder, indem er in eine Gartenhütte zieht. Die Autoritäten zerstören die weichen *Bidonvilles*. In der Schule wird das Kind der Einwanderer dem System mehr und mehr eingepasst. An staatlich-normativen Praktiken wie Ausweispapieren, erfährt das Kind die Gespaltenheit und Opposition der kulturellen Räume, was Normverletzungen oder Delinquenz, die häufig in den Texten beschrieben werden, nach sich zieht. Auf der Identitätsebene werden die Betroffenen sehr unterschiedlich eingeordnet und ordnen sich selbst sehr unterschiedlich ein. Das Spektrum der Eigenwahrnehmung reicht von weder Franzosen noch Araber bis zu unterschiedlichen Spielarten der Identitätsaffirmation als *Beurs*, die ihre „nationalité immigré" einfordern. Laronde spricht treffend von einer *dialectique de la double exclusion*, die gleichzeitig eine *dialectique de la double appartenance* ist:

> La revendication identitaire est alors de binationalité (Français *et* Algérien, ‹double-nationalités›) ou d'*apatridie* (*ni* Français *ni* Algérien, ‹sans-papiers›) dans le champ politique et de *biculturalisme* (Français *et* Arabe) ou d'*acculturalisme* (*ni* Français *ni* Arabe) dans le champ culturel. (Laronde 1993: 145)

6   *Écritures migrantes*

Die *Beur*-Literatur unterläuft als „discours décentré" (Laronde)[302] scharfe kulturelle wie sprachliche Grenzziehungen. Sie kann aufgrund ihrer Entstehung unter einer erweiterten Perspektive in die Migrationsliteratur einbezogen werden. Sie ist dann eine spezifische Strömung innerhalb der *écritures migrantes*, die aus dem Maghreb hervorgegangen sind.

> Il existe aussi une littérature de Maghrébins écrite *dans* l'immigration par des auteurs vivant depuis longtemps en France (ou en Europe); ils ne se disent pas ou plus émigrés, ni d'ailleurs en ‹exil›. Disons qu'ils sont ‹ailleurs› qu'au pays natal, bien contents d'être en France, en Europe, en Italie, au Québec ou aux États-Unis. (Déjeux 1973: 81)

Den Begriff *écriture migrante*, der hier bevorzugt wird, weil er im Plural nicht nur ganze Migrationsliteraturen, sondern auch individuelle *écritures* benennen kann, prägte 1986 der haitianische Exilschriftsteller Robert Berrouet-Oriol.[303] Die Bezeichnung *littérature d'immigrée*[304] offenbart bei näherer Betrachtung, dass echte Gastarbeiter in der Regel keine Literatur verfassen. In unserer Darstellung wurden die Migranten bisher überwiegend nicht von den im Maghreb lebenden Autoren getrennt. Das geschah, um die Darstellung nicht unnötig zu komplizieren.

Auf der Welt leben laut Hohem Flüchtlingskommissariat der Vereinten Nationen 125 Millionen Menschen nicht dort, wo sie ursprünglich zu Hause waren, darunter 14,5 Millionen Flüchtlinge. Dabei können zwei Varianten der Migrationsliteratur entstehen, die die bequeme Einteilung in Nationalliteraturen in Frage stellen. Einerseits sind das literarische Texte von Personen, die sich vor allem aus wirtschaftlichen Gründen für lange Zeit oder immer in einem fremden Land niedergelassen haben.[305] Es handelt sich demnach nicht nur um eine Literatur, die die Migration zum Gegenstand hat. Die Biographie des Autors definiert sie.[306] Maghrebinische Autoren, die in Frankreich leben wie Ben Jelloun oder Meddeb können demnach als *francomaghrébins* bezeichnet werden. Werner Nell definiert Migrationsliteratur, freilich für die Bundesrepublik Deutschland, als „literarische Texte und Interventionen von Autorinnen und Autoren [...], die in der Bundesrepublik Deutschland bzw. in deutscher Sprache schreiben, gleichwohl aber

---

[302] Michel Laronde: „Stratégies rhétoriques du discours décentré", in: Bonn 1995: 29-39.

[303] „Effet d'exil", in: *Vive versa*.

[304] Arnold Rothe: „Littérature et migration. Les Maghrébins en France, les Turcs en Allemagne", in: Ernstpeter Ruhe (Hg.): *Die Kinder der Immigration. Les enfants de l'immigration.* Würzburg 1999, S. 27-52.

[305] Jean-Marie Grassin: *Littératures émergentes. Emerging Literatures. Actes du XIe Congrès de l'Association Internationale de Littérature Comparée.* Bern et al. 1996. Siehe auch Ian Chambers: *Migration, Kultur, Identität.* Tübingen 1996.

[306] Werner Nell: „Zur Begriffsbestimmung und Funktion einer Literatur von Migranten", in: Nasrin Amirsedghi/Thomas Bleicher (Hg.): *Literatur der Migration.* Mainz 1997, S. 34-48.

Deutsch nicht als Mutter- oder Erstsprache kennengelernt haben" (1999: 35). Er spezifiziert dann weiter, dass diese Autorinnen und Autoren „entweder als politische Flüchtlinge, als Arbeitsemigranten und sonstige Einwanderer oder aber als deren Kinder in die Bundesrepublik Deutschland gekommen sind und die hier nun mehr oder weniger auf Dauer leben. Doch kann der Passbesitz und damit die Staatsangehörigkeit der Autoren kein alleiniges Kriterium sein. Auch das Kriterium, dass in der Migrationsliteratur Fremdheits- und Exilerfahrungen oder interkulturelle Begegnungen und Konflikte dargestellt werden, ist als thematische Eingrenzung oder Schreibintention hinzuzuziehen. Doch der Begriff benennt einen bestimmten sozialen und kulturellen Sachverhalt, beschreibt also nicht nur ein Textkorpus, eine Gruppe von Autoren oder ein Thema, sondern meint ein auf die Kultur zielendes Interaktionsmuster im Sinne einer konstruktivistischen Auffassung von Kultur. Migrantenliteratur kann vier Funktionen erfüllen: 1). die Selbsterhaltung, 2). die Publikumsansprache und Selbstrepräsentation, 3). den Entwurf von Reflexions- und Stimmungsräumen sowie 4). die Arbeit an den Möglichkeiten interkultureller, pragmatischer, träumerischer, poetischer und utopischer Synthesen.

Viele bedeutende maghrebinische Autoren leben oder lebten, wie bei der Lektüre der vorausgehenden Kapitel klar wurde, längere Zeit außerhalb des Maghreb: z.B. Mustapha Tlili, Assia Djebar, Abdelhak Serhane in den USA, Tahar Ben Jelloun, Albert Memmi, J.E. Bencheickh, Tahar Bekri, Nabile Farès in Paris. Hédi Bouraoui, der 1932 in Sfax geborene tunesische Autor, lebte über dreißig Jahre in Québec. Mit dem Beginn seines Gedichts *Racine* formuliert er poetisch, was Migration ist:

Vois comment
s'épanouit mon moi
planté dans le pluriel
écartelé des terres [...][307]

Sein Anliegen zielt darauf, die Toleranz als Königsweg aus allen kulturellen Konflikten aufzuzeigen und die begrenzenden Abschottungen zwischen den Kulturen in Bewegung zu setzen. Sein Roman *L'icônaison* (1985) entfaltet, in den Text inkorporiert, eine Poetik, die durch die „pulvérisation du Nom et du Lieu" zusammen mit den traditionellen Erzählstrukturen die kulturellen Grenzen aufheben will. Wie in den folgenden Romanen *Retour à Thyna* (1996) und *Bangkok Blues* (1994) wird an der Figur des ermordeten oder sich selbst tötenden Autors und schreibenden Globetrotters das kulturelle Grenzgängertum thematisiert. Sein vierter Roman *La pharaone* (1998), eine Replik auf Memmis *Le pharaon*, erschien in Tunis und bindet die formale Gestaltung wie die vorausgehenden Romane – nicht ohne Ironie – sehr eng an die Weltsicht. Held und Erzähler ist Barka Bousiris. Er trifft als bedeutender Wissenschaftler in Ägypten ein. Seine archäologischen Forschungen, die sich zunehmend mit mythologischen, literarischen und ideologischen Sinnebenen bereichern, sollen das Verschwinden der

---

[307] *Europe* 702, „ Littérature de Tunisie", 1987, S. 150.

Nase der Sphinx der Pharaonin Hatschepsout erklären. Er wird zum *poète-voyageur*, der auf einer Reise durchs Land die Vergangenheit der Pharaonen mit der Gegenwart kontaminiert. Bousiris ist wie Bouraoui ein schreibender Professor, ein „trismégiste" mit einem „tronc hannibal, des bras raciniens, et des pieds anglophoniques" (S. 212), der in Kanada lebt. Mit seinem Namen wird auf den Osiris-Mythos verwiesen. Er tötet sich und lässt den Text ebenfalls verstümmelt zurück, so dass eine der anderen Figuren den Roman mit seinen ungleich langen drei Textteilen veröffentlicht. Die Aussagestruktur des Textes selbst ist eine *mise en abyme* der Metapher der Zerstückelung. Die Nase taucht im Text obsessiv auf. Integration der fehlenden Teile und Aufhebung von Parzellierung wird auf menschlicher Ebene von den Romanfiguren vorgelebt: in der Verbindung der jungen Muslimin Imane mit dem christlichen Kopten Aymane über alle kulturellen Gräben leuchtet der Optimismus von Bouraouis Roman und wird in analogen Schicksalen von Randfiguren wie Béchir und Betty reflektiert. Die Ästhetik der Überraschung arbeitet auch auf sprachlicher Ebene, vor allem durch die Bildung von Neologismen. Ähnlich ist der Roman *Ainsi parle la tour CN* (2000) sprachlich konstruiert.[308]

Abdelmajid El Houssi, der in Tunesien geborene Autor des Romans mit dem signifikant die Interkulturalität und Migration betonenden Titel *Des voix dans la traversée* (1999), lebt in Italien. Er ist auch Lyriker und Autor bedeutender Essays z.B. über Camus und das Bild des Maghreb in der französischen Literatur. Sein Roman *Une journée à Palerme* (2004) thematisert ebenfalls die Migration. Der junge Icherzähler verbringt am 12. Oktober 1962, aus Tunis kommend, einen Tag in Palermo. Sein Führer und Initiand ist der arabische Grammatiker, Lexikograph und Dichter Ibn Al-Qatta aus dem 10. Jahrhunderts.

Écritures migrantes bedeutet demnach vom Konzept her, dass die Autoren Texte verfassen, die im *entre-deux* der Kulturen, dem dritten Raum, wie Bhabha ihn definierte, angesiedelt sind.

Das trifft, wie schon Laronde feststellte,[309] bei Sebbar besonders klar zu, in deren Texten das Thema des Exils zentral ist. Zwischen 1983 und 1985 führte sie einen Briefwechsel mit der anglophonen Kanadierin Nancy Huston, die als frankophone Autorin und Essayistin in Paris lebt, über die damit verbundenen Fragen, *Lettres parisiennes, autopsie de l'exil*. Darin sagt Sebbar:

> Pour moi, la fiction c'est la suture qui masque la blessure, l'écart, entre les deux rives. Je suis là, à la croisée, enfin sereine, à ma place, en somme, puisque je suis une croisée qui cherche une filiation et qui écrit dans une lignée [...] C'est dans la fiction que je me sens sujet libre (de père, de mère, de clan, de dogmes...) et forte de la charge de l'exil. (S. 138)

---

[308] Ethel Tolansky: „Hédi Bouraoui: la véritable rencontre de l'Autre", in: *Bulletin of Francophone Africa* 3, 1993, S. 62-71.

[309] „La dialectique identitaire s'en trouve élargie et enrichie: les signifiants se pluralisent en même temps que le signifié s'épaissit." (Laronde 1993: 164)

Sie ist tatsächlich keine *Beurette*, denn sie ist kein Kind von Immigranten, sie ist auch kein Kind französischer Colons in Algerien, keine *Pied-noire*, sie ist nur väterlicherseits Algerierin und hat eine französische Mutter. Ihre Muttersprache ist nicht Arabisch, sie ist auch keine maghrebinische Schriftstellerin französischer Sprache. Diese unbequeme Position resultiert natürlich aus ihrer familiären Herkunft, mit der ihr die kulturelle Bivalenz in die Wiege gelegt wurde. Die Suche nach der multiplen Identität betrifft in ihren Texten auch immer die Geschichte, die eine Geschichte der Vermischung ganzer Völker ist, wobei auch hierfür der bereits angeführte Mohammed aus *Le Chinois vert d'Afrique* ein treffendes Beispiel ist (Laronde 1993: 167). Laronde zeigt in einer beeindruckenden Sequenz seiner Studie, welche Wichtigkeit Sebbar in ihren Texten dem rassischen *flou* beimisst. Dabei tritt auch zutage, wie sehr schon der Orientalismus die geohistorischen Variablen in eine Dialektik von Eigenem und Fremdem einpasste, worin der Neo-Orientalismus, wie Edward Saïd beschrieb, ihn noch mit der Errichtung einer panokzidentalen (die USA einbeziehenden) Perspektive übertrifft (Laronde 1993: 183). Der Orientale selbst, der im Inneren des Okzidents lebt, übernimmt diesen Diskurs, wie die Werke Sebbars kritisch verdeutlichen.

Auch die Romane Tlilis zeigen die Exilerfahrung im Dritten Raum des kulturellen *entre-deux*, denn neben der Bezugskultur des Maghreb, die von den Figuren in schmerzhafter Abwesenheit erlebt wird, sind sie von der französischen Kultur geprägt und befinden sich zugleich geographisch weit entfernt in den USA als Ort des Erzählens. Manhattan ist ein „royaume fou fait de beton, de verre et d'acier, lieu par excellence de l'exil" (*Le bruit dort*, S. 144). Diese Struktur inszeniert die meta-narrative Selbstdarstellung des Erzählens, schlägt sich in der Erzählstruktur nieder, bedingt die Collagetechnik und die variable Fokalisierung mit der aufgebrochene Zeitstruktur. Die Unordnung des erzählenden Bewusstseins generiert eine auf Katastrophen auslaufende Ereigniskette.[310]

Transkulturalität, Kreolisierung und Hybridität sind die Begriffstitel, unter denen die Kulturwissenschaften und die Vertreter der *Post-Colonial-Studies* moderne Kulturen und die darin zu beobachtenden Mischungsphänomene beschreiben.

Zu Beginn der 90er Jahre verstärkte sich aufgrund der gespannten Lage in Algerien die Abwanderung algerischer Schriftsteller ins Ausland. Sehr viele gingen nach Frankreich. Die algerische Romanproduktion der 90er Jahre ist zum wesentlichen Teil Migrationsliteratur, da bekannte Autoren wie Abdelkader Djemaï, Malika Mokeddem, Amin Zaoui oder der Theaterautor Slimane Benaïssa in Frankreich schreiben. Es handelt sich dabei um eine Generation, die Frankreich nicht oder nur teilweise als Kolonialmacht erlebt hat und auch nicht mehr so wahrnimmt. Die Autoren gelten damit in Frankreich wie auch in Algerien selbst als ‚Fremde', was Birgit Mertz-Baumgartners *Ethik und Ästhetik der Migration. Algerische Autorinnen in Frankreich (1988-2003)* zeigt. Sie entwerfen eine Ethik der Alterität und multiplen Identität und stellen damit monovalente Kultur- und Nationenkonzepte in Frage.

---

[310] Marc Gontard, „Mustapha Tlili" in: Bonn/Khadda/Mdarhri-Alaoui 1996: 226-232.

Die *Beurs* sind durch „francité, arabité autre et marginalité de banlieue" ge-kennzeichnet (Mdarhri-Alaoui 1995b: 42), also im ‚sozio-geo-ethnischen Sinn' zu definieren, was für Mdarhri-Alaoui schon ‚an sich interkulturell ist'. Sie füh-len sich überwiegend als Fremde im Land ihrer Eltern, von dem sie nur ein phantasmatisches Bild besitzen und verfolgen das Ziel, ihren Alltag und ihre Lebenssituation in der französischen Gesellschaft zu beschreiben. Demgegenüber besitzen die Migranten eine authentische Lebenserfahrung des Maghreb, haben die Emigration und Immigration bewusst gewählt und erleben ihr „devenir autre", wie der Italo-Quebecer Marco Micone es ausdrückt, in Frankreich oder anderswo. Sie haben kaum Eltern aus der Arbeiterklasse wie die *Beurs* oder eine „marginalité de banlieue". Vor allem ist ihr Algerien-, Marokko- oder Tunesien-bild nicht rein phantasmatisch. Dem zurückgelassenen Heimatland gilt das Hauptinteresse. Allerdings mit der Entscheidung, von Frankreich aus über dieses zu schreiben. Tahar Djaout nannte das „le parti pris de parler à partir de la France".[311]

Sie vertreten eine Ästhetik der interkulturellen Intertextualität, in der sich der Reiz der sogenannten „littératures mineures en langue majeure", zu der auch die maghrebinische Literatur französischer Sprache gezählt werden kann, besonders entfaltet:

> Dès lors, ces littératures dites mineures se soustraient aux forces majeures qui régen-tent, depuis Paris, le bon usage de la langue littéraire, mais tissent avec d'autres cultu-res et d'autres langues des imaginaires et des formes largement irréductibles aux mo-dèles français.[312]

Deleuze und Guattari definierten die „littérature mineure" im soziopolitischen Sinn in *Kafka, pour une littérature mineure* (1975) so:

> Une littérature mineure n'est pas celle d'une langue mineure. Plutôt celle qu'une mi-norité fait dans une langue majeure. (S. 33)

Sie unterstrichen ihren „fort coefficient de déterritorialisation" und betonten, dass „tout y est politique" und „tout prend une valeur collective" (Adjil 1995: 16-18).

Anhand der Biographien der Autoren und vor allem ihren vorgestellten Roma-nen lässt sich über deren Status als Migrationsliteratur nachdenken. Inwieweit können sich aufgrund ihrer geographisch-kulturellen Verankerung die im Aus-land geschriebenen Texte noch als maghrebinische Literatur des *intra-muros* be-griffen werden? Die Migration ist zweifellos neben der kritischen Evaluation der eigenen Geschichte und der Öffnung in den Surrealismus und die Psychoanalyse die Tendenz und der interkulturelle Begegnungsraum, aus der im Maghreb die in-novativen Impulse kommen. Wenn das vormals Vertraute nach und nach zum Fremden wird und das Fremde in die vertraute Welt eindringt, dient die Alterität

---

[311] „Une écriture au ‚beur' noir", in: *Itinéraires et contacts des cultures* 14, 1991, S. 156-158.
[312] Bertrand, Jean-Louis/Gauvin, Lise (Hg.): *Littératures mineures en langue majeure*. Bruxelles et al. 2003.

als Spiegel der Identität und kann zugleich die Dichotomie Maghreb-Frankreich überwinden.

Das Thema des Exils wurde schon seit der Unabhängigkeit der Maghreb-Staaten zunächst vereinzelt von Autoren aufgegriffen und gewann seit den 90er Jahren noch stark an Breite.

Abdellatif Laâbi betont die befreiende Dimension des Exils ex negativo:

> Lorsque l'écrivain du Sud refuse l'exil – ou n'a pas le luxe de se l'offrir – et qu'il doive écrire dans sa périphérie, il sait – sauf s'il se ment à lui-même – qu'il va devoir renoncer, d'une façon ou d'une autre, à cet absolu de liberté, qu'il devra maquiller par des artifices littéraires. [313]

Doch auch Texte, die die kulturelle Fremde und die Begegnung mit ihr als Schock zeichnen, können durchaus Lebenswelten thematisieren, die zwar für den Erzähler oder Protagonisten diese Erfahrung auslösen, für den Autor des Textes jedoch völlig vertraut sind. Das ist der Fall beim fiktiven Paris etwa in Boudjedras *Topographie idéale pour une aggression caractérisée.*

Dib sagt in *L'infante maure* „Je crois qu'on naît partout étranger" (S. 171), während Memmi die produktive und anregende Dimension des Exils betonte:

> L'exil est douloureux, mais par la fabulation, c'est aussi la matrice de notre progrès. C'est vrai que tous ces jeunes maghrébins qui sont arrachés à leur appartenance, ce n'est pas nécessairement mal. Peut-être avec ça ils vont faire quelque chose.[314]

Derselbe Memmi war sicher zu pessimistisch, als er 1969 in seiner *Anthologie des écrivains français du Maghreb* (S. 19) annahm, es würde noch „de longs siècles" dauern, bis der *Métissage* zwischen den Kulturen stattfinde, der durch die Kolonisierung hätte ermöglicht werden können und zu dem Mischehen, Assimilation und Migration beitragen.

---

[313] „L'écriture et le choix des questions", in: *Le Maghreb littéraire* 3, 1998, S. 77-92, hier S. 84.
[314] „Discussions", in: Hornung/Ruhe 1998: 70.

7 Bibliographie

7.1 Literarische Texte

7.1.1 Algerien

ABAHRI, Larbi (1981): *Banderilles et muletta*. Alger: SNED.

ABBÉ POIRET (1980): *Lettres de Barbarie 1785–1786*. Paris: Le Sycomore.

AÏSSA, Salim (1987): *Mimouna*. Alger: Laphomic.

– (1988): *Adel s'emmêle...* Alger: ENAL.

AKKACHE, Ahmed (1973): *L'évasion*. Alger: SNED.

ALI-KHODJA, Jamel (1976): *La mante réligieuse*. Alger: SNED.

ALLOUCHE, Jean-Luc (1983): *Les jours innocents*. Paris: Lieu commun.

ALLOULA, Abdelkader (1989): *Le ciel est serein*. Alger: ENAL.

AMADIS, Saïd (1995): *La loi des incroyants*. Paris: Plon.

AMROUCHE, Taos (1947): *Jacinthe noire*. Paris: Charlot. Rééd. Paris: Maspero 1972.

– (1960): *Rue des tambourins*. Paris: La Table ronde.

– (1975): *L'amant imaginaire*. Paris: Robert Morel.

– (1995): *Solitude ma mère*. Paris: Joëlle Losfeld.

ASSIMA, Fériel (1995): *Une femme à Alger. Chronique du désastre*. Paris: Arléa.

– (1996): *Rhoulem, ou le sexe des anges*. Paris: Arléa.

BACHI, Salim (2001): *Le chien d'Ulysse*. Paris: Gallimard.

– (2003): *La Kahéna*. Paris: Gallimard.

BACHIR, Bayda (1979): *L'oued en crue*. Paris: Éd. du Centenaire.

BELAMRI, Rabah (1982): *Le soleil sous le tamis*. Paris: Publisud.

– (1987): *Regard blessé*. Paris: Gallimard.

– (1989): *L'asile de pierre*. Paris: Gallimard.

– (1992): *Femmes sans visage*. Paris: Gallimard.

BEN, Myriam (1986): *Sabrina, ils t'ont volé ta vie*. Paris: L'Harmattan.

BENAMARA, Khelifa (1985): *La mue*. Alger: ENAL.

BENAYAT, Mohammed (1991): *Freddy la rafale*. Alger: ENAL.

BEN AYCH, Gil (1981): *L'essuie-mains des pieds*. Paris: Gallimard.

– (1982): *Le voyage de mémé*. Paris: Bordas.

– (1986): *Le livre d'Étoile*. Paris: Seuil.

BENCHEIKH, Jamel Eddine (1998): *Rose noire sans parfum*. Paris: Stock.

BEN CHÉRIF, Mohammed (1920): *Ahmed Ben Moustapha, goumier*. Paris: Payot.

BENDAHAN, Blanche (1930): *Mazaltob*. Paris: Du Tambourin.

BEN MANSOUR, Latifa (1990): *Le chant du lys et du basilic*. Paris: J.-C. Lattès.

– (1997): *La prière de la peur*. Paris: La Différence.

– (2001): *L'année de l'éclipse*. Paris: Calman-Lévy.

BENSMAÏA, Reda (1997): *Alger ou la maladie de la mémoire*. Paris: L'Harmattan.

BENSOUSSAN, Albert (1965): *Les Bagnoulis*. Paris: Mercure de France.

– (1973): *La Bréhaigne*. Paris: Denoël.

– (1976): *Frimaldjézar*. Paris: Calman-Lévy.

– (1978): *Au nadir*. Paris: Flammarion.

– (1984): *L'échelle de Mesrod, ou parcours algérien de mémoire juive*. Paris: L'Harmattan.

– (1988): *Le dernier devoir*. Paris: L'Harmattan.

– (1989): *Mirage à trois*. Paris: L'Harmattan.

– (1991): *La marrane ou la confession d'un traître*. Paris: L'Harmattan.

– (1992): *La ville sur les eaux*. Paris: L'Harmattan.

– (1992): *Djebel-Amour, ou l'arche naufragère*. Paris: L'Harmattan.

– (1993): *Une saison à Aigues les Bains*. Paris: Maurice Nadeau.

– (1996a): *Les anges de Sodome*. Paris: Maurice Nadeau.

– (1996b): *Les eaux d'arrière-saison*. Paris: L'Harmattan.

– (1996c): *L'œil de la sultane*. Paris: L'Harmattan.

– (1997): *Le chant silencieux des chouettes*. Paris: L'Harmattan.

– (1999): *Le chemin des aqueducs*. Paris: L'Harmattan.

– (2001): *Pour une poignée de dattes*. Paris: Maurice Nadeau.

BENXAYER, Morrad (2002): *La mosquée*. Paris: Marsa.

BERTRAND, Louis (1899): *Le sang des races*. Paris: Ollendorff.

– (1918): *Saint Augustin*. Paris: Fayard.

– (1930a): *D'Alger la romantique à Fez la mystérieuse*. Paris: Éds. des Portiques.

– (1930b): *Carthage*. Marseilles: Publiroc.

BEY, Maïssa (1996): *Au commencement était la mer...* Paris: Marsa.

BOUABDELLAH, Hassan (1998): *L'insurrection des sauterelles*. Paris: Marsa.

BOUDJEDRA, Rachid (1969): *La répudiation*. Paris: Denoël.

– (1972): *L'insolation*. Paris: Denoël.

– (1975): *Topographie idéale pour une agression caractérisée*. Paris: Denoël.

– (1977): *L'escargot entêté*. Paris: Denoël.

– (1979): *Les 1001 années de la nostalgie*. Paris: Denoël.

– (1981): *Le vainqueur de coupe*. Paris: Denoël.

– (1982): *Le démantèlement*. Paris: Denoël.

– (1985): *La macération*. Paris: Denoël.

– (1987a): *La pluie*. Paris: Denoël.

– (1987b): *La prise de Gibraltar*. Paris: Denoël.

– (1991): *Le désordre des choses*. Paris: Denoël.

– (1994): *Timimoun*. Paris: Denoël.

– (1997): *La vie à l'endroit*. Paris: Grasset.

– (2000): *Fascination*. Paris: Grasset.

– (2003): *Les funérailles*. Paris: Grasset.

BOUMAHDI, Ali (1987): *L'homme-cigogne du Titteri*. Paris: Le Centurion.

BOUNEMEUR, Azzedine (1970): *Le village des asphodèles*. Paris: Laffont.

– (1983): *Les bandits de l'Atlas*. Paris: Gallimard.

– (1985): *Les lions de la nuit*. Paris: Gallimard.

– (1987): *L'Atlas en feu.* Paris: Gallimard.

– (1993): *Cette guerre qui ne dit pas son nom.* Paris: L'Harmattan.

BOURBOUNE, Mourad (1962): *Le mont des genêts.* Paris: Julliard.

– (1968): *Le muezzin.* Paris: Christian Bourgois.

BOUZAHER, Hocine (1967): *Les cinq doigts du jour.* Alger: SNED.

– (1991): *Le sel et la plaie.* Alger: ENAP.

CAMUS, Albert (1942): *L'étranger.* Paris: Gallimard.

– (1957): *L'exil et le royaume.* Paris: Gallimard.

– (1994): *Le premier homme.* Paris: Gallimard.

DAUDET, Alphonse (1872): *Aventures prodigieuses de Tartarin de Tarascon.* Rééd. Paris: Gallimard 1987.

DEBÈCHE, Djamila (1947): *Leïla, jeune fille d'Algérie.* Alger: Impr. Charras.

– (1955): *Aziza.* Alger: Impr. Imbert.

DIB, Djamal (1986a): *La résurrection d'Antar.* Alger: ENAL.

– (1986b): *La saga des djinns.* Alger: ENAL.

– (1989): *L'archipel du Stalag.* Alger: ENAL.

DIB, Mohammed (1952): *La grande maison.* Paris: Seuil.

– (1954): *L'incendie.* Paris: Seuil.

– (1957): *Le métier à tisser.* Paris: Seuil.

– (1959): *Un été africain.* Paris: Seuil.

– (1962): *Qui se souvient de la mer*: Paris: Seuil.

– (1964): *Cours sur la rive sauvage.* Paris: Seuil.

– (1968): *La danse du roi.* Paris: Seuil.

– (1970): *Dieu en Barbarie.* Paris: Seuil.

– (1973): *Le maître de chasse.* Paris: Seuil.

– (1977): *Habel.* Paris: Seuil.

– (1985): *Les terrasses d'Orsol.* Paris: Sindbad.

– (1989): *Le sommeil d'Ève.* Paris: Sindbad.

– (1990): *Neiges de marbre.* Paris: Sindbad.

– (1992): *Le désert sans détour.* Paris: Sindbad.

– (1994): *L'infante maure.* Paris: Albin Michel.

– (1998): *Si diable veut.* Paris: Albin Michel.

– (2001): *Comme un bruit d'abeilles.* Paris: Albin Michel.

– (2003a): *L.A. Trip: roman en vers.* Paris: Éd. de la Différence.

– (2003b): *Simorgh.* Paris: Albin Michel.

DJABALI, Hawa (1983): *Agave.* Paris: Publisud.

DJAOUT, Tahar (1981): *L'exproprié.* Alger: SNED.

– (1984): *Les chercheurs d'os.* Paris: Seuil.

– (1987): *L'invention du désert.* Paris: Seuil.

– (1991): *Les vigiles.* Paris: Seuil.

– (1999): *Le dernier été de la raison.* Paris: Seuil.

DJEBAR, Assia (1957): *La soif.* Paris: Julliard.

– (1958): *Les impatients.* Paris: Julliard.

– (1962): *Les enfants du nouveau monde.* Paris: Julliard.

– (1967): *Les alouëttes naïves*. Paris: Julliard.

– (1985): *L'amour, la fantasia*. Paris: Lattès.

– (1987): *Ombre sultane*. Paris: Lattès.

– (1991): *Loin de Médine. Filles d'Ismaël*. Paris: Albin Michel.

– (1995): *Le blanc de l'Algérie*. Paris: Albin Michel.

– (1997): *Les nuits de Strasbourg*. Arles: Actes Sud.

– (2002): *La femme sans sepulture*. Paris: Albin Michel.

– (2003a): *En terre obscure*. Paris: Albin Michel.

– (2003b): *La disparition de la langue française*. Paris: Albin Michel.

DJEMAÏ, Abdelkader (1986): *Saison des pierres*. Alger: ENAL.

– (1995): *Un été de cendres*. Paris: Michalon.

– (1996): *Sable rouge*. Paris: Michalon.

– (1998): *31, rue de l'aigle*. Paris: Michalon.

– (1999): *Mémoires de nègre*. Paris: Michalon.

DJURA (1990): *Le voile du silence*. Paris: Michel Lafon.

– (1993): *La saison des narcisses*. Paris: Michel Lafon.

FARÈS, Nabile (1970): *Yahia, pas de chance*. Paris: Seuil.

– (1971): *Un passager de l'Occident*. Paris: Seuil.

– (1972): *Le champ des oliviers*. Paris: Seuil.

– (1974a): *L'exil et le désarroi*. Paris: Seuil.

– (1974b): *Mémoire de l'absent*. Paris: Seuil.

– (1980): *La mort de Salah Baye ou la vie obscure d'un maghrébin*. Paris: L'Harmattan.

– (1994): *Le miroir de Cordoue*. Paris: L'Harmattan.

FAVRE, Lucienne (1944): *Mourad*. Paris: Denoël.

FELLAH, Salah (1967): *Les barbelés de l'existence*. Alger: SNED.

FERAOUN, Mouloud (1950): *Le fils du pauvre*. Le Puy: Cahiers du Nouvel Humanisme; Paris: Seuil 1954.

– (1953): *La terre et le sang*. Paris: Seuil.

– (1957): *Les chemins qui montent*. Paris: Seuil.

– (1962): *Journal. 1955-1962*. Paris: Seuil.

FROMENTIN, Eugène (1857): *Un été dans le Sahara*. Paris: Lévy. Rééd. Paris: Le Sycomore 1981.

– (1859): *Une année dans le Sahel*. Paris: Lévy.

GAUTIER, Théophile (1863): *Scènes d'Afrique*. Rééd. *Impressions d'Afrique du Nord*. Paris 1999.

– (1845): *Voyage pittoresque en Algérie*. Rééd. Paris: La Boîte à Documents 1997.

HADDAD, Malek (1958): *La dernière impression*. Paris: Julliard.

– (1959): *Je t'offrirai une gazelle*. Paris: Julliard.

– (1960): *L'élève et la leçon*. Paris: Julliard.

– (1961): *Le Quai aux fleurs ne répond plus*. Paris: Julliard.

HADJ-HAMOU, Abdelkader (1925): *Zohra, la femme du mineur*. Paris: Éds. du monde moderne.

HAMMADOU, Ghania (1997): *Le premier jour d'éternité*. Paris: Marsa.

HELLER, Maximilienne (1923): *La mer rouge*. Paris: Grasset.

HOUFANI BERFAS, Zahira (1986a): *Les pirates du désert*. Alger: ENAL.

– (1986b): *Le portrait du disparu*. Alger: ENAL.

IMACHE, Tassadit (1989): *Une fille sans histoire*. Paris: Calmann-Lévy.

– (1995): *Le dromadaire de Bonaparte*. Arles: Actes Sud.

– (1998): *Je veux rentrer*. Arles: Actes Sud.

KACIMI, Mohamed (1995): *Le jour dernier*. Paris: Stock.

KARIM, Rahima (2002): *Le meutre de Sonia Zaid*. Paris: Marsa.

KATEB, Yacine (1956): *Nedjma*. Paris: Seuil.

– (1966): *Le polygône étoilé*. Paris: Seuil.

KETTANE, Nacer (1985): *Le sourire de Brahim*. Paris: Denoël.

KHADER, Youcef (1970a): *Délivrez la Fidayia!* Alger: SNED.

– (1970b): *Halte au plan ‹Terreur›*. Alger: SNED.

– (1970c): *Pas de ‹Phantoms› pour Tel Aviv*. Alger: SNED.

– (1970d): *La vengeance passe par Ghaza*. Alger: SNED.

– (1972a): *Les bourreaux meurent aussi...* Alger: SNED.

– (1972b): *Quand les panthères attaquent...* Alger: SNED.

KHADRA, Yasmina (1990): *Le dingue au bistouri*. Alger: Laphomic.

– (1993): *La foire des enfoirés*. Alger: Laphomic.

– (1997a): *Double blanc*. Paris: Baleine.

– (1997b): *Morituri*. Paris: Baleine.

– (1998a): *Les agneaux du Seigneur*. Paris: Julliard.

– (1998b): *L'automne des chimères*. Paris: Baleine.

– (1999): *À quoi rêvent les loups*. Paris: Julliard.

– (2001): *L'écrivain*. Paris: Julliard.

– (2002a): *Les hirondelles de Kaboul*. Paris: Julliard.

– (2002b): *L'imposture des mots*. Paris: Julliard.

– (2003): *Cousine K*. Paris: Julliard.

– (2004): *La part des morts*. Paris: Julliard.

KHELLADI, Aïssa (1997): *Peurs et mensonges*. Paris: Seuil.

– (1998): *Rose d'abîme*. Paris: Seuil.

KHODJA, Chukri (1928): *Mamoun, l'ébauche d'un idéal*. Paris: Éds. Radot.

KRÉA, Henri (1957): *La révolution et la poésie sont une seule et même chose*. Paris: Oswald.

– (1958): *Le séisme*. Paris: Oswald.

– (1964): *Désespoir des causes, exigences politiques*. Paris: L'Astrolabe.

– (1961): *Djamal*. Paris: Calman-Lévy.

– (1957): *La révolution et la poésie sont une seule et même chose*. Paris: Calman-Lévy.

LAMRANI, Abdelaziz (1973): *D. contre-attaque*. Alger: SNED.

– (1980): *Piège à Tel Aviv*. Alger: SNED.

LEMSINE, Aïcha (1976): *La chrysalide. Croniques algériennes*. Paris: Éds. des femmes.

– (1978): *Ciel de porphyre*. Paris: Simoën.

MAMMERI, Mouloud (1952): *La colline oubliée*. Paris: Plon.

– (1955): *Le sommeil du juste*. Paris: Plon.

– (1965): *L'opium et le bâton*. Paris: Plon.

– (1982): *La traversée*. Paris: Plon.

MAROUANE, Leïla (1996): *La fille de la Casbah*. Paris: Julliard.

– (1999): *Ravisseur*. Paris: Julliard.

– (2001): *Le châtiment des hypocrites*. Paris: Seuil.

MAUPASSANT, Guy de (1884): *Au soleil*. Paris: Miss Harriet & Les Sœurs Rondoli. Rééd. *Écrits sur le Maghreb*. Paris: Minerve 1988.

MECHAKRA, Yasmina (1979): *La grotte éclatée*. Alger: SNED.

METREF, Arezki (1996): *Quartiers consignés*. Paris: Marsa.

MIMOUNI, Rachid (1978): *Le printemps n'en sera que plus beau*. Alger: SNED.

– (1982): *Le fleuve détournée*. Paris: Laffont.

– (1983): *Une paix à vivre*. Alger: ENAL.

– (1991): *Une peine à vivre*. Paris: Stock.

– (1984): *Tombéza*. Paris: Laffont.

– (1989): *L'honneur de la tribu*. Paris: Laffont.

– (1993): *La malédiction*. Paris: Stock.

MOKEDDEM, Malika (1990): *Les hommes qui marchent*. Paris: Ramsay.

– (1992): *Le siècle des sauterelles*. Paris: Ramsay.

– (1993): *L'interdite*. Paris: Grasset.

– (1995): *Des rêves et des assassins*. Paris: Grasset.

– (1999): *La nuit de la lézarde*. Paris: Grasset.

– (2001): *N'zid*. Paris: Seuil.

– (2003): *La transe des insoumis*. Paris: Grasset.

MOULESSEHOUL, Mohammed (1984): *Amen!*. Paris: La Pensée universelle.

– (1986): *El-Kahira, cellule de la mort*. Alger: ENAL.

– (1988): *De l'autre côté de la ville*. Paris: L'Harmattan.

– (1989): *Le privilège du phénix*. Alger: ENAL.

OUARY, Malek (1956): *Le grain dans la meule*. Paris: Buchet-Chastel.

– (1981): *La montagne aux chacals*. Paris: Garnier.

OULD CHEIKH, Mohammed (1936): *Myriem dans les palmes*. Oran: Plaza.

PÉLÉGRI, Jean (1959): *Les oliviers de la justice*. Paris: Gallimard.

– (1963): *Le Maboul*. Paris: Gallimard.

– (1989): *Ma mère l'Algérie*. Arles: Actes Sud.

RANDAU, Robert/LÉVY, Sadia (1902): *Rabbin*. Paris: Harvard.

RHAÏSS, Elissa (1921): *Les Juifs ou la fille d'Eléazar*. Paris.

– (1922): *La fille des pachas*. Paris: Plon.

– (1924): *La fille du douar*. Paris: Plon.

– (1925): *L'andalouse*. Paris: Fayard.

– (1928): *Le sein blanc*. Paris: Flammarion.

RAÏTH, Mustapha (1986): *Palpitations intra-muros*. Paris: L'Harmattan.

ROBLÈS, Emmanuel (1938): *L'action*. Alger. Rééd. Paris: Seuil 1997.

– (1948): *Les hauteurs de la ville*. Paris: Seuil.

– (1954): *Federica*. Paris: Seuil.

– (1961): *La Vésuve*. Paris: Seuil.

ROY, Jules (1957): *Le fleuve rouge*. Paris: Julliard.

– (1959): *Les belles croisades*. Paris: Julliard.

– (1968a): *Les chevaux du soleil*. Paris: Grasset.

– (1968b): *Une femme au nom d'Étoile*. Paris: Grasset.

– (1969): *Les cerises d'Icherridene*. Paris: Grasset.

– (1970): *Le maître de la Mitidja*. Paris: Grasset.

– (1972a): *J'accuse le Général Massu*. Paris: Seuil.

– (1972b): *Les âmes interdites*. Paris: Grasset.

SAADI, Noureddine (1996): *Dieu-le-Fit*. Paris: Albin Michel.

– (2000): *La maison de lumière*. Paris: Albin Michel.

SANSAL, Boualem (1999): *Le serment des barbares*. Paris: Gallimard.

– (2000): *L'enfant fou de l'arbre creux*. Paris: Gallimard.

SKIF, Hamid (1999): *La princesse et le clown*. Paris: Éds. 00h00.com.

SOUAÏDIA, Habib (2001): *La sale guerre*. Paris: Éds. La Découverte.

TENGOUR, Habib (1976): *Tapapakitaques – La poésie-île*. Paris: J.P. Oswald.

– (1983): *Le vieux de la montagne*. Paris: Sindbad.

– (1985): *Sultan Gali**è**v ou la rupture des stocks*. Paris: Sindbad.

– (1990): *L'épreuve de l'arc*. Paris: Sindbad.

– (1997): *Gens de Mosta*. Arles: Actes Sud.

– (2001): *Le poisson de Moïse*. Paris: Paris-Méditérranée/Alger: EDIF.

TOUATI, Fettouma (1984): *Le Printemps désespéré. Vies d'algériennes*. Paris: L'Harmattan.

TRUPHÉMUS, Albert (1935): *Ferhat, instituteur indigène*. Rééd. in Dugas 1997.

ZAOUI, Amin (1998a): *Sommeil du mimosa, suivi de Sonate des loups*. Paris: Le serpent à plumes.

– (1998b): *La soumission*. Paris: Le serpent à plumes.

– (1999): *La razzia*. Paris: Le serpent à plumes.

– (2002): *Haras de femme*. Paris: Le serpent à plumes.

– (2005): *Les gens du parfum*. Paris: Le serpent à plumes.

ZEMOURI, Kamal (1986): *Le jardin de l'intrus*. Alger: ENAL.

ZENATI, Rabah (1945): *Bou-el-Nouar, le jeune algérien*. Alger: La maison des livres.

ZINAÏ-KOUDIL, Hafsa (1984): *La fin d'un rêve*. Alger: ENAL.

– (1986): *Le pari perdu*. Alger: ENAL.

– (1992): *Le passé décomposé*. Alger: ENAL.

– (1997): *Sans voix*. Paris: Plon.

7.1.2 Marokko

ATTAFI, Abdellatif (1995): *Le rocher perdu*. Casablanca: Eddif.

AZAMI-TAWIL, Bouthaïna (1998): *La mémoire des temps*. Paris: L'Harmattan.

– (2001): *Étreintes*. Paris: L'Harmattan.

– (2004): *Le cénacle des solitudes*. Paris: L'Harmattan.

BAHECHAR, Souad (2000): *Ni fleurs ni couronnes*. Casablanca: Le Fennec.

– (2005): *Le concert des cloches*. Casablanca: Le Fennec.

BEL HACHMY, Abdelkader (1960): *Thourya ou le roman inachevé*. Tanger: Éds. internationales.

BÉNABOU, Marcel (1986): *Pourquoi je n'ai écrit aucun de mes livres*. Paris: Hachette.

– (1992): *Jette ce livre avant qu'il soit trop tard*. Paris: Seghers.

– (1995). *Jacob, Ménahem et Mimoun. Une épopée familiale*. Paris: Seuil.

BENAZOUZ, Abdelmajid (1932): *Mosaïques ternies*. Paris: Éd. de la Revue Mondiale.

BENCHEKROUN, Siham (1999): *Oser vivre*. Casablanca: Eddif.

BENCHEMSI, Rajae (2003): *Marrakech, lumière d'exil*. Paris: Sabine Wespieser.

BENHADDOU, Halima (1982): *Aïcha, la rebelle*. Paris: Jeune Afrique.

BEN JELLOUN, Tahar (1973): *Harrouda*. Paris: Denoël.

– (1976): *La réclusion solitaire*. Paris: Denoël.

– (1978): *Moha le fou, Moha le sage*. Paris: Seuil.

– (1981): *La prière de l'absent*. Paris: Seuil.

– (1983): *L'écrivain public*. Paris: Seuil.

– (1985): *L'enfant de sable*. Paris: Seuil.

– (1987): *La nuit sacrée*. Paris: Seuil.

– (1990): *Jour de silence à Tanger*. Paris: Seuil.

– (1991a): *La remontée des cendres*. Paris: Seuil.

– (1991b): *Les yeux baissés*. Paris: Seuil.

– (1994a): *L'homme rompu*. Paris: Seuil.

– (1994b): *La soudure fraternelle*. Paris: Arléa.

– (1996): *Les raisins de la galère*. Paris: Fayard.

– (1997): *La nuit de l'erreur*. Paris: Seuil.

– (1998): *Le racisme expliqué à ma fille*. Paris: Seuil.

– (1999): *L'auberge des pauvres*. Paris: Seuil.

– (2001): *Cette aveuglante absence de lumière*. Paris: Seuil.

– (2004): *Le dernier ami*. Paris: Seuil.

BEN KEROUM-COWLET, Antoinette (1988): *Gardien du seuil*. Paris: L'Harmattan.

BERTRAND, Louis (1930): *D'Alger la romantique à Fez la mystérieuse*. Paris: Éds. des Portiques.

BINEBINE, Mahi (2004): *Terre d'ombre brulée*. Casablanca: Le Fennec.

BOISSIER, Raymond (1930): *Dans Marrakech la rouge*. Paris: Omnès et Cie.

BONJEAN, François (1939): *Confidences d'une fille de la nuit*. Paris: Éds. du Sablier.

– (1947): *Reine Iza amoureuse*. Paris: Éds. du Milieu du Monde.

– (1950): *Le Maroc en roulotte*. Paris: Hachette.

BORDEAUX, Henri (1932): *La revenante*. Paris: Plon.

BOUCETTA, Fatiha (1991): *Anissa captive*. Casablanca: Eddif.

CHAFIK, Nadia (1995): *Filles du vent*. Paris: L'Harmattan.

– (1998): *Le secret des djinns*. Casablanca: Eddif.

– (2000): *A l'ombre de Jugurtha*. Casablanca: Eddif/Paris: Paris Méditerranée.

CHAMI-KETTANI, Yasmine (2002): *Cérémonie*. Arles: Actes Sud.

CHARHADI, Driss Ben Hamed (1965): *Une vie pleine de trous*. Paris: Gallimard.

CHARMES, Gabriel (1887): *Une ambassade au Maroc*. Paris: Calman-Lévy.

CHIMENTI, Elisa (1958): *Au cœur du harem, roman marocain*. Paris: Le Scorpion.

CHNIBER, Mohamed Ghazi (1988): *Les murmures de la palmeraie*. Paris: L'Harmattan.

CHOUKRI, Mohammed (1980): *Le pain nu*. Paris: Maspero.

CHRAÏBI, Driss (1954): *Le passé simple*. Paris: Denoël.

– (1955): *Les boucs*. Paris: Denoël.

– (1956): *L'âne*. Paris: Denoël.

– (1961): *La foule*. Paris: Denoël.

– (1962): *Succession ouverte*. Paris: Denoël.

– (1967): *Un ami viendra vous voir*. Paris: Denoël.

– (1972): *La civilisation, ma mère!...* Paris: Denoël.

– (1975): *Mort au Canada*. Paris: Denoël.

– (1981): *Une enquête au pays*. Paris: Seuil.

– (1982): *La mère du printemps (L'Oum-er-Bia)*. Paris: Seuil.

– (1986a): *D'autres voix*. Mohammedia: Éd. Soden.

– (1986b): *Naissance à l'aube*. Paris: Seuil.

– (1991): *L'Inspecteur Ali*. Paris: Denoël.

– (1992): *Les aventures de l'âne Khâl*. Paris: Seuil.

– (1993): *Une place au soleil*. Paris: Denoël.

– (1995): *L'homme du livre*. Paris: Balland.

– (1996): *L'Inspecteur Ali au Trinity College*. Paris: Denoël.

– (1997): *L'Inspecteur Ali et la C.I.A.* Paris: Denoël.

– (2004): *L'homme qui venait du passé*. Paris: Denoël.

DARMON, Paule (1980): *Baisse les yeux, Sarah*. Paris: Grasset.

DELANOË, Nelcya (1989): *La femme de Mazagan*. Paris: Seghers.

D'ESME, Jean (1952): *Bournazel, l'homme rouge*. Paris: Flammarion.

DIOURI, Farida (2000): *Dans tes yeux, la flamme infernale*. Paris: L'Harmattan.

DROIN, Alfred (1914): *Du sang sur la mosquée*. Paris: Charpentier.

DUMAS, Alexandre (1990): *Le Véloce ou de Cadix à Tunis*. Paris: Éd. François Bourin/Julliard.

EL HANY MOURAD, Farida (1985): *La fille aux pieds nus*. Casablanca: Impr. Eddar el Beïda.

– (1991a): *Ma femme, ce démon angélique*. Casablanca: Impr. Eddar el Beïda.

– (1991b): *Faites parler le cadavre*. Casablanca: Impr. Eddar el Beïda.

EL MALEH, Amran (1980): *Parcours immobile*. Paris: Maspero.

– (1983): *Aïlen ou la nuit du récit*. Paris: La Découverte.

– (1986): *Mille ans, un jour*. Paris: La Pensée sauvage.

– (1990): *Le retour d'Abou El Haki*. Paris: La Pensée sauvage.

FOUCAULD, Charles de (1998): *Reconnaissances au Maroc (1883-1884)*. Paris: L'Harmattan.

FRAGER, Marcel (1924): *La ville neuve. Odyssee d'un écumeur*. Paris: Ollendorf.

HADJ NASSER, Badia (1985): *Le voile mis à nu*. Paris: Arcantère.

HELLER, Maximilienne (1927): *Les hommes de proie*. Paris: Flasquelle.

JAY, Salim (1979): *La semaine où Mme Simone eut cent ans*. Paris: Éd. de la Différence.

– (1981): *Le fou de lecture et les quarante romans*. Paris: Éd. Confrontation.

– (1982): *Tu seras Nabab, mon fils*. Paris: Éd. Rupture.

– (1985): *Portrait du géniteur en poète officiel*. Paris: Denoël.

KHAÏR-EDDINE, Mohammed (1964): *Nausée noire*. London: Siècles à mains.

– (1967): *Agadir*. Paris: Seuil.

– (1968): *Corps négatif, suivi de Histoire d'un bon dieu*. Paris: Seuil.

– (1969): *Soleil arachnide*. Paris: Seuil.

– (1970): *Moi, l'aigre*. Paris: Seuil.

– (1973): *Le déterreur*. Paris: Seuil.

– (1975): *Ce Maroc!*. Paris: Seuil.

– (1976): *Une odeur de mantèque*. Paris: Seuil.

– (1978): *Une vie, un rêve, un peuple toujours errants*. Paris: Seuil.

– (1984): *Légende et vie d'Agoun'chich*. Paris: Seuil.

– (2002): *Il était une fois un vieux couple heureux*. Paris: Seuil.

KHATIBI, Abdelkébir (1971): *La mèmoire tatouée*. Paris: Denoël.

– (1979): *Le livre du sang*. Paris: Gallimard.

– (1986): *Amour bilingue*. Montpellier: Fata Morgana.

– (1990): *Un été à Stockholm*. Paris: Flammarion.

– (1993): *Triptyque de Rabat*. Paris: N. Blandin.

– (2003): *Pèlerinage d'un artiste amoureux*. Paris: Éds. du Rocher.

KHORAT, Pierre (1912): *En colonne au cœur du Maroc*. Paris: Perrin.

– (1914): *Scène de la pacification marocaine*. Paris: Perrin.

KILITO, Abdelfattah (1995): *La querelle des images*. Casablanca: Eddif.

LAABI, Abdellatif (1969): *L'œil et la nuit*. Rabat: Éds. Atlantes.

– (1982): *Le chemin des ordalies*. Paris: Denoël.

– (1989): *Les rides du lion*. Paris: Messidor.

– (2002): *Le fond de la jarre*. Paris: Gallimard.

LAABI, Jocelyne (2004): *La liqueur d'aloès*. Rabat: Éds. Marsam.

LAHBABI, Mohammed-Aziz (1972): *Espoir vagabond*. Blanville-sur-Mer: L'Amitié par le livre.

LAMRINI, Rida (1999): *Les puissants de Casablanca*. Rabat: Éds. Marsam.

– (2000): *Les rapaces de Casablanca*. Rabat: Éds. Marsam.

LAROUI, Fouad (1996): *Les dents du topographe*. Paris: Julliard.

– (1998): *De quel amour blessé*. Paris: Julliard.

– (1999): *Méfiez-vous des parachutistes*. Paris: Julliard.

– (2003): *La fin tragique de Philomène Tralala*. Paris: Julliard.

LEGLAY, Maurice (1921): *Badda, fille berbère*. Paris: Plon.

– (1923): *Itto. Récit marocain d'amour et de bataille*. Paris: Plon.

LENS, Aline de (1919): *Le harem entr'ouvert*. Paris: Calman-Lévy.

– (1922): *Derrière les vieux murs en ruines. Roman marocain*. Paris: Calman-Lévy.

LOTI, Pierre (1988): *Au Maroc*. Paris: La Boîte à Documents.

LYAUTEY, Henry (1927): *Paroles d'action*. Paris: A. Colin.

MRABET, Mohammed (1972): *L'Amour pour quelques cheveux*. Paris: Gallimard.

–/YACOUBI, Ahmed/LAYACHI, Larbi/BOULAICH, Abdeslam/CHOUKRI, Mohammed (1989): *Cinq regards*. Paris: Christian Bourgois.

NEDALI, Mohamed (2004): *Grâce à Jean de La Fontaine*. Casablanca: Le Fennec.

NOLLY, Émile (1912): *Gens de guerre au Maroc*. Paris: Calman-Lévy.

– (1916): *Le conquérant. Journal d'un indésirable au Maroc*. Paris: Calman-Lévy.

OULEHRI, Touria (2001): *La répudiée*. Casablanca: Afrique-Orient.

OUMASSINE, Damia (1998): *L'arganier des femmes égarées*. Casablanca: Le Fennec.

OUSSAÏD, Brick (1984): *Les coquelicots de l'Oriental*. Paris: La Dévouverte.

RHAÏSS, Elissa (1919): *Saâda la Marocaine*. Paris: Plon.

– (1925): *L'Andalouse*. Paris: Fayard.

SBAÏ, Noufissa (1987): *L'enfant endormi*. Rabat: Édino.

SEFRIOUI, Ahmed (1954): *La boîte à merveilles*. Paris: Seuil.

– (1973): *La maison de servitude*. Alger: SNED.

SERHANE, Abdelhak (1983): *Messaouda*. Paris: Seuil.

– (1986): *Les enfants des rues étroites*. Paris: Seuil.

– (1992a): *La nuit du secret*. Paris: Atelier des Grames.

– (1992b): *Le soleil des obscurs*. Paris: Seuil.

– (1998): *Le deuil des chiens*. Paris: Seuil.

– (2002): *Les temps noirs*. Paris: Seuil.

– (2004): *Kabazal, les emmurés de Tazmamart. Mémoires de Salah et Aïda Hachad*. Casablanca: Tarik Éds.

THARAUD, Jean et Jérôme (1919): *Rabat ou les heures marocaines*. Paris: Plon.

– (1920): *Marrakech ou les seigneurs de l'Atlas*. Paris: Plon.

– (1930): *Fez ou les bourgeois de l'Islam*. Paris: Plon.

TRABELSI, Bahaa (1995): *Une femme tout simplement*. Casablanca: Eddif.

– (2000): *Une vie à trois*. Casablanca: Eddif.

– (2004): *Slim, les femmes, la mort*. Casablanca: Eddif.

WAFDI, Abderrahim (2001): *Dérive à Casablanca*. Casablanca: Afrique-Orient.

YACOUBI, Rachida (1995): *Ma vie, mon cri*. Casablanca: Eddif.

7.1.3 Tunesien

ABASSI, Ali (1996): *Tirza*. Paris: Joëlle Losfeld/Tunis: Cérès.
– (1999): *Voix barbares*. Tunis: Éds. Sahar.
– (2004): *Inchallah le bonheur*. Tunis: Éds. Sahar.
ABDELMOULA, Taoufik (1979): *Un être composé*. Tunis: Impr. Dar Essabah.
ASLAN, Mahmoud (1940): *Les yeux noirs de Leïla*. Tunis: Éds. du Cénacle.
ATTIA, Anouar (1987): *De A jusqu'à T ou reflets changeants sur Méditerranée*. Paris: Publisud.
– (2002): *Hayet ou la passion d'elles*. Tunis: Cérès.
BACCOUCHE, Hachemi (1958): *Ma foi demeure*. Paris: Nouv. Éds. latines.
– (1961): *La dame de Carthage*. Paris: Nouv. Éds. latines.
BÉCHEUR, Ali (1989): *De miel et d'aloès*. Tunis: Cérès.
– (1993): *Les rendez-vous manqués*. Tunis: Cérès.
– (1996): *Jours d'adieu*. Paris: Joëlle Losfeld/Tunis: Cérès.
– (2002): *Tunis Blues*. Paris: Maisonneuve & Larose.
BÉJI, Hélé (1985): *L'œil du jour*. Paris: Maurice Nadeau.
BEL HAJ YAHIA, Emna (1991): *Chronique frontalière*. Paris: Noël Blandin.
– (1996): *L'étage invisible*. Paris: Joëlle Losfeld.
BENADY Claude (1955): *Les remparts du bestiaire*. Paris: Falaise.
BEN SALAH, Rafik (1987): *Retour d'exil ou sang femme*. Paris: Publisud.
– (1991): *Lettres scellées au Président*. Genf: Éds. Rousseau.
– (1993): *La prophétie du chameau*. Genf: Éds. Rousseau.
BERTRAND, Louis (1930): *Carthage*. Marseille: Publiroc.
BHIRI, Slaheddine (1982): *L'espoir était pour demain. Les tribulations d'un jeune homme immigré en France*. Paris: Publisud.
BOUKHOBZA, Chochana (1987): *Le cri*. Paris: Balland.
– (1989): *Les herbes amères*. Paris: Balland.
– (1991): *Bel canto*. Paris: Seuil.
– (1996): *Pour l'amour du père*. Paris: Seuil.
BOURKHIS, Ridha (1989): *Un retour au pays du bon dieu*. Paris: L'Harmattan.
CHAÏBI, Aïcha (1975): *Rached*. Tunis: MTE.
CHATEAUBRIAND, René-François de (1811): *Itinéraire de Paris à Jérusalem*. Rééd. Paris: Garnier-Flammarion 1968.
CHEBBI, Lahbib (1985): *La fêlure. Mémoires d'un cheikh*. Tunis: Salammbô.
DANON, Vitalis (1937): *Ninette de la rue du péché*. Tunis: La Kahena.
DELMAS, Lucien (1932): *Au soleil du beylik. Scènes et types de la vie tunisienne*. Paris: Imprimerie Rapide.
DJEDIDI, Hafedh (1990): *Le cimeterre ou le souffle du vénérable*. Paris: Présence Africaine.
– (2003): *Fièvre dans Hach-Médine*. Paris: L'Harmattan.
DRISS, Rachid (1981): *A l'aube... la lanterne*. Tunis: STD.

DUHAMEL, Georges (1924): *Prince Jaffar*. Paris: Kieffer.

EL ABASSY, Noureddine (1987): *Sonate à Zeineb*. Tunis: Impr. El Asria.

FLAUBERT, Gustave (1858): *Salammbô*. Rééd. *Salammbô suivi de Voyage à Carthage*. Paris: Éds. Rencontre.

GAALOUL, Béhija (1983): *Fruits perdus*. Tunis: STE.

GERMAZI, Habib (1974): *L'aveu d'une mourante*. Paris: La Pensée universelle.

GHATTAS, Kamel (1977): *Souris blanche a Madrid*. Tunis: SEN.

– (1978a): *Mystification à Beyrouth*. Tunis: SEN.

– (1978b): *Peshmerga*. Tunis: SEN.

GOLDMANN, Annie (1979): *Les filles de Mardoché. Histoire d'une émancipation*. Paris.

GUELLOUZ, Souad (1975): *La vie simple*. Tunis: MTE.

– (1982): *Les jardins du Nord*. Tunis: Salammbô.

– (1998): *Les rendez-vous de Beyrouth*. Tunis: Éd. Sahar.

HACHEMI, Frida (1981): *Ahlem*. Paris: La Pensée universelle.

HAFSIA, Jalila (1975): *Cendre à l'aube*. Tunis: MTE.

HAMED, Mohamed Habib (1993): *La mort de l'ombre*. Tunis: La Lanterne magique.

– (1994): *Gor et Magor*. Tunis: La Lanterne magique.

– (1996): *Zooz, le pet-de-loup*. Tunis: La Lanterne magique.

– (1999): *L'œil du mulet ne me plaît pas*. Tunis: La Lanterne magique.

– (2004): *Cactus*. Tunis: La Lanterne magique.

HARRY, Myriam (1910): *Tunis la blanche*. Paris: Fayard.

KAYAT, Claude (1981): *Mohammed Cohen*. Paris: Seuil.

– (1987): *Les cyprès de Tibériade*. Paris: La Table ronde.

– (1989): *Le rêve d'Esther*. Paris: La Table ronde.

– (1997): *L'armurier*. Paris: Seuil.

– (2000): *Hitler tout craché*. Paris: L'Âge d'homme.

– (2003): *Le treizième disciple*. Paris: Éds. de Fallois.

KOELMAN (1970): *Le sadique*. Paris: Nouv. Éds. latines.

KOSKAS, Marco (1979): *Balance Bounel*. Paris: Ramsay.

– (1981): *Destino*. Paris: Grasset.

– (1988): *L'homme de paille*. Paris: Calman-Lévy.

– (1996): *J'ai pas fermé l'œil de l'été*. Paris: Julliard.

– (2002): *Love and Stress*. Paris: Laffont.

LADJEMI, Abdessatar (1980): *Avant le pain*. Tunis: MTE.

LOK-MAN (1971): *L'esclavage de l'homme*. Paris: La Pensée universelle.

MABROUK, Alia (2003): *L'émir et les chroisés, chronique d'Ifriquia*. Tunis: Clairefontaine.

– (2005): *Blés de Dougga*. Tunis: Clairefontaine.

MAUPASSANT, Guy de (1988): *Écrits sur le Maghreb*. Paris: Minerve.

MEDDEB, Abdelwahab (1979): *Talismano*. Paris: Bourgois.

– (1986): *Phantasia*. Paris: Sindbad.

MELLAH, Fawzi (1987): *Le conclave des pleureuses*. Paris: Seuil.

– (1988): *Elissa, la reine vagabonde*. Paris: Seuil.

MEMMI, Albert (1953): *La statue de sel*. Paris: Buchet-Chastel.

– (1955): *Agar*. Paris: Buchet-Chastel.

– (1969): *Le scorpion ou la confession imaginaire*. Paris: Gallimard.

– (1977): *Le désert ou la vie et les aventures de Jubaïr Ouali El-Mammi*. Paris: Gallimard.

– (1988): *Le pharaon*. Paris: Julliard.

MOATI, Nine (1974): *Mon enfant, ma mère*. Paris: Stock.

– (1978): *Le mariage de Lucie Enriquez*. Alésia: J.-J. Pauvert.

– (1983a): *Les belles de Tunis*. Paris: Seuil.

– (1983b): *Le palais de la Néva*. Paris: Fayard 1983.

– (1984): *Madame Fortunée*. Paris: Seuil.

– (1985): *L'Orientale*. Paris: Seuil.

– (1989): *La passagère sans étoile*. Paris: Seuil.

– (1991): *Rose d'Alger*. Paris: Fayard.

– (1997): *Perla de Mogador*. Paris: Ramsay.

– (2001): *La maison aux mirages*. Paris: Feryane.

– (2003): *Villa week-end*. Paris: Lattès.

NACCACHE, Gilbert (1982): *Cristal*. Tunis: Salammbô.

RUBINSTEN, Katia (1979): *Mémoire illettrée d'une fillette d'Afrique du Nord à l'époque coloniale*. Paris.

RYVEL (= Raphaël Lévy) (1931): *L'enfant de l'oukala*. Tunis. Réed. Paris : Lattès 1980.

– (1946): *Le nebel du Galouth*. Tunis: La Cité des livres.

– (1980): *L'œillet de Jérusalem*. Paris: Lattès.

SALMIERI, Adrien (1972): *Le soldat*. Paris: Julliard.

– (1972): *Elpenor, la nuit*. Paris: Julliard.

– (1974): *Chronique des morts*. Paris: Julliard.

SIBTON, Guy (1980): *Gagou*. Paris.

TAJ EDDINE (1987): *Vent d'émeute*. Paris: Arcantère.

TLILI, Mustapha (1975): *La rage aux tripes*. Paris: Gallimard.

– (1978): *Le bruit dort*. Paris: Gallimard.

– (1982): *Gloire des sables*. Alésia: J.-J. Pauvert.

– (1988): *La montagne du lion*. Paris: Gallimard.

VALENSI, Michel (1983): *L'empreinte*. Tunis: Salammbô.

VALENSI, Théodore (1922): *Yasmina, roman arabe*. Paris: Méricant.

ZIBI, Jacques (1968): *Requiem pour un survivant*. Paris: Mercure de France.

– (1970): *Le cinquième singe*. Paris: Mercure de France.

– (1972): *Ma*. Paris: Mercure de France.

ZOUARI, Fawzia (1989): *La caravane des chimères*. Paris: Olivier Orban.

– (1999): *Ce pays dont je meurs*. Paris: Ramsay.

7.1.4 *Beur*-Literatur und *Écritures migrantes*

BEGAG, Azouz (1986): *Le gone du Chaâba*. Paris: Seuil.
– (1989): *Béni ou le paradis privé*. Paris: Seuil.
– (1992): *L'Ilet-aux-vents*. Paris: Seuil.
– (1995): *Les chiens aussi*. Paris: Seuil.
– (1997): *Dis Oualla!* Paris: Fayard.
– (1997): *Zenzela*. Paris: Seuil.
– (2004): *Le marteau pique-cœur*. Paris: Seuil.
BELGHOUL, Farida (1986): *Georgette!* Paris: Barrault.
BENIA, Mouss (2003): *Panne de sens*. Paris: Seuil.
BEN KERROUM-COLVET, Antoinette (1988): *Gardien du seuil*. Paris: L'Harmattan.
BHIRI, Slaheddine (1982): *L'espoir était pour demain. Les tribulations d'un jeune immigré en France*. Paris: Publisud.
BOUKHEDENNA, Sakinna (1987): *Journal: Nationalité immigré(e)*. Paris: L'Harmattan.
BOURAOUI, Hédi (1985): *L'icônaison*. Sherbrooke: Naaman.
– (1994): *Bangkok Blues*. Ottawa: Éd. du Vermillon.
– (1996): *Retour à Thyna*. Tunis: L'Or du temps.
– (1998): *La pharaone*. Tunis: L'Or du temps.
– (2000): *Ainsi parle la tour CN*. Tunis: L'Or du temps.
BOURAOUI, Nina (1991): *La voyeuse interdite*. Paris: Gallimard.
– (1992): *Poing mort*. Paris: Gallimard.
– (1996): *Le bal des murènes*. Paris: Fayard.
– (1998): *L'âge blessé*. Paris: Fayard.
– (1999): *Jour du séisme*. Paris: Stock.
– (2000): *Garçon manqué*. Paris: Stock.
– (2002): *La vie heureuse*. Paris: Stock.
CHAREF, Mehdi (1983): *Le thé au harem d'Archi Ahmed*. Paris: Mercure de France.
– (1989): *Le Harki de Mériem*. Paris: Mercure de France.
EL HOUSSI, Abdelmajid (1999): *Des voix dans la traversée*. Tunis: L'Or du temps.
– (2004): *Une journée à Palerme*. Paris: ID livre.
GASMI, Mohammed (1986): *Cronique des sans terre*. Paris: Publisud.
HOUARI, Leila (1985): *Zeïda de nulle part*. Paris: L'Harmattan.
– (1988): *Quand tu verras la mer*. Paris: L'Harmattan.
KALOUAZ, Ahmed (1984): *L'encre d'un fait divers*. Paris: L'Arcantère.
– (1986): *Point kilométrique 190*. Paris: L'Harmattan.
– (1992): *Leçons d'absence*. Paris: Noël Blandin.
KENZI, Mohammed (1984): *La menthe sauvage*. Paris: Bouchain.
KESSAS, Ferrudja (1990): *Beur's Story*. Paris: L'Harmattan.
KETTANE, Nacer (1985): *Le sourire de Brahim*. Paris: Denoël.

LALLAOUI, Mehdi (1986): *Les beurs de Seine*. Paris: Arcantère.
– (1998): *La colline aux oliviers*. Paris: SEDAG.
MOHAMED, Saïd (1997): *Un enfant de cœur*. Casablanca: Eddif.
– (2000): *La honte sur nous*. Paris: Paris-Méditerranée.
MOUNSI (1991): *La noce des fous*. Paris: Stock.
– (1993): *La cendre des villes*. Paris: Stock.
– (1995): *Territoire d'outre-ville*. Paris: Stock.
– (2000): *Les jours infinis*. Paris: Éds. de l'Aube.
RAÏTH, Mustapha (1986): *Palpitations intra-muros*. Paris: L'Harmattan.
SEBBAR, Leïla (1982): *Shérazade, 17 ans, brune, frisée, les yeux verts*. Paris: Stock.
– (1984): *Le Chinois vert d'Afrique*. Paris: Stock.
– (1985): *Les carnets de Shérazade*. Paris: Stock.
– (1987): *J.H. cherche âme sœur*. Paris: Stock.
– (2002): *Marguerite*. Paris: Eden.
– (2003): *Je ne parle pas la langue de mon père*. Paris: Julliard.
SIF, Minna (1997): *Mechemment berbère*. Paris: Ramsay.
ZITOUNI, Ahmed (1983): *Avec du sang déshonoré d'encre à leurs mains*. Paris: Laffont.
– (1986): *Aimez-vous Brahim?* Paris: Belfond.
– (1987): *Attilah Fakir. Les derniers jours d'un apostropheur*. Paris: Éd. Souffles.

7.2   Wissenschaftliche Werke

ABBAS, Ferhat (1980): *Autopsie d'une guerre*. Paris: Garnier.
ABDEL-JAOUAD, Hédi (1992): „Derrida, l'Algérie ou l'enfance troglodyte", in: *Cahier d'études maghrébines* 4, 169-172.
– (1998): *Fugues de Barbarie. Les écrivains maghrébins et le Surréalisme*. New York/Tunis: Les mains secrètes.
– (2003): „Habib Tengour ou le ‹zappeur› surréaliste", in: Yelles, 39-64.
ABOU, Selim (1981): *L'identité culturelle. Relations interethniques et problèmes d'acculturation*. Paris: Éds. Anthropos.
ABU-HAIDAR, Farida (1993): „Le chant morne d'une jeune fille cloitrée: *La voyeuse interdite* de Nina Bouraoui", in: *Bulletin of Francophone Africa* 3, 56-60.
ACHOUR, Christiane (1984): *Un étranger si familier. Lecture du récit d'Albert Camus*. Alger: ENAP.
– (1986): *Mouloud Feraoun, une voix en contrepoint*. Paris: Silex.
– (1989): *Myriam Ben*. Paris: L'Harmattan .
– (1990a): *Anthologie de la littérature algérienne*. Paris: Bordas.
– (1990b): *Convergences critiques. Introduction à la lecture du littéraire*. Alger: OPU.

– (1990c) (Hg.): *Dictionnaire des œuvres algériennes en langue française*. Paris: L'Harmattan.

– (1990d): „Recherches sur les écritures féminines algériennes", in: *Cahiers d'études maghrébines*, „Maghreb au féminin" 2, 62-63.

– (1991a) (Hg.): *Diwan d'inquiétude et d'espoir. La littérature féminine algérienne de langue française*. Alger: ENAG.

– (1991b): „Femmes-écrivains d'Algérie", in: Toso Rodinis, Giuliana (Hg.), *Le banquet maghrébin*. Roma: Bulzoni Editore, 37-57.

– (1994): „Weder Sultanin noch still: Schreibende Frauen aus dem Maghreb", in: *Rowohlt Literaturmagazin,* „Zwischen Fundamentalismus und Moderne. Literatur aus dem Maghreb" 33, 46-55.

ADAM, Jeanne (1984): „Influence d'un conte kabyle et de quelques romans coloniaux sur *Le fils du pauvre* de Mouloud Feraoun", in: *Actes Congrès mondial des littératures de langue française, Padoue 23-27 mai 1983.* Padova: Università di Padova, 539-546.

ADJIL, Bachir (1995): *Espace et écriture chez Mohammed Dib: La trilogie nordique*. Paris: L'Harmattan/Awal.

AGERON, Charles-Robert (1972): *Politiques coloniales au Maghreb*. Paris: PUF.

– (1983): *Histoire de l'Algérie contemporaine*. 2 Bde. Paris: PUF.

AKUTSE MOJUETAN, Benson (1995): *History and Underdevelopment in Morocco. The Structural Roots of Conjuncture*. Münster/Hamburg: LIT Verlag.

AL ACHGAR, Djamal (1966): „Driss Chraïbi: «Je suis d'une génération perdue»", in: *Lamalif* 2, 41-43.

ALBES, Wolf-Dietrich (1990): *Albert Camus und der Algerienkrieg. Die Auseinandersetzung der algerienfranzösischen Schriftsteller mit dem 'directeur de conscience' im Algerienkrieg (1954-1962)*. Tübingen: Niemeyer.

ALDOURI-LAUBER, Maria (1986): *Zwischen Defaitismus und Revolte. Die postkoloniale 'conscience collective' Algeriens im Lichte des Romanwerks von Rachid Boudjedra*. Wien: VWGÖ.

ALEXANDROPOULOS, Jacques/CABANEL, Patrick (Hg.) (2000): *La Tunisie mosaïque. Diasporas, cosmopolitisme, archéologie de l'identité*. Toulouse: Presses Universitaires du Mirail.

ALI-BENALI, Zineb (2003): „«Ah que tous entendent le râle étouffé dans le noir!» Le fragment et l'écho dans *Gens de Mosta*", in: Yelles, 65-74.

ALLOUCHE-BENAYOUN, Joëlle/BENSIMON, Doris (1989): *Juifs d'Algérie hier et aujourd'hui. Mémoires et identités*. Toulouse: Privat.

ALOUANE, Youssef (1979): *L'Emigration maghrébine en France*. Tunis: Cérès.

AMIRSEDGHI, Nasrin/BLEICHER, Thomas (Hg.) (1997): *Literatur der Migration*. Mainz: Donata Kinzelbach.

AMROUCHE, Jean (1963): „L'éternel Jugurtha. Propositions sur le génie africain", in: *Études méditerranéennes* 11, 61-78.

ANTOINE, Régis (Hg.) (1993): *Carrefour de Cultures. Mélanges offerts à Jacqueline Leiner*. Tübingen: Narr.

ARAB, Si Abderrahmane (1993): „La guerre de libération dans quelques romans algériens d'expression française", in: *Bulletin of francophone Africa* 3, 15-25.

AREND-SCHWARZ, Elisabeth (1994): „Maghrebinische Literatur in französischer Sprache", in: GRIMM, Jürgen (Hg.): *Französische Literaturgeschichte*. Stuttgart: Metzler, 414-425.

ARESU, Bernard (1993): *Counterhegmonic Discourse from the Maghreb: The Poetics of Kateb's Fiction*. Tübingen: Narr.

– (1996): *Tahar Ben Jelloun*. Los Angeles: CELFAN Monographs.

ARGAND, Catherine (1999): „Entretien avec Tahar Ben Jelloun", in: *Lire*, mars, 28-34.

ARNAUD, Jacqueline (1982): *Recherches sur la littérature maghrébine de langue française*. Bd. II *Le cas de Kateb Yacine*. Paris: L'Harmattan.

– (1984): „La littérature maghrébine de langue française", in: *Französisch heute* 2, 165-172.

– (1986a): *La littérature maghrébine de langue française*. Bd. I *Origines et perspectives*. Paris: L'Harmattan.

– (1986b): „Le Paris des Maghrébins", in: *Paris et le phénomène des capitales littéraires, carrefour ou dialogue de cultures. Actes du premier Congrès international du C.R.L.C., 22-26 mai 1984*. Paris: Presses Universitaires Paris-Sorbonne,195-203.

– (2003): „Les maghrébins et le surréalisme", in: Yelles, 15-37.

ASHCROFT, Bill/GRIFFITHS, Gareth/TIFFIN, Helen (1995): *The Postcolonial Studies Reader*. London/ New York: Routledge.

ASLAOUI, Leila (2000): *Les années rouges*. Alger: Casbah Éds.

ATTAL, Robert/SIBTON, Claude (1979): *Regards sur les Juifs de Tunisie*. Paris: Albin Michel.

AURBAKKEN, Kristine (1986): *L'étoile d'araignée. Une lecture de* Nedjma *de Kateb Yacine*. Paris: Publisud.

BAFFET, Roseline (1999): „Écriture de l'urgence – Urgence du lien social", in: Bonn/Boualit, 41-51.

BALTA, Paul (1986): *L'islam dans le monde*. Paris: Le Monde Éds.

BARRIN, Jacques de (1994): „La Tunisie tétanisée", in: *Le Monde* 19.3., 3.

BEAUCÉ, Thierry de (1988): *Nouveau discours sur l'universalité de la langue française*. Paris: Gallimard.

BEAUCHESNE, Hervé/ESPOSITO, José (1985): *Enfants de migrants*. Paris: PUF.

BEAUJOUR, Michel (1980): *Miroirs d'encre*. Paris: Seuil.

BÉJI, Hélé (1986): *L'Occident intérieur*. Paris: Le Débat.

BEKKAT, Amina/BERERHI, Afifa (2003): *Mohammed Dib*. Blida: Éds. du Tell.

BEKRI, Tahar (1987): *Malek Haddad. L'œuvre romanesque. Pour une pratique de la littérature maghrébine de langue française*. Paris: L'Harmattan.

– (1994): „De la littérature des femmes en Tunisie", in: *Notre librairie*, „Nouvelles écritures féminines" 118, 48-52.

– (1996): „Une lecture de la trilogie nordique de Mohammed Dib", in: Linares, 219-222.

– (1999): *De la littérature tunisienne et maghrébine et autres textes*. Paris: L'Harmattan.

BELKHODJA, Tahar (1998): *Les trois décennies Bourguiba*. Paris: Arcantères/ Publisud.

BEN'ACHIR, Bou'Azzar (1997): *Edmond Amran El Maleh. Cheminement d'une écriture*. Paris: L'Harmattan.

BENARAB, Abdelkader (1994): *Les voix de l'exil*. Paris: L'Harmattan.

BENAYOUN-SZMIDT, Yvette/BOURAOUI, Hédi/REDOUANE, N. (Hg.) (1996): *La traversée du français dans les signes littéraires marocains*. Toronto: Éd. La Source.

– (Hg.) (2000): *Parcours féminin dans la littérature marocaine d'expression française*. Toronto: Éd. La Source.

BENCHAMA, Lahcen (1994): *L'œuvre de Driss Chraïbi. Réception critique des littératures maghrébines au Maroc*. Paris: L'Harmattan.

BENCHEFRA, Yasmina (Hg.) (1995): *Le français au Maghreb. Actes du Colloque d'Aix-en-Provence*. Aix-en-Provence: Université.

BENCHEIKH, Jamel Eddine (Hg.) (2000): *Dictionnaire de littérature de langue arabe et maghrébine francophone*. Paris: PUF.

BEN JELLOUN, Tahar: „La maison des autres", in: *Dérives* 31-32, 1982.

BENNANI, Jalil/BOUKOUS, Ahmed/BOUNFOUR, Abdallah et al. (1985): *Du bilinguisme*. Paris: Denoël.

BENNANI-CHRAÏBI, Mounia (1994): *Soumis et rebelles. Les jeunes au Maroc*. Paris: Éds. du CNRS.

BENSMAÏA, Réda (1984): „Les états du livre. Nabile Farès: L'état perdu, discours pratique de l'immigré", in: *Congrès mondial des littératures de langue francaise, Padoue 23-27 mai 1983*, Padova: Università di Padova, 509-519.

– (1985): „D'une frontière l'autre. A propos d'*Un passager de l'Occident* de Nabile Farès", in: *Peuples méditerranéens* 30, 49-67.

BEN YAÏCHE, Hichem (1991): „La société algérienne sous le regard de Rachid Mimouni", Interview, in: *Horizons* 25.02.

BERCHET, Jean-Claude (Hg.) (1985): *Le voyage en Orient*. Paris: Laffont.

BERHERI, Afifa/CHIKHI, Beïda (Hg.) (2002): *Algérie. Ses langues, ses lettres, ses histoires. Balises pour une histoire littéraire*. Blida: A. Mauguin.

BERROUET-ORIOL, Robert (1986): „Effet d'exil", in: *Vice-versa*.

BERTRAND, Jean-Louis/GAUVIN, Lise (Hg.) (2003): *Littératures mineures en langue majeure*. Bruxelles et al.: Peter Lang/ PUM.

BHABHA, Homi K. (1994): *The Location of Culture*, London/New York: Routledge.

BIVONA, Rosalia (1995): „L'interculturalité dans *La voyeuse interdite* de Nina Bouraoui", in: *L'Interculturel. Réflexion pluridisciplinaire*. Paris: L'Harmattan, 89-96.

BLUMENBERG, Hans (1996): *Arbeit am Mythos*. Frankfurt a.M.: Suhrkamp.

BONN, Charles (1974): *La littérature algérienne de langue française et ses lectures. Imaginaire et discours d'idées.* Sherbrooke: Naaman.

– (1984): „Roman national et idéologie en Algérie. Propositions pour une lecture spatiale de l'ambiguïté en littérature", in: *Annuaire de l'Afrique du Nord* 24, 501-528.

– (1985): *Le roman algérien de langue française. Vers un espace de communication littéraire décolonisé.* Paris: L'Harmattan/Montréal: PUM.

– (1986a): *Problématiques spatiales du roman algérien.* Alger: ENAL .

– (1986b): „Paris et la description de villes d'identité par quelques romans algériens", in: *Paris et le phénomène des capitales littéraires, carrefour ou dialogue de cultures. Actes du premier Congrès international du C.R.L.C., 22-26 mai 1984.* Paris: Presses Universitaires Paris-Sorbonne, 211-220.

– (1988): *Lecture présente de Mohammed Dib.* Alger: ENAL.

– (1990a): *Anthologie de la littérature algérienne, 1950-1987.* Paris: Livre de Poche.

– (1990b): *Kateb Yacine: Nedjma.* Paris: PUF.

– (1993): „Acculturation, différence et écart: Trois lectures du roman algérien", in: Antoine, 93-99.

– (1994): „Romans féminins de l'immigration d'origine maghrébine, en France et en Belgique", in: *Notre librairie* 'Nouvelles écritures féminines' 118, 98-107.

– (1995) (Hg.): *Littératures des immigrations.* Bd. 1 'Un espace littéraire émergent', Bd. 2 'Exils croisés'. Paris: L'Harmattan.

– /KHADDA, Naget/MDARHRI-ALAOUI, A. (Hg.) (1996): *Littérature maghrébine d'expression française.* Paris: EDICEF/AUPELF.

– /BOUALIT, Farida (Hg.) (1999a): *Paysages littéraires algériens des années 90: Témoigner d'une tragédie?* Paris: L'Harmattan.

– (1999b): „Paysages littéraires algériens des années 90 et post-modernisme littéraire maghrébin", in: Bonn/Boualit, 8-15.

– (2000): „Clichés et métaphores dans une littérature de commande idéologique", in: Mecke, Jochen/Heiler, Susanne (Hg.): *Titel, Text, Kontext. Randbezirke des Textes. Festschrift für Arnold Rothe.* Berlin: Galda & Wilch, 495-514.

– (2004a): *Migrations des identités et des textes entre l'Algérie et la France, dans les littératures des deux rives.* Paris: L'Harmattan.

– (2004b): *Échanges et mutations des modèles littéraires entre Europe et Algérie.* Paris: L'Harmattan.

– /REDOUANE, Najib/BENAYOUN-SZMIDT, Yvette (Hg.) (2002): *Algéries. Nouvelles écritures.* Paris: L'Harmattan.

BOUALIT, Farida (1989): „L'écriture dans *Yahia, pas de chance*", in: *Itinéraires et contacts des cultures* 11, 135-143.

– (1993): *Pour une poétique de la chromatographie: les cinq textes-programmes de Nabile Farès.* Doctorat nouveau régime, Paris 8.

BOUCHENTOUF-SIAGH, Zohra (2001): „Cacophonie et brouillage du récit", in: Burtscher-Bechter/Mertz-Baumgartner, 27-40.

BOUDJEDRA, Rachid (1993): *Prinzip Haß. Pamphlet gegen den Fundamentalismus im Maghreb*. Mainz: Donata Kinzelbach.

BOUGDAL, Lahsen (1999): „La dimension parabolique de la peinture dans *Le jour dernier* de Mohamed Kacimi", in: Bonn/Boualit, 77-87.

BOUGHALI, Mohamed (1987): *Espaces d'écriture au Maroc*. Casablanca: Afrique-Orient.

BOUGHERARA, Nassima (1995): „Littérature algérienne au féminin", in: *Cahier d'études maghrébines* 8, „Femmes du Maghreb", 186-191.

BOUHDIBA, Abdelwahab (1986): *La sexualité en Islam*. Paris: PUF.

BOUNFOUR, Abdellah (1994): *Le nœud de la langue. Langue, littérature et société au Maghreb*. Aix-en-Provence: Edisud.

BOURDIEU, Pierre (1972): *Esquisse d'une théorie de la pratique précédé de Trois études d'ethnologie kabyle*. Genf: Droz.

– (1979): *Entwurf einer Theorie der Praxis auf der ethnologischen Grundlage der kabylischen Gesellschaft*. Frankfurt a.M.: Suhrkamp.

– (1992a): *Les règles de l'art. Genèse et structure du champ littéraire*. Paris: Seuil.

– /WACQUANT, Loic J. D. (1992b): *Réponses. Pour une anthropologie réflexive*. Paris: Seuil.

BOURKHIS, Ridha (1995): *Tahar Ben Jelloun: La poussière d'or et la face masquée. Approche linguistique*. Paris: L'Harmattan.

BRAHIMI, Denise (1990): „Conversation avec Tahar Ben Jelloun", in: *Notre librairie* 103, 41-44.

– (1995): *Maghrébines. Portraits littéraires*. Paris: L'Harmattan.

– (1996): *Taos Amrouche, romancière*. Paris: Joëlle Losfeld.

BRAHIMI, Fadila (1993): *Spracheinstellungen in mehrsprachigen Gesellschaften. Das Beispiel Algerien*. Frankfurt a.M. et al.: Lang.

BRAHIMI-CHAPUIS, Denise/BELLOC, Gabriel (1986): *Anthologie du roman maghrébin, négro-africain, antillais et réunionnais d'expression française de 1945 à nos jours*. Paris: CILF-Delagrave.

BROCKELMANN, Carl/PELLAT, Charles (1991): „Makama", in: *The Encyclopaedia of Islam. New Edition*. Leiden: Brill, Bd. 6, 107-115.

BURGAT, François (1995): *L'islamisme au Maghreb*. Paris: Payot.

BURTSCHER-BECHTER, Beate (1999a): *Algerien – ein Land sucht seine Mörder. Die Entwicklung des frankophonen algerischen Kriminalromans (1970-1998)*. Frankfurt a.M.: IKO.

– (1999b): „Naissance et enracinement du roman policier en Algérie", in: *Algérie Littérature/ Action* 31-32, 221-230.

– /MERTZ-BAUMGARTNER, Birgit (Hg.) (2001): *Subversion du réel. Stratégies esthétiques dans la littérature algérienne contemporaine*. Paris: L'Harmattan.

BUSSMANN, Hadumod/HOF, Renate (Hg.) (1995): *Genus – Zur Geschlechterdifferenz in den Kulturwissenschaften*. Stuttgart: Kröner.

CALLE-GRUBER, Mireille (2001): *Assia Djebar ou la résistance de l'écriture*. Paris: Maisonneuve & Larose.

CALLIES DE SALIES, Bruno (1999): „Les deux visages de la dictature en Tunisie", in: *Le Monde diplomatique* 12. Oktober, 12-13.

CALMES, Alain (1984): *Le roman colonial en Algérie avant 1914*. Paris: L'Harmattan.

CALVET, Jean-Louis (1978): *Die Sprachenfresser. Ein Versuch über Linguistik und Kolonialismus*. Berlin: Das Arsenal.

– (1983): *Sociolinguistique du Maghreb*. Paris: CRNS.

CAMAU, Michel (1989): *La Tunisie*. Paris: PUF.

CHAKER, Salem (1984): „Langue et identité berbères (Algérie/Émigration). Un enjeu de société", in: Henry, Jean-Robert (Hg.): *Nouveaux enjeux culturels au Maghreb*. Paris: Éds. du CNRS, 173-180.

CHAMBERS, Ian (1996): *Migration, Kultur, Identität*. Tübingen: Stauffenburg.

CHANCEL, Jacques (1983): *Le livre franc*. Arles: Actes Sud.

CHAREF, Abed (1998): *Algérie. Autopsie d'un massacre*. La Tour d'Aiges: Éds. de l'Aube.

CHAULET-ACHOUR, Christiane (1994): *Jamel-Eddine Bencheikh*. Paris: L'Harmattan.

– (1998): *Noûn. Algériennes dans l'écriture*. Biarritz: Atlantica.

– (2003): „Alamout, Nishapoor, Samarcande... Écrire dans la mouvance de la légende et de l'Histoire", in: Yelles, 113-131.

CHEBEL, Malek (2004): *Manifeste pour un islam des Lumières*. Paris: Hachette.

CHÈZE, Marie-Hélène (1982): *Mouloud Feraoun. La voix et le silence*. Paris: Seuil.

CHICKH, Slimane (1988): „L'Algérie face à la Francophonie", in: *Maghreb et francophonie*. Paris: Économia, 1-27.

CHIKHI, Beïda (1989): *Problématique de l'écriture dans l'œuvre romanesque de Mohamed Dib*. Alger: OPU.

– (1996): *Maghreb en textes. Écriture, histoire, savoirs et symboliques*. Paris: L'Harmattan.

– (1997): *Littérature algérienne. Désir d'histoire et esthétique*. Paris: L'Harmattan.

– (2002): *Les romans d'Assia Djebar entre histoire et fantaisie*. Alger: OPU.

CHOSSAT, Michèle (2002): *Ernaux, Redonnet, Bâ et Ben Jelloun. Le personnage féminin à l'aube du XXIème siècle*. New York/Berlin et al.: Peter Lang.

CHOUIKHA, Larbi (2002): „Autoritarisme étatique et débrouillardise individuelle", in: Lamloum, Olfa/Ravenel, Bernard (Hg.): *La Tunisie de Ben Ali. La société contre le régime*. Paris: L'Harmattan, 197-212.

CLERC, Jeanne-Marie (1997): *Assia Djebar. Écrire, transgresser, résister*. Paris: L'Harmattan.

CROUZIÈRES-INGENTHRON, Armelle (1999): „A la recherche de la mémoire et du moi", in: Gafaïti, 109-137.

– (2001): *Le double pluriel dans les romans de Rachid Boudjedra*: Paris: L'Harmattan.

DAHMANI, Ahmed (1999): *L'Algérie à l'épreuve. Économie politique des réformes 1980-1997*. Paris: L'Harmattan.

DANINOS, Guy (1979): *Les nouvelles tendances du roman algérien de langue française*. Sherbrooke: Naaman.

– (1985): Dieu en Barbarie *de Mohammed Dib, ou la recherche d'un nouvel humanisme*. Sherbrooke: Naaman.

DE BEAUMARCHAIS, Jean-Pierre/COUTY, Daniel/REY, Alain (Hg.) (1994): *Dictionnaire des littératures de langue française*. Paris: Bordas.

DE RUYTER-TOGNOTTI, Danille/VAN STRIEN-CHARDONNEAU, Madeleine (Hg.) (1998): *Le roman francophone actuel en Algérie et aux Antilles*. Amsterdam: Rodopi.

DEJEAN DE LA BATIE, Bernadette (2002): *Les romans policiers de Driss Chraïbi*. Paris: L'Harmattan.

DÉJEUX, Jean (1973): *Littérature maghrébine de langue française. Introduction générale et auteurs*. Sherbrooke: Naaman.

– (1975): „A l'origine de *L'incendie* de Mohammed Dib", in: *Présence francophone* 10, 3-8.

– (1977a): *Mohammed Dib. Écrivain algérien*. Sherbrooke: Naaman.

– (1977b): „Rzn. *Une odeur de mantèque*", in: *Comptes rendus trimestriels des séances de ASOM* 37, 862.

– (1978): *Djoh'a, héros de la tradition orale arabo-berbère hier et aujourd'hui*. Sherbrooke: Naaman.

– (1983): „La Kahina: de l'histoire à la fiction littéraire. Mythe et épopée", in: *Studi magrebini* 15, 1-42.

– (1984a): *Dictionnaire des auteurs maghrébins de langue française*. Paris: Karthala.

– (1984b): „Le double désir du même et de l'autre chez les romanciers algériens de langue française de 1920 à 1945", in: *Actes Congrès mondial des littératures de langue française, Padoue 23-27 mai 1983*, Padova, 417-425.

– (1989): „La littérature féminine de langue française au Maghreb", in: *Itinéraires et contacts de cultures* 10, 145-153.

– (1990a): *Assia Djebar*. Sherbrooke: Naaman.

– (1990b): „Littérature féminine en Algérie", in: *Cahier d'études maghrébines*, „Maghreb au féminin" 2, 47-61.

– (1992): *La littérature maghrébine d'expression française*. Paris: PUF.

– (1993a): *Maghreb. Littératures de langue française*. Paris: Arcantère.

– (1993b): „Les romans de Tahar Ben Jelloun ou «Le terrorisme de blessure»", in: Antoine, 273-286.

DELEUZE, Gilles/GUATTARI, Félix (1975): *Kafka, pour une littérature mineure*. Paris: Minuit.

– (1981): *Capitalisme et schizophrénie: Mille plateaux*. Paris: Minuit.

DERRIDA, Jacques (1996): *Le monolinguisme de l'autre*. Paris: Galilée.

DESPLANQUES, François (1971): „Aux sources de *L'Incendie*", in: *Revue de littérature comparée* 4, 604-612.

DIEM, Werner (1974): *Hochsprache und Dialekt im Arabischen. Untersuchungen zur heutigen arabischen Zweisprachigkeit.* Wiesbaden: Steiner.

DJEBAR, Assia (1999): *Ces voix qui m'assiègent: En marge de ma francophonie.* Paris: Albin Michel.

DJEGHLOUL, Abdelkader (1984): „Un romancier de l'identité perturbée et de l'assimilation impossible: Chukri Khodja", in: *ROMM* „Le Maghreb dans l'imaginaire français" 37, 81-96.

DJEMAÏ, Abdelkader (1995): *Camus à Oran.* Paris: Éds. Michalon.

DONADEY, Anne (1993): „Assia Djebar's Poetics of Subversion", in: *L'Esprit Créateur* 33:2, 107-117.

DÖRING, Ulrich (2003): *Spurensuche. Kultur und kulturelle Identität in Driss Chraïbis Berber-Trilogie.* Frankfurt a.M./Berlin et al.: Peter Lang.

DRESSEL, Annette (1991): „Mutisme et parole dans *L'exil et le désarroi*", in: *Itinéraires et contacts des cultures* 14, 9-17.

DUBOIS, Jacques (1983): *L'institution de la littérature.* Paris: Nathan/ Bruxelles: Labor.

DUGAS, Guy (1990): *La littérature judéo-maghrébine d'expression française. Entre Djéha et Cagayous.* Paris: L'Harmattan.

– (1997) (Hg.): *Algérie, un rêve de fraternité.* Paris: Omnibus.

– (1998): „Années noires, roman noir", in: *Algérie Littérature/Action* 26, 132-141.

– (2001): „Amin Zaoui, ou l'écriture du fragment", in: Burtscher-Bechter/ Mertz-Baumgartner, 117-125.

– (2002) (Hg.): *Algérie. Les romans de la guerre.* Paris: Omnibus.

DUMONT, Pierre (1990): *Le français, langue africaine.* Paris: L'Harmattan.

DURAND, Jean-François (1999) (Hg.): *Regards sur les littératures coloniales.* Tome I: *Afrique francophone: Découverte*, Tome II: *Afrique francophone: Approfondissements.* Paris: L'Harmattan.

EL ALAMI, Abdellatif (2000): *Métalangage et philologie extatique. Essai sur Abdelwahab Meddeb.* Paris: L'Harmattan.

ELBAZ, Robert (1988): *Le discours maghrébin. Dynamique textuelle chez Albert Memmi.* Longueuil: Le Préambule.

– (1996): *Tahar Ben Jelloun ou l'inassouvissement du désir narratif.* Paris: L'Harmattan.

– /MATHIEU-JOB, Martine (2001): *Mouloud Feraoun ou l'émergence d'une littérature.* Paris: Karthala.

– (2003): *Pour une littérature de l'impossible: Rachid Mimouni.* Paris: Publisud.

EL KHAYAT, Ghita (1988): *Le monde arabe au féminin.* Paris: L'Harmattan.

EL OUAZZANI, Abdesselam (2002): *Pouvoir de la fiction. Regard sur la littérature marocaine.* Paris: Publisud.

ENNAJI, Mohammed (1994): *Soldats, domestiques et concubines. L'esclavage au Maroc au XIXe siècle.* Tunis: Cérès.

ERFURT, Jürgen/BUDACH, Gabriele/HOFMANN, Sabine (Hg.) (2003): *Mehrsprachigkeit und Migration. Ressourcen sozialer Identifikation.* Frankfurt a.M. et al.: Peter Lang.

FANON, Frantz (1952): *Peau noire, masques blancs.* Paris: Seuil.

– (1961): *Les damnés de la terre.* Paris: Maspero.

FARÈS, Nabile (1984): „La littérature maghrébine de langue française", in: *Le français dans le monde* 189, 68-76.

– (1986a): *La migration et la marge.* Casablanca: Afrique-Orient.

– (1986b): *La théorie anthropologique au Maghreb. Le cas de la littérature maghrébine de langue française. Recherche de psycho-sociologie de la connaissance.* Thèse d'État Univ. Paris-X, Nanterre.

– (1994): *L'ogresse dans la littérature orale berbère.* Paris: Karthala.

FONTAINE, Jean (1990): *La littérature tunisienne contemporaine.* Paris: Éds. du CNRS.

FORKEL, Fritz (1980): *Die sprachliche Situation im heutigen Marokko. Eine soziolinguistische Untersuchung.* Phil. Diss. Hamburg.

FOUET, Jeanne (1999): *Driss Chraïbi en marge.* Paris: L'Harmattan.

GAFAÏTI, Hafid (1987): *Boudjedra ou la passion de la modernité.* Paris: Denoël.

– (1999) (Hg.): *Rachid Boudjedra. Une poétique de la subversion.* Bd. 1 *Autobiographie et histoire.* Paris: L'Harmattan.

– (2000) (Hg.): *Rachid Boudjedra. Une poétique de la subversion.* Bd. 2 *Lectures critiques.* Paris: L'Harmattan.

GARNIER, Xavier/LECARME, Jacques (Hg.) (1997): *Littérature francophone. 1. Le Roman.* Paris: Hatier/AUPELF/UREF.

GASPARINI, Philippe (2004): *Est-il je? Roman autobiographique et autofiction.* Paris: Seuil.

GASTEL, Adel (1998): „*Double blanc.* La récidive de Yasmina Khadra", in: *Algérie Littérature/Action* 22-33, 177-179.

GAUDIN, Françoise (1998): *La fascination des images. Tahar Ben Jelloun.* Paris: L'Harmattan.

GAUVIN, Lise (1997): *L'écrivains francophones à la croisée des langues. Entretiens.* Paris: Karthala.

GEPPERT, Hans Vilmar (1976): *Der ‚andere' historische Roman. Theorie und Strukturen einer diskontinuierlichen Gattung.* Tübingen: Niemeyer.

GLEIZE, Jack (1990): *Mouloud Feraoun.* Paris: L'Harmattan.

GLESSGEN, Martin-Dietrich (1996): „Das Französische im Maghreb: Bilanz und Perspektiven der Forschung", in: *Romanistisches Jahrbuch* 47, 28-63.

GNÜG, Hiltrud/MÖHRMANN, Renate (Hg.) (1999): *Frauen-Literatur-Geschichte.* Stuttgart/Weimar: Metzler.

GONTARD, Marc (1979): „La littérature marocaine de langue française", in: *Europe* 602-603, 102-116.

– (1985): *Nedjma de Kateb Yacine. Essai sur la structure formelle du roman.* Paris: L'Harmattan.

– (1981): *Violence du texte. La littérature marocaine de langue française*. Paris: L'Harmattan/ Rabat: SMER.

– (1985): „Itinéraires judéo-maghrébins. Naccache, El Maleh, Bensoussan", in: *Peuples méditerranéens* 30, 123-138.

– (1991): „Marocaines de l'extérieur et de l'intérieur: Leïla Houari, Noufissa Sbaï", in: *Plurial* 2, 107-119.

– (1993): *Le moi étrange. Littérature marocaine de langue française*. Paris: L'Harmattan.

– (1995): „Nom propre et interculturalité dans la littérature marocaine de langue française", in: *L'Interculturel: Réflexion pluridisciplinaire*. Paris: L'Harmattan, 75-87.

– (1996): „Mustapha Tlili", in Bonn/Khadda/Mdarhri, 226-32.

GOYTISOLO, Juan (1987): „Le Nord vu du Sud", in: *Lettre internationale* 13.

GRANDGUILLAUME, Gilbert (1983): *Arabisation et politique linguistique au Maghreb*. Paris: Maisonneuve & Larose.

GRASSIN, Jean-Marie (1996): *Littératures émergentes. Emerging Literatures. Actes du XIe Congrès de l'Association Internationale de Littérature Comparée*. Bern et al.: Peter Lang.

GREF, Marion (1989): *Frauen in Algerien. Theorie und Realität aufgezeigt anhand des Code algérien de la famille*. Köln: Pahl-Rugenstein.

GUÉRIN, Jean-Yves (Hg.) (1990): *Albert Memmi. Écrivain et sociologue*. Paris: L'Harmattan.

HADAD, Samy (1998): *Algérie: autopsie d'une crise*. Paris: L'Harmattan.

HADDAD, Malek (1961): *Les zéros tournent en rond*. Paris: Maspero.

HADJADJ, Djillali (1999): *Corruption et démocratie en Algérie*. Paris: La Dispute.

HAMMOUDI, Abdellah (1997): *Master and Disciple. The Cultural Foundations of Moroccan Authoritarianism*. Chicago: University of Chicago Press.

HANOUNE, Louisa (1995): *Une autre voix d'Algerie (entretien avec Ghania Moufok)*. Paris: La Découverte.

HARBI, Mohammed (1975): *Aux origines du F.L.N., populisme révolutionnaire en Algérie*. Paris: Christian Bourgois.

– (1980): *Le F.L.N., mirage et réalité*. Paris: Jeune Afrique.

– (1994): „Enlisement dans une ‚sale guerre'. Voyage au bout des peurs algériennes", in: *Le Monde diplomatique* 482, mai, 3-4.

HARGREAVES, Alec G. (1991a): *Immigration, Race and Ethnicity in Contemporary France*. London: Routledge.

– (1991b): *Voices from the North African Immigrant Community in France. Immigration and Identity in Beur Fiction*. New York/ Oxford: Berg.

– (1992): *La littérature beur. Un guide bio-bibliographique*. New Orleans: CELFAN.

HAYES, Jarrod (2000): *Queer Nations. Marginal Sexualities in the Maghreb*. Chicago/ London: The University of Chicago Press.

HEILER, Susanne (1990): *Der marokkanische Roman französischer Sprache. Zu den Autoren um die Zeitschrift* Souffles *(1966-1972)*. Neue Romania 9, Berlin: Institut für Romanische Philologie der Freien Universität.

– (1992): „D'une ville l'autre, d'une ville à l'autre, l'autre ville. A propos du *Livre d'Étoile* de Gil Ben Aych", in: *Cahier d'études maghrébines* 4, 138-143.

– (1993): „Réflexions théoriques et options esthétiques dans la revue *Souffles* (1966-1972)", in: *Cahier d'études maghrébines* 5, 80-91.

– (1995a): „La mafia mise en texte par Sciascia et Ben Jelloun", in: Bonn, Charles/Rothe, Arnold (Hg.): *Contexte mondial de la littérature maghrébine*. Würzburg: Königshausen & Neumann, 125-134.

– (1995b): „Lazarillo, Guzmán, Ahmed und Driss. Neopikareske Erzähltexte am Rand der marokkanischen Literatur", in: Ruhe, Ernstpeter (Hg.): *Europas islamische Nachbarn. Studien zur Literatur und Geschichte des Maghreb*. Bd. 2, Würzburg: Königshausen & Neumann, 225-244.

– (2000): „Algerisches Quiproquo. Titel und Titelkontext der Kriminalgeschichten Yasmina Khadras", in: Mecke, Jochen/Heiler, Susanne (Hg.): *Titel – Text – Kontext: Randbezirke des Textes*. Berlin: Galda & Wilch, 139-157.

– (2001): „Algerische Schriftstellerinnnen heute: Literatur gegen Fundamentalismus und Gewalt", in: Jekutsch, Ulrike (Hg.): *Selbstentwurf und Geschlecht*. Würzburg: Königshausen & Neumann, 159-171.

HELM, Yolande Aline (Hg.) (2000): *Malika Mokeddem, envers et contre tout*. Paris: L'Harmattan.

HÖLL, Rosemarie M. (1979): *Die Stellung der Frau im zeitgenössischen Islam, dargestellt am Beispiel Marokkos*. Frankfurt a.M./ Bern: P. Lang.

HORNUNG, Alfred/RUHE, Ernstpeter (Hg.) (1992): *Autobiographie & Avantgarde. Alain Robbe-Grillet, Serge Doubrovsky, Rachid Boudjedra, Maxine Hong Kingston, Raymond Federman, Ronald Sukenick*. Tübingen: Narr.

– (1998): *Postcolonialisme & Autobiographie. Albert Memmi, Assia Djebar, Daniel Maximin*. Amsterdam/Atlanta: Rodopi.

HUSTON, Nancy/SEBBAR, Leïla (1986): *Lettres parisiennes. Autopsie de l'exil*. Paris: Bernard Barrault.

HUUGHE, Lawrence (1991): *Écrits sous le voile. Romancières algériennes francophones, écriture et identité*. Paris: Publisud.

IBARHIMI, Taleb (1973): *De la décolonisation à la révolution naturelle*. Alger: SNED.

IDOUSS, Khalid (2003): *Le rêve dans le roman marocain de langue française*. Paris: L'Harmattan.

JAMIN-MEHL, Ulrike (2003): *Zwischen oraler Erzähltradition und modernem Schreiben. Autoreflexive Elemente im marokkanischen Roman französischer Sprache*. Frankfurt a.M.: IKO.

JOURDA, Pierre (1939): *L'exotisme dans la littérature française depuis Chateaubriand*, Bd. 2, Paris: PUF.

JURT, Joseph (1995): *Das literarische Feld. Das Konzept Pierre Bourdieus in Theorie und Praxis*. Darmstadt: Wissenschaftliche Buchgesellschaft.

– (Hg.) (1997a): *Algérie, France, Islam.* Paris: L'Harmattan.

– (1997b): „Albert Camus et l'Algérie", in: ders. 1997a, 97-109.

KADRA-HADJADJI, Houaria (1986): *Contestation et révolte dans l'œuvre de Chraïbi.* Paris: Publisud.

KAMAL-TRENSE, Nadia (1998): *Tahar Ben Jelloun, l'écrivain des villes.* Paris: L'Harmattan.

KÄSTNER, Hartmut (1981): *Phonetik und Phonologie des modernen Hocharabisch.* Leipzig: VEB Verlag.

KAZI-TANI, Nora-Alexandra (1995): *Roman africain de langue française au carrefour de l'écrit et de l'oral (Afrique noire et Maghreb).* Paris: L'Harmattan.

KEBIR, Sabine (1993): *Zwischen Traum und Alptraum. Algerische Erfahrungen.* Düsseldorf/Wien/New York/Moskau: Econ.

KEIL, Regina (Hg.) (1989a): *Hanîn. Prosa aus dem Maghreb.* Heidelberg: Wunderhorn.

– (1989b): „Le mot disait séparation. Maghreb et modernité chez Habib Tengour", in: *Cahier d'études maghrébines* 1, 67-76.

– (1991): „Notizen zur marokkanischen Literatur französischer Sprache und ihrer Rezeption", in: *Wuqûf. Beiträge zur Entwicklung von Staat und Gesellschaft in Nordafrika* 4/5, 315-342.

– (2003): „«La vibration de la trace...» Évolution et continuité dans *Le Poisson de Moïse*", in: Yelles, 155-194.

KHADDA, Naget (1986): *Mohammed Dib, romancier: esquisse d'un itinéraire.* Alger: OPU.

– (1987): *(En)jeux culturels dans le roman algérien de langue française.* Thèse d'État, Université Paris III, 5. Bde.

– (1988): „L'allégorie de la féminité", in: *Peuples méditerranéens* 44-45, 73-88.

– (1991): *Représentation de la féminité dans le roman algérien de langue française.* Alger: OPU.

– (Hg.) (1995): *L'honneur de la tribu de Rachid Mimouni. Lectures algériennes.* Paris: L'Harmattan.

– /SIBLOT, Paul (Hg.) (1996): *Alger. Une ville et ses discours.* Montpellier: Université Paul Valéry.

– (1999): „Naissance du roman algérien dans l'Algérie coloniale: un royal bâtard", in: Durand, Jean-François (Hg.), *Regards sur les littératures coloniales. Afrique francophone: Découverte*, Bd. 1, Paris, 103-123.

– (2003a): *Mohamed Dib.* Paris: Edisud.

– (2003b): *Mohammed Dib. Les lieux de l'écriture.* Alger: Djazaïr.

KHADER, Bichara (2001): *Le partenariat euro-méditerranéen vu du Sud.* Paris: L'Harmattan.

KHAÏR-EDDINE, Mohammed (1998): *Les temps des refus. Entretiens 1966-1995. Réunis et présentés par Abdellatif Abboubi.* Paris: L'Harmattan.

KHATIBI, Abdelkébir (1969): *Le roman maghrébin.* Paris: Maspero.

– (1982): „De la bi-langue", in: *Écritures*, Paris: Le Sycomore.

– (1983): *Maghreb pluriel.* Paris: Denoël.

KHOURY, Raif Georges (1993): *Der Islam. Religion, Kultur, Geschichte.* Mannheim/Leipzig/Wien/Zürich: BI-Taschenbuchverlag.

KILITO, Abdelfattah (1983): *Les Séances. Récits et codes culturels chez Hamadhânî et Harîrî.* Paris: Sindbad.

KIRSCH, Fritz Peter (1992): „La civilisation et la barbarie. Considérations sur les rapports entre les littératures de langue française", in: *Cahiers francophones d'Europe centre-orientales* 2, 37-56.

– (2000): *Epochen des französischen Romans.* Wien: WUV.

KLEIN, Judith (1990): „La littérature judéo-maghrébine de langue française", in: *Présence francophone* 36, 115-129.

– (1998): *,Der feine Sand des Gedächtnisses'. Jüdisch-maghrebinische Literatur der Gegenwart.* Hamburg: EVA/Rotbuch.

KLEINHANS, Martha (1993): „Die Schöpfung des Ich", in: Ruhe, 171-191.

KNAB, Janina (1993): „Emblematik der Spirale. *La prise de Gibraltar*", in: Ruhe, 91-109.

KOM, Ambroise (2000): *La malédiction francophone. Défis culturels et condition postcoloniale en Afrique.* Münster/Hamburg/London: LIT.

KOVAČ, Nikola (2002): *Le roman politique.* Paris: Éds. Michalon.

KRISTEVA, Julia (1988): *Étrangers à nous-mêmes.* Paris: Fayard.

KROLL, Renate/ZIMMERMANN, Margarete (Hg.) (1995): *Feministische Literaturwissenschaft in der Romanistik: theoretische Grundlagen – Forschungsstand – Neuinterpretationen.* Stuttgart/Weimar: Metzler.

– (Hg.) (1999): *Gender Studies in den romanischen Literaturen: Revisionen, Subversionen.* 2 Bde., Frankfurt a.M.: Dipa-Verlag.

KÜHNEL, Roland (1995): *Die sprachliche Situation an Hochschulen des Maghreb und die offizielle Sprachpolitik. Eine soziolinguistische Untersuchung.* Frankfurt a.M. et al.: Peter Lang.

LAÂBI, Abdellatif (1998): „L'écriture et le choix des questions", in: *Le Maghreb littéraire* 3, 77-92.

LACOSTE, Camille (1965): *Traductions de légendes et contes merveilleux de la grande Kabylie recueillis par Auguste Mouliéras.* Paris: Paul Geuthner.

– /LACOSTE, Yves (Hg.) (1991): *L'état du Maghreb.* Paris: La Découverte.

LAFUENTE, Gilles (2000): *La politique berbère de la France et le nationalisme marocain.* Paris: L'Harmattan.

LAMCHICHI, Abderrahim (1989): *Islam et contestation au Maghreb.* Paris: L'Harmattan.

– (1991): *L'Algérie en crise. Crise économique et changements politiques.* Paris: L'Harmattan.

– (1992): *L'islamisme en Algérie.* Paris: L'Harmattan.

– (1994): *Islam, islamisme et modernité.* Paris: L'Harmattan.

– (1998): *Le Maghreb face à l'islamisme. Le Maghreb entre tentations autoritaires, essor de l'islamisme et demandes démocratiques.* Paris: L'Harmattan.

– (2001): *L'islamisme politique.* Paris: L'Harmattan.

LAMLOUM, Olfa/RAVENEL, Bernard (Hg.) (2002): *La Tunisie de Ben Ali. La société contre le régime*. Paris: L'Harmattan.

LANASRI, Ahmed (1995): *La littérature algérienne de l'entre-deux-guerres. Genèse et fonctionnement*. Paris: Publisud.

LARONDE, Michel (1993): *Autour du roman beur. Immigration et Identité*. Paris: L'Harmattan.

– (1994): „Métissage et texte beur", in: *Plurial* 4, 101-121.

– (1995): „Stratégies rhétoriques du discours décentré", in: Bonn, Bd. 1, 29-39.

– (Hg.) (1996): *L'écriture décentrée*. Paris: L'Harmattan.

LAROUI, Abdallah (1975): *L'Histoire du Maghreb. Un essai de synthèse*. 2 Bde. Paris: Maspero.

LAROUI, Fouad (1997): „De l'inconvénient d'être marocain", in: *Jeune Afrique* 1893, 37.

LAZREG, Mounia (1994): *The Eloquence of Silence. Algerian Women in Question*. New York/London: Routledge.

LEBEL, Roland (1936): *Les voyageurs français du Maroc*. Paris: Larose.

– (1956): *Le Maroc dans les lettres d'expression française*. Paris: Éds. Universitaires.

LEGGEWIE, Klaus (1979): *Siedlung, Staat und Wanderung. Das französische Kolonialsystem in Algerien*. Frankfurt a.M.: Peter Lang.

LEQUIN, Marie/ VERTHNY, Maïr (1996): *Multi-culture, multi-écriture. La voix migrante au féminin en France et au Canada*. Paris: L'Harmattan.

LÉVY, Armand (1995): *Il était une fois les Juifs marocains. Témoignage et histoire de la vie quotidienne*. Paris: L'Harmattan.

LIAUZU, Claude (2002): *Passeurs de rives. Changements d'identité dans le Maghreb colonial*. Paris: L'Harmattan.

LINARES, Immaculada (Hg.) (1996): *Littératures francophones*. València: Universitat de València.

LOWE, Lisa (1993): „Literary Nomadics in Francophone Allegories of Postcolonialism: Pham Van Ky and Tahar Ben Jelloun", in: *Yale French Studies* 1.82, 43-61.

LUGAN, Bernard (1992): *Histoire du Maroc. Des origines à nos jours*. Paris: Critérion.

LUTHI, Jean-Jacques/VIATTE, A. et al. (Hg.) (1986): *Dictionnaire général de la francophonie*. Paris: Letouzey & Ané.

LYOTARD, Jean-François (1979): *La condition postmoderne*. Paris: Minuit.

MADELAIN, Jacques (1983): *L'errance et l'itinéraire. Lecture du roman maghrébin de langue française*. Paris: Sindbad.

MAHER, Vanessa (1984): „Mutterschaft und Mortalität. Zum Widerspruch der Frauenrollen in Marokko", in: Medick, Hans/Sabean, David (Hg.): *Emotionen und materielle Interessen*. Göttingen: Vandenhoeck & Ruprecht, 143-178.

MAJUMDAR, Margaret A. (Hg.) (2002): *Francophone Studies. The Essential Glossary*. London: Arnold.

MALKA, Victor (1984): *La mémoire brisée des Juifs au Maroc*. Paris: Éd. Entente.

MARTIN, Jean-François (1993): *Histoire de la Tunisie contemporaine. De Ferry à Bourguiba (1881-1956)*. Paris: L'Harmattan.

MARTINEZ, Luis (1998): *La guerre civile en Algérie*. Paris: Karthala.

MARTINI, Lucienne (1997): *Racines de papier. Essai sur l'expression littéraire de l'identité pieds-noirs*. Paris: Publisud.

MARZOUKI, Ilhem (1993): *Le mouvement des femmes en Tunisie au XXe siècle*. Paris: Maisonneuve & Larose.

MATTES, Hanspeter (1991): „Tanger. Facetten einer Stadt in Geschichte, Gegenwart und Zukunft", in: *Wuqûf. Beiträge zur Entwicklung von Staat und Gesellschaft in Nordafrika*, 4-5, 'Marokko', 245-304.

MATUSCHEK, Stefan (1998): *Literarische Spieltheorie. Von Petrarca bis zu den Brüdern Schlegel*. Heidelberg: C. Winter.

MAYER, Linda (1998): „Inspektor Ali ermittelt. Driss Chraïbi und der franco-marokkanische Krimi", in: Pöppel, Hubert (Hg.): *Kriminalromania*, Tübingen: Stauffenburg, 181-198.

MDARHRI-ALAOUI, Abdallah (1989): *Narratologie: Théorie et analyses énonciatives du récit. Application aux textes marocains*. Rabat: Éd. Okad.

– (1995a): „Interculturel et littérature beur", in: BENCHEIKH, Mustapha/ DEVELOTTE, Christine (Hg.): *L'interculturel: réflexion pluridisciplinaire*. Paris: L'Harmattan, 135-143.

– (1995b): „Place de la littérature *beur* dans la production franco-maghrébine", in: Bonn, Bd. 1, 41-50.

MEDDEB, Abdelwahab (2002): *Die Krankheit des Islam*. Heidelberg: Wunderhorn.

MEMMES, Abdallah (1994): *Abdelkébir Khatibi: l'écriture de la dualité*. Paris: L'Harmattan.

MEMMI, Albert (1957): *Portrait du colonisé précédé du Portrait du colonisateur*. Paris: Buchet-Chastel.

– (1985): *Écrivains francophones du Maghreb. Anthologie*. Paris: Seghers.

MERINI, Rafika (1999): *Two Major Francophone Women Writers, Assia Djebar and Leïla Sebbar*. New York/Washington et al.: Peter Lang.

MERINO, Leonor (2001): *Encrucijada de Literaturas Magrebíes*. Valencia: Centro Francisco Tomás y Valiente/UNED Alzira.

MERNISSI, Fatima (1983): *Le Maroc raconté par ses femmes*. Rabat: SNED.

– (1986): *Doing Daily Battle: Interviews with Morrocan Women*. London: Women's Press.

– (1991): *Geschlecht, Ideologie, Islam*. München: Verlag Antje Kunstmann.

– (1993): *Islam and Democracy. Fear of the Modern World*. London: Virago.

– (2001): *Scheherazade goes West. Different Cultures, Different Harems*. New York: Washington Square Press.

– (2004)*: Les Sindbads marocains. Voyage dans le Maroc civique*. Rabat: Marsam.

M'HENNI, Mansour (1993): *Tahar Ben Jelloun. Stratégies d'écriture*. Paris: L'Harmattan.

– (1996): „Fawzi Mellah", in: Bonn/Khadda/Mdarhri, 239-243.

MIÈGE, Jean-Louis (1961-63): *Le Maroc et l'Europe (1830-1894)*. 4 Bde. Paris: PUF.

MILIANI, Hadj (1999): „Le roman policier algérien", in: Bonn/Boualit, 104-117.

MIMOUNI, Rachid (1992): *De la barbarie en général et de l'intégrisme en particulier*. Paris: Le Pré aux clercs.

MITTERAND, Henri (Hg.) (1995): *Dictionnaire des œuvres du 20ᵉ siècle. Littératures française et francophone*. Paris: Bordas.

MOATASSIME, Ahmed (1992): *Arabisation et langue française au Maghreb. Un aspect sociolinguistique des dilemmes du développement*. Paris: PUF.

MORSLY, Dalila (1988): *Le français dans la réalité algérienne*. Thèse de Doctorat d'État, Université Paris V.

MORTIMER, Mildred (1988): *Assia Djebar*. Philadelphia: Celfan Monographs.

– (1990): *Journeys: A Study of the Francophone Novel in Africa*. Portsmouth: Heinemann.

MOULIÉRAS, Auguste (1987): *Les fourberies de Si Djeh'a. Contes kabyles*. Paris: La Boîte à Document.

MOURA, Jean-Marc (1992): *L'image du tiers monde dans le roman français contemporain*. Paris: PUF.

– (1999): *Littératures francophones et théorie postcoloniale*. Paris: PUF.

MOUZOUNI, Lahzen (1984): *Réception critique d'Ahmed Sefrioui. Esquisse d'une lecture sémiologique du roman marocain de langue française*. Casablanca: Afrique-Orient.

– (1987): *Le roman marocain de langue française*. Paris: Publisud.

MÜHLMANN, Wilhelm E. (1961): *Chiliasmus und Nativismus*. Berlin: D. Reimer.

MÜLLER, Harro (1983): *Geschichte zwischen Kairos und Katastrophe. Historische Romane im 20. Jahrhundert*. Frankfurt a.M.: Athenäum.

NACHIT, Rachida (1997): *Literarische Bilder von Marokko. Darstellungsformen in deutschen Übersetzungen marokkanischer Autoren und in deutschsprachiger Literatur*. Münster/New York et al.: Waxmann.

NAGEL, Tilman (1983): *Der Koran. Einführung – Texte – Erläuterungen*. München: C.H. Beck.

NELL, Werner (1997): „Zur Begriffbestimmung und Funktion einer Literatur von Migranten", in: Amirsedghi/Bleicher, 34-48.

NESROULAH, Yous (2000): *Qui a tué à Bentalha? Algérie. Chronique d'un massacre annoncé*. Paris: La Découverte/Syros.

NESTVOGEL, Renate (1985): *Bildung und Gesellschaft in Algerien. Anspruch und Wirklichkeit*. Hamburg: Institut für Afrikakunde.

NISBET, Anne-Marie (1982): *Le personnage féminin dans le roman maghrébin de langue française des indépendances à 1980*. Sherbrooke: Naaman.

NOIRAY, Jacques (1996): *Littératures francophones. Le Maghreb*. Paris: Belin.

NOLIN, Corinne (1998): „Nomadisme et généalogie: Albert Memmi ou la condition postmoderne", in: Hornung/Ruhe, 35-51.

NOVÈN, Bengt (1996): *Les mots et le corps. Étude des procès d'écriture dans l'œuvre de Tahar Ben Jelloun.* Uppsala: Acta Universitatis Upsaliensis.

OFTE, Vigdis (1999): „Nation et genre dans *Nedjma* de Kateb Yacine", in: *Narcisse* 18, 266-96.

OUHIBI-RHASSOUL, Bahia Nadia (1999): „L'écriture dans l'œuvre de Boudjedra", in: Gafaïti, 79-108.

PANTUČEK, Svetozár (1974): *Tunesische Literaturgeschichte.* Wiesbaden: Harassowitz.

PENNELL, C. Richard (2000): *Morocco since 1830. A History.* London: Hurst & Company.

PERRAULT, Gilles (1990): *Notre ami le roi.* Paris: Gallimard.

RAMONET, Ignacio (1994): „Hurlante Algérie", in: *Le Monde diplomatique* 479, fév., 1.

RANDAU, Robert (1911): *Les Algérianistes.* Paris: Sansot.

RAYBAUD, Antoine (1984): „Le travail du poème dans le roman maghrébin: l'exemple du *Champ des oliviers* de Nabile Farès", in: *Itinéraires et contacts des cultures* 4-5, 105-145.

REBOULLET, André/TÉTU, Michel (Hg.) (1977): *Guide culturel. Civilisations et littératures d'expression française.* Paris: Hachette.

REDOUANE, Najib (Hg.) (2000): *Autour des écrivains meghrébins. Rachid Mimouni.* Toronto: Éds. de la Source.

– (2001): *Rachid Mimouni: entre littérature et engagement.* Paris: L'Harmattan.

– (2003): *Tahar Bekri.* Paris: L'Harmattan.

– (2005): „Errance sexuelle et contestation dans *Le voile mis à nu* de Badia Hadj Nasser", in: *International Journal of Francophone Studies* Vol. 2, Issue 3.

– /BENAYOUN-SZMIDT, Yvette/ELBAZ, Robert (Hg.) (2003): *Malika Mokkedem.* Paris: L'Harmattan.

REISINGER, Roman (2000): *Die Autobiographie der Kindheit in der französischen Literatur. ‚A la recherche de l'enfance perdue' im Lichte einer Poetik der Erinnerung.* Tübingen: Stauffenburg.

REZZOUG, Simone (1984): „Écritures féminines algériennes. Histoire et société", in: *The Maghreb Review* 3-4, 86-89.

RIAD, Zohra (1999): „Rachid Boudjedra et Assia Djebar écrivent l'Algérie du temps présent", in: Bonn/Boualit, 61-68.

ROBLÈS, Emmanuel (1995): *Camus, frère de soleil.* Paris: Seuil 1995.

ROCHE, Anne (1984): „Le desserrage des structure romanesques dans *Le champ des oliviers* de Nabile Farès et *Talismano* d'Abdelwahab Meddeb", in: *Itinéraires et contacts des cultures* 4-5, 147-171.

– (1985): „Intertextualité et paragrammatisme dans *Talismano* d'Abdelwahab Meddeb. Traces d'un dialogue entre cultures?", in: *Peuples méditerranéens* 30, 23-31.

ROTHE, Arnold (1989): „Moi l'aigre. Roman marocain et autobiographie", in: Calle-Gruber, Mireille/Rothe, Arnold (Hg.): *Autobiographie und Biographie. Colloque de Heidelberg.* Paris: Nizet, 129-147.

– (1994): „Espaces féminins dans la littérature maghrébine d'expression française", in: Krauß, Henning (Hg.): *Offene Gefüge. Literatursystem und Lebenswirklichkeit. Festschrift für Fritz Nies zum 60. Geburtstag.* Tübingen: Narr, 165-196.

– (1996): „L'enfant de sable de Tahar Ben Jelloun. Traditions séfarade et orientale?", in: *Ici et ailleurs: le dixhiutième siècle au présent.* Tokyo, 465-475.

– (1999): „Littérature et migration. Les Maghrébins en France, les Turcs en Allemagne", in: Ruhe, 27-52.

ROUADJIA, Ahmed (1994): *Grandeur et décadence de l'État algérien.* Paris: Karthala.

ROY, Jules (1960): *La guerre d'Algérie.* Paris: Julliard.

RUF, Werner (2002): „Tunesien: Die Diktatur erhält Verfassungsrang", in: *Inamo* 31, 44-46.

RUHE, Cornelia (2004): *La cité des poètes. Interkulturalität und urbaner Raum.* Würzburg: Königshausen & Neumann.

RUHE, Doris (1998): „Le scorpion en phénix", in: Hornung/ Ruhe, 53-67.

RUHE, Ernstpeter (1989): „Erzählen nach der Avantgarde. Rachid Boudjedras Weiterentwicklung des modernen Romans", in: *Cahier d'études maghrébines* 1, 53-66.

– (1992) „Le moi macéré: autobiographie et avant-garde selon Rachid Boudjedra", in: Hornung, Alfred/Ruhe, Ernstpeter (Hg.): *Autobiographie & avantgarde. Alain Robbe-Grillet, Serge Doubrovsky, Rachid Boudjedra, Maxine Hong Kingston, Raymond Federman, Ronald Sukenick.* Tübingen: Narr, 171-181.

– (Hg.) (1993): *Europas islamische Nachbarn. Studien zur Literatur und Geschichte des Maghreb,* Bd. 1. Würzburg: Königshausen & Neumann.

– (Hg.) (1995): *Europas islamische Nachbarn. Studien zur Literatur und Geschichte des Maghreb,* Bd. 2. Würzburg: Königshausen & Neumann.

– (Hg.) (1999): *Die Kinder der Immigration. Les enfants de l'immigration.* Würzburg: Königshausen & Neumann.

– (Hg.) (2001): *Assia Djebar.* Würzburg: Königshausen & Neumann.

SAAD, Mohammed/MAJUMDAR, Margaret (2005): *Transition and Development. Pattern, Challenges and Implications of Change in Algeria.* Bristol: Intellect.

SAÏD, Edward (1980): *L'Orientalisme. L'Orient créé par l'Occident.* Paris: Seuil.

SAIGH BOUSTA, Rachida (1992): *Lecture des récits de Tahar Ben Jelloun.* Casablanca: Afrique Orient.

SALHA, Habib (1992): *Poétique maghrébine et intertextualité.* Tunis: Publications de la Faculté des Lettres de la Manouba.

SARTRE, Jean-Paul (1964): „Le colonialisme est un système", in: ders.: *Situations V.* Paris: Gallimard, 25-48.

SCHARFMAN, Ronnie (1998): „Fragments, traces, empreintes. L'Impossible autobiographie judéo-maghrébine d'Emond El Maleh et Michel Valensi", in: Hornung/Ruhe, 73-85.

SCHÖPEL, Mariannick (2000): *Les écrivains francophones du Maghreb*. Paris: Ellipses.

SCHOUSBOË, Elisabeth (1991): *Albert Bensoussan*. Paris: L'Harmattan.

SEBAG, Paul (1991): *Histoire des Juifs de Tunisie. Des origines à nos jours*. Paris: L'Harmattan.

SEBTI, Fadela (1993): *Vivre musulmane au Maroc. Guide des droits et obligations de la femme marocaine*. Casablanca: Le Fennec.

SEFRIOUI, Ahmed (1971): „Les milieux traditionnels qui m'ont servi de champ d'observation", in: Naaman, Antoine (Hg.): *Le roman contemporain d'expression française*. Sherbrooke: Naaman, 255-265.

– (1971): „Le roman marocain" in: *Présence francophone* 3, 52-58.

SEGARRA, Marta (1997): *Leur pesant de poudre: romancières francophones du Maghreb*. Paris: L'Harmattan.

SEIDENFADEN, Eva (1991): *Ein kritischer Mittler zwischen zwei Kulturen: Der marokkanische Schriftsteller Driss Chraïbi und sein Erzählwerk*. Bonn: Romanistischer Verlag.

SIBLOT, Paul (1992): „Impasses et non-sens des villes d'Algérie chez Camus", in: *Cahier d'études maghrébines* 4, 159-167.

SIBONY, Daniel (1983): *La Juive. Une transmission de l'insconscient*. Paris: Grasset.

– (1985): *Jouissance du dire. Nouveaux essais sur une transmission de l'inconscient*. Paris: Grasset.

SIMLINGER, Edith (1982): *Zwischen Entfremdung und Engagement. Studien zu den Romanen und Essays von Albert Memmi*. Wien: Diss.

SOUKEHAL, Rabah (2003): *Le roman algérien de langue française*. Paris: Publisud.

SPILLER, Roland (1997): „Die französischsprachigen Gegenwartsliteraturen des Maghreb", in: *Kritisches Lexikon der fremdsprachigen Gegenwartsliteraturen*, 43. Nlg., 1-33.

– (1998): „Tahar Ben Jelloun", in: *Kritisches Lexikon zur fremdsprachigen Gegenwartsliteratur* 11, 1-14.

– (1999): „Écrire le moi", in: Bremer, Thomas/ Heymann, Jochen (Hg.): *Sehnsuchtsorte. Festschrift für Titus Heydenreich*. Tübingen: Stauffenburg, 403-419.

– (2000): *Tahar Ben Jelloun. Schreiben zwischen den Kulturen*. Darmstadt: Wiss. Buchgesellschaft.

– (2004): „Geschlechter zwischen Utopie und Heterotopie. Tahar Ben Jellouns *Sohn ihres Vaters* und *Die Nacht der Unschuld*", in: Neuwith, Angelika/Pflitsch, Andreas/Winckler, Barbara (Hg.): *Arabische Literatur, postmodern*. München: Edition Text + Kritik, 303-316.

SRAÏEB, Noureddine (1967): „L'enseignement en Tunisie", in: *Annuaire de l'Afrique du Nord*, 45-114.

– (2000): „Le Collège Sadiki: Histoire d'une institution", in: Alexandropoulos/ Cabanel, 287-317.

STOLZ, Peter (1988): „Prix Goncourt 1987: Tahar Ben Jellouns langer Marsch von *Harrouda* (1973) zu *La nuit sacrée* (1987)", in: *Neue Romania* 7, 109-130.

– (1993): „Phänomenologie des bikulturellen Lebens. Ein Roman des ‚entre-deux-cultures' von Tahar Ben Jelloun", in: *Neue Romania* 14, 377-394.

– (1994): „Bauelemente des französischen Romans der 80er Jahre am Beispiel ausgewählter Romane von Philippe Sollers und Tahar Ben Jelloun", in: Asholt, Wolfgang (Hg.): *Intertextualität und Subversivität. Studien zur Romanliteratur der achtziger Jahre in Frankreich.* Heidelberg: Winter, 111-136.

STORA, Benjamin (1991a): *La gangrène et l'oubli, la mémoire de la guerre d'Algérie.* Paris: La Découverte.

– (1991b): *Histoire de l'Algérie coloniale (1830-1854).* Paris: La Découverte.

– (1993): *Histoire de la guerre d'Algérie (1954-1962).* Paris: La Découverte.

– (1994): *Histoire de l'Algérie depuis l'indépendance.* Paris: La Découverte.

– (1998): *Algérie, formation d'une nation.* Biarritz: Atlantica.

– (1999a): *Le transfert d'une mémoire.* Paris: La Découverte.

– (1999b) /ELLYAS, Akram: *Les 100 portes du Maghreb.* Paris: Éds. de l'Atelier/Éds. Ouvrières.

– (2001): *La guerre invisible. Algérie, années 90.* Paris: Presses de Sciences Po.

STRELKA, Joseph P. (1983): *Exilliteratur. Grundprobleme der Theorie. Aspekte der Geschichte und Kritik.* Bern/Frankfurt a.M./New York: Peter Lang.

STRIKE, Joëlle (2003): *Albert Memmi, autobiographie et autographie.* Paris: L'Harmattan.

TAMM, Sabine (1998): *Secret du secret dans le silence du rêve dans le rêve. Traumerzählungen in den Romanen* L'enfant de sable *und* La nuit sacrée *von Tahar Ben Jelloun.* Frankfurt a.M. et al.: Peter Lang.

TENGOUR, Habib (1981): „Le surréalisme maghrébin", in: *Peuples méditerranéens* 17, 77-81.

TENKOUL, Abderrahmane (1985): *Littérature marocaine d'écriture française. Essais d'analyse sémiotique.* Casablanca: Éd. Afrique-Orient.

TERMITE, Marinella (2002): *L'écriture à la deuxième personne. La voix ataraxique de Jean-Marie Laclavetine.* Bern et al.: Peter Lang.

TÉTU, Michel (1987): *La francophonie.* Montréal: Guérin.

– (1988): *La francophonie. Histoire, porblématiques, perspectives.* Paris: Hachette.

TODD, Olivier (1999): *Albert Camus. Ein Leben.* Reinbek: Rowohlt.

TOLANSKY, Ethel (1993): „Hédi Bouraoui: la véritable rencontre de l'Autre", in: *Bulletin of Francophone Africa* 3, 62-71.

TOSO RODINIS, Giuliana (Hg.) (1991): *Le banquet maghrébin. Ouvrage collectif.* Roma: Bulzoni.

– (Hg.) (1978): *Le rose del deserto. Saggi e testimonianze di poesia magrebina contemporanea d'espressione francese.* Bologna/Padova: Pàtron.

– (1993): „Le *nostos* d'Ulysse d'Habib Tengour", in: Antoine, 297-308.

– (1994): *Fêtes et défaites d'éros dans l'œuvre de Rachid Boudjedra*. Paris: L'Harmattan.

TOUMA, Marlyn (1998): „Treffpunkt im Kulturzentrum. Die autonome Frauenbewegung in Tunesien", in: *Frankfurter Rundschau* 24.10., ZB5.

TOUMI, Alek Baylee (2002): *Maghreb Divers. Langue française, langues parlées, littératures et représentations des Maghrébins, à partir d'Albert Memmi et de Kateb Yacine*. New York et al.: Peter Lang.

TOUMI, Mohsen (1982): *Le Maghreb*. Paris: PUF.

TRIDI, Rachid (1992): *Algérie en quelques maux. Autopsie d'une anomie*. Paris: L'Harmattan.

VERHEYEN, Gunther (1993): „Tahar Ben Jellouns Aufbruch in die Weltliteratur. Einige Gedanken zu *L'enfant de sable* und *La nuit sacrée*", in: *Französisch heute* 3, 267-280.

– (1996): *Ein literarisches Engagement für Algerien. Das schriftstellerische Werk Rachid Mimounis*. Frankfurt a.M. et al.: Peter Lang.

WAHBI, Hassan (1995): *Les mots du monde. Khatibi et le récit*. Rabat: Arabian Al Hilal.

WALTER, Helga (1990): *Widerschein Afrikas. Zu einer algerischen Literaturgeschichte. Themen und Motive*. Wiesbaden: Harrassowitz.

WALTHER, Wiebke (1996): „Die Frau im Islam heute", in: Ende, Werner/ Steinbach, Udo (Hg.): *Der Islam in der Gegenwart*, München: C.H. Beck, 604-629.

WINKELMANN, Esther (2000): *Assia Djebar – Schreiben als Gedächtnisarbeit*. Bonn: Pahl-Rugenstein.

YEDES, Ali (1999): „Le réel et le fictif dans *La vie à l'endroit* de Rachid Boudjedra", in: Gafaïti, 139-165.

YELLES, Mourad (Hg.) (2003): *Habib Tengour ou l'ancre et la vague*. Paris: Karthala.

YÉTIV, Isaak (1982): *Le thème de l'aliénation dans le roman maghrébin d'expression française*. Sherbrooke: Naaman.

YOUS, Nesroula (2000): *Qui a tué à Bentalha?* Paris: La Découverte.

ZAFRANI, Haïm (1983): *Mille ans de vie juive au Maroc. Histoire et culture, religion et magie*. Paris: Maisonneuve & Larose.

ZAHRAOUI, Saïd (2000): *Entre l'horreur et l'espoir. 1990-1999. Chronique de la nouvelle guerre d'Algérie*. Paris: Robert Laffont.

ZELICHE, Mohammed-Salah (2005): *L'écriture de Rachid Boudjedra*. Paris: Karthala.

Autorenregister

Werkregister

narr studienbücher

Hans-Jürgen Lüsebrink /
Klaus Peter Walter / Ute Fendler /
Georgette Stefani-Meyer /
Christoph Vatter

Französische Kultur- und Medienwissenschaft

Eine Einführung

narr studienbücher, 2004, VI, 261 Seiten,
€ 22,90/SFr 40,10
ISBN 3-8233-4963-5

Ziel des Bandes ist es, eine auf den Kulturraum Frankreich spezifizierte Einführung in die Medienkunde zu geben, die die Vermittlung der wichtigsten theoretischen Grundlagen und eines Analyseinstrumentariums mit der Veranschaulichung durch konkrete Fallstudien und Demonstrationsbeispiele verbindet. Die systematische Darstellung soll Studienanfängern im Bereich der Landes- und Medienkunde und der immer mehr an Bedeutung gewinnenden interkulturellen Studien eine solide und leicht fassliche Überblicksdarstellung an die Hand geben.

Aus dem Inhalt:

Teil I: Theoretische und methodische Grundlagen
Französische Kultur- und Medienwissenschaft: systematische und historische Dimensionen (Hans-Jürgen Lüsebrink); Grundbegriffe der Semiotik (Georgette Stefani-Meyer)

Teil II: Kulturelle Medien und Gattungen
Printmedien (Georgette Stefani-Meyer); Hörfunk (Klaus Peter Walter); Kino und Spielfilm (Klaus Peter Walter); Fernsehen (Klaus Peter Walter); Semi-Oralität (Hans-Jürgen Lüsebrink); Intermedialität (Ute Fendler); Neue Medien: Internet und Multimedia (Christoph Vatter)

Nachwort. Herausforderungen und Perspektiven einer französischen Kultur- und Medienwissenschaft (Ute Fendler / Christoph Vatter)

 **Narr Francke Attempto Verlag**
Postfach 2567 · D-72015 Tübingen · Fax (07071) 75288

Narr Studienbücher

Peter Fröhlicher

Theorie und Praxis der Analyse französischer Texte

Eine Einführung

narr studienbücher, 2004, X, 294 Seiten,
€ 26,90/SFr 47,10
ISBN 3-8233-4977-5

Anhand von Beispielen aus verschiedenen Epochen und Gattungen werden zentrale Fragen der literarischen Analyse behandelt, wie Repetition und Differenz, Figurativität und Narrativität, Beziehung von *énoncé* und *énonciation*. Nach dem Prinzip *learning by doing* sollen die vorgeschlagenen Verfahren zu einer kreativen Auseinandersetzung mit literarischen Texten anregen.

Aus dem Inhalt:
Formale und inhaltliche Wiederholungsmuster – zwei Gedichte von Paul Verlaine; Vom Parallelismus zur Analogie – Victor Hugo, *Les Contemplations*; Gesellschaftliche und dichterische Werte – Baudelaire, *Les Fleurs du mal*; Figurative und abstrakte Kohärenz – Paul Eluard, "Le mur"; Ästhetische Erfahrung im Akt der Lektüre – Gedichte von Philippe Jaccottet; Funktionen des Parallelismus in Erzähltexten – Villiers de l'Isle-Adam, "à s'y méprendre!"; Analyse der Erzählhandlung – Ehebruch bei Tallemant des Réaux und Marguerite de Navarre; Von der Konstitution des Subjekts zur Handlung – Corneille, *Cinna*; Konstitution der Figurenidentität im Drama – Victor Hugo, *Hernani*; Vertragliche und polemische Interaktion in einer Romanszene – Zola, *Germinal*; Zur Performativität des literarischen Texts – Fabeln von La Fontaine; Lektüreprozesse im literarischen Text – Guy de Maupassant, *Une vie*; Von den Teilen zum Ganzen – Claude Simon, *La Route des Flandres*

 Narr Francke Attempto Verlag
Postfach 2567 · D-72015 Tübingen · Fax (07071) 75288

Narr Studienbücher

Norbert Greiner

Übersetzung und Literaturwissenschaft

Grundlagen der
Übersetzungsforschung
Band I

narr studienbücher, 2004, 173 Seiten,
€ 17,90/SFr 31,70
ISBN 3-8233-6074-4

Einleitend setzt sich der Band mit der Ontologie eines übersetzten sprachlichen Kunstwerks auseinander. Er zeigt, wie
unterschiedliche Kulturen und Epochen je nach den vorherr-
schenden ästhetischen Parametern Übersetzungen bewertet
und Übersetzungskonzepte und -methoden angeregt haben. In
einem weiteren Teil wird die Entwicklung der Übersetzungsforschung im 20. Jahrhundert dargestellt, soweit sie sich auf literarische Texte bezog. Die maßgeblichen Fragestellungen und
Ergebnisse werden in jeweils eigenen Fallstudien erläutert, die
so gewählt sind, dass sich zugleich ein kulturhistorischer Hori-
zont öffnet, der die historische und ästhetische Leistung des
Übersetzens und der Übersetzung im intertextuellen und interkulturellen Beziehungssystem bezeugt.

 Narr Francke Attempto Verlag
Postfach 2567 · D-72015 Tübingen · Fax (07071) 75288